本书为教育部人文社会科学重点研究基地重大项目"六百年来西北地区人类活动与资源环境关系研究"（项目编号：14JJD770014）阶段成果；"中央高校基本科研业务费专项资金资助"（Supported by the Fundamental Research Funds For the Central Universities）（项目编号：2021TS056）研究成果。

清代西北手工业与市场研究

1644—1840

刘佩 ○ 著

Research on Northwest Handicraft Industry and
Market in Qing Dynasty:1644-1840

中国社会科学出版社

图书在版编目（CIP）数据

清代西北手工业与市场研究：1644—1840／刘佩著．
—北京：中国社会科学出版社，2023.3
ISBN 978-7-5227-1675-6

Ⅰ.①清⋯ Ⅱ.①刘⋯ Ⅲ.①手工业史—西北地区—清代 Ⅳ.①F426.899

中国国家版本馆CIP数据核字（2023）第050652号

出 版 人	赵剑英
责任编辑	宋燕鹏　石志杭
责任校对	李　硕
责任印制	李寡寡

出　　版	中国社会科学出版社
社　　址	北京鼓楼西大街甲158号
邮　　编	100720
网　　址	http://www.csspw.cn
发 行 部	010-84083685
门 市 部	010-84029450
经　　销	新华书店及其他书店

印　　刷	北京明恒达印务有限公司
装　　订	廊坊市广阳区广增装订厂
版　　次	2023年3月第1版
印　　次	2023年3月第1次印刷

开　　本	710×1000　1/16
印　　张	23.5
插　　页	2
字　　数	361千字
定　　价	128.00元

凡购买中国社会科学出版社图书，如有质量问题请与本社营销中心联系调换
电话：010-84083683
版权所有　侵权必究

目 录

绪 论 …………………………………………………………（ 1 ）
  第一节　研究思路与基本观点 …………………………（ 3 ）
  第二节　研究现状述评与展望 …………………………（ 5 ）
    一　纺织业 …………………………………………（ 6 ）
    二　矿产加工业 ……………………………………（ 11 ）
    三　食品加工业 ……………………………………（ 14 ）
    四　造纸业 …………………………………………（ 16 ）
    五　制瓷业 …………………………………………（ 18 ）
    六　竹木加工业 ……………………………………（ 20 ）
    七　其他手工业 ……………………………………（ 21 ）
    八　清代西北手工业产品市场的相关成果 ………（ 22 ）
  第三节　西北地区的行政区划与自然环境 ……………（ 29 ）
    一　行政区划 ………………………………………（ 29 ）
    二　自然环境 ………………………………………（ 33 ）
  第四节　文献资料的梳理 ………………………………（ 36 ）
    一　档案资料 ………………………………………（ 36 ）
    二　编年体、纪传体、政书史料 …………………（ 37 ）
    三　地方志 …………………………………………（ 38 ）
    四　时人笔记 ………………………………………（ 41 ）

第一章 清代陕西手工业与手工业产品市场……（42）

第一节 清代陕西的纺织业……（42）
- 一 陕北地区的纺织业……（43）
- 二 关中地区的纺织业……（48）
- 三 陕南地区的纺织业……（53）

第二节 清代陕西的矿产加工业……（58）
- 一 陕北地区的矿产加工业……（59）
- 二 关中地区的矿产加工业……（62）
- 三 陕南地区的矿产加工业……（64）

第三节 清代陕西的食品加工业……（70）
- 一 陕北地区的食品加工业……（70）
- 二 关中地区的食品加工业……（73）
- 三 陕南地区的食品加工业……（77）

第四节 清代陕西的造纸业……（81）
- 一 关中地区的造纸业……（81）
- 二 陕南地区的造纸业……（82）

第五节 清代陕西的陶瓷制造业……（87）
- 一 陕北地区的陶瓷业……（87）
- 二 关中地区的陶瓷业……（88）
- 三 陕南地区的陶瓷业……（90）

第六节 清代陕西的竹木加工业……（92）
- 一 陕北地区的竹木加工业……（92）
- 二 关中地区的竹木加工业……（94）
- 三 陕南地区的竹木加工业……（95）

第七节 清代陕西的其他手工业……（97）
- 一 编织业……（97）
- 二 建筑业……（98）
- 三 皮革加工业……（100）
- 四 割漆业……（102）
- 五 官营手工业……（103）

目 录

第八节　清代陕西手工产品的分布 …………………………（104）
第九节　清代陕西的手工业产品市场 ………………………（112）
　　一　省、县、乡三级手工业产品市场的形成 ……………（113）
　　二、手工产品行销路线 ……………………………………（137）
　　三　行销手工产品的商帮群体 ……………………………（145）
小　结 ……………………………………………………………（147）

第二章　清代新疆手工业与手工业产品市场 ……………（150）

第一节　清代新疆的纺织业 …………………………………（150）
　　一　新疆的棉纺织业 ………………………………………（151）
　　二　新疆的丝织业 …………………………………………（152）
　　三　新疆的毛纺织业 ………………………………………（154）
第二节　清代新疆的矿产加工业 ……………………………（157）
　　一　新疆的冶铁业 …………………………………………（158）
　　二　新疆的冶铜业 …………………………………………（167）
　　三　新疆的玉石加工业 ……………………………………（177）
　　四　其他矿产加工业 ………………………………………（183）
第三节　清代新疆的竹木加工业 ……………………………（189）
第四节　清代新疆的食品加工业 ……………………………（192）
第五节　清代新疆的其他手工业 ……………………………（197）
　　一　建筑业 …………………………………………………（197）
　　二　造纸业 …………………………………………………（200）
　　三　皮革加工业 ……………………………………………（201）
　　四　粮食加工业 ……………………………………………（202）
第六节　清代新疆的手工业产品市场 ………………………（204）
　　一　准噶尔统治时期新疆的手工业产品市场 ……………（204）
　　二　清朝统一时期新疆的手工业产品市场 ………………（218）
小　结 ……………………………………………………………（256）

第三章　清代甘肃手工业与手工业产品市场 ……………（259）

第一节　清代甘肃的纺织业 …………………………………（259）
　　一　甘肃的毛纺织业 ………………………………………（260）

· 3 ·

二　甘肃的棉纺织业 ……………………………………………（266）
　　三　甘肃的丝织业 ………………………………………………（267）
　　四　甘肃的麻纺织业 ……………………………………………（267）
第二节　清代甘肃的矿产加工业 …………………………………（268）
　　一　金属矿产加工业 ……………………………………………（268）
　　二　非金属矿产加工业 …………………………………………（277）
第三节　清代甘肃的食品加工业 …………………………………（287）
　　一　酿酒业 ………………………………………………………（288）
　　二　制盐业 ………………………………………………………（290）
　　三　其他食品加工业 ……………………………………………（294）
第四节　清代甘肃的粮食加工业 …………………………………（295）
第五节　清代甘肃的竹木加工业 …………………………………（300）
第六节　清代甘肃的制烟业 ………………………………………（303）
第七节　清代甘肃的其他手工业 …………………………………（306）
第八节　清代甘肃的手工业产品市场 ……………………………（308）
　　一　兰州的手工业产品市场 ……………………………………（309）
　　二　地方手工业产品市场的壮大 ………………………………（311）
　　三　手工产品行销商路 …………………………………………（322）
　　四　山陕商人在甘经营手工产品 ………………………………（330）
小　结 ………………………………………………………………（332）

第四章　总结 ………………………………………………………（335）
第一节　清代西北手工业的历史特征 ……………………………（336）
　　一　不同时期西北诸手工行业的发展表现 ……………………（336）
　　二　清代西北手工业发展的不平衡性 …………………………（342）
第二节　清代西北手工业在全国的地位 …………………………（345）
第三节　从商路建设上看清代西北手工品交易市场 ……………（351）

结　语 ………………………………………………………………（354）

参考文献 ……………………………………………………………（357）

绪　　论

　　长期以来，手工业生产作为我国古代社会商品生产的主要形式，构成了传统经济的重要组成部分，在社会经济发展中发挥了显著作用。手工业也是十分重要的生产部门，它的发展水平是衡量古代社会经济进步与否的标准之一。我国手工业生产区域分布广泛，其中，西北地区的手工行业历来是我国手工业的重要组成部分。至清代，西北手工业的种类有了进一步增长，产品质量也有所提升。在西北各地，出于各族间交往、交流与交融之需，手工业的发展又融合了民族风格，使之日渐成为清代手工业不可或缺的一部分。

　　清代西北地区的手工业以自给自足的家庭作坊式生产为主，产品大多用于满足民众基本的生产生活所需。这一时期，西北手工业的品种与产量相较前代有一定程度的发展，部分行业的技术水平有所提高。关于这一时期西北手工业的发展情况，主要表现为以下几个方面：其一，纺织领域进步明显。陕西、甘肃、新疆等地扩大了棉花种植面积，棉布的产量也有显著提高。南疆地区每年织造的"回布"数量可达数万至十余万匹。各地的布匹、丝绸种类也得到进一步增长，新疆新增"稀稀""印花""回回锦"等品种。随着纺织技术的不断进步，至清中期，纺织品质量与产量相较清初提升幅度较大。陕、甘、宁、青等地畜牧业发达，皮毛产量非常高。畜毛是生产毛织品的主要原料，牧民们利用羊、驼、狐、狼等动物的毛织成绒褐等产品，这些毛织品坚实耐用，可抵御严寒。其二，粮、油加工业的规模有所扩大。在新疆、甘肃等地的县镇中，有不少百姓建置的水、旱磨。各地水磨数额不等，多则数千轮，少者亦有百轮，另有规模不等的石磨，这涉及磨的制造与使用。食品加工业中，西北各地的酿酒、榨油业的发展比较突出，另有盐、醋、酱、豆制品、肉的加工，种类相当齐全。其三，民间矿产加工业长期受到清政府宽严不定的矿业政策影响，各类矿产的采冶水平不一。在煤炭领域，工人开采煤炭的技术熟练，采挖产量比较多，官府亦不加禁止；而铜、铁等矿产因官府铸造铜币、打制武器之需，时常限制民间开采，因此民营工场的发展受阻颇多；新疆的民间玉石采掘业，也曾因官员与大商人的私贩而屡遭禁绝。此外，硫磺、硝石等可用于制造火药的矿产也被官府牢牢掌控，禁止商人随意涉足。其四，造纸、烧瓷、竹木加工等行业呈现出新特征。有清一代，陕南汉中等地开办了数量较多的造纸场，它们分布较广、规模不一。纸场生产的纸张种类较多，有"草纸""细白纸""黄表纸"等，新疆也有一种以"芨芨草"为原料制成的纸张。西北制瓷行业中，以关中耀州窑最具代表性。耀州陶瓷匠设计的产品式样别具一格，陕、甘等地的民用瓷器中有不少即为耀州窑品种。笔木加工方面，工匠可利用竹木材制成马鞍、木棒、家具等日用品，产品种类丰富，质量坚固。最后，工艺美术品也在西北手工业领域大放异彩。乾隆时期，日渐奢靡的社会风气促使西北工艺品市场规模不断扩张，新疆玉雕、陕西石刻及甘肃雕漆等产品对外大量出售。不过总体而论，清代西北手工业的发展相较内地还有较多不足，如产品种类相对偏少、工艺品质量不佳等。

清代西北手工业产品市场的发展比较显著。从各省的表现来看：第一，陕西的手工业产品市场围绕着三大商业重心——西安、汉中与榆林，对外销售手工产品。其中，西安府的三原县是东南布匹远销西北的集散中心，泾阳县的皮货加工与贩售十分有名，城中的茶叶加工与水烟销也颇具规模。陕北的县级市场以及陕南沿江市场也都有手工业产品的交易。此外，陕西各地的乡镇市场也日益成为本省手工业产品市场的重要补充。第二，青海、宁夏、甘肃等地以皮毛为大宗商品对外销售，在西北销路广阔。为提升产品价值，皮匠们硝制皮毛，并制成皮靴、绒褐等产品，随后由商人运抵市镇中贩卖。兰州、肃州、甘州等地形成了大小不等的手工业产品交易市场，其中肃州等地成为各族百姓开展贸易的重要市场。第三，

绪 论

清代新疆地区的贸易市场比较有名，阿克苏、伊犁、乌鲁木齐等市镇均有规模较大的手工业产品买卖市场，各族商人竞相来此销售手工产品。为了维持社会稳定、增加财政收入，清政府又与哈萨克汗国在新疆开展了绢马贸易活动，后因丝绸数量不足，清廷又尝试以"回布"替换丝绸，使双方维持了近百年的贸易局面。此外，在西北各产盐区，清廷继续采用盐引政策，招揽商人行销。晋商等商帮趁机与官府合作，扩大了商业活动范围。通过上述行为，各省在促进手工业产品贸易往来方面做出了不懈努力，长此以往，在西北各地相继形成了规模不等的手工业产品市场。

西北人民在从事手工业产品制造方面拥有悠久的历史。在手工业技术积累的过程中，西北各族工匠在诸多行业领域都曾达到较高的水平；在中华民族古代工艺和科技宝库中，西北先民的贡献也占据着重要地位。研究清代西北地区的手工业与产品市场，不但可以使我们对清代西北市场的发展脉络有一个清晰的认知，并且能够更加深入地了解如今"大国工匠"的精神内涵，同时对于当下如何保护传统工艺也予以一定启迪。

第一节 研究思路与基本观点

如绪论所述，西北手工业是清代我国手工行业的重要组成部分，手工业产品市场也是如此。就目前而言，学术界与此相关的研究成果并不多。而手工业与市场问题又是探讨西北社会经济发展课题的重要一环，因此，研究西北手工业与市场本身是必要且有意义的。笔者以"清代西北手工业与市场研究（1644—1840）"为选题，正是基于这样的考虑。

在我国古代，手工业作为一种使用简单工具、依靠手工劳动，从事生产的工业，核心内容不外乎原料、工艺、成品等几个方面。在研究时，一般以行业为线索开展论述。以清代西北地区为例，包括纺织业、食品加工业、矿产加工业、造纸业、制瓷业、竹木加工业等数类。每个行业中，又可细分为多个子类，如纺织领域下又可划分成棉纺织、丝纺织、麻纺织、毛纺织等诸多门类。不同的地区，行业发展又是不平衡的。例如清中叶，关中地区种植棉花的县有34个，数量上远多于陕北与陕南地区。因此在分析时，便需要在行业的基础上针对不同地区做进一步阐述。从研究的时间上来看，本书以研究古代经济史为主，划分的时间段为1644年至1840年。从手工业的发展特点可知，一个行业要经历较为漫长的发展过程，故笔者在研究清代西北手工业的发展阶段时，会依照时间顺序加以分析。至此，本书论述手工业部分的思路已较为明晰，即以手工行业为线索，将陕、甘、青、宁、新五省分为三章①，并依照时间次序，论述不同地区的行业发展状况，以此来分析清代西北诸省手工业的发展水平。

市场方面，本书所指市场，仅指交易手工产品的市场，并不包括农产品市场、牲畜市场以及金融市场等。因此在商品的种类与数量上较传统市场少，规模也更小。在研究手工产品贸易市场时，笔者会侧重于对市镇的分析，这其中包括市镇中销售的手工产品品种与数量。当然，笔者并不会将商品种类全部罗列，一个繁荣的市镇，其出售的手工产品远不仅几十上百种，为节省篇幅，仅对市镇中贩售的主要产品展开论述。在阐述市镇时，笔者也会考量城镇的地理位置、交通条件等诸多因素，侧重于商业功能与市场定位方面的探讨。至于商路角度，这一时期的商人大都沿驿道运输商品，清中期以后民间开辟的商路才逐渐增多，因而研究商路时，笔者依旧以官方驿道为主。

由此可见，本书的写作思路是通过探究清代西北地区的手工业与相应的产品市场的发展演变情况，考察手工业发展对清代西北社会经济乃至全国所产生的影响，进而对它的历史作用进行客观评价，希冀对这一时期的西北手工业能有一个较为全面的认识。

在笔者看来，通过对西北手工业的详细研究，我们可以探究：其一，清代西北地区的手工行业技术有不少延续自元明时期，这表现为一种技术的传承性。如毛纺织品中的绒褐在数百年前已有生产，清代工匠们进一步改良了毛褐的制造工艺，提升了产品质量。但在另一方面，工匠在技艺传承方面的故步自封，也导致产品进步水平较为有限。直至乾隆初，青海等地的毛织行业仍旧没有标准的生产规范，家庭作坊式的生产条件使得产品

---

① 此处分省缘由可见绪论第三节。

质量参差不齐，与同时期江南等地的纺织品差距较大。其二，地区发展的不平衡性进一步拉大了各地手工行业与市场之间的差异。受到物产、交通、地理环境等多重因素的影响，西北各地区的手工业发展表现出明显的不平衡，这体现在产品的种类、产量、质量、货物运输条件、生产技术水平等诸多方面。因此，上述两点对于清代西北手工业的发展而言产生了十分重要的影响。

不过我们也应看到，正是由于相关技术的相对滞后与推行，使百姓依然能够生产并不断改进手工产品，这对于行业的发展有一定的积极作用。一些技艺高超的工匠或主动前往其他地区从事生产作业，或被官府招募做工，客观上起到了传播技术的作用，这也促使各地区、各民族之间不断加强技艺交流。在手工产品交易市场领域，这一时期的商品运输数量有明显提高，市场规模也有所扩大，工匠、商人纷纷聚集于市镇，并进一步扩大生产与销售规模。各地的社会风气受商品经济发展的影响，也逐渐产生变化，人们的购买需求日渐提高，为行业的发展以及手工业产品市场规模的进一步扩张起到了积极的推动作用。

在本书的写作方面，由于西北手工行业触及的产品种类非常广泛，小到耳勺、剪刀，大到木舟、房屋，可谓无所不包。而就本书所涉及的清代西北地区而论，时间跨度长达近两百年，空间上则横跨数千里的距离，若想囊括全部的手工产品无疑有较大难度。而且，清代西北地区的社会经济发展水平相较落后，所撰修的史籍资料非常有限，其中关于手工业的文献资料也颇为散乱。因此在撰写本书时，笔者仅就个人搜集到的手工业资料做一探讨。此外，受笔者学识所限，加之行文略有仓促，文中难免有所疏漏与谬误，不当之处，敬请方家批评指正。

第二节　研究现状述评与展望

中国手工业史的研究自 20 世纪 20 年代就已起步，至今已有百余载。清代手工业史作为中国手工业史研究的重要组成部分，在前辈学者的努力下，已取得较为丰硕的研究成果。然就学界目前研究的广度与深度而言，尚有不足。以西北地区而论，陕西、甘肃研究较多，新疆、青海较少；从行业上看，探讨陕西手工业发展的成果明显要多于青海、宁夏等地，行业从业人数与产品市场规模的讨论也有较大差异。特别是针对西北各地手工业的种类研究，学术界重视程度仍然不够，目前较少有学者系统性地论述清代西北地区的手工业种类与市场情况。

关于手工业学术史的回顾，魏明孔[①]、林荣琴[②]、刘永刚[③]、原彦平[④]、吴海丽[⑤]等人均有撰文阐述，他们在文章中对手工业的相关论著做了细致分类。在一些手工业生产较为发达的地区，也有学者梳理了相关学术史的研究状况。如徐新吾和张守愚[⑥]曾对江南丝绸业的学术成果有专门的总结，然目前少有学者整理爬梳清代西北地区手工业史的研究状况，因此仍有较大的探索空间。西北市场方面，钟兴永[⑦]、颜晓红、方志远[⑧]的论著以及张萍《地域环境与市场空间》[⑨]的绪论部分对西北市场的学术史研究有所回顾。

笔者在评述时，会以行业为主轴，并分为以下数类：一、纺织业；二、矿产加工业；三、食品加工业；四、造纸业；五、制瓷业；六、竹木加工业；七、其他手工业。除此以外，笔者还会单独评述清代西北手工业产品市场的相关研究成果，下面将逐一阐述。

一 纺织业

在纺织业领域，清代西北地区有毛、丝、棉、麻等诸多纺织品种类，

---

① 魏明孔：《改革开放40年来的中国古代经济史研究述评》，《中国史研究动态》2018年第5期。
② 林荣琴：《20世纪80年代以来国内清代长江中游经济史研究综述》，《中国史研究动态》2005年第11期。
③ 刘永刚：《近十年来清代西北经济研究述评》，《新疆社会科学》2005年第2期。
④ 原彦平：《近十年来的清代前期西北经济史研究》，《伊犁教育学院学报》2005年第2期。
⑤ 吴海丽：《近二十年来明清西南社会经济史研究综述》，《黔东南民族师专学报》2002年第2期。
⑥ 徐新吾、张守愚：《江南丝绸业历史综述》，《中国经济史研究》1991年第4期。
⑦ 钟兴永：《近十年中国集市贸易史研究概述》，《中国史研究动态》1999年第4期。
⑧ 颜晓红、方志远：《80年代以来国内学者明清城镇及城乡商品经济研究的回顾》，《中国史研究动态》1999年第4期。
⑨ 张萍：《地域环境与市场空间：明清陕西区域市场的历史地理学研究》，商务印书馆2006年版。

绪 论

它们散布在西北各省,不易逐个列举。故在评述时,将采用以省为单位的方式,探讨与纺织业相关的学术成果。

第一是涉及西北多个省份的纺织业学术成果。从时间上看,较早的有童书业编著的《中国手工业商业发展史》[①] 一书,文中提及了清代甘肃、陕西的毛织品以及宁夏毛毯,可见有清一代,西北地区的毛织品种类较为丰富,且分布的地域范围较广。陈维稷主编《中国纺织科学技术史·古代部分》[②] 一书中,将中国古代各时期、各地区的纺织技术囊括于其中。书中对西北纺织业的论述较为充分,在"毛毯"一节中,着重阐述了清代新疆毛毯的精致与华丽,并提到了宁夏毛毯对于装饰西北寺庙、宫殿的重要性。李迪、陈炳应主编有《中国少数民族科学技术史丛书·纺织卷》[③],书中探讨了西北各地的毛纺织行业,所论述的产品种类也比较齐全。其中有宁夏毡毯、新疆和田地毯与青海毛毯等,并附有详细的织造工艺。史料丰富,内容充实。由魏明孔主编的《中华大典·工业典》[④] 是一部十分重要的工具书,书中广泛收集了正史、别史、诗文集等文献中的手工业史资料。该书又分为多个子目,在《纺织与服装工业分典》中,记录了较多与清代西北纺织业相关的资料,尤其是关于方志载西北毛织品的史料非常详细。王致中与魏丽英合著《明清西北社会经济史研究》[⑤] 一书,从社会经济角度阐述了西北手工业的发展情况。该书详细论述了西北地区毛纺织行业的生产、销售状况,给本书的写作提供了有益借鉴。此外,两位学者合作的另一本论著《中国西北社会经济史研究》[⑥] 中,进一步增添了西北毛纺织业的历史发展轨迹,笔者从中受益颇多。由杨建新主编,杨志娟、牛海桢撰写的《中国西北少数民族通史·清代卷》[⑦] 中,对西北毛纺织业的

---

① 童书业编著:《中国手工业商业发展史》,齐鲁书社1981年版。
② 陈维稷主编:《中国纺织科学技术史·古代部分》,科学出版社1984年版。
③ 李迪、陈炳应主编:《中国少数民族科学技术史丛书·纺织卷》,广西科学技术出版社1996年版。
④ 魏明孔主编:《中华大典·工业典》,上海古籍出版社2015年版。
⑤ 王致中、魏丽英:《明清西北社会经济史研究》,三秦出版社1989年版。
⑥ 王致中、魏丽英:《中国西北社会经济史研究》,三秦出版社1992年版。
⑦ 杨建新主编,杨志娟、牛海桢著:《中国西北少数民族通史·清代卷》,民族出版社2009年版。

发展情况有一定论述。多洛肯撰写的《明清甘宁青进士征录》① 原是一部记录明清时期甘肃、宁夏、青海等地进士人数的专著，不过书中也介绍了三地的手工业发展水平。分节论述了甘宁青的手工行业，并增设了河西地区与定西地区的手工业发展内容，使明清时期甘宁青的手工业发展脉络更加清晰明了。该书较为详细地阐述了甘肃等地毛纺织业的发展，也列举了绒褐的制造与行销的一些细节，内容比较充实。由杨思远主编的《回族经济史》② 对清代西北回族从事的纺织作业有所探讨。该书列举了回族从事的手工行业，并记录了当时回人居住与工作的城镇。如回族工匠在陕西的王阁村、羌白镇，甘肃的兰州，青海的大通，宁夏的石嘴山等地长期从事毛纺织作业，为笔者的写作提供了一定思路。

第二，在论述陕西纺织业的学术成果方面：较早有祝慈寿所撰《中国古代工业史》③ 一书。作者在书中着眼于我国古代手工行业的发展状况，在阐述清代手工业时，着重探讨了陕西的养蚕缫丝业。方行、经君健与魏金玉主编的《中国经济通史·清代经济卷》④ 中，详细论述了西北各省的手工行业，在蚕桑、绸缎等方面把陕西作为西北重地大书特书。此外，该书在论及清代南、北各地手工业的发展时条理清晰、区分明显，对本书的借鉴意义较大。由路甬祥主编，何堂坤撰写的《中国古代手工业工程技术史》⑤ 是一本关于我国古代手工业技术使用与手工工具演化方面的论著。书中较为详细地阐释了清代陕西宁羌县茧绸织造工艺的缘起。由田培栋执笔，郭琦、史念海、张岂之主编的《陕西通史·经济卷》⑥ 一书，该书在论及清代陕西棉纺织业的发展境况时，将陕西分为了陕北、关中、陕南三个地区，并逐一探讨。此外，田培栋的论著《明清时代陕西社会经济史》⑦

---

① 多洛肯：《明清甘宁青进士征录》，上海古籍出版社2018年版。
② 杨思远：《回族经济史》，中国经济出版社2018年版。
③ 祝慈寿：《中国古代工业史》，学林出版社1988年版。
④ 方行、经君健、魏金玉主编：《中国经济通史·清代经济卷（上）》，经济日报出版社1999年版。
⑤ 路甬祥主编，何堂坤著：《中国古代手工业工程技术史》，山西教育出版社2012年版。
⑥ 郭琦、史念海、张岂之主编，田培栋著：《陕西通史·经济卷》，陕西师范大学出版社1997年版。
⑦ 田培栋：《明清时代陕西社会经济史》，首都师范大学出版社2000年版。

中论述手工业的篇幅较多,书中亦将陕西划分为陕北、关中与陕南三个区域,探究了三地纺织业的发展状况。书中引用的地方志与清人笔记较多,可见作者十分熟悉陕西的方志资料。田培栋撰写的另一本《陕西社会经济史》①中,针对陕北、关中与陕南三地的棉花种植业及棉布的生产活动也都有较为详细的阐述。刘克祥编著的《棉麻纺织史话》②中,对陕西的亚麻种植与加工行业有一定的论述,提到当地百姓以亚麻籽榨油,纤维则用于搓绳、织布,且书中对家庭手工制作麻布的工艺表述较为细致,这在此前的学术著作中较为少见。李之勤撰写的《清代前期陕西植棉业的发展》③从清代统治者推行鼓励植棉的政策出发,在棉花种植、棉布织造与棉布贸易等多个方面阐明了陕西棉纺织业的发展情况。帖锐的硕士学位论文《清代陕西棉布的生产与贸易》④分别从清代陕西棉纺织业的发展水平、陕西棉布的生产与销售以及棉布贸易市场三个角度,对清代陕西棉布行业的发展情况有所阐述,文中史料翔实,惜篇幅较短,在论述时未能面面俱到。

第三,在新疆纺织业的学术成果方面,有卞宗舜、周旭、史玉琢合著的《中国工艺美术史》⑤,书内依照时间顺序将行业分为服装、染织等数类,其中涉及清代新疆的手工地毯与制作工艺。蔡家艺《清代新疆社会经济史纲》⑥是一本论述清代新疆社会经济的著作,学术价值很高。作者在论及新疆手工业时,以清朝统一新疆的时间为界,分为前后两部分;空间上则以南北二疆划分,分别论述。在阐述新疆纺织业时,指出呢绒织造归为官营,布匹等纺织品生产归民营,划分明确且详尽。另外,书中在论述手工业时,在资料的引用上以《西域图志》和《秦边纪略》为主,史料翔实,给本书的写作提供一定借鉴。马胜春、阿不都艾尼合著的《新疆维吾

---

① 田培栋:《陕西社会经济史》,三秦出版社2016年版。
② 刘克祥编著:《棉麻纺织史话》,中国大百科全书出版社2003年版。
③ 参见李炳武总编,赵建黎分卷主编《长安学丛书·李之勤卷》,三秦出版社2012年版,第235—252页。
④ 帖锐:《清代陕西棉布的生产与贸易》,硕士学位论文,陕西师范大学,2017年。
⑤ 卞宗舜、周旭、史玉琢:《中国工艺美术史》,中国轻工业出版社2008年版。
⑥ 蔡家艺:《清代新疆社会经济史纲》,人民出版社2006年版。

尔自治区经济史》① 一书在论述清代新疆手工业时，以官、私手工业划分。时间上分为清朝统一前后两个阶段，结构合理、论述全面，其中有不少纺织品加工方面的内容。

第四，甘肃、青海、宁夏三地的纺织业研究成果。刘景华《清代青海的手工业》② 是一篇较早论述清代青海手工行业发展的文章。他对青海手工业种类的划分较为合理，在纺织业方面，文中着重强调青海的毛织品包括毛毯、毛毡、绒褐等类，并指出当地毛纺织的生产历史较为悠久，有生产毛织品的传统。崔永红所著《青海经济史（古代卷）》③ 是一本论述古代青海地区社会经济发展水平的著作，书中涉及的清代青海地区的手工业种类颇多。作者以较长篇幅论述了作为青海大宗产品的毛毡、绒褐等毛纺织品的生产制造。徐安伦、杨旭东所撰《宁夏经济史》④ 一书中，虽仅用三页篇幅论述清代宁夏地区的手工业，但对包括纺织业在内的各手工行业均有提及，并对清代宁夏手工业的发展给予了客观评价，认为其发展水平已高于明朝，不过"尚未达到西夏和元朝时期的水平"。这一论断在李鸿宾、马保春主编的《中国长城志：环境·经济·民族》⑤ 中也有所体现。李澜等人所著《宁夏回族自治区经济史》⑥ 中，阐明了历史时期宁夏社会经济发展的基本脉络，在论述清前期宁夏的手工业发展上仅用一页篇幅，可见宁夏手工业在这一时期并不发达。李清凌主编《甘肃经济史》⑦ 中，对甘肃各个历史时期经济发展水平的总体把握较为准确。作者在提及古代时期的甘肃手工业时，所占篇幅仅有十四页，其中清代仅占三页，且主要阐述了甘肃绒褐的生产，手工品种类论述有限。但在探讨古代甘肃的社会经济发展方面，无疑具有先导性意义。

---

① 马胜春、阿不都艾尼：《新疆维吾尔自治区经济史》，山西经济出版社2016年版。
② 刘景华：《清代青海的手工业》，《青海社会科学》1997年第6期。
③ 崔永红：《青海经济史·古代卷》，青海人民出版社1998年版。
④ 徐安伦、杨旭东：《宁夏经济史》，宁夏人民出版社1998年版。
⑤ 李鸿宾、马保春主编：《中国长城志：环境·经济·民族》，江苏凤凰科学技术出版社2016年版。
⑥ 李澜等：《宁夏回族自治区经济史》，山西经济出版社2016年版。
⑦ 李清凌：《甘肃经济史》，兰州大学出版社1996年版。

二 矿产加工业

西北地区的矿产采掘业历史悠久，而研究西北矿冶加工方面的学术成果也有不少。学者在论述采矿行业时通常会将其与手工产品的制造分开论述，这是因为采矿是获取原料的过程，而非制作成品，工匠要将矿物冶炼加工后方可制成手工产品。然而，不容忽视的是，采集矿产资源仍旧是生产铜、铁等各类器物时必不可少的一道步骤，故笔者认为研究清代西北采掘业的论著也有必要提及一番。

在清代西北矿冶领域的相关学术成果中，可分为两个方面加以评述：

其一是论述开采矿产资源的相关成果。较早的有夏湘蓉、李仲均、王根元编著的《中国古代矿业开发史》①，该书论述了清代各地储藏的矿产资源，并强调了乾隆时期民间可自由开采金银矿藏的史实，认为这是受到商品经济迅猛发展的影响，给本书的写作提供一定方向。在西北矿产资源分布上，新疆、甘肃储有金矿，陕西、甘肃有铁矿，青海存有银矿，此外，这些地区还有很多其他矿产资源的分布，囿于篇幅，此处不加详列。书中后半部分阐述了我国古代铸造技术的变迁，并以新疆铸钱之例证技术进步之实，作者在最后提及新疆玉石温润质雅，是雕刻、打磨玉雕的上品。中国人民大学清史研究所联合档案系中国政治制度史教研室主编的《清代的矿业》② 是一本整合了清代各省开矿、采矿等一手史料的资料汇编。全书从档案、实录、方志、笔记等文献中摘录而来，保证了资料的可信度。此书开篇引用清人对于矿业政策的争论，认为开矿有利或有害观点者各持己见，继而引出了本书的内容。该书分上、下两册，详细记载了陕西、新疆、甘肃等地出产的各类矿物，给本书研究西北地区的矿冶业提供了较大帮助。李进尧、吴晓煜、卢本珊合著《中国古代金属矿和煤矿开采工程技

---

① 夏湘蓉、李仲均、王根元编著：《中国古代矿业开发史》，地质出版社1980年版。
② 中国人民大学清史研究所、档案系中国政治制度史教研室合编：《清代的矿业》，中华书局1983年版。

术史》① 一书，书中详细罗列了清朝时期全国主要的矿山分布地，记录了陕西秦岭地区的金矿遗址以及采矿工具。魏明孔主编《中华大典·工业典》的子目《金属矿藏与冶炼工业分典》中，汇总了清代官方开采新疆矿产的史料，另记有新疆矿产的加工工艺以及冶炼工场的雇工人数，便于笔者开展相关研究。陈良学所著《湖广移民与陕南开发》② 一书中提及了陕南山区的铁矿分布范围较广，汉中府、兴安府、商州等地均有铁矿开采活动。贾建飞的论文《人口流动与乾嘉时期新疆煤矿业的兴起和发展》③ 论述了乾嘉时期新疆各地的煤矿开采与使用，文中依据满、汉档案和相关文献资料，认为新疆开采煤炭不但便利了百姓的生产生活，同时对新疆社会经济发展也有不小的促进作用。石鸣的文章《论清代石盐产地》④ 探讨了清代的石盐分布。石盐一般指岩盐，大多从山中或地中采挖。作者指出清代石盐主要分布在甘肃、新疆两地。甘肃地区的石盐分布较少，仅在肃州等地有产，而新疆储量较多，洛浦、于阗、叶城、皮山等19个县产石盐，可见分布相当广泛。于明的《新疆和田玉开采史》⑤ 则是从开采和田玉的角度论述历代新疆和阗地区的玉石开采状况，书中清代篇幅占有近40页，论述较为充分。作者指出，新疆和田玉的主要成分是透闪石，且汉代早期以前玉器所用的透闪石和现在的新疆透闪石已并非同一产地，令人深思。

其二是矿产冶炼、加工的相关成果，包括矿物冶炼与加工成各类产品。《中国经济通史·清代经济卷》中，对陕西的冶铁业有一定论述。此外，《中国手工业经济通史·明清卷》中针对陕甘新等地的矿冶加工业也有所阐述。王本元在《略论清代汉中地区的工场手工业》⑥ 一文中指出：清代汉中地区铁场开办十分兴盛，且规模不一。一座大型铁场可雇佣数千工人，他们要从事开石、挖矿、运矿、烧炭、冶炼等各种体力劳动，一座

---

① 李进尧、吴晓煜、卢本珊：《中国古代金属矿和煤矿开采工程技术史》，山西教育出版社2007年版。
② 陈良学：《湖广移民与陕南开发》，三秦出版社1998年版。
③ 贾建飞：《人口流动与乾嘉时期新疆煤矿业的兴起和发展》，《西域研究》2011年第4期。
④ 石鸣：《论清代石盐产地》，《盐文化研究论丛》（第5辑），巴蜀书社2011年版。
⑤ 于明：《新疆和田玉开采史》，科学出版社2018年版。
⑥ 王本元：《略论清代汉中地区的工场手工业》，《清史研究通讯》1985年第4期。

绪 论

铁炉就需百人以上，足见这一时期陕南冶铁业的规模庞大。据许涤新、吴承明主编《中国资本主义的萌芽》① 一书的估算，清中期陕南冶铁的产量约为1200余万斤，占当时全国产量的四分之一，可见陕南的产铁产量很高。苏联史学家兹拉特金所著《准噶尔汗国史》② 中阐述了准噶尔汗国时期的新疆矿产加工业，使笔者对清初新疆地区的矿冶情况有了进一步认识。穆渊所撰《清代新疆货币史》③ 中对清代新疆货币的形状、流通以及兑换比例等问题均做了详细探讨，并提及了新疆"普尔钱"的铸造与使用，是论述清代新疆货币方面不可多得的学术成果。吴元丰的文章《清代乌鲁木齐铁厂研究》④ 以清代乌鲁木齐铁场的兴衰为主线，利用丰富的满文史料，深入研究了该场的开办、生产、繁荣与衰落，文中数据资料丰富，有利于笔者的深入研究。李延祥《清代乌鲁木齐铁厂生铁炒炼效率问题》⑤ 从生产效率的角度出发，探讨了清代乌鲁木齐铁场中生、熟铁的冶炼比例问题。《清代新疆社会经济史纲》以金、铁、铜、铅、银、煤和玉等诸类的矿产的冶炼为线索，论述了新疆官办与民办矿冶业的区别与联系，并对官府利用铜铁矿物铸造武器装备等方面有一定的阐明。《青海地质矿产志》⑥ 中，作者开篇便叙述了古代青海的矿藏分布地点，并指出青海产金较多，且分布范围较广。对于其他矿产如铁、盐、煤等也多有涉及。《明清西北社会经济史研究》中提到了清代宁夏贺兰山地区的石料采集与加工，工匠利用从贺兰、宁朔、永宁等地采集到的石料加工成贺兰砚，并指出该砚在当时名满天下，文人颇为珍视。殷新锋在《清代陕北的乡村手工业》⑦中绘制出了清代陕北各类矿产的分布图，给笔者一定启发。范文澜《中国通史简编》⑧ 一书中提及了清代陕甘地区的官府铸钱业，如工匠会在银两上刻有"元镨"二字，以表明该银两是陕甘地区铸造的官银。

---

① 许涤新、吴承明主编：《中国资本主义的萌芽》，人民出版社1985年版。
② ［苏］兹拉特金著，马曼丽译：《准噶尔汗国史》，商务印书馆1980年版。
③ 穆渊：《清代新疆货币史》，新疆大学出版社1994年版。
④ 吴元丰：《清代乌鲁木齐铁厂研究》，《西域研究》1998年第3期。
⑤ 李延祥：《清代乌鲁木齐铁厂生铁炒炼效率问题》，《西域研究》2021年第3期。
⑥ 《青海地质矿产志》编辑部：《青海地质矿产志》，青海人民出版社1991年版。
⑦ 殷新锋：《清代陕北的乡村手工业》，硕士学位论文，陕西师范大学，2007年。
⑧ 范文澜：《中国通史简编》，商务印书馆2017年版。

三 食品加工业

祝慈寿在《中国古代工业史》中将盐、糖、茶的制作与酿造业合称为"食品工业"。在笔者看来，这一划分是合理的。依据该划分方法，关于清代西北地区的食品加工业有如下学术成果：

其一，食盐领域的学术成果。民国时期，曾仰丰就于《中国盐政史》①中论述了清代西北各省的产盐区，并把陕西与新疆单独列出，表明两省在食盐销售与加工方面的重要性。书中提出：西北产盐区自明清以来变化不大，是因西北池盐乃自然生成，开采的盐户仅就地生产，并无迁移，井盐和土盐略有转变，但不占主要地位。该论述比较合理，但缺乏一定的史料支撑。彭泽益编有《中国近代手工业史资料：1840—1949》（第1卷）②一书，该书虽起名"近代手工业"，然开篇即详细汇总了鸦片战争前，明清两朝各地区的手工业史资料，是一本较早的明清手工业史料汇编。书中也记录了与清代宁夏池盐相关的文献资料。据笔者粗略统计，与西北手工业相关的史料有10余条，其中与西北食盐相关的仅有数条，可见与之相关的资料较为有限。郭正忠主编的《中国盐业史·古代编》③中，对清代陕甘两地的食盐生产工艺与产地做了一定论述，并配有清代西北池盐产地分布图，便于查找与使用。另有唐仁粤所编《中国盐业史·地方编》④，该书以省为纲，阐述了西北五省在历史时期的食盐生产与销售情况，有利于本书在食盐生产领域的把握。此外，在论述池盐分布的学术成果中，有吉成名的《论清代池盐产地》⑤一文，文章详细阐述了清代各池盐产区的地理位置与数量，并提及西北地区的池盐生产，这有助于笔者加强对西北池盐的相关分析。《中国手工业经济通史·明清卷》中涉及了陕甘宁地区的制盐

---

① 曾仰丰：《中国盐政史》，商务印书馆1936年版。
② 彭泽益编：《中国近代手工业史资料（1840—1949）第一卷》，生活·读书·新知三联书店1957年版。
③ 郭正忠主编：《中国盐业史·古代编》，人民出版社1997年版。
④ 唐仁粤主编：《中国盐业史·地方编》，人民出版社1997年版。
⑤ 吉成名：《论清代池盐产地》，《盐业史研究》2011年第2期。

业，论述简洁。陈锋的著作《清代盐政与盐税》[①]从清代的盐政和盐税角度出发，着重论述了清代盐场的管理、运销体制和食盐课税的利弊。书中在阐述盐产区与盐场时，提到西北盐产区有陕甘宁之池盐，另有漳县之井盐，同时明确了陕甘食盐运销地区主要在当地。《中华大典·工业典》的子目《食品工业分典》中专设有"盐部"一节，详细汇总了历代各地盐法、制盐、行销盐引等史料，书中有不少关于清代西北食盐制造与盐法的记录。

其二，酿造行业的学术成果。需要指出的是，酿造多指用粮食自然发酵而成的酒、醋、酱等产品。在《略论清代汉中地区的工场手工业》一文中，作者王本元从农业入手，认为只有大量生产农产品，才能保证酿酒的原料需求，值得借鉴。《中国经济通史·清代经济卷》中，详细论述了陕西的酿酒行业。由路甬祥主编的《中国传统工艺全集·酿造》[②]中，阐述了西北酿酒业与酒的种类，书中专门提到了陕西西凤酒的酿造工艺，可谓详略得当。《明清时代陕西社会经济史》中对陕西的酿酒业有一定论述，然并不深入。《清代新疆社会经济史纲》中涉及新疆的民营酿酒业，指出新疆酒的种类有葡萄酒、阿拉克酒等多个品种。徐海荣主编的《中国饮食史》卷6[③]中，以宏观视角阐述了新疆维吾尔族的酿酒工艺。作者详细介绍了维吾尔族果酒、葡萄酒、高粱酒、黄酒、马乳酒等多个酒种的酿造，对西北酒文化与盛酒器具也有一定考究。《清代青海的手工业》中，刘景华从产品的品种入手，认为清初青海酿造的互助酒与湟源醋较为出名，并指出当地主要以青稞为原料酿造烧酒。同时，作者提到了推动青海酿酒行业发展的并非本地人，而是山西商人。晋商看中互助县的青稞与威远镇的井水，招揽山西工匠来此酿造，并占据酿酒市场。据他推断，湟源陈醋的酿造大约始于清乾隆时期，且多由本地人经营，清中期以后声名远扬。《中华大典·工业典》的分目《食品工业分典》下有"食品酿造总部"，内部又分为"面酒部""饮品部""酱醋豉部"等子目，书中大量列举了

---

① 陈锋：《清代盐政与盐税（第2版）》，武汉大学出版社2013年版。
② 路甬祥总主编，周嘉华等主编：《中国传统工艺全集·酿造》，大象出版社2007年版。
③ 徐海荣主编：《中国饮食史·卷6》，杭州出版社2014年版。

酒、酱、醋等产品的酿造技术，包括西北的葡萄酒、高粱酒的酿制，内容丰富、有条理。范金民《明清社会经济与江南地域文化》① 中，分析了西北酿酒的粮食耗费，给本书的写作提供思路。

其三，其他食品加工领域的学术成果。《明清西北社会经济史研究》中阐述了西北地区榨油行业的生产、行销状况。杨重琦、魏明孔主编《兰州经济史》中提到清代兰州地区的水磨常用于榨油。《中国西北少数民族通史·清代卷》对西北各族的粮油加工业有所论述。芈一之编著《青海民族史入门》② 是一本研究青海少数民族历史的著作。书中除对青海各族的来源、发展历史做简要概括外，另对藏族、回族从事的手工行业有一定阐明。作者认为，当地回族的手工业生产在青海社会经济中占有一定的比重，农村、城镇中均有不少回民从事手工作业。居于城镇中的回族，一般以制作食品、磨面等行业为生。崔永红的《青海经济史（古代卷）》中所涉及的清代青海手工业的种类较广。除毛纺织等大宗产品外，水力粮油加工、烟酒制造等均有提及，惜论述不深，数据较少。

四 造纸业

清代西北地区的造纸业，其原料主要有麻、桑、藤、楮、竹等多种，麻又以大麻、亚麻、苎麻等麻类纤维为重。在造纸领域，以陕西、新疆的造纸业较为出名。其他地区虽生产纸张，然规模不大，故笔者以此二省为主，评述相关学术成果。

研究清代陕西造纸业的成果主要有：傅衣凌在《清代中叶川陕湖三省边区的手工业生产形态及其历史意义》③ 一文中，以陕西边区的造纸场等为例，指出工场手工业的劳动者是雇工。有一些工场的雇佣人数较多，可达上千人，且分工细致，使得该场具有资本主义萌芽的性质。如今看来可谓是这一视角的奠基之作。《中国古代工业史》一书中，作者提及了清代

---

① 范金民：《明清社会经济与江南地域文化》，中西书局2019年版。
② 芈一之编著：《青海民族史入门》，青海人民出版社1987年版。
③ 参见傅衣凌《明清社会经济史论文集》，商务印书馆2010年版，第195—218页。

绪论

陕西的造纸技术。《中国经济通史·清代经济卷》以较长的篇幅论述了陕西的造纸行业。而《中国手工业经济通史·明清卷》中与之相似，皆对陕西造纸业的发展有着重阐述。《中国古代手工业工程技术史》中探讨了川湖商人在陕西开办纸场之始末。王本元在《略论清代汉中地区的工场手工业》中，汇总了道光初年汉中造纸工场的开办数目，给笔者提供了有益借鉴。徐建青在《清代的造纸业》①中认为：陕西的造纸业于清中期一度兴盛，造纸场的开办范围主要包括陕南与川楚交界的秦巴山区，而纸场的发展又同流民大量涌入陕南地区有关。道光以后，随着山林被砍伐殆尽，陕南造纸业也逐渐衰落。如今看来，这一结论是符合历史史实的。《陕西通史·经济卷》中指出，陕南造纸业的发达主要表现在纸张品种多、造纸产量高、纸场规模大这三个方面。潘吉星在《中国造纸技术史稿》②中推断康熙《凤翔县志》便是用当地白麻纸所印，表明了这一时期关中造纸业与印刷业的发展势头良好。王菊花主编《中国古代造纸工程技术史》③一书中，从技术角度对我国古代的造纸业加以论述，书中指明了西北造纸的地区分布，并逐一罗列了汉中各县的竹纸品种，后又提及陕西地区的皮纸生产。白寿彝总主编的《中国通史》④中，有专门的章节论述清代手工业的发展，并指出了清前期西北各族百姓从事的手工行业种类，其中针对陕西的造纸行业有不少表述。《明清时代陕西社会经济史》与《陕西社会经济史》中均强调了关中地区的造纸印刷业。

新疆造纸业方面，上海科学技术出版社曾于20世纪80年代出版了一套《中国科技史话丛书》，其中《造纸史话》⑤一书在论及少数民族地区的造纸业时，对新疆造纸的原料与工艺有一定叙述。文中提到：新疆不产竹，为就地取材，用一种名为芨芨草的植物代替，这种草虽不如竹子坚挺，但却廉价易得，对新疆发展造纸业贡献较大。但全书篇幅不长，对各

---

① 徐建青：《清代的造纸业》，《中国史研究》1997年第3期。
② 潘吉星：《中国造纸技术史稿》，文物出版社1979年版。
③ 王菊花：《中国古代造纸工程技术史》，山西教育出版社2005年版。
④ 白寿彝总主编，周远廉、孙文良本卷主编：《中国通史·清时期上》（修订本），上海人民出版社2004年版。
⑤ 《造纸史话》编写组编：《造纸史话》，上海科学技术出版社1983年版。

地的造纸技术也仅是稍有提及，笔者从中可获得的资料有限。《清代新疆社会经济史纲》中将新疆造纸业划归民营，可见这一时期民间造纸业占据主要生产地位。

此外，也有不少学术论著对两地的造纸行业均有涉及。潘吉星所著《中国造纸史》[①]是中国古代造纸业的集大成之作。书中图片资料丰富，共有242张，对研究造纸行业的发展帮助很大。该书阐述了新疆地区的造纸技术，对陕西造纸的加工方法亦有一定阐明。此外，作者还科学地解释了造纸工艺，并利用化学学科方法加以阐释说明。不足之处在于对清代西北造纸业的整体关注度不高，所占篇幅不多。《中华大典·工业典》的子目《造纸与印刷工业分典》中，有关陕西与新疆造纸的史料较多，书中还记录着两地纸张的消费情况。另外，该书将印刷行业进一步分为官方印刷与民间印刷，对印刷工艺也有一定记载。除造纸、印刷外，书内还有笔、墨、砚的制造与使用，可谓是"文具制造业"的史料合集。

五 制瓷业

陶瓷领域中，论述清代西北制瓷业的著作比较有限。据笔者所寻，虽以《中国陶瓷史》为名的专著不下多本，然而令人遗憾的是，大多数书中未见有关于西北陶瓷的论述。如中国硅酸盐学会主编的《中国陶瓷史》[②]一书，篇幅不短、体例完备、层次清晰，以中国古代王朝时间线为线索，阐述我国陶瓷业的发展，足见编写者的学术功底深厚。然纵观书中对清代陶瓷史的论述，仅对景德镇、江苏、广东、福建等地的陶瓷业有所提及，并未见到陕西耀州窑以及西北其他地区的陶瓷加工，甚是可惜。不过，江西景德镇陶瓷研究所编著的《中国的瓷器》[③]中，则对清代陶瓷业的发展有着重强调。据书中所述，陕西西安的关中窑曾是西北一绝。此外，书中还阐述了甘肃华亭的安口窑因清代战乱导致技艺失传一事，后有陕西

---

① 潘吉星：《中国造纸史》，上海人民出版社2009年版。
② 中国硅酸盐学会主编：《中国陶瓷史》，文物出版社1982年版。
③ 江西省轻工业厅景德镇陶瓷研究所编著：《中国的瓷器》，中国财政经济出版社1963年版。

绪　论

耀州的陶瓷工匠前往传艺，才使本地制瓷业重新发扬光大，产品远销西北各地。随着研究的深入，学者对西北陶瓷业的发展也愈加关注。叶喆民的《中国陶瓷史》①中，结合地方志与档案，专设一节论述了陕西耀州陶瓷的发展历程。同时，作者利用化学原理阐释了耀州窑独特的烧制工艺，并附有图片与考古资料，是对耀州瓷器的较好解读。赵宏在《中国陶瓷历史地理》②中指明了耀州窑在各历史时期的地理分布。

陕西关中的耀州窑是西北名品，因此与耀州窑相关的论著较多。如牟晓林所著《耀州窑》③，薛东星的《耀州窑史话》④，禚振西与杜文的《耀州窑瓷鉴定与鉴赏》⑤以及刘遵义与贾琪所编《耀州窑：图册》⑥。这些著作分别从耀州窑的烧制、历史、外观、装饰等角度进行了全面论述。《中华大典·工业典》的子目《陶瓷与其他烧制品工业分典》中将瓷器用品分为"生活用陶""建筑用陶"与"文化用陶"，此外还有瓦片的制造与使用。书中以较长篇幅汇总了西北瓷器的烧制与使用，并涉及耀州窑的制造工艺流程。此外，书中还汇集了其他烧制品种类，如琉璃、玻璃、石灰、硫磺等，并记录有清代新疆地区玻璃、瓷器的运输。

《中国传统工艺全集·民间手工艺》⑦分册内，叙述了陕西耀州的瓷器制造，并附有精美的瓷器图片。卞宗舜、周旭与史玉琢合著《中国工艺美术史》⑧一书从工艺美术品的角度对陶瓷、漆器开展论述，并论及陕西烧制的建筑用陶。武沐所撰《甘肃通史：明清卷》⑨中阐述了清代甘肃的陶瓷制作业，指出清代甘肃制陶主要集中于兰州、山丹一带，每年可产碗、盏、缸等陶瓷器皿达百万余件。

---

① 叶喆民：《中国陶瓷史》（增订版），生活·读书·新知三联书店2011年版。
② 赵宏：《中国陶瓷历史地理》，中国致公出版社2019年版。
③ 牟晓林：《耀州窑》，文化艺术出版社2019年版。
④ 薛东星：《耀州窑史话》，紫禁城出版社1992年版。
⑤ 禚振西、杜文：《耀州窑瓷鉴定与鉴赏》，江西美术出版社2000年版。
⑥ 刘遵义、贾琪主编：《耀州窑：图册》，陕西旅游出版社1992年版。
⑦ 路甬祥总主编，田小杭主编：《中国传统工艺全集·民间手工艺》，大象出版社2007年版。
⑧ 卞宗舜、周旭、史玉琢：《中国工艺美术史》，中国轻工业出版社1993年版。
⑨ 刘光华主编，武沐著：《甘肃通史：明清卷》，甘肃人民出版社2009年版。

六 竹木加工业

竹木加工业是指木匠利用竹子或木材加工成百姓所需的生产生活用品。竹虽不属于木材类，然在手工业领域，其与木材的作用有很多相似之处，故将竹、木合而述之。该行业广泛存在于山林地区，如陕南的秦巴山区等。故相关学术成果有不少是研究清代陕西秦巴山区的竹木加工业。如梁四宝撰写的《清代秦巴山地农业、矿冶、手工业发展与环境劣变》[①] 一文。文中强调，清代秦巴山地老林的大力开发与木炭、矿冶、造纸以及培育木耳香菌等手工行业的快速发展有关，并以此分析秦巴山区自然环境的破坏程度。作者指出：不同的木材品种适用于不同的手工行业，如木炭是由次生幼林或灌木烧制而成，纸场需要竹子或木，木耳和香菌的培养要用到花栗、青桐、梓树等。《中国古代工业史》中论述了清代陕西的竹木加工，作者分析指出，工匠会利用竹子、木材从事造纸、制板等手工作业。孙婧悦的硕士学位论文《清代陕南工商业发展及其特征研究》[②] 中提到陕南的木材砍伐与加工，作者在文中强调：根据《三省边防备览》记载，可将其中木材按质量分为圆木、枋板与猴柴。圆木可用于建造房屋，枋板可制作家具、寿材，猴柴则因质量较差，主要用于烧柴。文章在叙述造纸方面篇幅较多，可见清代陕南地区利用竹、木造纸的活动较为频繁。

高荣主编的《河西通史》[③] 中提及了清代河西地区的木工一般就地取材，将木材制作成各种器具，如车轮、车轴等。另外，甘肃秦州的漆器也以木材为原料。《甘肃通史：明清卷》中记录了1969年天水市郊的王家磨村挖掘出清代雕花漆棺和殉葬的漆盒等物，秦州漆器的漆料是从漆树中采集而来，随后由漆匠镶于木碗、手杖等物品上，这种漆器有防潮、耐高温、耐腐蚀的功能。

---

① 梁四宝：《清代秦巴山地农业、矿冶、手工业发展与环境劣变》，《贵州科学》1992年第3期。
② 孙婧悦：《清代陕南工商业发展及其特征研究》，硕士学位论文，陕西师范大学，2017年。
③ 高荣主编：《河西通史》，天津古籍出版社2011年版。

七 其他手工业

除上述六种手工业外，另有不少手工行业在清代西北地区也有一定的发展，且规模不小。如建筑业、皮革制造业、粮食加工业、工艺品行业等，下面针对这几类手工业的学术成果做简要评述。

《河西通史》中论述了清代甘肃的建筑用料，如肃州南山产黄土、石灰，东双井湖内产白土，均可用于建房。作者认为，这一时期带有工程承包性质的包工头已经出现。此外，书中亦论述了河西地区的粮、油加工生产，惜篇幅不长，探讨并不全面。张萍所著《区域历史商业地理学的理论与实践：明清陕西的个案考察》[1]中，对清代关中、陕北的毛皮加工业有一定论述。《中国西北少数民族通史·清代卷》一书中，对西北地区的皮革加工业和粮油加工业有所阐述。由方晓阳、王伟、吴丹彤撰写的《中国传统工艺全集·制砚制墨》[2]中论述了清代宁夏贺兰砚的制造工艺，并提出清代最早记录贺兰山有石可制砚的文人应当是胡大游。《中国传统工艺全集》的分册《金银细金工艺和景泰蓝》[3]中，详细探讨了青海各族佩戴的金银首饰。作者认为：首饰除装饰华丽、外表优美的用处外，不同的花色图案也表达了各民族对美好生活的向往，视角独特，发人深思。由金维诺总主编的《中国美术全集》[4]是一部大型的工艺品图集，书中附有清晰的清代西北手工艺品图片。从图像上看，西北工艺品的式样美观、大方，具有浓厚的西北地域风格。此书也是不可多得的图片资料汇总。《清代新疆社会经济史纲》与《准噶尔汗国史》中对清代新疆地区的皮革制造业有一定论述，并提及了新疆的粮食加工业，给笔者一定启发。

综上所述，笔者从七个方面评述了现有的清代西北地区的手工业学术

---

[1] 张萍：《区域历史商业地理学的理论与实践：明清陕西的个案考察》，三秦出版社2014年版。

[2] 路甬祥主编，方晓阳、王伟、吴丹彤著：《中国传统工艺全集第二辑·制砚制墨》，大象出版社2015年版。

[3] 路甬祥主编，唐克美、李苍彦主编：《中国传统工艺全集·金银细金工艺和景泰蓝》，大象出版社2004年版。

[4] 金维诺总主编：《中国美术全集》，黄山书社2010年版。

成果。从产品上看,大部分手工业生产活动服务于百姓的日常生产生活,以满足他们的日用所需。不过,研究所涉及的工艺品种类较少,时间上也大多集中于清后期,可见发展水平有限。

八　清代西北手工业产品市场的相关成果

关于清代西北手工业产品市场的研究成果,这里以全国性市场通史、区域性市场通史以及各省贸易史三个方面开展论述。

(一) 全国性市场通史论著中的西北手工品贸易市场

全国性市场通史方面,郭蕴静的《清代商业史》[①] 从国内、国外两个角度出发,阐述了清代商业的发展状况。该书首先介绍了清以前我国商业发展的三个重要时期,紧接着引入清代的商业发展情况。书中论述西北商业方面的内容较为简略,对新疆地区的边疆贸易有所涉及。作者指出了官方主导下的边疆少数民族贸易是当时新疆地区主要的贸易方式。同时,著作中也分析了西北民族贸易中的商品种类,于本书写作有一定的借鉴意义。吴慧主编《中国商业通史》[②] 中,着重论述了清代西北民族贸易的规模及交易的物品种类,并详细罗列了市场上贩卖的手工品,同时指出商人行走的商路大多为官方驿道。李伯重、邓亦兵主编的《中国市场通史·第2卷》[③] 一书,该书理论性较强,在提及西北市场时指出黄河水系贯穿着兰州、宁夏、陕西等地,是运送大宗货物的重要交通枢纽,同时也是全国商路网的重要一环,这一观点对笔者启发颇大。

(二) 区域性市场通史论著中的西北手工品交易市场

目前,学者研究清代西北区域市场时大都以通论的形式加以阐述,并不详细区分各类行业市场。由林永匡、王熹编著的《清代西北民族贸易史》[④] 是一部论述清代官方、民间与西北准噶尔、哈萨克、土尔扈特等少

---

① 郭蕴静:《清代商业史》,辽宁人民出版社1994年版。
② 吴慧主编:《中国商业通史(第4卷)》,中国财政经济出版社2008年版。
③ 李伯重、邓亦兵主编:《中国市场通史·第2卷》,东方出版中心2021年版。
④ 林永匡、王熹编著:《清代西北民族贸易史》,中央民族学院出版社1991年版。

绪 论

数民族开展互市贸易的专著。书中留存了较多的满文史料，尤其是保留了乾隆二十三年（1768）后清政府与哈萨克等族在新疆开展大规模丝绸、布匹贸易的商品数额与价格的史料，该资料十分难得。近年有吴元丰、厉声等人翻译的《清代新疆满文档案汉译汇编》[①] 一书，然书中的档案翻译仅截止于乾隆二十年（1755），之后的年份并未翻译出版。故林、王二人的贸易史著作依然是笔者分析这一时期新疆地区丝绸与布匹贸易的重要依据。

姜守鹏所著《明清北方市场研究》[②] 中，将清代西北市场发展显著的原因部分归功于手工业的长足进步，这一论断无疑较为合理。书中对清代陕西市场的扩张及手工品种类的增长给出了合理解释，认为这是商品经济进一步发展的必然结果。文中又将北方的手工产品交易市场同南方比较，认为北方尚不如南方发达。此外，据书中所述，陕西商人会定时把手工产品运往甘肃、新疆等地销售。久而久之，逐渐形成了与关中市场联结的兰州市场。而新疆乌鲁木齐、阿克苏等地也催生出规模较大的布匹交易市场，这些结论对笔者而言有一定的借鉴意义。

成崇德主编《清代西部开发》[③] 一书以省为单位，论述了清代新疆的开发经历了由分裂到统一的过程。文中涉及的新疆手工业产品市场主要包括清政府与少数民族的官方贸易市场以及民间的日用品交易市场。作者在论述后得到了与林永匡、王熹等人相似的结论，可见在西北市场贸易问题上，几位学者的观点有相通之处。

魏明孔所著《西北民族贸易研究：以茶马互市为中心》[④] 是研究西北经济与市场贸易的重要论著。书中以"互市"为中心，指出在我国西北地区官府长期实行以布、茶、铁等手工产品交换少数民族马匹的"茶马互市"，这是汉族利用先进的手工技艺维护边疆稳定的重要手段。魏明孔认为，清代是西北"茶马互市"贸易的衰落期，但同时也肯定了这一时期西北互市的价值：一方面增加了财政收入，有利于西北各省的社会经济发

---

① 吴元丰、厉声主编：《清代新疆满文档案汉译汇编》，广西师范大学出版社2020年版。
② 姜守鹏：《明清北方市场研究》，东北师范大学出版社1996年版。
③ 成崇德主编：《清代西部开发》，山西古籍出版社2002年版。
④ 魏明孔：《西北民族贸易研究：以茶马互市为中心》，中国藏学出版社2003年版。

清代西北手工业与市场研究（1644—1840）

展；另一方面促进了中央与少数民族的联系，巩固了西北边防。

张萍主编有《西北地区城乡市场结构演变的历史进程与环境基础》①一书，共收录了37篇与西北市场相关的文章，着重研究了历史上西北地区城乡市场的分布、结构、形态及社会功能等，是一本理论性很强的历史著作。在时间上，作者重点关注近代及明清时期。内容涉及西北市场的各个方面，如西北各省的商品贸易路线、皮毛贸易市场的范围、商帮票号的分布等，内容丰富，笔者从中受益颇多。

（三）西北各省市场论著中的手工业产品市场

在评述学者所撰清代西北各省的市场论著方面，有两点需要注意：首先，上述提到的《宁夏经济史》《清代新疆社会经济史纲》等各省经济史论著中对各地的市场发展情况已有涉及，这里不再赘述。其次，囿于清前期史料不足等因素，学者们在研究西北市场时一般会扩大时间范围，如一般采取对明清时期或清代这两个时间段的西北市场开展论述，在引用相关成果时须加以辨别。

董倩的博士论文《明清青海商品经济与市场体系研究》②中，研究了明清两朝青海地区的商品市场情况。作者在充分搜集史料的前提下，把青海手工品贸易市场细分为食盐、农产品加工、皮毛、金属等多个行业，并在叙述时理清了各手工产品的产地、生产过程，同时附有青海商品运销的路线图，为笔者提供一定思路。作者的另一篇文章《明清青海地区市场体系研究》③则是在博士论文的基础上加以改动形成。文中表格较多，内容简洁直观，但大部分商品的数据为清末《丹噶尔厅志》中所载，未见有明至清前期的相关记录。

张萍在《地域环境与市场空间》④中，将明清陕西市场同历史地理学相结合，开篇从陕西的地理环境出发，研究了陕西地区的商业活动同各种地理因素之间的相互关系。书中采纳了田培栋将陕西分为陕北、关中、陕南三部

---

① 张萍：《西北地区城乡市场结构演变的历史进程与环境基础》，三秦出版社2011年版。
② 董倩：《明清青海商品经济与市场体系研究》，博士学位论文，华东师范大学，2008年。
③ 董倩：《明清青海地区市场体系研究》，《青海社会科学》2014年第1期。
④ 张萍：《地域环境与市场空间》，商务印书馆2006年版。

绪 论

分的观点，并表明这一划分的依据与地理环境密切相关。作者指出，在每一区域中，都有一处中心市场。此外，作者对这一时期的陕西商帮也有一定研究。书中汇集了大量作者精心绘制的商业地图，给本书的写作提供了较大帮助。张萍的另一本著作《区域历史商业地理学的理论与实践：明清陕西的个案考察》① 中，对陕西市场地理的相关问题做了进一步深化。该书中商路地图较多，附有不少表格，并且逐一列举了陕西各地销售的手工产品。从此书的结构上看，作者从陕西商业发展的经济环境状况出发，阐述了陕西农业、手工业的生产地区、条件与方式，随后探讨了陕西商路的发展格局，再到商业城镇的三级划分，论述了城乡商品经济发展的不平衡性，最后对陕西的商品输出做了一番表述。由此可见，该书由内而外、中心到地方、分散到集中，结构合理、评判准确，是不可多得的商业历史地理学著作。

李刚所著《陕西商帮史》② 则是从陕西籍商人群体的角度，对清代陕西市场加以论述。作者从明清陕西市场的扩张出发，指明了陕帮崛起的源头，并通过其主要活动领域阐明了商帮的辉煌过往。该书史料丰富，地方志是重要的资料来源之一。作者在阐述陕帮在新疆的商业行为时亦借鉴了林永匡等人的观点。在论述盐业领域时，作者提及了山陕商帮的联合，认为这在陕帮的发展史上极为重要。陕帮把较多的手工产品运往西北及内陆各地，促进了各地间的经济交流。但关于清前期陕商行销的手工产品数额之多寡，文中并未提及。

张荣的博士论文《清朝乾隆时期哈萨克政策研究》③ 中，针对乾隆朝新疆地区的布匹贸易做了一定分析。文章引用了《清代西北民族贸易史》中的数据，计算出一匹回布的价格约为1.5钱。此外，作者还将西北民族贸易前后乾隆帝的心态变化做出一番对比，指出乾隆如此积极地开展贸易活动，是为了赚取官营商业利润而非发展商业。

陈海龙所撰《清朝——哈萨克汗国贸易研究（1757—1822）》④ 是一

---

① 张萍：《区域历史商业地理学的理论与实践：明清陕西的个案考察》，三秦出版社2014年版。
② 李刚：《陕西商帮史》，西北大学出版社1997年版。
③ 张荣：《清朝乾隆时期哈萨克政策研究》，博士学位论文，兰州大学，2011年。
④ 陈海龙：《清朝——哈萨克汗国贸易研究（1757—1822）》，博士学位论文，陕西师范大学，2014年。

清代西北手工业与市场研究（1644—1840）

篇具有学术价值的博士论文。不仅体现在对新疆贸易的论述上，对过去学术成果的补充也是此文章的价值之一。首先，文章强调自乾隆朝开始的马匹、丝绸贸易给清哈双方带来了巨大收益，但由于丝绸价格昂贵，且质量不一，因此每次运往新疆的绸缎数量不定。其次，随着哈萨克汗国的商人对低价丝绸和布匹的需求量日益增加，南疆回布逐渐成为清方商人携带的主要贸易商品。作者在文中指出：针对乾嘉道三朝新疆地区征收的回布数量究竟有多少，学者们产生了分歧。康凤琴在《清代新疆南部地区的棉布征收制度》① 中，对三朝回布的征收给出了具体数额：乾隆朝251.5万匹，嘉庆朝260万匹，道光朝270万匹。陈海龙认为，康凤琴的推断虽具有一定合理性，但其误将21500匹看作乾隆五十一年（1786）喀、英两城到伊犁的办解量。而据档案记载，该年"共办布十万三千余匹"，虽另有叶尔羌、和阗等地输送，然差值依然明显。因此他估算乾隆年间共征收回布257万匹，而非康的251.5万，对于这一论断的合理性，笔者会于后文中详述。

关于这一时期甘肃手工业产品市场的研究，学术界的相关成果并不丰硕。安瑛的硕士论文《清前期甘宁青区域的商业贸易》② 是一篇论述清前期甘宁青三地市场贸易的文章，篇幅较短，论述不深，但贵在全面。文中尝试从官方与民间的角度分析此三处在销售产品时的行为与目的。在作者看来，清廷主导的官方贸易要考虑维护社会稳定的因素，民间贸易则以赚取利润为主。文章还对市场中的布匹、绸缎等手工产品的贩卖有一定叙述，但较为简短。吕强的硕士论文《清代甘肃商业市场发展及演变过程专题研究》③ 中借鉴了商业历史地理学的概念，论述了清代甘肃商业地理环境的基本情况，并附有甘肃商路的示意图，明确了清代甘肃各级市场的地位与产品运销。文中将"兰州市场"自成一章，论述了乾隆朝兰州城受社会风气变迁的影响，当地人擅长手工制作，精于工艺生产，商业繁荣。故不难推断，当时市场上充斥着各类手工产品。对于河州、庆阳、肃州等地

---

① 康凤琴：《清代新疆南部地区的棉布征收制度》，《西域研究》1992年第2期。
② 安瑛：《清前期甘宁青区域的商业贸易》，硕士学位论文，西北师范大学，2002年。
③ 吕强：《清代甘肃商业市场发展及演变过程专题研究》，硕士学位论文，陕西师范大学，2010年。

的产品市场，作者也予以了一定关注，并大致阐明了这些地区在甘肃市场中的不同定位。

沙全一、李彦和主编的《宁夏区域经济概论》[1] 一书中探讨了清朝统一全国后的宁夏市场发展与商路交通问题。马宗正与吴静所撰《明清时期宁夏集市发展初论》[2] 一文，针对清代宁夏府各个城镇的市场规模、商品种类、地域分布等有着较为全面的阐述。此外，作者对于少数民族定期举办的集市以及市场中销售的手工品种类等问题也有详细说明，并涉及庙会等小规模的贸易市场。霍丽娜《明清时期的宁夏集市及其发展》[3] 一文的内容与马、吴有相似之处，史料运用上有些许重合。但霍的文章新增了清代官方对于民族互市的管理问题，在最后论述宁夏市场的特点时也与前文关注的角度有较大差别：霍分别从清代宁夏集市的水陆交通、人口增减、集市间歇等角度进行总结；马、吴二人则是从集日、集期、交易商品种类和集市空间分布等方面有细致阐述。笔者会依照各方总结的特点加以分析，进而得出更加准确的清代宁夏手工业产品市场的特点。赵天福的硕士论文《宁夏市场变迁（1368—1949）》[4] 中，研究了清代宁夏府城市场的基本情况，文章主要的史料来源是乾隆时所修《宁夏府志》，资料方面略显单薄，但文中对宁夏市场的问题解释较为清晰。除上文《清前期甘宁青区域的商业贸易》中对清代宁夏市场有些许论述外，陈亮的博士论文《明清时期甘青民族走廊经济发展研究》[5] 中也阐述了清代宁夏市场的发展状况。该文从经济学角度分析了西北商人群体发展壮大的原因，并提出西北市场的商品种类和产量是随着商品经济发展而逐渐增多的。

综上，学术界有关清代西北手工业及手工业产品市场的研究，已经取得了一定进展。这些成果可以概括为：

第一，清代西北手工业史资料在整理方面已有一定的成就，这主要集中在产品的生产与销售方面。这些资料汇编成果大多依据官修正史、地方

---

[1] 沙全一、李彦和主编：《宁夏区域经济概论》，宁夏人民出版社1991年版。
[2] 马宗正、吴静：《明清时期宁夏集市发展初论》，《宁夏社会科学》2005年第6期。
[3] 霍丽娜：《明清时期的宁夏集市及其发展》，《宁夏社会科学》2008年第6期。
[4] 赵天福：《宁夏市场变迁（1368—1949）》，硕士学位论文，陕西师范大学，2008年。
[5] 陈亮：《明清时期甘青民族走廊经济发展研究》，博士学位论文，兰州大学，2019年。

志、档案与时人笔记等文献资料汇整而成。

第二，对于各地区手工业生产特点的研究较为完善，并已有学者做分类整理。这表现为清代西北各地手工品生产的种类基本确定，例如畜牧区的工匠一般将原料加工成皮毛制品，山林地区则有木制品的制造，竹产区为造纸、编织等行业，地域性特征明显。

第三，西北市场的影响范围与市镇层级的划分更加合理。有不少学者认为，各省府级城镇市场的规模一般比较大，它带动了周边地区商业的发展，并影响了商路开辟与各地市场的联结。省、府县、乡镇三大市场层级结构凸显，地理因素在市场开拓中影响较大。

第四，诸多学者已经意识到：遍及各地的手工品贸易市场，在西北各族人民的社会经济生活中占有十分重要的地位，时至今日依然能明显感受到它所带来的影响。同时，学者们也指明了西北各自然经济区之间差别显著，在交通尚不发达的清代，各地市场仍旧存在较大差距。

学术界在上述四个方面取得了较为丰硕成果，但仍然有不少问题尚待解决。主要为以下几个方面：

第一，就研究区域而言，清初西北尚未统一，直至乾隆年间方才统一新疆，一部分研究成果并未明确区分统一前后的两个不同时期。另有宁夏地区在清初归属陕西，后又属甘肃，史料中多以宁夏府论之，故一些资料汇编中仅摘录部分时期与区域的手工行业情况，并未完全收录宁夏地区清代手工业总体发展状况。

第二，就目前而言，汇总性质的清前期西北手工业产品市场的研究成果较为稀缺。实际上方志多载有各地的产品生产与销售资料，然仅有少数学者关注、汇总和分析。

第三，就成果种类而言，手工业相关的专著类成果一般以经济通史为主，未见有单独成册的西北手工业史著作。

第四，一些成果虽论及西北手工业，但论述仅限于产品的种类，并未深入探讨制作工艺，这一问题比较普遍。

基于以上认识，若想深入研究清代西北地区的手工业及其市场的相关问题，应从以下几点入手：

绪 论

首先，应树立全局观念，要将西北地区同清代全国相比，判断西北手工业与市场的发展状况如何。

其次，针对某一产品的生产，不仅要阐明生产地区，还要明确生产步骤、销售地点等，这一点可能囿于史料的不足而难以面面俱到，但仍有部分商品能够较为完整地开展相关论述。这是研究手工业史最基本的方法。

最后，要在经济史学科的基础上实现跨学科研究。当学者论述一件产品之精美时，我们很难想象具体实物如何，这需借助图像美术等加以呈现。一些产品的销售地点、数量须利用历史地理学与计量史学的方法加以论述。在笔者看来，只有综合运用各学科的知识，在研究手工业史时方能更为深入。

在谈及研究现状时应当对西方学界、日韩、中国台湾学者研究成果加以介绍。

第三节　西北地区的行政区划与自然环境

一　行政区划

在撰写本节内容前，笔者需要指明的是，本书所指西北地区的范围为现如今的陕甘青宁新五省，但从历史上说，清代西北各省的政区前后多有变动，如宁夏的前后隶属即有不同，西宁等府在这一时期也归属甘肃管辖。在本书的结构上，笔者会基于清代西北地区的行政划分，将文章分为陕西、新疆、甘肃三省。为便于后文的论述与统计，故有必要将这一时期西北政区的沿革梳理一番，由于西北地区疆域辽阔，笔者在此仅做简要概括。①

清初，陕西仍袭明制，顺治二年（1645）四月设陕西巡抚，辖西安、

---

① 关于西北地区的行政沿革，详细情况可参考：陈笙泰编《西北历代地方行政区划沿革略》，西北论衡社1942年版；谭其骧主编《中国历史地图集·第8册·清时期》，中国地图出版社1987年版；牛平汉主编《清代政区沿革综表》，中国地图出版社1990年版；周振鹤主编，傅林祥、林涓、任玉雪、王卫东编《中国行政区划通史·清代卷》（修订本），复旦大学出版社2017年版。

凤翔、汉中、延安、平凉、巩昌、临洮、庆阳8府，下辖1直隶州兴安、20州、96县。① 此时的陕西范围包括今陕、甘两省。顺治二年（1645）五月，设延绥巡抚，驻榆林卫，辖榆林镇与延安府绥德一带，康熙元年（1662）九月裁。不久，陕甘分治。康熙二年（1663），陕西布政使司左右分治，左布政使仍治西安城，领西安、凤翔、汉中、延安4府与兴安直隶州。② 右布政使移驻巩昌府，辖平凉、巩昌、临洮、庆阳4府。康熙三年（1664）二月，增设甘肃按察使司按察使，驻区与右布政使重合。康熙五年（1666），甘肃巡抚移驻兰州，康熙六年（1667）七月，改名甘肃布政使司③，由此完成对陕西的分省。

陕甘分治后，在省级行政机构方面，康熙十一年（1672）四月，设陕西总督专理陕西。十九年（1680）十一月，裁四川总督，改陕西总督为川陕总督。乾隆十三年（1708），因征金川用兵，将川陕总督分设。此后，陕西总督多称为陕甘总督。地方行政区划亦有改变，分省后陕西辖西安、凤翔、汉中、延安4府和兴安直隶州以及榆林卫，下辖11州、68县。康熙三年九月，升耀州、商州、华州、同州、鄜州、乾州、邠州、葭州、绥德州等9州为直隶州。八年（1669）十一月，改榆林卫为府。十三年（1674）四月，升同州为府，降耀州、华州为属州，乾隆元年（1736），又降葭州为属州。四十七年（1782）九月，升兴安直隶州为府。这是陕西行政区划变迁的基本情况。

甘肃在清初为陕西之一部分，顺治二年四月沿袭明制，设甘肃巡抚，驻甘肃卫。顺治十七年（1660）移驻凉州卫。康熙五年移驻兰州。雍正元年（1723）三月，川陕总督统领西安、甘肃、四川三处事务。乾隆十三年后，陕西总督多被称为陕甘总督，二十四年七月，改陕甘总督为川陕总督，改甘肃巡抚为甘肃总督，专理甘肃。乾隆二十五年（1760）十二月，改甘肃总督

---

① （清）伊桑阿等：（康熙）《大清会典》卷19《州县二》，文海出版社1992年版，第740页。

② （清）刘于义、沈青崖：（雍正）《陕西通志》卷3《建置二》，清雍正十三年刻本，第1页。

③ （清）许容监修，李迪等撰：（乾隆）《甘肃通志》卷3上《建置》，文渊阁《四库全书》第557册，台北商务印书馆1983年版，第21页。

绪 论

为川陕总督，统辖两省事务。二十九年（1764）三月，裁甘肃巡抚。

甘肃在陕甘分治后辖 4 府：巩昌、平凉、临洮、庆阳府，下辖 9 州、28 县，又辖宁夏等诸卫，卫由通判、同知管理。在此基础上，先后设置了甘凉、西宁、宁夏、兰州、巩秦阶、镇迪诸道。雍正二年（1724）十月，置宁夏、西宁、凉州、甘州 4 府。雍正三年（1725）六月，平凉、固原卫改属平凉府，庆阳卫归属庆阳府，临洮、河州、兰州卫及归德所归临洮府，洮州、岷州、靖逆卫及西固所由巩昌府管辖。① 雍正四年（1726），裁兰州、平凉等 7 卫，改为州县管辖。六年（1728）十二月，升秦、阶为直隶州。次年四月，又升肃州为直隶州。乾隆三年（1738）改临洮府为兰州府，二十四年（1759）九月，设安西府，裁撤靖逆厅。三十八年（1773），改安西府为直隶厅，四十二年（1777）九月，升泾州为直隶州。

清初宁夏维持卫所制，隶属于陕西布政司。顺治二年四月沿明制设宁夏巡抚，驻宁夏卫。康熙四年（1665）五月，裁撤宁夏巡抚，将辖区并入甘肃。雍正二年十月，裁宁夏卫置府，治宁夏城。其所属左卫改为宁夏县，右卫改为宁朔县，中卫改为中卫县，平罗所改为平罗县，灵寿所改为灵州②，领 1 州 4 县。后于雍正四年、六年分别增设新渠县、宝丰县。乾隆三年（1738），宁夏地震，从钦差兵部右侍郎班第奏议取消两县建制，次年正式取消，复归平罗县。③ 同治十一年（1872）六月置宁灵厅。至此，宁夏府领宁灵 1 厅，灵州 1 州，宁夏、宁朔、平罗、中卫 4 县。

青海在明代属西番之地，为蒙古部落所统治。清康熙三十七年（1698），虽悉数归附，却并未建置。雍正元年（1723），清廷平定罗卜藏丹津叛乱，称此地为青海。二年十月，清朝在青海设置青海办事大臣，统辖蒙古 29 旗和青南玉树地区、果洛地区及环湖地区等 40 族土司部落。同

---

① 《清世宗实录》卷 34，雍正三年六月癸巳，中华书局 1985 年影印本，《清实录》第 7 册，第 512 页。

② 《清世宗实录》卷 25，雍正二年十月丁酉，中华书局 1985 年影印本，《清实录》第 7 册，第 396 页。

③ 《清高宗实录》卷 88，乾隆四年三月壬子，中华书局 1985 年影印本，《清实录》第 10 册，第 365 页。

时清廷将青海东北部西宁卫改为西宁府,碾伯所改碾伯县,置大通卫。①并继续沿袭明朝的土司制度,西宁府归甘肃省管辖,领2县1卫。因青海办事大臣常驻西宁,故乾隆后通称"西宁办事大臣"。康熙三年(1664),青海办事大臣到任,总理青海地区事务。在管理之初,因境内蒙古各部族杂乱、不便管理,故编为五部,另附大喇嘛所属一旗,均统辖于办事大臣。②乾隆八年(1743)十月,置摆羊戎厅。二十六年(1761)改大通卫为县,领1厅3县。五十六年(1791)七月,置贵德厅。道光三年(1823)兰州府循化厅属青海。③道光九年(1829),置丹噶尔厅。直至清末,共领4厅3县。可见清代的青海分为两部分辖属:西宁府属之西宁、碾伯(今乐都县)、循化、大通、巴燕戎(今化隆县)、贵德、丹噶尔(今湟源县)等7厅县归甘肃布政司管理;其他地区则归西宁办事大臣管理,西宁办事大臣常驻西宁。

新疆在明朝时处于诸部林立的状态,绰罗斯、杜尔伯特、和硕特与辉特四卫拉特居北疆;别失八里、叶尔羌、吐鲁番诸国,以及回部派噶木巴尔诸族居于南疆。④清顺治至乾隆年间,新疆诸部或归属,或被平定。乾隆二十七年(1762),清廷在此置伊犁将军,开始在新疆实行军府制。由此,新疆天山南北两路统归伊犁将军管辖,结束了各部争斗的局面。因新疆幅员辽阔,设置厅州县数量也较其他省多。具体而言,南路喀什噶尔参赞大臣节制英吉沙尔、叶尔羌、和阗、乌什、阿克苏、库车、喀喇沙尔等处。东路乌鲁木齐都统节制库尔喀喇乌苏、古城、巴里坤、吐鲁番、哈密等地⑤,兼管镇迪道及所属厅州县,伊犁将军则管辖北路伊犁、塔城参赞大臣。新疆共计15地,每地下设众多城与旗。伊犁设有惠远城、熙春城、

---

① 《清世宗实录》卷25,雍正二年十月丁酉,中华书局1985年影印本,《清实录》第7册,第396—397页。

② 《清世宗实录》卷39,雍正三年十二月辛巳,中华书局1985年影印本,《清实录》第7册,第575页。

③ 《酌改边防佐二官制》(道光三年正月十八日),《那文毅公奏议》卷59《三任陕甘总督奏议》,《续修四库全书》本,第497册,第182页。

④ 周振鹤、傅林祥、林涓、任玉雪、王卫东:《中国行政区划通史·清代卷(修订本)》,复旦大学出版社2017年版,第398页。

⑤ 参见管守新《清代新疆军府制度研究》,新疆大学出版社2002年版。

宁远城等9城；库尔喀喇乌苏设庆绥城，另领3旗；塔尔巴哈台有绥靖城，附牧3旗；乌鲁木齐有巩宁、迪化、喀喇巴尔噶逊、济木萨、玛纳斯等8城；巴里坤领会宁、木垒2城；吐鲁番有辟展、托克逊等6城；喀喇沙尔设3城，另附7旗；库车2城，阿克苏4城，乌什1城，喀什噶尔19城，叶尔羌24城，和阗1城。

二　自然环境

西北地区生态环境多样，地形错综复杂，以高原、山岭、沙漠、戈壁和盆地为主，高、低山谷相连，从而构成奇特的自然景观与多样的人文生态环境。现今西北五省的面积约为300多万平方千米。境内多山，几条东西向山脉构成地势的基本走向。

在陕西，山脉按走向可分为东西走向与南北走向两大类型。其中以东西向山脉为主，包括横山、秦岭和大巴山；南北走向的山脉主要分布在陕西北部的黄土高原，包括子午岭、黄龙山与陇山。秦岭横贯中部，是长江与黄河的天然分水岭，同时也将陕西一分为二。

自南向北来看，陕西南端的大巴山至中部秦岭之间是陕南汉水流域，山岭纵横，有不少盆地散布其中。汉中盆地西起勉县武侯镇，东至洋县龙亭铺，长约100千米，宽5至20千米不等，汉中城附近宽达30千米。盆地包括汉江冲积平原，该平原海拔500米，地势平坦、土壤肥沃，河渠纵横密布，是陕西的主要水稻产区。盆地的外围是低山丘陵地带，包括嘉陵江和汉江南北两岸的丘陵区，全长360千米，南北宽10至60千米不等，是陕南重要的林木种植与农业生产区之一。

关中平原介于秦岭与黄土高原之间，东起潼关、西至宝鸡，东西长有300余千米，南北不一。黄河最大的支流渭河横贯关中平原，长约700千米，水源充沛。渭河及其支流滋养了广袤的"八百里秦川"，这里地势平坦、土膏微润、水源充足，适宜农业生产，是陕西主要的粮食、棉花生产基地，亦是西北农业经济十分发达的地区。

陕北处于风沙滩地区与黄土丘陵沟壑区地带。风沙滩区包括定边、靖边、横山、榆林、神木与府谷6地，气候属温带半干旱季风区，夏季多阵雨。农业生产以旱坡耕地为主，主要种植春播秋收作物，以谷子、糜子的种植较为广泛，其次是小麦、玉米、高粱等农作物的栽种，油料等经济作物也有生产。畜牧业比重较大，养殖羊、牛、马等牲畜，羊的饲养量最多。该区域因地处风沙地带，自然灾害频发，因此农业生产不稳定。陕北的黄土丘陵沟壑区约占全省土地面积的四分之一，该地区水土流失严重，平均海拔高度为 900 至 1300 米，是西北黄土丘陵沟壑区的组成部分之一。河流水文特点是洪水较大，枯水极少，缺乏地表径流。受气候影响，每年 7、8 月份多暴雨，在土质松散、植被较少的坡面，容易引发水土流失，不利于农业生产。[1]

甘肃体型狭长，形似哑铃，横跨内蒙古高原、黄土高原与青藏高原。东南与四川交界，形成陇南山地，属长江流域，北部与陕西和蒙古各部落交界。甘肃地形自南至北可分为五区：一是陇南山地，主要指秦岭的西延部分；二是陇中的黄土高原与岭谷，这部分位于祁连山与秦岭之间；三是北山与阿拉善高原，北山位于阿拉善高原以西，河西走廊的安西、敦煌盆地以北；四是河西走廊平地，河西走廊是一条南北宽 5 至 50 千米的狭长地带，西起疏勒河，东止乌鞘岭，南北为祁连山和北山所阻；五是祁连山地，是指位于河西走廊与柴达木盆地间许多平行走向的高山、纵谷的总称，海拔一般在 3000 米以上，高山冰川堆积，谷地冲积平原较多，甘肃境内多条河流（疏勒河、湟水、大通河等）需要依靠祁连山融化的雪水补给。

气候与水文方面，甘肃因地处内陆，大陆性气候显著。东部受夏季风的影响，降雨较多，西部因大陆季风原因常年干燥。甘肃山地较多，陇南的秦岭山地因地势高，降雨充沛；陇中的黄土高原一带，降雨较少，适宜种植小麦、棉花。河西走廊地区，除祁连山因地势较高而降雨多外，其他地区降雨较少。由此可见，甘肃拥有多种气候条件。河流水文方面，黄河自西流入甘肃，随后进入宁夏中卫，继而北上，出石嘴子山。这片流域物产丰富，盛产小麦、瓜果，是甘肃、宁夏农业经济的重要支撑。甘肃的内陆河大多发源于祁连山，这些河流流程较短，上游水量大、河水湍急，下

---

[1] 详细参见西北大学地理系《陕西农业地理》编写组《陕西农业地理》，陕西人民出版社 1979 年版；李健超《陕西地理》，陕西人民出版社 1984 年版；耿占军《清代陕西农业地理研究》，西北大学出版社 1996 年版。

游水量小、河床多变，是甘肃农业用水的重要来源。

青海地区是青藏高原的重要组成部分，海拔 3000—5000 米的地区占全省面积的三分之二以上，地形特点是自西向东倾斜。西高东低的地理因素使境内河流呈现自西向东的流向，河流也因此蕴藏着丰富的水力资源，适宜开发水磨。青海西部山区是黄河的发源地，黄河流经青海形成湟水。在青海东北部，依托湟水形成了一片河湟谷地，是青海重要的农业生产地区之一。青海境内湖泊众多，河谷和山间盆地地势平坦，适合发展农业，至于海拔较高的高原牧区则可饲养牲畜。但青海地区自然灾害多发，雪灾、风灾等对农牧业生产带来一些不利影响。

宁夏地处我国西北内陆，东临陕西，西、北接内蒙古，南部与甘肃相连，南北跨度约 456 千米，东西 250 千米左右。宁夏地处我国东部季风、西北干旱和青藏高原三大自然区域的交汇地带，自然环境较为复杂。宁夏可分为灵盐台地、贺兰山山地、六盘山山地、银川平原、宁中山地与平原、宁南黄土丘陵等 6 个地貌区。气候上，宁夏干旱少雨，是较为典型的大陆性气候。土壤类型多样，有黄土丘陵地区的黑垆土，宁夏中部和北部的灰钙土，宁夏平原的潮土、沼泽土、泥炭土、盐土、碱土等，种类较多。清代宁夏地区的土壤沙化趋势明显增强，因宋明以来在宁夏地区大力屯垦，致使植被破坏严重，加之清代也并未采取合理的保护措施，致使土地沙化趋势不断加强。河流水文方面，黄河是宁夏农业生产的主要水源，由中卫市流入，石嘴子山流出，全长 397 千米，在流经宁夏地区时坡度较缓，有利于引水浇灌，灌溉面积占全区 96.4%，给宁夏发展农业经济提供了良好的条件。不过黄河水中含有大量的泥沙，故须年年修浚。清朝为进一步促进宁夏农业的发展，在宁地修建了大清渠、惠农渠与昌润渠 3 条水渠，分别灌溉耕地 657.6 顷、2717.4 顷、1018.2 顷，合计 4393.2 顷。宁夏地区的自然灾害较为严重，主要有干旱、霜冻、冰雹、风沙、地震、水涝等，对农业生产的影响较大。[①]

新疆地区的基本地理特点是"三山夹两盆"，三山包括北部阿尔泰山

---

① 参见张维慎《宁夏农牧业发展与环境变迁研究》，文物出版社 2012 年版；王功《清代宁夏地区自然灾害与社会应对》，中国社会科学出版社 2019 年版。

脉，中部天山山脉以及南部昆仑山脉，两盆是指南部的塔里木盆地和北部的准噶尔盆地。依托此三山，将新疆分为北疆与南疆两地。北疆地势高而平坦，域内大小湖泊分布，其中伊犁河和额尔齐斯河是境内较长的两条河流，滋养北疆的畜牧业，两条河流的流域成为新疆历史上许多游牧民族活动的地区。南疆沙漠广阔，降雨稀少，但发源于天山等山脉的河流使沙漠边缘形成绿洲，成为南疆农业经济发展之根基。

需要注意的是，为便于读者阅读和理解，笔者在自然环境一节中将西北地区分为五省论述，然而青海与宁夏在笔者研究的时间段内大都属于甘肃管辖，因此下文在论述清代甘肃地区的手工业与市场时，青海和宁夏地区将同甘肃合为一章。

第四节 文献资料的梳理

清代西北人口规模相对较小，社会经济也并不发达，因此手工业与市场相关的文献资料记载较少。在这些有限的文献资料中，同手工业和市场有关的主要分为档案、政书、地方志与时人笔记四类，下面作详细阐述。

一 档案资料

正如冯尔康所说："档案的公文是处理政务过程中形成的，决定了它叙述事情的零散性和琐碎性，也就是说它反映的事实比较具体，而缺乏概括性。"[①] 就目前留存的清代西北手工业与市场的档案资料来看，主要包括第一历史档案馆和台北故宫博物院保存的文献资料，尤其是档案中留存的乾隆至道光朝新疆布匹、丝绸的贸易记录最为翔实，史料价值也比较高。在档案资料中，一部分以部门为单位加以汇总，另一部分则是以专题的形式整合汇编。与本书相关的档案汇编包括中国第一历史档案馆编《清代档案史料丛编·第12辑》[②]，笔者主要利用丛编中有关乾隆时期内地与新疆

---

① 冯尔康：《冯尔康文集·史料学研究》，天津人民出版社2019年版，第247页。
② 中国第一历史档案馆编：《清代档案史料丛编·第12辑》，中华书局1987年版。

开展丝绸贸易的部分史料。中国第一历史档案馆联合香港中文大学文物馆合编有《清宫内务府造办处档案总汇》①（简称《活计档》），共55册，主要记载了皇家宫殿陵寝、王府园囿、贡品赏赐、查抄家产、洋人供职、匠役管理及各类典礼活计等一手史料，其中有西北工匠入职造办处的相关记载，对笔者的写作帮助较大。另有中国第一历史档案馆负责编译的《乾隆朝满文寄信档译编》②，寄信档是寄信上谕档的简称，是清代军机处专门抄载寄信上谕的重要档簿。通过皇帝的密寄谕旨，既可以清晰地了解历史事件的发展进程，又有助于探讨皇帝处理政务的决策过程。此汇编共24册，书中记载了乾隆朝的政治、民族、经济、军事及对外关系等诸多方面，其中以边疆事务、军务、民族事务及外交事务的内容居多。档案也对《清高宗实录》《乾隆朝上谕档》中不载的重要史事有较为详细、真实的记录。

另有综合类的清代起居注、上谕档，台北故宫博物院整理出版的《宫中档康熙朝奏折》《宫中档雍正朝奏折》《宫中档乾隆朝奏折》，以及满文朱批奏折汇编等，囿于笔者并不精通满文，故对于史料的掌握无法面面俱到。清史研究专家吴元丰在《满文档案与历史探究》③中，记有乾隆朝新疆铸造货币与乌鲁木齐铁场开办等相关档案的留存，给本书的写作提供了借鉴。

二　编年体、纪传体、政书史料

《清实录》是研究清代的重要史料之一。它在修撰过程中大量参阅了内阁、军机处档案，各部院衙门的则例等原始资料，并依照朝代时间顺序逐一记录每日大事小情，故记载的较为全面与系统。实录中关于西北手工业的记录较少，对铸钱与玉石开采等官营制造业有所提及。但对西北市场涉及较多，如新疆、甘肃等地方官在上奏时大都以"商民云集，与内地无异"来烘托当地市场的繁荣。依冯尔康所言："虽较《起居注》与《上谕》，《清实录》篡改史料较多，真实性上有部分存疑，但它还是提供大量

---

① 中国第一历史档案馆、香港中文大学文物馆合编：《清宫内务府造办处档案总汇》，人民出版社2005年版。
② 中国第一历史档案馆编：《乾隆朝满文寄信档译编》，岳麓书社2011年版。
③ 吴元丰：《满文档案与历史探究》，辽宁民族出版社2015年版。

史料的载籍，有着不可替代的地位。"①

《清史稿·食货志》中记载了清政府经略西北地区的官营手工业，但记录较为笼统、简略，仅有盐、币、茶、矿四项。盐法中，记有道光以后陕甘、河东等地的盐场位置。钱法方面，提及了陕西的铸币局与铸造标准。采矿业中，有顺治十四年（1657）官方开采陕西临潼银矿的相关记载，并指明了甘肃、新疆等地也贮藏有银矿。书中另记有道光初陕西地方奏报当地开采铜铅等矿产资源的史实。市场方面，记录了康熙四十年（1701）的商税征收额，但针对各地市场的情况未见详载。

清代政书《清朝续文献通考》中，《实业考·工务·纺织品》一卷内记录了乾隆朝后各省置办、运送新疆民族贸易所需的丝绸数额，这对于手工品数据留存较少的西北市场而言实属不易。《大清会典》记有雍正初清廷赠予策妄阿拉布坦等部落使节物品的相关史事，这是清政府与准噶尔部族进行贡市贸易的佐证。

三 地方志

清代文人章学诚曾评价地方志"乃一方之全史"②，历史地理学家史念海也认为："方志学的纂著启始于两汉，盛行于唐宋，至于明清更显得登峰造极。"③ 可见清代是方志编纂的繁盛期。地方志亦是本书写作的重要史料来源之一。方志内一般设有"市集""风俗""物产""课税"等子目，是找寻地方手工业产品与市场资料的主要出处。

地方史志研究组编写的《中国地方志分论》④ 中，收集了方志学家们所研究的不同时期诸省的方志种类与数量，这其中包括了清代西北各省的地方志编纂以及数量的研究。例如高峰在《陕西方志考》中指出，清代陕

---

① 冯尔康：《冯尔康文集·史料学研究》，天津人民出版社2019年版，第220页。
② （清）章学诚：《章学诚遗书》卷28《丁巳暮书怀投赠宾谷转运因以志别》，文物出版社1985年版，第317页。
③ 史念海：《论历史地理学和方志学》，《中国史志通讯》1981年第5、6合期。
④ 地方史志研究组编：《中国地方志分论》，中国地方史志协会、吉林省图书馆学会1981年版。

西共修纂了 285 种地方志,是明朝的七倍多,较为重要的有康熙六年(1667)编修的 32 卷本《陕西通志》与雍正十三年(1735)纂修的 100 卷本《陕西通志》,可谓成果丰硕。

周丕显探讨了甘肃方志。在他看来,甘肃方志现存 201 种,其中县志 174 种,占主要部分。而通志上,雍正六年(1728)纂修的《甘肃通志》50 卷乃仓促成书,有不少都照搬自陕西通志。故光绪三十四年(1908)官府又重修重纂,并命名《甘肃新通志》,共 100 卷。

宁夏方志方面,高树榆认为清代宁夏地方志主要有两种:乾隆二十年(1755)编成的《银川小志》与乾隆四十五年(1780)修撰的《宁夏府志》。两种方志体例完备,皆有物产、坊市的记载,是研究清代宁夏地区手工业与市场的必备资料,乾隆《宁夏府志》更是"明清以来篇幅最大,内容最为详尽的一部志书"[①]。

关于青海方志数量与种类的研究,陈超认为青海方志编撰较少,因此在研究时还需寻找记有青海地区的外省方志。如青海在雍正三年(1725)前隶属陕西,故康熙《陕西通志》中即有青海地区的相关记载。另外康熙二十六年(1687)与四十六年(1707)纂修的两种《河州志》、宣统《河州采访事迹》、乾隆《甘肃通志》、光绪《甘肃新通志》中也都有青海的记录。清代青海本地的方志资料主要有:康熙《碾伯所志》1 种,乾隆二十七年(1762)纂修的 40 卷本《西宁府新志》,光绪九年(1883)纂修的 10 卷本《西宁府续志》,以及光绪《大通县志稿》1 册、8 卷本《循化厅志稿》、光绪 8 卷本《丹噶尔厅志》等。

纪大椿探讨了清代新疆方志的纂修数量与种类。他在《新疆方志浅谈》中指出:新疆方志的编纂数量较少,且大多数为清朝时所修。他将新疆方志划分为以下几类:第一,叙述新疆全境的通志性方志。主要包括乾隆二十七年(1762)傅恒等奉旨纂修,乾隆四十七年(1782)英廉等增撰的 48 卷本《西域图志》;乾隆四十二年(1777)满人七十一所著《西域闻

[①] 地方史志研究组编:《中国地方志分论》,中国地方史志协会、吉林省图书馆学会 1981 年版,第 146—147 页。

见录》（又名《西域记》）；汪廷楷原辑、祁韵士重新编校而成的12卷本《西陲总统事略》（原名《伊利总统事略》），祁韵士又从中摘编《西陲要略》4卷；徐松所修12卷本《新疆识略》；清末时由袁大化、王树枏等人修纂的116卷本《新疆图志》；永贵、固世衡编辑，后经苏尔德删补，于乾隆三十七年（1772）成书的《回疆志》（又名《新疆回部志》），共4卷；嘉庆九年（1804）和宁所撰12卷本《回疆通志》。第二，叙述新疆部分地区的地方志。例如嘉庆十年（1805）和瑛撰9卷本《三州辑略》，该方志主要记载了吐鲁番、哈密与乌鲁木齐三处，因吐鲁番古称西州，哈密古称伊州，乌鲁木齐古称庭州，故以"三州"命名。第三，叙述新疆某一地的府、州、县志。这类方志稍多，如《哈密志》《温宿府志》《喀喇沙尔志略》《喀什噶尔志》等均属此类。

　　清代方志编撰虽繁，然西北方志的修纂数量实为不多。易雪梅与李淑芬总结了清代西北各省修撰的方志数量："有清一代，西北五省区均编有志书，其中以康熙、乾隆、光绪三朝纂修的方志为多。据不完全统计，现存陕西方志285种，甘肃156种，青海10种，宁夏19种，新疆80种。"[1]可见西北方志的编纂数量比较有限，其中陕西方志数量居西北首位。

　　不过，学者们统计的方志数量亦不统一。据甘肃省古籍保护中心统计，现甘肃省藏清代甘肃方志数量为90种[2]，这相较过去学者的研究发现有一定缺少。此外，清代未成省的地区加大了资料搜寻难度。如宁夏在清代先属陕西后属甘肃，两省通志中对宁夏地区皆有涉及。康熙《陕西通志》、乾隆《甘肃通志》中也有不少关于青海地区的记录。笔者在撰写本书的过程中会充分利用西北各地方志，详细查找部分地区手工产品的分布，绘制成图，并附于书内。不过，我们也要注意清代方志的成书年份，相关史料在使用前须多加辨别。

---

[1] 易雪梅、李淑芬：《西北地区地方志概述》，《西北史地》1997年第1期。
[2] 甘肃省古籍保护中心：《甘肃省藏古代地方志总目提要》，甘肃人民出版社2014年版，第15—16页。

四　时人笔记

有清一代，在前往西北的人员中，有流放或调派至西北的官员，亦有远途跋涉、赴西北旅行的学者，他们记录下沿途的风土人情，成为研究清代西北社会经济发展的重要史料。如雍正四年（1726），清人谢济世在《西北域记》[①]中记录了吐鲁番、昆仑山、青海各地的物产与手工品的制作方法，这给本书的写作启发较大。王大枢是乾隆三十六年（1771）举人，所著《西征录》是他流放伊犁时的所见所感。书中记录了西北商旅长途贩运一事，"商旅多甘、凉、秦晋"[②]，表明甘肃、陕西、山西等地商人往来伊犁频繁。作者另有《伊犁志》一部，书中记录了伊犁市场情况。纪昀在被贬至乌鲁木齐为官时，以亲身体会写下了《乌鲁木齐杂诗》[③]上百首，其中包括"物产"67首，占全文近半，这是研究乾隆时期乌鲁木齐物产、风俗的必备资料。清人椿园七十一撰有《新疆舆图风土考》[④]，书中记载着乾隆朝新疆各地风俗与各道之远近，卷4记录了西北回族之物产、手工业品种等，有一定参考价值。

此外，梁份的《秦边纪略》[⑤]记载了康熙二十一年（1682）作者西去游历陕甘、河西等地时所见各地的风土人情。书中附图较多，涉及诸卫形势要害、西域人物以及物品制作，并记有西北毛皮的加工等情况。书内另载有准噶尔部族的武器种类与制造方法，对于往来西北的商贩也多有详载，笔者从中获益颇多。陈奕禧是清初书法四大家之一，所撰《皋兰载笔》乃是作者入陇见闻。书中记录了陇中地区"板屋""绒褐"的制造工艺，极为宝贵。《兰州风土记》作者不详，文章也仅有六页篇幅。然作者以外人的眼光去看待兰州的风土人情，记录了当地人的日用物品、穿衣打扮、商品买卖等，是一篇具有历史价值的清代随笔。

[①]（清）谢济世：《西北域记》，中华书局1985年版。
[②]（清）王大枢：《西征录》卷3《新疆》，中国国家图书馆馆藏，第17页。
[③]（清）纪昀修，郝浚等注：《乌鲁木齐杂诗注》，新疆人民出版社1991年版。
[④]（清）椿园七十一：《新疆舆图风土考》，成文出版社1968年版。
[⑤]（清）梁份修，赵盛世等校注：《秦边纪略》，青海人民出版社1987年版。

第一章　清代陕西手工业与手工业产品市场

清代陕西的手工行业主要包括纺织、矿产加工、食品加工、造纸、制瓷、竹木加工以及其他行业等类。对于上述行业，笔者主要从地区分布、生产技术、官方政策以及生产数量与质量等方面开展研究，进而明悉这一时期陕西手工业的发展水平。由于陕西南北区域的自然环境、交通、物产等条件差别较大，因此在研究时特将陕西划分为陕北、关中与陕南三个地区，在此基础上，具体分析探讨各个行业的发展状况。

手工业的发展也推动了清代陕西相关产品市场的发展与繁荣。这一时期，陕西手工品交易市场主要表现为市场规模的扩大、产品种类的增加以及民营手工业的进步等。关于陕西各地区交易的手工品种类与规模，以及商人行走的交通路线等详细情况，笔者会于下文详述。

第一节　清代陕西的纺织业

清代陕西的纺织品种类较为丰富，主要分为棉纺织、丝纺织、毛纺织与麻纺织四类。不同地区的纺织业发展水平不一，各地的产品种类、数量与质量也有较大差别。为详细探讨这一时期陕西纺织业的发展水平，笔者在论述时会以陕北、关中、陕南三个地区为基础，分别对各区域的纺织行业发展状况做出较为细致的阐述与分析。

第一章 清代陕西手工业与手工业产品市场

一 陕北地区的纺织业

清代陕北地区的纺织业主要包括棉纺织、毛纺织与丝纺织。陕北因受到地形和气候的影响，适宜饲养牲畜，皮毛原料供应充足，促进了毛纺织行业发展，毛织品质量高。而另一方面，陕北棉纺织业的发展在清初较为缓慢，此时仍有不少家庭采用手工织作棉布，效率不高，雍正后日渐进步，乾隆时期百姓逐渐改用织机织作。道光时，陕北各地百姓大收织作之利，棉纺织业的发展势头良好，棉布等产品行销省内。丝织业是陕北纺织业的重要补充，它增加了百姓的生计来源，在陕北部分地区有一定程度的发展。

（一）陕北地区的棉纺织业

明末时，陕北百姓并不擅长纺纱织布，他们一般从别处购买布帛产品，成本高昂。百姓因蔽体所需，又不得不购买昂贵的衣物，最终导致家庭入不敷出，日渐贫困。据顾炎武所言，明末延安府境内，"布帛之价，贵于西安数倍，既不获纺织之利，而又岁有买布之贵，生计日蹙，国税日逋"[①]。

到了清康熙朝，鄜州（今陕西富县）妇女开始习得纺织技艺。据方志载："今鄜妇女多纺织者，乃自兵燹后贫不能买衣，相效而为之，为布不能多，只以自蔽其体，不惟不能出鄜境，且不能出村落也。"[②] 鄜州地区因战争所困，人们无法像往日般从外地购入棉衣，因而被迫学习纺织技艺。从史料中可以看出，村民掌握的棉布生产工艺并不成熟，织作的衣物仅可蔽体，生产能力十分有限。至乾隆朝，陕北各地的棉纺织技术有一定提高。如延长县妇女，"少蚕织，即纺纱"[③]，她们自幼便学习纺纱，表明纺纱织布的习惯在该地区已然形成，这是当地棉纺织业进步的表现。延安东

[①]（清）顾炎武著，黄汝成集释，栾保群、吕宗力校注：《日知录集释》卷10《纺织之利》，上海古籍出版社2014年版，第240页。

[②]（清）顾耿臣、任于峤：（康熙）《鄜州志》卷1《舆地志·风俗》，清康熙五年刻本，第9页。

[③]（清）王崇礼：（乾隆）《延长县志》卷5《风俗志·男女》，成文出版社1970年版，第144页。

南的宜川县,"亦晓织布,但未能比户娴习,大收织作之利"①。民众虽拥有织布能力,但技艺的熟练程度并不高。延安府洛川县是较为富饶的地区,当地产有棉布。至嘉庆朝,该县"布,昔年所出颇多,近日木棉价昂,纺织者渐少,卖布者多郃阳人"②。由此可见,洛川县已被关中商人占据了当地的布匹市场。在榆林府清涧县,该地纺织业原本较为落后,但历经数十年的发展,至道光时已是"近年地多种棉,置机杼,习纺绩,女红渐兴所望,比户娴习,大收织作之利"③。

从上述记载不难看出,清代陕北部分地区的棉纺织业发展已十分显著。陕北百姓从清初时从外地购入布匹,发展到乾隆时能自织棉布,再到道光朝的大收织作之利,这一成就的取得离不开地方官府的鼓励与支持。

清代官方为促进民营纺织业的发展,积极推行各种鼓励政策。乾隆十三年(1748),为保证民间能够源源不断地提供棉纺织原料,时任陕西巡抚的陈宏谋要求各州县大力推广植棉:

> 木棉一项,民间尤所必须,向多贩自河南。现在韩城、郃阳一带出产木棉,甚获其利。此外,宜种木棉之地更多,亦须分别种植,或初种未能即为长茂,渐次熟习,必有成效。既成之后,士民衣食永有赖矣。如有倡率种桑、种棉、养蚕织绸、织茧者,地方官到处量予奖励,但不可差查滋扰。④

陈宏谋推行该政策,主要源于两点考虑:一方面,提倡植棉,可以增加官府与百姓的获利。百姓利用棉花织成棉布,然后运送至集市上售卖,以获取利润,官府亦可收取相应税收,增加财政收入。另一方面,在推动棉纺织技术传播前,陕北百姓时常从外地购入布匹,使本地棉布市场无法

---

① (清)吴炳:(乾隆)《宜川县志》卷1《方舆志·风俗》,成文出版社1970年版,第123页。
② (清)刘毓秀、贾构:(嘉庆)《洛川县志》卷13《物产》,《中国地方志集成·陕西府县志辑》第47册,凤凰出版社2007年版,第438页。
③ (清)钟章元:(道光)《清涧县志》卷1《地理·风俗》,成文出版社1970年版,第93页。
④ (清)陈宏谋:《培远堂偶存稿》卷27《兴除事宜示》,《清代诗文集汇编》第280册,上海古籍出版社2009年版,第653页。

得到进一步发展，造成地方经济漏卮，故官府特别强调学习纺织技术以节靡费的活动。这一政策的实行无疑推动了陕西各地棉纺织业的进步，陕北地区的棉纺织业也于乾隆时得到较快发展。

棉布织成后，工匠需要将产品进行染色。清代陕北地区的染布业并不发达，仅有少部分地区生产植物染料。当地主要有蓼蓝、山蓝可染青，红花可染红。另有安定县产"蓖麻，可调印色"①，蓖麻是一种草本或草质灌木，可制成蓖麻油，这种油一般用作染色助剂，使棉布在上色后不易晕染。

（二）陕北地区的毛纺织业

毛纺织是陕北地区的传统纺织行业。陕北地处黄土高原区，常年受半干旱季风气候影响，使当地适宜饲养牲畜，"天气高爽，盛夏不炎，无疹疡疠疫之患，土山浅垅，不勤稼穑，或卧或寝，各适其宜，则北山一地，固亦天然绝大牧场也"②。据《明史·食货志》载，明万历年间，"陕西织造羊绒七万四千有奇"③，充分展现了这一时期陕西毛织业的发达。陕北又是有名的牧羊区，故织造的毛织品种类应有很多。清代陕北牧民的牲畜饲养规模有显著扩张，各县百姓多以牧羊为业。如肤施县（今陕西延安），"民间除饲猪牧羊之外，别无营运"。安定县，"县民除力农外，牧羊、挖炭为生"。定边县，"利于畜牧"④。如此广泛地饲养羊群，充分保障了皮毛原料供应，有利于毛纺织业的发展。

关于陕北的羊毛产量与织作的产品，乾隆《延长县志》中有载："其羊于四月、九月刮剪绒毛二次，大者可四两，小亦得二两，聚则鬻之，时时或觅匠弹绒作帽杆毡，又合线织毯，为腰带、脚缠。"⑤ 织匠们利用畜毛可制成毡毯等产品，按照颜色、质量的不同，又可分为不同种类：白色是棉毡，黑色是沙毡，羊绒可为绒毡。羊毛织成的各种生活用品，满足了陕

---

① （清）米毓璋、姚国龄：（道光）《安定县志》卷4《田赋志·物产》，成文出版社1970年版，第123页。
② （民国）宋伯鲁：《续修陕西省通志稿》卷200《拾遗》，民国二十三年刻本，第26页。
③ （清）张廷玉：《明史》卷82《食货六》，中华书局1974年版，第1998页。
④ （清）卢坤：《秦疆治略》，成文出版社1970年版，第140、148、155页。
⑤ （清）王崇礼：（乾隆）《延长县志》卷4《食货志》，成文出版社1970年版，第132页。

北百姓日常所需。田培栋指出："伴随畜牧业的发展而陕北的毛纺业、皮毛手工业也有兴起，本地人能制作各种皮服，如定边县能加工白羊羔、黑羊羔、羊裘、狐皮等。还能造毛毡、绒毡、牛皮绳等。又能纺羊毛线，织成口袋、驮包、毛褐等品。"① 上述情况表明，毛纺织品已经成为清代陕北地区的大宗手工产品之一。

（三）陕北地区的丝织业

丝织业方面，明朝官府曾在陕北地区征收丝绢，后由于自然条件日渐恶劣，加之明清之际的战乱，使陕北的丝织业遭受严重破坏。直至清初，本地区丝织业发展依旧十分缓慢。乾隆朝，在地方官员的大力推广下，陕北丝织业逐渐取得进步。这一时期，宜川县已有养蚕缫丝的记载："宜川民渐知种桑果，兴蚕事，又时置机杼，习纺绩，衣食之资，视前稍赖焉。"② 百姓增加了生计来源，减少了因农业减产造成衣食无着的隐患。

康乾时期，出生于关中地区的著名农学家杨屾，其一生致力于陕西丝织业的恢复与推广。他曾批驳西北不宜植桑养蚕的传言，并指出："邠、岐俱属秦地，先世桑蚕，载在篇什可考，岂宜于古而不及今与？"③ 为获取支持，他栽培桑树开展实验，并购置蚕种、缫丝器具，历经多年努力，成功织造出丝绸。乾隆六年（1741），他上书陕西当局，要求推广蚕业，得到时任陕西巡抚陈宏谋的欣赏与重用。陈宏谋要求各地认真传授丝织技艺，各县也根据实际情况发展丝织业。如宜川县，"屡经督抚宪刊示劝谕，邑令复钞录《蚕桑辑略》、《蚕政编》等书，分给各里，并传示丝车，俾各照造供用，近来渐知仿效"④。依笔者从清代陕西方志中所见，清初陕北的丝织业仍然较为落后，产地也并不广泛。然至乾隆朝，仅养蚕缫丝的地区就有延安之宜川、延长、延川，绥德之清涧以及葭州（今陕西佳县）等

---

① 田培栋：《陕西社会经济史》，三秦出版社 2016 年版，第 287 页。
② （清）吴炳：（乾隆）《宜川县志》卷 1《方舆志·风俗》，成文出版社 1970 年版，第 123 页。
③ （清）杨屾撰，郑辟疆、郑宗元校勘：《豳风广义·弁言》，农业出版社 1962 年版，第 3 页。
④ （清）吴炳：（乾隆）《宜川县志》卷 1《方舆志·风俗》，成文出版社 1970 年版，第 123 页。

第一章　清代陕西手工业与手工业产品市场

地，这与官府大力推广传播丝织技术密切相关。

为进一步推广养蚕缫丝之法，杨屾在《豳风广义》的《养野蚕法》《纺野茧法》等篇章中详细论述了饲蚕植桑的方法。他在书中提出的养蚕步骤如下：首先，为了提高蚕的存活率，要保证养蚕的环境温度适宜。在立春日将蚕茧平铺，放入筐内，随后紧闭门窗，昼夜烧火，使室内保持温暖。四十日后，茧蛹羽化成蛾。而后自辰时始，让雌、雄蛾交配，申时摘掉雄蛾，用竹筐盖住雌蛾，等待产卵。三五日后，将竹筐悬挂于干净的室内。待桑树叶长到一寸有余，立即在室内烧火，升高室温，五六日后，卵便可孵化为幼蚕。

其次，在桑叶完全成长前，为妥善安置幼蚕，要放于筐中，并将筐放置在水渠中间，同时筐底用石块垫起，防止沾水伤蚕。在筐周围插上嫩叶，幼蚕出筐后会自觉爬至叶上，日夜食用，以满足营养所需。同时，养蚕人要等待树叶和后续幼虫的长成。初生的蚕虫十分虚弱，对气候、营养等都有很高的要求，幼虫若处于不适宜的生长环境下会很容易夭折，因此嫩叶要经常更换，保证幼蚕有新鲜饲料。农民还要手持弹弓、鸟枪轮流防守，保护幼蚕。当阴坡青枫树上长出树叶时，方可转移至树上饲养。当然，也可以连带嫩叶置于树上。待树叶吃尽时，剪下树枝，再将幼蚕转移到有叶的树上放养，如此循环往复。

关于幼蚕的生长期，杨屾强调槲蚕是三眠三起，眠时不可移动，抵抗性强，可耐西北风寒，但怕绵绵细雨。春季的这批蚕蛹生长到夏至时节，蚕在树上结茧，摘下平铺、保温，数日即出蛾，继续交配生卵，第二批一如前法。白露后又结茧，可采收贮藏。此茧要到次年立春，蛾出后方可缫丝，第三批依旧如此。[①]

实际上，缫丝时须位于水气充沛之地，以陕北的自然环境而言养蚕并不容易。虽经官府大力倡导，陕北各县的养蚕规模呈现出扩大趋势，产量也有所提高，蚕丝质量却远不如江南等地。如延长县百姓虽习得植桑养蚕

---

① （清）杨屾撰，郑辟疆、郑宗元校勘：《豳风广义·卷之下》，农业出版社1962年版，第157—159页。

之法，但桑树"荣迟枯早，清明后始发叶，叶亦不长茂，芒种后民间采以饲蚕吐丝，劲而少润""时有晋人购收之，本地间织为绢，白黄色颇细，然多做酒帘或以本色裁衫，男女俱着，若染制袍套，绝少"①。陕北蚕丝不润，产品加工也较为粗糙，长期来看，不利于外销。

由于缺乏相关数据资料，笔者无法得知清前期陕北各州县纺织品的织造、销售数额。但随着西北边疆逐步稳定，社会经济的进一步发展，陕北地区纺织行业的日渐发展是有目共睹的。

此外，陕北部分地区有麻的种植。如米脂县，"苎麻，可有为绳索"②，延长县，"亦产麻……枝长可绩作绳索或成稀眼口袋布"③。工匠用麻可制成绳索、口袋、衣物等产品，由于麻的种植在陕北地区分布不广、使用范围有限，故麻织品的生产数量不多。

二 关中地区的纺织业

清代关中地区的纺织业主要有棉纺织、丝纺织、毛纺织与麻纺织，其中棉纺织业发展较快，表现为棉花种植区域进一步扩大、棉布产量也有明显提高。丝织业得益于官府的鼓励政策而有显著进步，织匠能够生产出秦缎、秦绸、秦绢等多种丝织品，一些丝绸也因质地优良，每年都可作为贡品上贡京师。毛纺织的加工制造也拥有一定规模。麻、葛等可用于织造，或作布，或编织，各县均有生产，分布较为广泛。

（一）关中地区的棉纺织业

清代关中地区的棉纺织业发展迅速。该地区气候环境优越，且地处冲积平原，沿渭河流域的地区土壤肥沃，十分适宜棉花的种植。据统计，清中叶关中43州县中有34个产棉，占比高达近80%。相较之下，陕南次之，

---

① （清）王崇礼：(乾隆)《延长县志》卷4《食货志·物产》，成文出版社1970年版，第131页。

② （清）高照煦：(光绪)《米脂县志》卷9《物产志》，《中国地方志集成·陕西府县志辑》第42册，凤凰出版社2007年版，第455页。

③ （清）王崇礼：(乾隆)《延长县志》卷4《食货志·物产》，成文出版社1970年版，第131—132页。

有 17 个；陕北最少，仅有 10 县产棉。无论是从数量或地区分布来看，关中地区的棉布生产都占有较大优势。

雍正时期，关中已有百姓开办纺织作坊，作坊内的工匠依靠纺纱织布维持生计。如华州，"柳子镇王宿庄善织作大布"①。这里的大布是指宽幅的棉制土布，该布原料成本低廉，裁制成的衣物宽松透气，适宜百姓日常穿着。随着织布技艺日益成熟，关中所产布匹质量也有所提高，产品已可远销外省。至乾隆朝，三原县的织布业已闻名遐迩，"城内东渠岸有水帕巷，乃昔日织纴之所，今乡间有之""北乡屯王、线马二村，皆业线，发甘肃通省，亦发山西，其利颇厚，故二村人率俯仰有资，邻近村应亦多为之"②。

官府鼓励民间广植木棉，是清代关中棉纺织业快速发展的重要因素之一。乾隆十年（1745），陈宏谋颁布《历巡乡村兴除适宜檄》云："木棉一项，其利甚广。陕省宜种木棉之地更多，亦须分别种植。或初种未能即为长茂，渐次熟习，必有成效，既成之后，士民衣食永有赖矣。"③ 此后，关中地区的棉纺织业得到进一步发展。一些地区受棉织的影响，社会风俗也为之转变。例如蓝田县百姓在长期纺纱织布的习惯下逐渐形成了"婚娅中以不能自织为耻"④ 的风气，新婚妇女要懂得如何织作，不然不被尊重，这绝非个例。对于贫苦家庭来说，若不自织，则需从集市上购买布匹，这势必会成为沉重的家庭负担。如清人卢坤记有：长武县，"民间所用之布，皆系商人购买而来，价值昂贵，八口之家，每岁买布，即须数十千文，故户鲜素封，室多贫窭。"⑤ 倘若家庭学会自织，不但能够节省购买布匹的开支，还会带来较为丰厚的利润。据道光《大荔县志》载：

---

① （清）刘于义、沈青崖：（雍正）《陕西通志》卷 43《物产一》，清雍正十三年刻本，第 55 页。
② （清）刘绍攽：（乾隆）《三原县志》卷 1《地理·物产》，《中国地方志集成·陕西府县志辑》第 8 册，凤凰出版社 2007 年版，第 253—254 页。
③ （清）陈宏谋：《培远堂偶存稿》卷 19《历巡乡村兴除事宜檄》，《清代诗文集汇编》第 280 册，上海古籍出版社 2009 年版，第 460—461 页。
④ （民国）宋伯鲁：《续修陕西省通志稿》卷 195《风俗一》，民国二十三年刻本，第 9 页。
⑤ （清）卢坤：《秦疆治略》，成文出版社 1970 年版，第 83—84 页。

贫家妇女，贷棉二斤纺之，可得线三十两，织之可成布三丈余。以所成之布易棉四斤，除归还所贷之二斤外，是赢棉二斤矣。以此二斤纺之织之，又易棉四斤，此四斤纺之织之。又易棉八斤……棉布相易，生生不已。谓之翻纺，故四五口之家，可终岁不买布而着衣不尽。①

妇女织造棉布，满足了自家使用，亦可拿到市场上出售，以增加家庭收入。大多数家庭为减轻经济负担，都会尝试自织，即使质量不佳，若能蔽体也可接受。如乾隆时期，耀州百姓"近又能种木棉，事纺织。然为布无多，不能出村落"②。耀州百姓从事棉布织造，虽产量不高，然为减少家庭开支，却也坚持自织，可见这已成为关中棉纺织业发展的重要原因之一。在关中织布业较为发达的地区，产品主要销往甘肃、陕北等地。

织匠在织成棉布后，会将棉布送至染坊染色。染匠们主要利用植物染料染色。如渭南县，"大蓝作色、红花作色、槐子作色"③，醴泉（今陕西礼泉县）、陇州也产红花。三原县，"红花，西安府境内皆有，……近皆贩自豫蜀"④，可见三原地区的染布行业已拥有一定规模。这些染料在关中各地多有出产，染匠在给棉布染色后，增加了产品的美观，便于售卖。

（二）关中地区的丝织业

清代关中地区的丝织业承自明代而又有所发展。据顺治《邠州志·帛属》所载：明代邠州地区，"蚕丝间有事者，绵亦少种。计其自供，十不逮二三。贸易于市者，皆贩自他处。价值低昂，贫者苦之"⑤。可见这一时期邠州等地的丝织行业发展规模较小，从事丝织的工匠并不多。而在乾隆

---

① （清）熊兆麟：（道光）《大荔县志》卷6《土地志·风俗》，《中国地方志集成·陕西府县志辑》第20册，凤凰出版社2007年版，第68页。
② （清）汪灏修，钟麟书纂：（乾隆）《续耀州志》卷4《田赋志·风俗》，成文出版社1976年版，第134页。
③ （清）岳冠华：（雍正）《渭南县志》卷2《舆地志·物产》，清雍正十年刻本，第28页。
④ （清）刘绍攽：（乾隆）《三原县志》卷1《地理·物产》，《中国地方志集成·陕西府县志辑》第8册，凤凰出版社2007年版，第253页。
⑤ （明）姚本修纂；（清）苏东柱续修：（顺治）《邠州志》卷1《土产》，线装书局2001年版，第113页。

四十九年（1784）所修《直隶邠州志》中已不见此种表述，这可能是邠州地区丝织业较明代有所发展的反映。

清代陕西方志中对关中各地的丝织业发展情况记载颇多。如康熙时，朝邑县、蒲城县产"丝"，咸宁县产"縑"，另有"丝、布，近日女勤织纺逐处有之"①。乾隆时，大荔县可生产"绢"②，华阴县植桑数，占当地榆柳数"十之二三"③，颇具规模。醴泉县（今陕西礼泉县）产"绢、丝"，蒲城县产"绫"，同州府产有"绵绸"。从上述可知，自康熙至乾隆朝，关中丝织业的发展较为显著。

关中丝织业的进步亦同官府的鼓励政策密不可分。由于陈宏谋、杨屾等人的推行，养蚕缫丝业在凤翔、郿县等地蓬勃兴起。据陈宏谋统计，乾隆十一年（1746），郿县蚕茧"可得八九十万（斤），统计可织绸一千余丈"。至乾隆十六年（1751），陈宏谋云：

> 近年以来，省城设立蚕局，买桑养蚕，买茧缫丝。凤翔等处，亦多设局养蚕，诱民兴利，民间效法，渐知养蚕，各处出丝不少。省城织局，招集南方机匠，织成秦缎、秦斗绸、秦线绸、秦绫、秦縑、秦纱，年年供进贡之用。近已通行远近，本地民人学习，皆能织各色绸缎。④

由此可知，乾隆时期关中绸缎精美无比，已可做上供之用。同时，为弥补技巧上的不足，官府另从南方招募丝匠来陕传授丝织技艺，本地织匠观摩学习后，提高了仿制缎匹的质量。

（三）关中地区的毛织业

毛织品是清代关中地区重要的手工产品之一。从关中生产毛织品的有

---

① （清）黄家鼎：（康熙）《咸宁县志》卷1《星舆·物产》，清康熙七年刻本，第21页。
② （清）贺云鸿：（乾隆）《大荔县志》卷5《食货·物产》，清乾隆五十一年刻本，第6页。
③ （清）李天秀等：（乾隆）《华阴县志》卷2《封域·方产》，《中国地方志集成·陕西府县志辑》第24册，凤凰出版社2007年版，第59页。
④ （清）陈宏谋：《培远堂偶存稿》卷30《劝种桑树檄》，《清代诗文集汇编》第281册，上海古籍出版社2009年版，第15页。

利条件上看，首先，关中牧羊业较为发达。康熙《陇州志·物产》中即有"羊"一项①，关中牧民饲养一种被称为"同羊"的品种。该羊肉质、毛质俱佳，是陕西的优秀羊种，它广泛饲养于大荔、朝邑、华州、渭南等地。《豳风广义》中记有这种羊"甚大，供馔又胜诸羊"②。发达的养羊业为关中毛纺织业提供了充足的生产原料。其次，水质较好、交通便捷。由于关中毗邻洛河，河流水质好，适宜加工毛皮，加之该地区是联系西北、西南的重要孔道，因此也成为货品西运的集散地，是重要的毛皮加工场所。

这一时期，关中百姓家中织造毡毯已十分普遍。康熙《陇州志》、《凤翔县志》，雍正《扶风县志》、《郿县志》等皆记载本地货类有"毡"③一项。至乾隆朝，《凤翔府志》记录了府内8县货属中均有"毡"④的生产。沔阳县有"羊绒、毡、皮革、羔羊皮"⑤，郃阳县的"毡"⑥也比较出名。除上述地区外，关中各县也几乎都有织造毛毡的记录。

（四）关中地区的麻、葛织造业

麻布、葛布是我国古代较早的纺织品种类。麻布是以亚麻、苎麻、黄麻、剑麻、蕉麻等各种麻类植物纤维制成的一种布料。利用麻制成的衣物具有透气清爽、柔软舒适、耐洗、耐晒、耐腐蚀的特点，适宜夏季穿着。葛布也适宜裁制夏季衣物。二者的原料种植区域迥异，葛主要分布于山区，麻多栽种于平原地带。

清代关中的麻、葛种植区域较广。据方志记载：华州，"麻、椵皮作

---

① （清）罗彰彝：（康熙）《陇州志》卷3《田赋·物产》，成文出版社1970年版，第183页。
② （清）杨屾撰，郑辟疆、郑宗元校勘：《豳风广义》，农业出版社1962年版，第167页。
③ 参考方志《物产》节。
④ （清）达灵阿修，周方炯纂：（乾隆）《重修凤翔府志》卷4《田赋·物产》，成文出版社1970年版，第119页。
⑤ （清）罗日璧：（道光）《重修沔阳县志》卷1《地理志·物产》，清道光二十一年刻本，第15—16页。
⑥ （清）闵鉴：（乾隆）《同州府志》卷11《食货志·物产》，清乾隆四十六年刻本，第13页。

缊羁鞋履"①。麟游县,"葛可为布"②。渭南县,"麻作绳"③。华阴县,"大麻,麻其缕可为布,俗止作孝服孝冠用;葛,可为绤绤(粗葛布)"④。盩厔县(今陕西周至县),"桑、麻、布帛以为衣"⑤。扶风、咸阳、汧阳(今陕西千阳县)、郿县(今陕西眉县)、陇州(今陕西陇县)等地产麻,兴平产葛。足见这一时期关中地区的麻、葛纺织业规模不小。

三 陕南地区的纺织业

清代陕南地区的纺织业主要包括棉纺织、丝纺织、麻纺织与葛纺织。陕南的棉纺织业发展较早,康熙时已有记载,乾隆以后规模日益扩大。丝织业在陕南地区得到大力推广,一些丝绸品种颇有名气。麻、葛织布业也拥有一定规模,在商州地区,葛布加工比较有名,且技术水平较高。

(一) 陕南地区的棉纺织业

清代陕南地区随着社会经济得到发展,棉花种植规模逐步扩大,带动了棉纺织业的进步。康熙时期,汉中、兴安两府已有植棉。康熙之后,流入陕南的移民增多,增加了植棉的劳动力,扩大了棉花种植区域。受自然条件限制,陕南的棉花栽种大多位于河谷平原与向阳低坡。如镇安县"木棉,宜于向阳之地"⑥,山中因地形原因不宜栽种棉花,而位于汉中盆地的南郑、城固等县的产棉量相对较多。

不过,木棉种植业的兴盛并非代表棉布织造业也实现了同步发展。汉中知府严如熤曾记录了汉中地区纺织业的发展情况:"近年,汉南知种木

---

① (清) 冯昌奕、刘遇奇等:(康熙)《续华州志》卷2《物产志》,《中国地方志集成·陕西府县志辑》第23册,凤凰出版社2007年版,第189页。
② (清) 吴汝为、刘元泰:(康熙)《麟游县志》卷3《物产》,《中国地方志集成·陕西府县志辑》第34册,凤凰出版社2007年版,第171页。
③ (清) 岳冠华:(雍正)《渭南县志》卷2《舆地志·物产》,清雍正十年刻本,第28页。
④ (清) 李天秀等:(乾隆)《华阴县志》卷2《封域·方产》,《中国地方志集成·陕西府县志辑》第24册,凤凰出版社2007年版,第57页。
⑤ (清) 杨仪、王开沃:(乾隆)《盩厔县志》卷9《风俗》,《中国地方志集成·陕西府县志辑》第9册,凤凰出版社2007年版,第129页。
⑥ (清) 聂焘:(乾隆)《镇安县志》卷7《物产》,成文出版社1969年版,第281页。

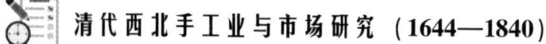

棉，秋收之时白英满畦，亦兴利之一端，无如只将棉花卖钱，间有一二间纺线向市贸易，并不纺织成布。"① 由此可知，汉中百姓多销售棉花等原料，而非织成布匹出售，表明嘉庆初汉中百姓尚未熟练掌握棉布纺织技艺。

随后，严如熤为促进陕南的棉布织造与加工，特地从江南地区引进先进的棉纺织工具与技术，"现在弹经、纺车、纱马、挽床、机床需用什物，均由南方带来。本地匠人亦能照式造作。……如有需用弹经、纺车、纱马、挽床等式，着乡地向府署请领"②。在官府的大力倡导下，原来一些不产棉花或产棉甚少，花布主要靠外地接济的州县，在植棉与纺织方面都有了不同程度的发展。③ 道光时，宁陕厅（今陕西宁陕县）百姓"纺棉绩麻，人人能之"④，棉布织造已十分普遍，充分表明了严如熤推广植棉织布的决策是成功的。

在棉布的染色加工上，陕南地区产有多种植物染料。如西乡县，"小蓝，滤汁为靛可以染青；花，色鲜红染采甚佳"⑤，这里的"花"应当是关中与陕北地区都有种植的红花，该染料经过蒸煮加工，可将棉布染红，是陕南地区常见的植物染料。城固、洋县植有姜黄，可染黄色。紫草和茜草也有一定规模的种植，可染紫色。

清代陕南地区的棉纺织业在嘉庆之前并未出现大规模发展的迹象，原因是多方面的。例如棉花的种植面积有限、棉布的纺织技术落后等。不过，另一个重要原因在于陕南每年都要从湖北各县收购大量的棉布，"从湖北的汉阳府、黄州府、德安府、安陆府运入大批的土布。又要从汉口运

---

① （清）严如熤原著，杨名飏续纂：(民国)《汉南续修郡志》卷27《劝纺织以兴女红事》，《中国地方志集成·陕西府县志辑》第50册，凤凰出版社2007年版，第448页。
② （清）严如熤原著，杨名飏续纂：(民国)《汉南续修郡志》卷27《劝纺织以兴女红事》，《中国地方志集成·陕西府县志辑》第50册，凤凰出版社2007年版，第448页。
③ （清）严如熤原著，杨名飏续纂：(民国)《汉南续修郡志》卷27《劝纺织以兴女红事》，《中国地方志集成·陕西府县志辑》第50册，凤凰出版社2007年版，第448页。
④ （清）林一铭修，焦世官、胡宣清纂：(道光)《宁陕厅志》，《中国地方志集成·陕西府县志辑》第56册，凤凰出版社2007年版，第63页。
⑤ （清）张廷槐：(道光)《西乡县志》卷5《物产》，成文出版社1970年版，第98页。

进一定数量的机织布，供本地区人民穿衣"①。长期依靠外地输入的布匹来满足本地消费市场，冲击了当地棉布加工业的发展，这也是陕南布匹织造长期不发达的重要原因之一。

（二）陕南地区的丝织业

清代陕南地区的丝织业较为发达，这一成果与官府积极鼓励养蚕植桑的政策密不可分。清代陕南官员大力推行植桑养蚕的措施，促进了民间缫丝业的发展。康熙三十二年（1693），汉中知府滕天绶教民桑蚕，他亲撰《劝民栽桑示并歌》，劝勉百姓种桑植果、广辟财源，并以栽桑之数定民户奖赏等次与官吏政绩之优劣。洋县县令邹溶严格遵照政令，使"二年之间，共劝栽桑一万二千二百余株。嗣后犹岁岁督劝不已，年年增益。今汉南九署，蚕桑大举，独洋县最盛而民富，皆邹溶首倡之力也……今汉中一岁所出之丝，其利不下数十万金，岂非哲人开导之力乎"②。康熙中，山东人刘棨任宁羌知州。他考察州内多槲叶，宜养山蚕，然却无人饲养，遂返回家乡雇人来此传授技艺，"织成茧绸，甚为匀细，到处流行，名曰刘公绸"③。可以说，陕南地区的丝织业在康熙时已有显著发展。究其原因，首先得益于官府的重视程度较高，其次是百姓积极配合。由此，陕南丝织业较陕北与关中地区发展更早、速度更快，可谓占尽先机。

乾隆时期，陕南的丝织技术得到进一步推广。乾隆九年（1744），陈宏谋始任陕西巡抚，继续推行桑蚕养殖的政策。为加快养蚕缫丝技术的传播，他"募江浙善育蚕者，导民蚕，久之利渐著"④。各地官员也纷纷响应政策，发展本地植桑业。至乾隆十一年（1746），"通省增植桑树已及数十万株"⑤。宁羌州的丝织业，曾因刘棨调离有一段时间的衰落，然受

---

① 田培栋：《陕西社会经济史》，三秦出版社2016年版，第699页。
② （清）杨屾撰，郑辟疆、郑宗元校勘：《豳风广义》，农业出版社1962年版，第9页。
③ （清）陈宏谋：《培远堂偶存稿》卷39《续行山蚕檄》，《清代诗文集汇编》第281册，上海古籍出版社2009年版，第212页。
④ （民国）赵尔巽：《清史稿》卷307《陈宏谋传》，中华书局1977年版，第10561页。
⑤ 《清高宗实录》卷265，乾隆十一年四月乙未，中华书局1985年影印本，《清实录》第12册，第445页。

益于官府持续的倡导与资助工本，不久，"宁羌则悉取槲叶，放养山蚕，织成茧绸"①，以致"所得茧绸，比前较多"②，丝织品生产规模较过去更大。发展至道光年间，宁羌丝绸"贩行川广，获利已属不赀"③，成品畅销省外。

嘉庆十三年（1808），汉阴厅抚民通判钱鹤年鼓励山民养蚕。他从湖州引进蚕种，在汉阴全面推广养蚕之法，教民"取丝、织绸、作绵、做线"，尤以厅属南、北二乡成效显著。北乡有一妇女，乃"北乡周代朝之母马氏，饲蚕、抽茧、织缣、织素，颇得湖州之法"。钱鹤年遂以马氏为例，鼓励乡民养蚕。久之，汉阴厅百姓"饲蚕取丝，岁入甚厚""自此民竞树桑，地无旷土矣"④，类似的案例还有很多。不难看出，地方官员积极倡导百姓植桑养蚕，该行为极大地发展了陕南丝织业。

从陕南各府的丝织业发展情况来看，陕南数府中以汉中府的丝织业发展较快。康熙时，洋县已有"水丝、火丝、缣"⑤等产品。雍正时，汉中物产记有缣类等丝织品。嘉庆时，固县之绢、洋县之丝以及宁羌的缣绸颇负盛名⑥，这些产品也都有对外出售。

兴安府的丝织业发展水平较汉中次之，但也颇具特点。平利、汉阴两县发展蚕桑饲养业较早。至乾隆朝，平利已然形成了"妇女近时渐习蚕桑、纺织之事，民间婚娶多以布匹为礼"⑦的社会风气。乾隆三十六年（1765），汉阴知县郝敬修教民养蚕、取丝织绸。彼时汉阴乡民"竞养山

---

① （清）陈宏谋：《巡历乡村兴除事宜檄》，《清经世文编》卷28，中华书局1992年版，第690页。
② （清）陈宏谋：《培远堂偶存稿》卷39《续行山蚕檄》，《清代诗文集汇编》第281册，上海古籍出版社2009年版，第212页。
③ （清）马毓华修，郑书香、曹良楷纂：（光绪）《宁羌州志》卷5《艺文志》，《中国地方志集成·陕西府县志辑》第52册，凤凰出版社2007年版，第190页。
④ （清）钱鹤年修，董诏纂：（嘉庆）《汉阴厅志》卷2《物产》，《中国地方志集成·陕西府县志辑》第54册，凤凰出版社2007年版，第438页。
⑤ （清）邹容修，周忠纂：（康熙）《洋县志》卷1《土产》，《中国地方志集成·陕西府县志辑》第45册，凤凰出版社2007年版，第373页。
⑥ （清）严如熤原著，杨名飏续纂：（民国）《汉南续修郡志》卷22《物产》，《中国地方志集成·陕西府县志辑》第50册，凤凰出版社2007年版，第329页。
⑦ （清）李国麒：（乾隆）《兴安府志》卷16《风俗》，《中国地方志集成·陕西府县志辑》第54册，凤凰出版社2007年版，第127页。

蚕，收茧织绸，衣被甚广，颇兴蚕桑之利"①。至嘉庆朝，兴安知府叶世倬于洋县、城固、宁羌、平利、汉阴等地劝民养蚕，希冀进一步扩大丝织业的发展规模。紫阳县的桑蚕业发展较晚，光绪后方才发迹。

商州地区的丝织业发展不如汉中与兴安两地。商州地处陕西东南，位置偏僻，山区众多，据方志载："（商州）地处山陬，风高气寒，不甚宜蚕。"② 因山中有槲、橡、青枫等树，可养山蚕，故曾有镇安妇女学习桑蚕之事，她们尝试柞丝成茧后纺成丝，以备作衣线用。除镇安县外，它处未见丝织业的相关记载，且镇安丝绸仅供本地，不贩售外乡，由此可见商州丝织业并不发达。

（三）陕南地区的麻、葛织造业

清代陕南地区的麻、葛原料分布广泛，各府皆有种植，主要用于织布、编绳、制鞋，这一点与关中地区相似。据方志所载，陕南生产麻、葛的地区主要有：汉中府西乡县产葛麻，可织"葛布，出法宝制极精致"③。宁羌州所产"布，有平机布、高机布、葛布（麻布）数种"④。兴安府白河县产"葛、苎麻"⑤，商州镇安县有"黄麻，皮可作绳……葛，取其藤以代绳用"⑥。山阳县，"衣服布帛为主，虽素封之家，不过冬一裘夏一葛，其余则麻鞋布巾"⑦。陕南南郑县所产葛布，尤享盛名。《续修汉南郡志·物产门》中也曾列有"葛布"一项，可见清代陕南的葛布业是较为兴盛的。

---

① （清）李国麒：(乾隆)《兴安府志》卷16《风俗》，《中国地方志集成·陕西府县志辑》第54册，凤凰出版社2007年版，第127页。
② （清）罗文思：(乾隆)《续商州志》卷4《物产》，《中国地方志集成·陕西府县志辑》第30册，凤凰出版社2007年版，第270页。
③ （清）张廷槐：(道光)《西乡县志》卷5《物产》，成文出版社1970年版，第98页。
④ （清）张廷槐：(道光)《续修宁羌州志》卷3《物产》，《中国地方志集成·陕西府县志辑》第52册，凤凰出版社2007年版，第75页。
⑤ （清）严一青：(嘉庆)《白河县志》卷9《物产》，成文出版社1976年版，第339页。
⑥ （清）聂焘：(乾隆)《镇安志》卷7《物产》，成文出版社1969年版，第269、281页。
⑦ 陕西省山阳县地方办公室：《山阳县志点释》，山阳县地方志办公室1985年版，第115页。

商州的葛布加工很有名，乾隆《直隶商州志》中记有商地的葛布生产工艺：

> 葛作布法：夏秋间，俟梗条长足未枯之时，采取置水中浸透捞出，先以石滚碾之，如打场者然，再入水浸洗，去青黑浮皮，然后以木槌轻轻敲击，间以踩躏，屡敲屡揉，以极熟如丝为度。仍置长流活水河中，漂洗极净，晾干，先细细分之，去其杂乱、成结、无用者后，绩之如线，再上纺车摇成，可以织矣，其织葛机杼亦如织棉布者无异，宽窄粗细由人。但有经纬俱葛者，亦有以麻为经以葛为纬者，有本色生者，亦有染色煮熟者，要皆用纯葛，而本色者为佳，以上治法，不过指其大略，其微细不能备哉，闻商之民，亦有用葛煮治打绳结鞋以代麻者，即此类而推之，可知织布之法矣。①

由上述可见，商州百姓利用葛、麻制成布匹的技艺已相当成熟。工匠在织造葛布时，要挑选合适的日期前去采葛，采集时需仔细辨别葛的质量，以纯色无染的葛品为佳。从土壤中采集的葛需浸水清洗，捞出后用滚石碾压，然后以木槌击打，收拾干净后晾干，整理顺丝即可上机织造。若要染色，则需投入锅中煮沸。织布时可全用葛，亦可以麻为经线、葛为纬线交叉制成，工匠制造的成品种类也比较多。

第二节　清代陕西的矿产加工业

清代陕西矿产加工业的发展，得益于当地品种丰富的矿产资源，煤炭、金矿、铁矿、石料、石油等矿产均有分布。不过，各类矿物的分布范围不同，各地储量也不均衡。如陕北的煤炭储量十分丰富，石油开采也拥有一定规模，而铁矿蕴藏量较少，开采数量有限。陕南的铁矿、金矿分布

---

① （清）王如玖：(乾隆)《直隶商州志》卷8《食货五·物产》，清乾隆九年刻本，第7—8页。

较广，储量较多。关中地区铁矿资源匮乏，煤炭、石料较多。在生产制造上，矿工开采矿物后，运至工匠处，再加工制成各种产品。如金、银可用于打制首饰，石料可用于雕刻，铁矿可在冶炼成生、熟铁后打制农具等。为便于分析，笔者仍将陕西分为陕北、关中、陕南三地，分别论述这一时期各地矿产加工业的发展情况。

一 陕北地区的矿产加工业

陕北地区因煤炭资源丰富，故开采量较多，此外石油的开采也有较大规模。铜、铁矿石的开采虽见于史载，然大多言语不详、草草略过。可见在陕北地区，铜、铁矿物并未形成大规模的采挖与冶炼。针对陕北地区的矿产分布状况，笔者会着重论述煤炭资源的开发与使用，铜、铁矿物也会有所提及，详细阐述如下。

（一）陕北地区的煤炭开采业

陕北地区的煤炭资源十分丰富，这就为煤炭采掘业的发展提供了得天独厚的条件。在宋代，陕北已有用煤的记载。庄绰《鸡肋编》卷上曰："延州亦有诗云：'沙堆套里三条路，石炭烟中两座城。'"[1] 从诗文中不难看出，宋代延安地区的百姓已大量使用煤炭。到了清朝，煤炭的开采与使用频率进一步提高。据《神木县志》载：神木地区的煤窑有"沙沟子、燕尔塔、恢昌沟、木头沟、沙窑儿、刘家塞"[2] 等多处，府谷、绥德一带也大量产煤。至乾隆时期，陕北的煤炭分布地已基本探明。乾隆五年（1740），陕西巡抚张楷上奏："延安府属之肤施、安定、靖边三县，凤翔府属之凤翔县，榆林府属之榆林、怀远、神木、府谷、葭州等五州县……均有产煤处所……是以听民自取，向不抽税，似应悉仍其旧。"[3] 几乎各县均贮藏有煤炭资源。张楷为了促进陕北煤炭采掘业的发展，上奏建议免除

---

[1] （宋）庄绰：《鸡肋编》卷上，中华书局1983年版，第17页。
[2] （清）佚名：《神木县志》卷1《窑口》，成文出版社1970年版，第66—67页。
[3] 中国人民大学清史研究所、档案系中国政治制度史教研室合编：《清代的矿业》，中华书局1983年版，第479—480页。

百姓应纳采煤之税,乾隆帝允之。陕北的煤炭储量也十分丰富,仅安定县,"石炭出地窑中,有厚至四五尺者,取之不尽"①。榆林县城外东南村落十余处均有炭井,岁各出十余万斤,尚仅够本境使用。在榆林折家山地区也产有石炭。陕北的煤炭除供应本地外,还要通过水路运输至各地,"南岸河地颇宽平,舟辑聚此,运石炭焉"②。人们以贩卖煤炭获利。

煤炭作为一种重要的能源,民间可采之取暖。煤炭还是庆祝节日时的重要燃料,陕北百姓在正月常常燃煤炭、贺新岁,"自朔至望,每夜燃石炭于中,光辉如画,以为'暖岁'"③。若是不满火光弱小,他们还会在"火场聚石炭如斗大者、累作幢塔状或狮象形,燃之,通明竟夜"④。以至出现了燃烧煤炭的攀比现象。

不过,清代陕北地区的煤炭开采也有不利的一面。在古代,工人采挖煤炭的危险性高,清朝时又受限于煤炭开采技术水平不高,加之商人投入的资金成本高,需要承担的风险大,种种不利因素限制了陕北采煤业的进一步发展。

(二) 其他矿产加工行业

清代陕北地区除采煤业有较为丰富的文献资料记载外,其他矿产的采掘与加工记录并不多,故将石油、石料、制铜、冶铁等行业在此处加以整合并论述。

首先是陕北石油的开采。陕北地区的石油主要贮藏于延川、延长、肤施三地,最有名的当属延长县,宋代延长地区已有石油开采的记录。据《梦溪笔谈》载:"鄜、延境内有石油,旧说'高奴县出脂水'即此也。生于水际,沙石与泉水相杂,惘惘而出,土人以雉湿之,乃采入缶中。"⑤

---

① (清) 米毓璋、姚国龄:(道光)《安定县志》卷4《田赋志·物产》,成文出版社1970年版,第148页。

② (清) 郑居中:(乾隆)《府谷县志》卷2《山川》,成文出版社1970年版,第124页。

③ (清) 苏其炤原本,何丙勋增补:(道光)《怀远县志》卷1《岁时》,《中国地方志集成·陕西府县志辑》第36册,凤凰出版社2007年版,第472页。

④ (清) 李熙龄纂修,霍光平、张国华总校注,马少甫校注:(道光)《榆林府志》,上海古籍出版社2014年版,第457页。

⑤ (宋) 沈括:《梦溪笔谈》卷24《杂志一》,上海书店出版社2003年版,第197页。

第一章 清代陕西手工业与手工业产品市场

宋人用鸡的尾羽蘸取石油,这种采集方式效率较低。到了清代,陕北石油开采技术有所进步,工人以凿井之法采集石油。延长县,"西翟水岸边,穿石井,水面浮之油,拾之灯燃若炬"①。这里指明了石油可用于燃灯。此外,陕北的石油"自石中流出,可以燃灯疗疮"②,可见石油还可以治疗疾病。

其次是采石业。陕北许多州县拥有采石加工行业,当地石料的种类、数量有很多。据方志载,绥德州安定县有"石板,厚者作碑,薄者代瓦","墨玉,出魏家湾,性似木,黑而轻,可雕作",还有"试金石"等。③ 工匠将采集的石头打磨加工,制成各类产品。如上述安定县的石板作碑,魏家湾的玉石可雕刻成品,延长县的"碾磨、猪槽、药臼为石属"④,这些石制品丰富了陕北百姓的日常生活。

再次是陕北的制铜、冶铁等金属矿产加工行业。陕北地区的铁矿分布并不广泛,鄜州宜君县、中部县,延安府安定县等地有一些铁矿储存,分布地点也不集中。铜矿开采方面,在榆林府谷县有一些"自然铜",神木县也有铜矿的开采记录。工匠利用铜、铁矿物,可生产出一些日用器皿,因工艺水平参差不齐,故产品种类有限。据各州县方志载,神木县有"铜锡器"⑤。怀远县有银矿,产有"首饰银器之物"⑥。延长县的工匠铜、铁矿加工水平较高,所产物品有"钟声、磬音、炉、铃、镢、锄、镰、斧、铧、钩、锤、锥、钳、钉为铁属;铁出山西河津及永宁神炉、蜡台、堂灯、火锅、酒壶、饭镟盆、罍为锡属……铜止有供神香炉,余兴金或嵌用

---

① (清)王崇礼:(乾隆)《延长县志》卷1《方舆志》,成文出版社1970年版,第29页。
② (清)洪蕙:(嘉庆)《延安府志》卷33《户略二·物产》,成文出版社1970年版,第956页。
③ (清)米毓璋、姚国龄:(道光)《安定县志》卷4《田赋志·物产》,成文出版社1970年版,第148页。
④ (清)王崇礼:(乾隆)《延长县志》卷4《食货志·物产》,成文出版社1970年版,第137页。
⑤ (清)王致云、朱壎、张琛:(道光)《神木县志》卷2《舆地志·物产》,《中国地方志集成·陕西府县志辑》第37册,凤凰出版社2007年版,第483页。
⑥ (清)苏其炤原本,何丙勋增补:(道光)《怀远县志》卷2《风俗》,《中国地方志集成·陕西府县志辑》第36册,凤凰出版社2007年版,第539页。

少专器"①等，银器工艺品上，则有"头饰项带银圈如线穿葡萄状"②。陕北的金属矿产加工业不但在一定程度上满足了当地百姓的日用所需，金、银首饰的打制更是填补了陕北工艺品加工业的短板，是清代陕北金属加工与工艺品制造行业进步的表现。

最后是陕北硝石的开采。硝是一种矿石，皮毛加工、金银矿石的融化以及火药制造都离不开硝，因此硝的开采相当重要。道光时期，绥德州清涧县产硝，"硝，本作消，产诸卤地，银工家用化金银，兵家用作火药"③，这里道明了硝的产地与主要用途。硝一般产于盐碱地，使用时要放入蒸锅内加热。百姓有采掘硝、碱为生者，如清涧县"山地出硝，泽地出碱，无业贫民藉以资生"④。遗憾的是陕北硝石的储量有限，即便是安塞县等储量相对较多的地区，开采活动也不频繁，因此陕北的硝石采掘业并不发达。

二 关中地区的矿产加工业

关中矿产资源以煤炭、石料为主，该地区地势平坦，平原多，采矿较为便利。在资源分布方面，铁矿资源匮乏，部分州县有铜矿加工的记载，不过储量比较有限。缘于此，笔者在该节并不细分为诸多小节，而是依照煤炭、石料、铁矿等加工行业逐一论述，详见下文。

第一，煤炭开采方面，关中地区的凤翔、乾州、邠州等地产煤，储量并不丰富。据《秦疆治略》载："（永寿）西北乡樊家坪地方有煤窑炭井，界连邠州拜家河，距城三十里。"⑤邠州，"拜家河地方向产煤炭。该处有炭井数眼，所雇人夫多系外来客民，五方杂处"⑥。采集到的煤炭用途较

---

① （清）王崇礼：（乾隆）《延长县志》卷4《食货志·物产》，成文出版社1970年版，第136—137页。
② （清）王崇礼：（乾隆）《延长县志》卷4《食货志·物产》，成文出版社1970年版，第132页。
③ （清）钟章元：（道光）《清涧县志》卷4《田赋志·物产》，成文出版社1970年版，第266页。
④ （清）卢坤：《秦疆治略》，成文出版社1970年版，第172页。
⑤ （清）卢坤：《秦疆治略》，成文出版社1970年版，第75页。
⑥ （清）卢坤：《秦疆治略》，成文出版社1970年版，第78页。

广，工匠可用于烧瓷、冶铁，普通百姓则可用来取暖、炊爨。

第二，关中地区的石料加工业非常有名。富平县产有一种"石寖石"，该石色泽青褐、肌理细密，"碑刻砌阶用之"①，百姓若雕刻碑碣，所需石料可从富平开采。富平石料质量上佳，经石匠加工后，成品被誉为"墨玉"②。雕琢石头是富平石匠的绝活，"北山产石，附近居人，善事雕筑，凡镌字暨花草山水人物，精致不爽毫发，往往叹为绝技"③。清乾隆以后，关中奢侈之风日显，民间筹办丧礼时，购置的墓碑华丽至极。一些商贾巨富往往不惜工本，大肆挥霍，令石匠雕刻动物于墓穴之上，"近日棺椁五彩，妆漆尺寸无度，冢圹有高数丈者，华表麒麟翁仲刍狗等亦多擅用"④。石匠们听从吩咐，经常于墓穴或石碑上雕刻各种图案。对此有人叹曰："吾关中民俗渐失古朴，一寿一丧，巨富縻金数万，次亦数千。"除丧葬外，"秦俗，富室多起大屋，尚雕镂，穷工极丽"⑤。房屋修建也多用石雕，"而雕甍峻宇，在在有之"⑥。这进一步加深了社会奢侈风气，但是也在客观上促进了本地区石料加工业的发展。

第三，关中地区铁矿加工业的发展比较曲折。历经明末战火，清初时关中冶铁业规模缩小，直至乾隆后方才恢复并逐渐发展。华州柳子镇曾是关中一处庞大的铁器制造中心，明隆庆年间，"郡之柳子镇，有千家铁匠，作刀剑剪斧之用，天下士大夫所共索，以为转相赠予者"⑦。然因受战乱影响，柳子镇的冶铁业在清初迟迟未能恢复。至清中叶，方只剩"冶铁者十余家而已"⑧。醴泉县史德镇的铁匠趁机抢占铁器市场，大量打制铁器，产

---

① （清）吴六鳌、胡文铨：(乾隆)《富平县志》卷3《贡赋·物产》，《中国地方志集成·陕西府县志辑》第14册，凤凰出版社2007年版，第59页。
② （清）乔履信：(乾隆)《富平县志》卷2《赋役·物产》，清乾隆五年刻本，第35页。
③ （民国）宋伯鲁：《续修陕西省通志稿》卷195《风俗一》，民国二十三年刻本，第12页。
④ （清）刘于义、沈青崖：(雍正)《陕西通志》卷45《风俗》，清雍正十三年刻本，第39页。
⑤ （清）路德：《柽华馆文集》卷6《王仲九墓表》，《清代诗文集汇编》第545册，上海古籍出版社2010年版，第445页；卷4《连雪峰家传》，第340页。
⑥ （清）刘于义、沈青崖：(雍正)《陕西通志》卷45《风俗》，清雍正十三年刻本，第5页。
⑦ （明）李可久、张光孝：(隆庆)《华州志》卷9《物产》，明万历八年增补本，第2页。
⑧ （清）李恩继、文廉：(咸丰)《同州府志》卷22《土物志》，清咸丰二年刻本，第2页。

品质量较优,并逐渐声名远扬。该镇工匠锻造工艺纯熟,"金火匠向最著名,明清两代,西北县邑各庙社之铁棋杆、大钟、香炉、醮炉皆其所造,式样精奇,花纹纤细"①。此外,邠州一些县镇也产有"剪刀、铁器"等物。在清代,关中冶铁业在地域上表现出极端的不平衡,这与当地缺乏铁矿资源有关,从外地购入铁矿需耗费较高成本,且生产效率得不到保障,这就限制了关中地区进一步发展铁矿加工行业。

第四,关中地区也有其他矿石的开采与加工。如同州府蒲城县产"硝",华阴县的矿产种类较为丰富,产有"金石、球、玉、玉珪、琥珀、铜、铅、矾石"②,与之相关的采掘业也较为兴盛,惜未见加工成品。不过,乾隆《同州府志》记载了同州府的各类矿产加工行业及产品。据载,同州有"金、银、铜、铁、锡、玉"等十余种矿物,可加工出"刀、朱刀、针"③等产品。嘉庆时,长安县有"铜匠"之记载,表明此地有铜矿加工行业。

三 陕南地区的矿产加工业

陕南地区的矿产资源主要有铁矿、金矿,这造就了陕南冶铁业与淘金业的繁荣。陕南煤炭资源分布虽广,然储量不足,这导致冶炼矿物的能源短缺,故当地大多以木炭冶炼铁矿,随后再由工匠加工成各类产品。铜、铅、石料等也有一定的开采记录,只是规模比较有限。

(一) 陕南地区的冶铁业

陕南山区的铁矿分布比较广泛。汉中府的南郑、略阳、定远、宁羌(今陕西宁强县)、留坝、凤县;兴安府的汉阴、平利、石泉、洵阳(今陕西旬阳县),以及商州的山阳、镇安等地皆有铁矿分布。④ 富商大贾看中此

---

① (民国)曹骥观等:(民国)《续修醴泉县志稿》卷10《风俗志·职业》,成文出版社1970年版,第704页。
② (清)李天秀等:(乾隆)《华阴县志》卷2《封域·方产》,《中国地方志集成·陕西府县志辑》第24册,凤凰出版社2007年版,第55页。
③ (清)闵鉴:(乾隆)《同州府志》卷11《食货志下·物产》,清乾隆四十六年刻本,第15页。
④ 陈良学:《湖广移民与陕南开发》,三秦出版社1998年版,第402页。

地的铁矿资源，竞相来此开办铁场，冶炼铁矿。清代陕南山区的铁场原料主要出自"黑山"与"红山"。"黑山"为炭窑，即砍伐树木，就地装窑烧炭的地方，可作为铁场燃料的供应地；"红山"为储存铁矿之山，因铁矿色赤，故称红山。在陕南，"红山"数量较多且分布广泛。冶铁需以木炭作为能源，因此铁场常常毗邻山林，若"老林渐次开空，则虽有矿石，不能煽出，亦无用矣"①，老林砍伐一空后，铁场会迁至他处。

关于陕南地区的冶铁工艺与制造流程，严如熤曾有详细记录：

> 铁炉高一丈七八尺，四面橡木作栅，方形，坚筑土泥，中空。上有洞放烟，下层放炭，中安矿石。矿石几百斤，用炭若干斤，皆有分两，不可增减。旁用风箱，十数人轮流曳之，日夜不断。火炉底有桥，矿碴分出，矿之化为铁者，流出成铁板。每炉匠人一名，辨火候，别铁色成分。通计匠、佣工，每十数人可给一炉。其用人最多，则黑山之运木装窑，红山开石挖矿、运矿，炭路之远近不等，供给一炉，所用人夫须百数十人，如有六七炉，则匠作、佣工不下千人。铁既成板，或就近作锅厂，作农器。匠作、搬运之人又必千数百人，故铁炉川等稍大厂，分常川有二三千人，小厂分三四炉，亦必有千人、数百人。②

这段史料较为清晰地叙述了陕南铁场的生产组织、技术、规模、工序等诸多详细情况。首先，铁场一般由炭窑、采矿场、冶炼场三个部分组成。冶炼场的用工人数最少，每炉仅需十几人，须有经验纯熟的工匠一名，负责"辨火候，别铁色成分"，余下人等轮流拉风箱鼓风，让火力保持适中。其次，铁场的冶铁流程十分规范，从风箱加热到矿渣分离，再到铁水凝固成型，每位工匠各司其职，按规操作。最后，一座铁场所需工人

---

① （清）严如熤：《三省边防备览》卷10《山货》，《陕西古代文献集成（第四辑）》，陕西人民出版社2017年版，第176页。

② （清）严如熤：《三省边防备览》卷10《山货》，《陕西古代文献集成（第四辑）》，陕西人民出版社2017年版，第176—177页。

数量较多，从伐木、运木、装窑、烧炭再到开矿、挖矿、运矿等活动，仅一炉铁矿就需数百名工人，运送木炭者占多数，规模较大的铁场甚至要雇佣上千人。

王本元曾对清代陕南铁场生产的铁器种类做过统计：一般制成锅或农具，有刀、锄、镰、秤等数种。一些铁匠在打制铁器时精益求精，制造的产品享有盛名。如"汉中田兆兴的刃器，张银汉的纸刀，张福太的秤具，周世亮的锄头，城固龙头康氏的镰刀，勉县郭太贵的菜刀等"①。这些产品的制造历史悠久，富有地方特色，深受当地百姓喜爱。由此可见，铁场所锻铁器一般用于满足百姓的日常所需。

关于这一时期陕南留坝厅是否有铁场从事冶铁活动，这里须探讨一番。据《秦疆治略》载："（留坝厅）并无木厢、纸、铁各厂"②。道光《留坝厅志》引用原文，言其亦无铁场。③而据李刚考证，留坝厅不但有铁场，规模还很大。其引言："矿物制造百余家。除冶炼毛铁外销外，还用其料铸锅、铧等，其法为当地矿物溶液模制，形式大小不一，年产锅、铧万件，行销最广。"④笔者从《留坝厅志》中亦见厅内"红崖河八庙里所辖"有"锅厂"⑤一处，且严如熤在《三省边防备览》中明确记载了留坝地区产铁。此外，从光绪《留坝厅乡土志》中所见，厅内于嘉道时曾"岁出铁三百余万斤"⑥，若无铁场，产铁数额绝无可能发展到如此之多，可见清代留坝厅不但有铁场冶铁，且规模应是不小的。

值得一提的是，对于清代陕南各地的铁场产量如何，囿于史籍缺载，笔者无法得知确切数据。故这里借鉴前人成果，一窥陕南在全国冶铁业中的地位。嘉道时期，陕南的定远、凤县、留坝、略阳、西乡等地有大小铁场二十余处，其中略阳"北路有铁厂五处"、凤县"有铁厂十七处"、定远

---

① 王本元：《略论清代汉中地区的工场手工业》，《清史研究通讯》1985年第4期。
② （清）卢坤：《秦疆治略》，成文出版社1970年版，第103页。
③ （清）贺仲瑊：（道光）《留坝厅志》卷4《土地志》，成文出版社1969年，第163页。
④ 李刚：《明清时期陕西商品经济与市场网络》，陕西人民出版社2006年版，第313页。
⑤ （清）贺仲瑊：（道光）《留坝厅志》卷4《土地志》，成文出版社1969年，第39页。
⑥ （清）王懋熙：（光绪）《留坝厅乡土志》，《陕西省图书馆藏稀见方志丛刊》第15册，北京图书馆出版社2006年版，第169页。

厅"铁厂二处"①。以镇安县为例，每生产一千斤铁，需要矿石三千斤、木炭四千五百斤，而嘉道间留坝厅铁场每年便可产铁三百余万斤。据此估算，清中期陕南冶铁量约为一千二百余万斤，占当时全国冶铁量近四分之一②，这在全国也是遥遥领先的。

嘉庆以后，陕南铁场的开办有衰落迹象。首先，山林的砍伐十分泛滥，直接导致冶铁无木炭可用。据严如熤所述：陕南汉中府的宁羌、留坝、略阳，兴安府洵阳县以及商州镇安县等地在道光前都是主要的冶铁区，随着林木资源砍伐殆尽，有铁矿石的地区也因缺乏木炭燃料而无法冶炼铁矿，一些铁场被迫关闭。③

其次，嘉道时期的白莲教起义转战陕南，使得官府加强了对陕南地区的管理，阻碍了铁场发展。道光十一年（1831），清政府为镇压农民起义，要求"陕西南山铁厂，今商民自出资本，募工开挖。由地方官查明该商人姓名籍贯，取具日结，加具印结，详明藩司，发给执照，方准开采"，"各厂匠役，责成商人造具循环薄，按名注明年岁籍贯，及上工日期。如有辞工另募，随时添注，于每季底，送该管官稽核。所出铁斤，只准铸造铁锅、铁盆、农具，倘有卖给匪徒、私制军器等弊，立即严拿治罪。"④ 政令一出，直接影响了当地冶铁业的发展。因受到用工成本增加、官府审批繁杂以及产品种类限制等不利因素影响，当地一些小型铁场的开办难以为继，铁场数量有了明显减少。另外，陕南地区又因过度开采铁矿，导致道光时期铁矿质量有所下降，加之木炭资源也日渐缺乏，致使商人投资陕南铁场的成本不断提高，而获利甚少。最终，他们或减少投资，或到他处开办铁场。道光以后，陕西铁场日渐凋敝。光绪时期，铁场曾有所恢复，但终究不如乾嘉时期兴盛。

（二）陕南地区的淘金业

陕南产有一种被称为砂金的矿物。这是一种附着于花岗岩、片麻岩

---

① （清）卢坤：《秦疆治略》，成文出版社1970年版，第101页。
② 许涤新、吴承明：《中国资本主义的萌芽》，人民出版社1985年版，第463—464页。
③ （清）严如熤：《三省边防备览》卷10《山货》，《陕西古代文献集成（第四辑）》，陕西人民出版社2017年版，第176页。
④ （清）席裕福、沈师徐：《皇朝政典类纂》卷132，文海出版社1982年版，第104页。

上，历经风化、雨水冲刷，堆积于河床之中形成的金矿。由它的形成过程可知，这种金矿离河流水源较近，因此陕南的砂金矿多分布于汉江、嘉陵江上游及秦岭南坡各条河流的河床地区。陕南地区开发金矿的历史悠久，《魏书·食货志》中已记有当时汉中百姓的淘金行为："汉中旧有金户千余家，常于汉水沙淘金，年终总输。"① 官府允许百姓淘金，并收取采金税，该政策直至清朝依然实行。不过在清代，陕南出现了由商人开办的金场，金场一般开设在金矿储量丰富的地区。而随着康熙以来外省流民不断涌入陕南地区，人口的增加，金场的募工问题也得到解决。在原料、劳动力充足的有利条件下，陕南金场得到了良好发展。

陕南的淘金场大多沿汉江各县开办。洋县、勉县、南郑、城固等临江一带沙滩较多，成为当地人的淘金点。略阳嘉陵江、西乡木马河与褒城乌龙江沙滩两岸的淘金业也很盛行。乾隆时期，汉江流域附近的百姓在农闲时也多从事淘金，部分贫民甚至以此为生。

矿工采用的淘金方法并不复杂。据悉，他们"用水作淘床……每床一人掀木架，一人挑水，三人挑沙，共五人，通力合作，每日多则淘金五六分，少则一仅敷一日之食"。此法十分看重多人相互合作。工人首先架起木架、支好淘盘，然后打捞河里的淤泥，在淘盘中洗涤泥沙，以便从中挑选天然金沙。金沙的价格十分昂贵，即便是"质硬色低"的普通金子，一两也值钱一万五千文左右，足见淘金获利之高。一些加工后留下的金渣也不能浪费，淘金场淘金后，会将金屑炼成金豆。据载："用水银同金屑入硝银罐烧炼，水银成灰，金成小粒如黄豆大。"②

为加强对矿工的管理，陕南金场一般规模不大，其基本构成与分布如下："厂头出工本，佣夫淘簸，每厂约数十人。略阳嘉陵江、西乡木马河、褒城乌龙江沙滩两岸，均有淘者。"③ 陕南的金场颇具特色，且与铁场有所不同，需加以辨别。正如上文严如熤所言："铁厂、板厂、纸厂、耳菌厂，

---

① （北齐）魏收：《魏书》卷110《食货六》，中华书局1974年版，第2857页。
② （清）严如熤：《三省边防备览》卷10《山货》，《陕西古代文献集成（第四辑）》，陕西人民出版社2017年版，第183页。
③ （清）严如熤：《三省边防备览》卷10《山货》，《陕西古代文献集成（第四辑）》，陕西人民出版社2017年版，第183页。

皆厚资商人出本,交给厂头雇募匠作。"但在金场中,场头不但要管理工人,还需"出工本"。可见这一时期,场头已有能力替代商人的一部分作用,亦表明随着金场规模的进一步扩大,场头作为工人的管理者,有成为新兴商人的趋势。

官府对于陕南民间采挖金矿的行为不做过多阻挠,当地百姓以淘金为生者也不在少数。清政府为方便管理,仅定下民众淘金所需缴纳的税额,除此之外不多加限制。道光时,安康地区淘金业盛行,州判张鹏翂有言:"兴安七邑贫民傍水居者,入冬无业,唯恃淘金以仰事俯育,活人无算。守土者止可出示,谕其安静营生,勿赌勿醉。万勿因其人众而禁之,以断其生路。"① 张鹏翂禁止官员随意扰乱民间淘金,他深知民间采金既能够让百姓补贴家用,也可让淘金者纳税,增加官府的税收。总之,陕南地区砂金分布广泛,淘金人数较多。但陕南淘金的方法相对落后,产量有限,加之大部分金矿属于金场采挖,利润归商人所有,百姓仅可赚取薄利。

(三) 其他矿产加工行业

陕南地区除铁矿与金矿储量较多外,还有一些地区产有煤炭、硝石,这些矿藏分布范围有限,产量较低,在清代陕南地区的矿产开发中不占主要地位。

第一,陕南地区的煤炭分布相对较广,储量却不多。据方志载,汉中府凤县、定远厅皆产"煤",宁羌州不但产煤,且种类不少,有"明煤、碎煤、末煤"② 之分。兴安府紫阳县、商州也产有"石炭"(石炭即煤),汉阴厅有石煤产出。可见陕南各地煤炭资源分布较为广泛,在使用时,工匠会以煤炭做燃料,用于冶铁、炼铜或其他手工产品的制造。

第二,铜、铅等矿石在陕南部分地区也有开采,官府会利用这些矿石加工制造成各类武器装备。据方志载,商州雒南(今陕西洛南县)等地产有"铜、铅",这两项均为官方制造火器的重要原料,搭配硝石后,可制

---

① (清) 严如熤:《三省边防备览》卷10《山货》,《陕西古代文献集成(第四辑)》,陕西人民出版社2017年版,第183页。
② (清) 张廷槐:(道光)《续修宁羌州志》卷3《物产》,《中国地方志集成·陕西府县志辑》第52册,凤凰出版社2007年版,第75页。

成火器。如商州下辖镇安县即"于省城制备短枪火药"①。由此可见，商州地区的火器制造业应当拥有一定规模。商州虽未见采挖硝石的记载，然硝石可以从外地运输，如汉中府凤县即产有"硝"。

第三，还有一些地区产有石料，可用于砚石的加工制造。例如安塞县产一种名为"均石"的石头，此石"离城三里石崖下，取而磨之，小为砚大为屏几"②。兴安府紫阳县产"紫阳石，绿质黑章，石工取作砚池"③，这种石砚在当地颇有名气。

第三节 清代陕西的食品加工业

祝慈寿在《中国古代工业史》中，将盐、糖、茶的制作与酿造业并称为"食品工业"，这一划分无疑具有合理性。清代陕西的食品加工业主要包括：一、食品酿造业，如酿酒、醋等；二、盐、糖、茶、油的加工制造。陕北地区的酿制品主要有酒和醋，糖有"糖稀"与"糖条"等，油、盐也都有生产。关中地区的酒坊数量较多，酿酒业比较发达，西安府有榨油与酿蜜行业，且规模不小。陕南地区则有较大规模的耳菇培植与包装业，酿酒、制醋以及榨油业也拥有一定规模。大体上，在清代陕西的食品加工领域中，以酿造业的产量多且分布较为广泛，其次为油、盐、糖、茶的加工，笔者在论述时，主要从这两个方面加以阐述。

一 陕北地区的食品加工业

有清一代，陕北地区依然是以发展农业经济为主。因此与农产品相关的食品加工行业发展较快。清代陕北的酿酒、制醋，以及食盐、糖、油等产品的加工行业有着不同程度的进步。

---

① （清）聂焘：（乾隆）《镇安县志》卷7《物产》，成文出版社1969年版，第279页。
② （清）洪蕙：（嘉庆）《延安府志》卷33《户略二·物产》，成文出版社1970年版，第956页。
③ （清）陈仪、吴纯等：（道光）《紫阳县志》卷3《食货志·物产》，《中国地方志集成·陕西府县志辑》第56册，凤凰出版社2007年版，第166页。

(一) 陕北地区的酿造业

在酿造领域，陕北地区主要生产酒、醋等产品。酒在日常生活中受到不少百姓的喜爱，尤其是以纯粮酿造的酒口味俱佳。如高粱等农作物可酿成烧酒，口感较好，颇受人们欢迎。

民间酿酒多用粮食，陕北盛产玉米、粟、高粱、糜子等耐旱作物，这些农产品大都适合酿酒，也是酿酒的优质原料。定远厅（今陕西定远县），"家家皆有酿具，包谷成熟，竟糜于酒"①。这表明在定远厅境内，百姓采用玉米酿酒极为普遍。每当节日来临或款待亲朋时，各家时常以酒祝贺。如怀远县（今陕西横山县），"人多嗜酒，家家以糜米作曲酿之，遇客至，无宴席，但以酒为敬耳"②。关于陕北的酿酒工艺，嘉庆《延安府志》中有所记录：在酿酒时，人们要"蒸软糜，拌曲，揉之入瓮。间日一熟，用土绢缝酒帘，几系入酒床，漉之，清白无渣"③。看似简单，实则每步均为长期实践的总结。如糜子等原料要求软糯，不能有硬物，粮食发酵时更不可随意揭开瓶罐，否则会前功尽弃。

清代陕北各地的酒种中，以"烧酒出瓦窑堡者佳"④，黄酒则多由家中妇女酿造，口味不一。为了改善酒的口感，当地百姓还会加入蜂蜜酿成蜜酒，亦可采野花酿酒。清代文人朱彝尊很喜爱一种醉枣："拣大黑枣用牙刷刷净，入腊酒酿浸。加烧酒一小杯，贮瓶、封固，经年不坏。"⑤ 陕北的醉枣酒即采用此法酿造而成。定边县产有一种以菊花为原料的药酒，"野菊花，色黄，村人采作酒，饮之去风毒"⑥。陕北百姓利用各种原料增加了酒的品种，也满足了民众的日常生活所需。除自家饮用外，人们将酒酿成后也会行销外地。如洛川县有一种黄米酒，"市沽家酿，醇醨不一；烧酒

---

① （清）卢坤：《秦疆治略》，成文出版社1970年版，第102页。
② （清）苏其炤原本，何丙勋增补：（道光）《怀远县志》卷2《风俗》，《中国地方志集成·陕西府县志辑》第36册，凤凰出版社2007年版，第539页。
③ （清）洪蕙：（嘉庆）《延安府志》卷40《礼仪》，成文出版社1970年版，第1122页。
④ （清）米毓璋、姚国龄：（道光）《安定县志》卷4《田赋志·物产》，成文出版社1970年版，第149页。
⑤ （清）朱彝尊：《食宪鸿秘》，上海古籍出版社1990年版，第132页。
⑥ （清）黄沛、江廷球、宋谦：（嘉庆）《定边县志》卷5《田赋志·物产》，《中国地方志集成·陕西府县志辑》第39册，凤凰出版社2007年版，第46—47页。

有家酿者，无烧房，市沽者从鄜州张家驿等处来"①。延长县，"城驿镇肆多酒床，漉清沽卖"②。这些酒坊大多为小本经营，是一种城乡铺户的专业性产销。

醋是陕北百姓必不可少的调味品之一。陕北牧民饲养的羊只众多，百姓也经常食用羊肉，醋是解腻上品，因此酿醋业是当地常见的家庭手工业。制醋原料很多，"酸户皆酿各粮为醋，陈者味佳，彼此相配送"③。醋的酿造工艺也较为简单，民间生产十分普遍，几乎家家皆可制作。

在陕北部分地区也有酱的酿造。如延长县"间以豆晒酱"④，可见酱的主要原料是黄豆、黑豆、青豆等各种豆类，它们统称为大豆，延川县百姓便是用大豆"作腐造酱"⑤。安定县亦如此，"大豆，可作腐，榨淮造酱"⑥。百姓酿制的酱类丰富了他们的日常饮食。

（二）陕北地区的其他食品手工业

清代陕北地区除了酿造行业外，还有盐、油、糖的加工。这些行业规模大小不一，产品为百姓日常所食。

陕北的食盐生产规模较小，制作工艺也比较粗放简单。食盐在清代为官府专营，不过陕北的一些村落拥有小型盐池，官府难以管理，百姓多借机私采。如米脂县产小盐，当地百姓多取土熬制。陕北民众常以土法熬制食盐，工具简陋、技艺简单，流程主要有：修盐滩、捞盐池、入锅熬。现以陕北绥德州盐场为例，一窥当地食盐生产工艺：

> 按三眼泉盐场衰歇，煎盐之所现在三皇峁、姜家崖等处，上下相

---

① （清）刘毓秀、贾构：(嘉庆)《洛川县志》卷13《物产》，《中国地方志集成·陕西府县志辑》第47册，凤凰出版社2007年版，第438页。
② （清）王崇礼：(乾隆)《延长县志》卷4《食货志》，成文出版社1970年版，第135页。
③ （清）王崇礼：(乾隆)《延长县志》卷4《食货志》，成文出版社1970年版，第135页。
④ （清）王崇礼：(乾隆)《延长县志》卷4《食货志》，成文出版社1970年版，第135页。
⑤ （清）谢长清：(道光)《重修延川县志》卷1《地理志·物产》，《中国地方志集成·陕西府县志辑》第47册，凤凰出版社2007年版，第17页。
⑥ （清）米毓璋、姚国龄：(道光)《安定县志》卷4《田赋志·物产》，成文出版社1970年版，第124页。

距十余里，坐落三眼泉之东，理水河岸。因卤淡不能成盐，先撒土地一二寸以卤沃之，晒干复滤卤十余次，土咸聚积一堆，名曰种盐。复取卤以浸咸土作圆窝形，盛以石板通其下，沥取咸卤以铁大锅煎之，乃成花盐。种盐之时，日阳则易成，遇阴雨则土又淡而须复种也。①

这段史料虽记载的是光绪朝绥德地区的制盐工艺，然该法传承已久，故不难推断此前亦有使用。从中可以看出，陕北卤盐技艺并不复杂，缺点在于工序重复、耗时费力、效率较低，每百斤盐土仅可熬制3.5斤食盐。另外，熬盐时受天气的影响也很大，生产不定时，如遇大雨，制盐步骤又须重新开始，开采成本较高。这一行业又受官府严格把控，民间无利可求，故鲜有商人来此开采。由此可见，清代陕北的制盐规模十分有限。

陕北制有一种糖品，分为干、稀两式。清人郝懿行《证俗文》中有其制作方法："煮黍米为粥和生大麦芽搅滤取汁煎之，濡者为糖稀，干者为糖条。"② 时至今日，陕北仍有生产，名曰"米糖"。这种糖品多在冬季制作，因气候寒冷，产品不易融化。

此外，陕北各地拥有不少的榨油业。如延川县，"油，有脂麻、亚麻、麻子、蓖麻榨者，间有杏仁作者"③。油的质量也有一定差别。例如洛川县，"油，各种不一，多杂榷，故味不佳，即点灯亦不佳"④。因油料在百姓的生活中较为常见，故方志记载时于"物产"一节中仅提及油的名称，并未详述。

二 关中地区的食品加工业

清代关中地区的食品加工业主要存在于酿酒、榨油两个领域。当地食

---

① （清）高维岳：（光绪）《绥德州志》卷3《民赋志·盐法》，成文出版社1970年版，第226—227页。
② （清）郝懿行：《证俗文》卷1，《明清俗语辞书集成》第3册，上海古籍出版社1989年版，第2297页。
③ （清）谢长清：（道光）《重修延川县志》卷1《地理志·物产》，《中国地方志集成·陕西府县志辑》第47册，凤凰出版社2007年版，第21页。
④ （清）刘毓秀、贾构：（嘉庆）《洛川县志》卷13《物产》，《中国地方志集成·陕西府县志辑》第47册，凤凰出版社2007年版，第438页。

品加工行业的特点在于原料产地多、生产规模大，发展的水平也要相对更高。

首先在酿酒行业，清代关中地区的酿酒业较为发达，这主要表现为酿酒的原料种类更加丰富以及酒坊的数量较多。下面笔者针对这两个方面做详细阐述：

其一，酿酒可供选择的原料种类丰富。除黍、稷、稻、高粱、麦等这些常见的农作物可酿酒外，同州白水县有"柿子……亦以酿酒"①。蒲城县有"西乡桑落坊，每至桑落时，取寒暄得时，以井泉酿酒，故名"，采用桑葚酿酒。另外县中还产有"黍，其黏者酿酒，关东所谓黄米酒也；稻，数十种黏者酿酒；麦，有红皮者为酒麦；葡萄，可作酒"②，可见关中地区生产水稻，人们会挑选软糯的水稻酿酒，若是用葡萄酿酒，则颜色较绿。华阴县产有榆树，其"榆粉可作糕饵，收至冬可酿酒"③。关中地区也利用丰富的原料酿造出了种类繁多的酒类产品。如蒲城县有"桑落酒、豆酒、五香、东阳、秋露白、腊酒、烧酒、黄酒、坛酒"④ 等十余种酒。三原县产"梨花酒"，富平县有"石冻春、秋露白、兰若、苦酒、甜酒"⑤，以及陇州（今陕西陇县）的特产"陇酒"等。

其二，关中的酒坊数量多。雍正时，"三原、泾阳、渭南、富平等县烧锅（烧酒坊）以千计，其余州县亦皆有之"⑥。关中一带是产粮区，上述各地均为踩曲造酒的集中地带。不过值得注意的是，百姓长期以粮酿酒，也使得朝中大臣深感担忧。他们认为：大规模酿酒减少了粮食的储存数量，倘若出现灾年，则不利于救荒。史贻直任职陕西期间，见到"民间每

---

① （清）梁善长：（乾隆）《白水县志》卷1《地理·物产》，《中国地方志集成·陕西府县志辑》第26册，凤凰出版社2007年版，第444页。
② （清）张心镜：（乾隆）《蒲城县志》卷3《地理·物产》，成文出版社1976年版，第70、71、78页。
③ （清）李天秀等：（乾隆）《华阴县志》卷2《封域·方产》，《中国地方志集成·陕西府县志辑》第24册，凤凰出版社2007年版，第59页。
④ （清）邓永芳：（康熙）《蒲城志》卷1《土产》，清康熙五年刻本，第38页。
⑤ （清）吴六鳌、胡文铨：（乾隆）《富平县志》卷3《贡赋·物产》，《中国地方志集成·陕西府县志辑》第14册，凤凰出版社2007年版，第59页。
⑥ （清）秦川居士：《皇清名臣奏议》卷31《筹禁烧锅疏》，都城国史馆秦川居士排字本，第16页。

第一章　清代陕西手工业与手工业产品市场

于麦收之后，不以积贮为急务，而以踩曲为生涯，所费之麦，不可数计。"①咸阳、朝邑等县居民亦"开设曲坊，伊等并不自己造酒，只踩成曲块发往外省"，做起了销售酒曲的买卖，足见这时城镇中开设酒坊已很常见。随后史奏请禁止酿酒，然并未成功。乾隆时，关中地区生产的酒种、数量达到新高，百姓酿酒之风日盛一日。凤翔县柳林镇的西凤酒自万历年间便已开始酿造②，时至今日仍旧非常有名。

其次，关中地区的榨油活动也比较频繁。关中榨油业的兴起离不开当地种植的油料作物，百姓普遍使用油菜榨油。关中的油菜品种自先秦时期即有记载，《诗经》言：关中产葑，便是指油菜。明清称之为"蔓青"，雍正《陕西通志》记有："蔓青……味甘，根叶俱可食。根叶蓄可御冬，子为油，资用甚广。一名芜青，其味甘美，结蕊时作菜用，香辣有味。"③清代关中油菜的种植范围进一步扩大，乾州、醴泉、兴平等地都有栽种。百姓采集油菜后取出菜籽，用于生产菜籽油。各产油地区中，以兴平所产菜籽油质量较好。此外，核桃、芝麻、杏仁也都作为关中民众的榨油原料。

关中的榨油工艺比较传统，工人一般采用木梁重压出油之法。这一方法的准备工作繁琐，油料榨取时间也比较长。首先由工人挑选颗粒饱满、质量上乘的新菜籽作为原料，放置院落中晾晒，半个时辰翻搅一次，确保受热均衡。随后收集去尘，手持摇扇吹净，再用筛去皮。其次是磨籽，要将菜籽磨成泥状，高温蒸熟。蒸毕后的菜籽放入油圈中，以油草包裹、夯实，开始压榨。压榨过程中要固定油料，同时施加千斤压力，涌出的油顺着油草流入石槽中储存。最后工匠取出榨好的油，倒入油缸中过滤、沉淀，这一步骤历时15至30天，冬天较长，夏天较短，杂质分离后即可出售。

---

①（清）秦川居士：《皇清名臣奏议》卷31《筹禁烧锅疏》，都城国史馆秦川居士排字本，第17页。

② 陕西省工业厅编：《西凤酒酿造》，轻工业出版社1958年版，第5页。

③（清）刘于义、沈青崖：（雍正）《陕西通志》卷43《物产一》，清雍正十三年刻本，第18页。

还有一些油不可食用，仅可用于燃灯。如凤翔府汧阳县（今陕西千阳县），"亚麻，可榨油燃灯；麻子，可榨油；蓖麻，榨油燃灯"①，而像亚麻、蓖麻等植物在各地皆有种植，因此以麻类作物榨油点灯者应有不少。

此外，其他一些食品种类如豆腐、酱、腌菜的制造也比较有名。例如汧阳县百姓常以"大豆，作腐造酱"②。关中地区生产的豆腐较为有名，清代西安人薛宝辰于自撰《素食说略》中提到了豆腐的多种制法："一切大块入油锅炸透，加高汤煨之，名炸煮豆腐。一不切块，入油锅炒之，以铁勺搅碎，搭芡起锅，名碎馏豆腐。一切大块，以芝麻酱厚涂蒸过，再以高汤煨之，名麻裹豆腐。一切四方片，入油锅炸透，加酱油烹之，名虎皮豆腐。一切四方片，入油锅炸透，搭芡起锅，名熊掌豆腐。"③他还指出：京师的豆腐丝，到了陕西就更名为"千张"，市场上贩售较多。另外，该书还记载了腌菜、菜脯的加工方法，表明这时关中食品加工业的产品种类丰富，发展势头良好。

酿酱工艺上，除上文提及华阴县的榆树叶粉可酿酒外，榆树叶亦可"瀹（煮）过洒干捣为末，盐水调匀，日中曝晒可作酱，即榆仁酱也"④。关中在酱的种类上与陕北地区差别较大，原因在于使用的原料不同。关中有较多适宜酿酱的树种，陕北因自然环境相对恶劣，树木品种较少，故无法生产与关中类似的酱。

关中地区有一处产盐地，名曰"卤泊滩"，介于蒲城、富平与临渭之间。它的规模并不大，但由于是当地为数不多的产盐区，因此官府对该盐滩颇为重视。盐滩附近的民众偶尔会偷偷熬煎，"今人亦取水煎盐，以供一方之用，然恐以私盐获罪，故不敢常煎"⑤。因本地食盐产量有限，故关中盐价极易受外地盐业生产的影响。康熙时，关中"斗盐之价，至一两有

---

① （清）罗日璧：(道光)《重修汧阳县志》卷1《地理志·物产》，清道光二十一年刻本，第14页。
② （清）罗日璧：(道光)《重修汧阳县志》卷1《地理志·物产》，清道光二十一年刻本，第13页。
③ （清）薛宝辰撰，王子辉注释：《素食说略》，中国商业出版社1984年版，第40页。
④ （清）李天秀等：(乾隆)《华阴县志》卷2《封域·方产》，《中国地方志集成·陕西府县志辑》第24册，凤凰出版社2007年版，第59页。
⑤ （清）李恩继、文廉：(咸丰)《同州府志》卷22《土物志》，清咸丰二年刻本，第3页。

奇，民苦不能旧，甘心淡食"①，便是例证。

三 陕南地区的食品加工业

清代陕南地区的食品加工行业包括：一、木耳、香菇的培植与包装行业。二、蜂蜜产出。因山林较多，成群的蜜蜂在此筑巢，使得陕南百姓常常借此酿造蜂蜜。三、部分州县拥有一定规模的酿酒与榨油行业。另外，陕南的腊肉制作也比较有名，颇受当地百姓喜爱。

（一）木耳、香菇培植业

清代陕南地区的木耳、香菇培植业是在当地大量砍伐林木的基础上发展起来的。它们一般寄生于树木上，被人采摘后，稍微加工即可食用。木耳质轻色黑、性清味淡，香菇味道鲜美、营养丰富。清初陕南山中的林木资源较多，农民在农闲时会上山采集木耳、香菇到集市上换取生活用品。至康熙朝，随着各地流民移居陕南，山区林木资源得到快速开发，耳菇种植业也因此得到较快发展。

清朝初年，陕南的木耳、香菇一般由百姓就地采摘，间有种植，生产规模不大。随着时间推移，至道光年间，木耳、香菇培植业已具有较大规模。据卢坤《秦疆治略》载：定远厅有木耳场十二处，西乡县有木耳场十八处，宁羌州有菌场、木耳场数处，砖坪厅（今陕西岚皋县）有木扒十七处。② 在宁羌、洋县、城固等地，香菇场的分布也比较广泛。这足以表明木耳、香菇种植业在这一时期的陕南地区分布较广，颇具规模。

耳、菇的培植方法并不复杂，《三省边防备览》中已有详细记载。首先，木耳培植一般"择山内八九年、五六年花栗、青枫、梓树用之，不必过大。每年十月内将树伐倒，纵横山坡上，雨淋日晒，至次年二、三月间将木立起，二三十根攒一架，再经淋晒，四、五月内即结木耳。第一年结耳尚少，二年最旺，三年后木朽烂，不出耳矣。采耳遇天晴则晒晾，阴雨

---

① （清）李因笃：《受祺堂文集》卷 2《盐政》，《清代诗文集汇编》第 124 册，上海古籍出版社 2010 年版，第 43 页。

② （清）卢坤：《秦疆治略》，成文出版社 1970 年版，第 101、114、118、127 页。

用火焙干，然后打包"①。另外，松树也可作为培植木耳的树种，众多数种中，以花梨木培植出的木耳价格最为昂贵。木耳主要有三种：一种色白，名曰白木耳，又称银耳，售价高，产量较少；第二种色黄，称桂花耳，售价稍低，亦为木耳珍品，产量相对较高；最后一种色黑，即常见的黑木耳，产量最高、价格最低。

木耳、香菇的种植时间长短不一，香菇的培育期较长，收获期较晚，不过可利用的木材品种也更加广泛。陕南当地便有不少的香菇培植场，"香菌厂，于秋冬砍伐花栗、青枫、梓树、桫椤等木，山树必择大者，小不堪用。将木放倒，不去傍枝，即就山头坡上，任其堆积，雨淋日晒，至次年树身上点花，三年后即结菌，可收七八年至十年。后树朽坏，不复出菌。菌于每年三、四月收采，先用火烘干，再上蒸笼蒸过，然后装桶"②。从上述木耳、香菇的种植阶段可以看出，木耳的生产周期短，约两年即可大量培植，三年后树木开始腐烂，也就不再出产。香菇需在树木放倒三年后方能结菌，不过收获时间长，最长可达十年。双方各有利弊，然皆须使用树木培植，故二者在陕南山区的老林中有着广泛种植。

关于清代陕南香菇种植业的技术来源问题，田培栋与张萍对此均做过阐释。张萍认为：陕南香菇的制作技术应来自南方。依据是明代陆容所撰《菽园杂记》中，叙述了浙江龙泉县生产香菇的工艺流程：

> 香蕈（即香菇），惟深山至阴之处有之。其法，用干心木、橄榄木，名曰蕈檽。先就深山下砍倒仆地，用斧斑驳剉木皮上，候淹湿，经二年始间出。至第三年，蕈乃遍出。每经立春后，地气发泄，雷雨震动，则交出木上，始采取。以竹篾穿挂，焙干，至秋冬之交，再用工遍木敲击。其蕈间出，名曰惊蕈。惟经雨则出多，所制亦如春法，但不若春蕈之厚耳。大率厚而小者，香味俱胜。又有一种，适当清明

---

① （清）严如熤：《三省边防备览》卷10《山货》，《陕西古代文献集成（第四辑）》，陕西人民出版社2017年版，第183页。
② （清）严如熤：《三省边防备览》卷10《山货》，《陕西古代文献集成（第四辑）》，陕西人民出版社2017年版，第183页。

向日处间出小蕈，就木上自干，名曰日蕈。此蕈尤佳，但不可多得。今春蕈用日晒干，同谓之日蕈，香味亦佳。①

仔细看来，这段香菇培植之法与清代陕南地区的香菇种植技术颇为相似。在此基础上，田培栋进一步认为："陕南的香菇生产与南方在方法上稍有差异，不但用木材不同，而且南方把木材放置于深山至阴之处，不用太阳晒，产量也比北方为多，因为南方可以在春秋两季收采，北方只能收采一次，大概是南方气候较热的原因所致。"②在张萍看来，这种培育方法"与秦巴山区所产香菇方法基本相同，只是南方暖热，年能两收，秦巴山区只能一收而已"③。二人的意见基本一致，可见清代陕南的木耳、香菇培植技术源于南方的这一论断是有其合理性的。

值得注意的是，培植耳菇的行为仅可当作种植业，并不能作为手工业。不过，陕南生产的耳菇还需由场内工人加工包装后方可对外出售，因此晒干、包装工作便属于手工作业。如清末民初时，宁羌地区，"木耳为土产一大宗，每岁由陆运至府城者不过二千包，由水运至四川者不过千余包"④。清前期的木耳销售数量可能与此有一定差距，然包装加工却是对外行销时的必备步骤。石泉县的木耳销售数量也比较多，"专务而取利者，漆为最，木耳次之"⑤。据统计，清中叶陕南每年外销的木耳数量应在百万斤以上，主要行销四川、湖北、上海等地。⑥

（二）其他食品手工业

除木耳、香菇的种植加工外，清代陕南地区酿酒、榨油、制醋也都有一定的生产规模。据严如熤所记，陕南食品加工行业主要有："黍，酒黍；稷，黏者酿酒；稻，为酒稻；粱，酿酒味极美；大麦，又可为醋；蕃麦，

---

① （明）陆容：《菽园杂记》卷14，中华书局1985年版，第178页。
② 田培栋：《陕西社会经济史》，三秦出版社2016年版，第675页。
③ 张萍：《区域历史商业地理学的理论与实践：明清陕西的个案考察》，三秦出版社2014年版，第91页。
④ （清）陈芑芬；（民国）《宁羌州乡土志》，成文出版社1969年版，第80页。
⑤ （清）舒钧；（道光）《石泉县志》卷2《田赋》，成文出版社1969年版，第53页。
⑥ 田培栋：《陕西社会经济史》，三秦出版社2016年版，第674页。

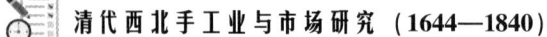

造酒；稷，味与芝麻略同，粒可取油；芝麻，榨油香美；葡萄，酿酒成绿色，芳香酷烈。"① 足见陕南地区的食品加工种类比较丰富。

第一是酿酒业。据方志载，商州产"糜子，米可作酒，呼酒黄米；稷，其黏者酿酒；稻，糯者宜酒；粱，亦可借以酿酒；大麦，有红皮者为酒"②。仅从原料上看，商州的酿酒原料与关中区别并不明显。当然，陕南也有一些本地特产，如山阳县境内产有一种玉米酒，"酒有浊酒、清酒、小曲、大曲等名"③，这是依照酒的质量与酒曲大小为标准分辨的玉米酒。

第二，油、醋、蜜等其他行业。商南县，"大豆，作腐，可取油；芝麻，色有黄、白、黑，均可取油"④。宁羌州，"大麦，可为醋"⑤。蜂蜜则出自汉中府沔县（今陕西勉县）、略阳、凤县、西乡与定远厅，兴安府的平利、白河、汉阴及商州各地有产。蜜的生产范围如此之广，是因为蜜蜂喜筑巢于山林老树之上，陕南山区老林众多，适宜当地百姓养殖蜜蜂与采集蜂蜜，故多有山民从事酿蜜行业。

清代陕南地区还有熏肉加工业，这是秦巴山区一带的特产，相传已有数千年历史。每逢过年，陕南百姓都会杀猪庆贺，而后加盐腌制，将猪肉悬于灶头，任其火烤烟熏，使肉色变为棕红，食之别有滋味，谓之"腊肉"或"干脯"。若想长期储存，只需取下后藏于稻谷中即可避免生虫。每年百姓家中的猪肉皆为旺食淡贮，下酒、馈友、过节，都离不开熏肉。若有客至，主人会取出熏肉，火烧水煮，或作凉菜食用。⑥ 农家多以此为家常食品，并以家藏熏肉之多寡来衡量贫富。《汉阴厅志》记有："虽蓬室

---

① （清）严如熤原著，杨名飏续纂：民国《汉南续修郡志》卷22《物产》，《中国地方志集成·陕西府县志辑》第50册，凤凰出版社2007年版，第311、312、315页。
② （清）王如玖：(乾隆)《直隶商州志》卷8《食货五·物产》，清乾隆九年刻本，第1—2页。
③ 陕西省山阳县地方志办公室：《山阳县志点释》，山阳县地方志办公室1985年版，第115页。
④ （清）罗文思：(乾隆)《商南县志》卷5《物产》，《中国地方志集成·陕西府县志辑》第29册，凤凰出版社2007年版，第287页。
⑤ （清）张廷槐：(道光)《续修宁羌州志》卷3《物产》，《中国地方志集成·陕西府县志辑》第52册，凤凰出版社2007年版，第68页。
⑥ 汉阴县志编纂委员会：《汉阴县志》，陕西人民出版社1991年版，第717页。

柴门，食必兼肉"①，熏肉对陕南百姓的重要程度不言而喻。

第四节 清代陕西的造纸业

清代陕西的造纸原料主要有麻、桑、藤、楮、竹等多种，麻又以大麻、亚麻、苎麻等麻类纤维为重。各地造纸业的发展并不均衡，地区差异非常显著。如陕北因地处黄土高原区，树木、竹林稀少，造纸原料多为草类植物，纸张质量不佳。关中地区多用楮树皮为原料造纸，在一些地区有商人开办的纸场，规模不大，生产能力有限。陕南地区的造纸业最为兴盛，树、竹、草等造纸原料皆有出产，且数量较多。另外，陕南造纸场的规模与数量也远胜于其他地区。囿于陕北造纸史料匮乏，故本节主要论述关中与陕南两地的造纸行业。

一 关中地区的造纸业

清代关中地区的造纸业主要集中在凤翔、华州、蒲城、宝鸡、岐山等地。据卢坤《秦疆治略》载：岐山县，"南乡有纸厂七座，厂主雇工，均系湖广四川人"。宝鸡县有"纸厂三处，其资本俱不甚大，工作人等亦属无多，皆极安静"②。大多数纸场依秦岭而建，场内工人砍伐山中树木，将木材运至场内造纸。除上述地区外，据《陕西通志·物产》所记，关中另有盩厔县，"为纸则有楮、构"；华州，"水庄做山纸"；蒲城县，"纸洁白细腻，出兴市镇武店"；咸阳县，"楮可作纸"③。可见关中各地造纸的原料与质量各不相同。

据学者考证，康熙《凤翔县志》便是利用当地生产的白麻纸印刷成

---

① （清）钱鹤年修，董诏纂：（嘉庆）《汉阴厅志》卷2《风俗》，《中国地方志集成·陕西府县志辑》第54册，凤凰出版社2007年版，第440页。
② （清）卢坤：《秦疆治略》，成文出版社1970年版，第90页。
③ （清）刘于义、沈青崖：（雍正）《陕西通志》卷44《物产二》，清雍正十三年刻本，第15页。

书。① 这种纸一般用破布与麻制造，成本低廉，质量较好，书写时流畅顺滑。道光十六年（1836），西安唐榕刻《丹桂籍》一书，后附留白："此板照苏州原板重刊，校正无讹。凡乐善居子发心印送者，板存陕西府城内鼓楼什字西边南纸店内唐家刻字铺便是，其纸墨工价装订每部来铺面定商议，实无错误。"② 由此可见，清中叶关中造纸业的进步，促进了唐家刻字铺的发展，同时也使西安的纸张供应有了保证。后唐榕发出布告，广泛征求雇主，扩大书籍发行量，以谋求更多利益。

清人屈复曾在《弱水集》中评价蒲城县兴市镇的造纸业："烟火密万家，业楮以为命。皎洁雪霜明，滑腻脂韦并。"③ 足见该镇的造纸业十分繁荣，生产规模也较为庞大。总体而言，关中生产的纸张大都满足本地所需，然未能大规模远销外省。关于这一时期关中地区的造纸工艺，笔者未见有详细记录，陕南地区倒有不少，此于下文详论。

二 陕南地区的造纸业

清代陕南地区的造纸业较为繁荣。乾隆时期，陕南加速开发秦巴山区的林木资源，当地工人源源不断地将木材运至纸场中，促进了造纸业的发展。如略阳县，"其民三时务农，而冬则造纸为业焉"④。据统计，汉中府的定远厅、西乡县、洋县、略阳县，兴安府的砖坪厅、安康县、紫阳县以及商州的商南县在当时均有开办纸场。纸场造纸对木材和水源的依赖性较高，一般要"有树则有柴，有石方可烧灰，有水方能浸料，如树少水远即难做纸"⑤。大都靠近山林河流之处。

---

① 潘吉星：《中国造纸技术史稿》，文物出版社1979年版，第222页。
② 参见许涤新、吴承明：《中国资本主义萌芽》，人民出版社2007年版，第431页。
③ （清）屈复：《弱水集》卷1《兴时镇》，《清代诗文集汇编》第223册，上海古籍出版社2010年版，第5页。
④ （清）谭瑀修，黎成德等纂：（道光）《重修略阳县志》卷4《寒蓬山记》，《中国地方志集成·陕西府县志辑》第52册，凤凰出版社2007年版，第438页。
⑤ （清）严如熤：《三省边防备览》卷10《山货》，《陕西古代文献集成（第四辑）》，陕西人民出版社2017年版，第177页。

陕南纸场的分布范围较广，且规模不一。小纸场所需工匠人数较少，一般四、五人至十多人不等。如商南县，"间有三四家草纸厂，每家匠作不过三四人及五六人不等"①。砖坪厅，"纸厂二十二处，每处工作人等不过十余人，均系亲丁子侄"②。这些小纸场大多以家庭为单位生产纸张，效率不高，所需劳动力、资本较少，且多生产质量不高的草纸、火纸。如定远厅纸场即产有"火纸、皮纸、黄表、毛边"③，这类纸的工艺简单、纸质粗糙，特点是产量高、成本低，生产后可立即运至集市上销售。而在大型纸场中，雇工有四五十人至数百人不等，多为资本雄厚的商人开办。以西乡县为例，当地"有纸厂三十八座，……每厂匠工不下数十人"④，规模不小，会生产一些质量较高的纸张，如白麻纸等。

针对清代陕南纸场的数量与雇佣劳动情况，笔者在此探讨一番。首先是纸场的数量，卢坤《秦疆治略》中记有陕南部分州县的纸场开办数，这里做一列举："西乡山内又有纸厂三十八座""洋县、华阳纸厂亦有二十余座""（安康县）纸厂六十三座，工匠众多"，定远厅境内的纸场在嘉道时期已有百余座。粗算下来，大、小纸场约有上百座。至于工匠雇佣方面，仅西乡纸场，"每厂匠工不下数十人"⑤"厂大者匠作佣工，必得有数十人，小者亦得四五十人"。乾嘉时期，西乡人岳震川在谈论手工工场时曾有言："杂业以厂名者凡五：曰笋、曰硝黄、曰木耳、曰茶、曰纸，拥厚资求赢者，其人率有机智，招乌合之众而役之，皆徒手无赖。"⑥可见开办纸场的大多是"拥厚资"的商人，"乌合之众"即指场中雇工。工人大多为自外地迁移、本身有造纸技艺的工匠。在工人的组成上，概"川人过半，楚人次之"⑦。

---

① （清）卢坤：《秦疆治略》，成文出版社1970年版，第49页。
② （清）卢坤：《秦疆治略》，成文出版社1970年版，第127页。
③ （清）余修凤：（光绪）《定远厅志》卷8《食货志·物产》，《中国地方志集成·陕西府县志辑》第53册，凤凰出版社2007年版，第85页。
④ （清）卢坤：《秦疆治略》，成文出版社1970年版，第114页。
⑤ （清）卢坤：《秦疆治略》，成文出版社1970年版，第114页。
⑥ （清）岳震川：《赐葛堂集》卷2《答叶健荸太守书》，《清代诗文集汇编》第441册，上海古籍出版社2010年版，第132页。
⑦ （清）卢坤：《秦疆治略》，成文出版社1970年版，第101页。

其次，对于纸场的内部组织结构，严如熤记有："铁厂、板厂、纸厂、耳菌厂，皆厚资商人出本，交给厂头，雇募匠作。"① 场头一般与商人关系密切，是纸场的"工头"，管理工人的具体事务。清代陕南纸场催生出多个专职工种，据《钦定工部续增则例》卷五十七所载，陕南纸场有8类专职工匠，分别为：抄纸匠、刷贴晒纸匠、铡切桑皮稻草匠、上碾出料匠、搥剪麻匠、淘洗穰匠、搥稻草桑皮匠和拌焙灰甑匠。② 从中可知，纸场工匠的分工明确、细致，而搥稻草桑皮匠的出现，表明稻草已可作为造纸原料。工人的身份自由，可随时离场，工资不高。据悉，嘉庆二十年（1797）略阳县"任克浚雇杨思魁帮工做纸，每月工钱一千二百文，同坐共食，并无主仆名分"③。据梁方仲研究，乾隆末年每斗米价值330—340文④，纸场工人的月钱尚不足以买4斗米，薪资较低。

造纸的原料以竹、楮、草等为主，生产的纸张种类也各有不同。陕南山区盛产竹子，严如熤曾道：

丛竹生山中，遍岭漫谷，最为茂密。取以作纸，工本无多，获利颇易，故处处皆有纸厂。山内险阻，老林之虬干蟠枝固为一端，而挂衣刺眼，令人不能展布，则丛竹之为患更烈。竹筠常青，春烧不然，得多有纸厂砍伐，非惟利民，亦可除害。⑤

用竹造纸，生产成本低、效益高，竹子也因此成为很多纸场的加工原料。当地百姓时常砍竹运入纸场中售卖，"山内居民当佃。山内有竹林者，

---

① （清）严如熤：《三省边防备览》卷17《艺文下》，《陕西古代文献集成（第四辑）》，陕西人民出版社2017年版，第335页。
② 故宫博物院：《钦定工部续增则例》卷57《制造草纸》，《钦定工部则例三种》第2册，海南出版社2000年版，第437—438页。
③ 彭泽益编：《中国近代手工业史资料·第一卷》，生活·读书·新知三联书店1957年版，第397页。
④ 梁方仲著，梁承邺等整理：《梁方仲遗稿·读书笔记（下）》，广东人民出版社2019年版，第251页。
⑤ （清）严如熤：《三省边防备览》卷12《策略》，《陕西古代文献集成（第四辑）》，陕西人民出版社2017年版，第213页。

夏至前后男妇摘笋砍竹作捆，赴厂售卖，处处有之，藉此图生者，常数万计矣"①。这样既省去纸场雇佣工人的费用，又便于快速生产纸张。乾隆后期，纸场大都拥有自家竹林，可种植竹子，如此原料便能够自给自足。一些规模不大的纸场，种植竹子的面积仅需"山场一段，即可作小厂世业"。纸场须于每年"夏至前后十日内，砍取竹初解箨尚未分枝者，过此二十日，即老嫩不匀，不堪用。其竹名木竹，粗者如杯，细者如指。于此二十日内，将山场所有新竹一并砍取，名剁料……其料须供一年之用"②，待来年新竹长出又可砍用，反复如此。竹子生长速度快，乾隆后成为纸场造纸的重要原料之一。

另一种造纸原料是树皮，有一种楮树，皮非常适宜制作纸张。楮树又称"构树"，白河、洵阳、安康等地的山中楮树较多，工匠们多用楮皮作穰，造白纸。商人看中此处商机，专门收购楮皮作穰，然后贩卖至纸场。如洵阳县，当地的商人为了抢占市场，"操业穰者缓急，先以数金饵之，误吞其饵，则终身为佣矣。先籍其树之所有，谓之点构，不能别售也"③。

工匠利用构树皮制纸的技术，在秦巴山区出现较早，生产的纸张称为白麻纸。白麻纸的生产工艺较为复杂，工匠要先将构皮制成构穰，再经过摆穰、淘货、晾晒等繁琐的流程，前后共计72道工序方能制出白纸。制造构穰较为繁杂复杂，乾隆时邓传安撰有《构作穰说》一文，记录了构树栽培以及构穰加工的过程："沃之以水，清其灰，而盩之，而挥之，而沃之，而复蒸之，质愈柔而色愈白矣。"④ 在他看来，加工构穰要历经沤池、浸泡、去皮、漂白、复蒸等多道流程才可最终成型。

草纸的质量较差，多以稻草为原料制成，草纸场的规模也比较小。如

---

① （清）严如熤：《三省边防备览》卷10《山货》，《陕西古代文献集成（第四辑）》，陕西人民出版社2017年版，第178页。
② （清）严如熤：《三省边防备览》卷10《山货》，《陕西古代文献集成（第四辑）》，陕西人民出版社2017年版，第177页。
③ （清）邓梦琴：(乾隆)《洵阳县志》卷11《物产》，《中国地方志集成·陕西府县志辑》第55册，凤凰出版社2007年版，第114页。
④ （清）邓梦琴：(乾隆)《洵阳县志》卷11《物产》，《中国地方志集成·陕西府县志辑》第55册，凤凰出版社2007年版，第115页。

前所述，卢坤曾记有商南地区有三四家草纸场，每家不过三四人及五六人。在一些大型纸场中，商人为了增加利润，会把草纸纳入生产计划，以作为竹纸与构纸的补充。

纸张的品种较多，根据造纸工艺之不同，可分为细白纸、黄表纸，又依据纸的规格大小，可分为二则纸、毛边纸、圆边纸等诸多种类。工人将纸打成捆后，便可由商人"驮负秦陇道，船运郧襄市"，对外销售。陕南纸张广销甘、川、豫、鄂诸省。严如熤于《三省边防备览》中留有《纸厂咏》一篇，该文详细记录了纸场的加工景象及其鼓励纸场发展的观点，现摘录如下：

> 洋州古龙亭，利赖蔡侯纸；二千余年来，遗法传乡里。新篁四五月，千亩束青紫；方塘甃砖石，尺竿浸药水。成泥奋铁锤，缕缕成丝枲；精液凝瓶甀，急火沸鼎耳。几回费淘漉，作意净渣滓；入槽揭小簾，玉版层层起。染缋增彩色，纵横生文理；虽无茧绵坚，尚供管城使。驮负秦陇道，船运郧襄市。华阳大小巴，厂屋簇蜂垒。匠作食其力，一厂百手指；物华天之宝，取精不嫌侈。温饱得所资，差足安流徙；况乃蕨蒙茸，山径坦步履。行歌负贩人，丛绝伏莽子；熙穰听往来，不扰政斯美。嗟哉蔬笋味，甘脆殊脯肺；区区文房用，义不容奸宄，寄语山中牧，勿以劳胥吏。①

该段史料记录了秦巴山区的造纸场制作纸张时的火热场面。从中不难看出，陕南地区的造纸业发展迅速，工匠们专心从事造纸行业，官府也鼓励和支持造纸业的发展。

但值得注意的是，至道光朝，陕南造纸业已是颓势凸显。道光三年（1823），汉阴厅境内"南北两山，老林皆垦伐殆尽，无木厢纸厂，仅有炭窑、灰窑数处"②，商人撤场，纸场的发展陷入停滞。西乡因纸场发展较

---

① （清）严如熤：《三省边防备览》卷17《艺文下·纸厂咏》，《陕西古代文献集成（第四辑）》，陕西人民出版社2017年版，第350页。

② （清）卢坤：《秦疆治略》，成文出版社1970年版，第125页。

晚，道光年间县内尚留有大片未开发老林，"西南一百七十里之龙池场，在大巴山为通川要路，附近尚多未辟老林"①，故在这一时期仍在发展。然而多数州县在山林大规模砍伐后，已无原料可用，竹纸不能完全满足纸场所需。道光以后，陕南造纸业已不复往日辉煌。

这里笔者简单提及一下陕北的造纸业。清代陕北地区缺乏树木、竹子等造纸原料。因此，陕北造纸多用草类植物，如榆林府府谷县，"马莲草，可做纸"②，但这远不能满足陕北的纸张需求，故不难推断，陕北所用纸张大多来源于关中与陕南地区。

第五节 清代陕西的陶瓷制造业

清代陕西的制瓷业比较出名。从地域上看，关中的耀州窑是西北乃至全国有名的瓷器品种之一。陕北则产陶土，当地百姓多以家庭为单位生产陶器，所制陶瓷以日用品为主，工艺品较少。陕南地区的陶器制造历史悠久，汉江流域的土壤黏性较高，适合制作陶瓷，加之当地的陶土资源较为丰富，能够满足大量制造陶瓷之需，因此制陶业发展前景较好。

一 陕北地区的陶瓷业

陕北的陶瓷业发展以实用性为主，当地的百姓主要烧制碗罐等日用器皿。如清代陕北的府谷县有一"石道渎，有窑数座，烧沙锅、盆等什物，名颇广播"③。神木县有瓷窑，所产瓷器美观大方，器物表面的花纹颜色比较靓丽。米脂县产"瓷器"。延长县，"瓶、甑、缸、坛、瓮、罐、碗、盘、杯、盏为瓦瓷属，出山西及瓦窑堡"④。延川县产"陶器，瓦盆砖

---

① （清）卢坤：《秦疆治略》，成文出版社1970年版，第114页。
② （清）郑居中：（乾隆）《府谷县志》卷4《物产》，成文出版社1970年版，第553页。
③ （清）郑居中：（乾隆）《府谷县志》卷2《山川》，成文出版社1970年版，第125页。
④ （清）王崇礼：（乾隆）《延长县志》卷4《食货志·器用》，成文出版社1970年版，第137页。

瓦"①。从上述来看，清代陕北陶瓷业依旧以家庭制造为主，日用品多、工艺品少，生产规模较小，不过产地分布较为广泛。

二 关中地区的陶瓷业

关中陶瓷品中以耀州窑最为出名。有关耀州窑的较早记载见于宋初文人陶穀所撰《清异录》中："耀州陶匠创造一等平底深碗，状简古，号小海瓯。"②南宋陆游在《老学庵笔记》中亦称："耀州出青瓷器，谓之越器，似以其类余姚县秘色也。然极粗朴不佳，惟食肆以其耐久，多用之。"③据学者研究，耀州窑的发展在北宋时期达到鼎盛，金元后逐渐衰落。及至清，蓝浦《景德镇陶录》云："耀州，今属西安府。亦宋烧青器，色质具不逮汝窑。后烧白器，颇胜。然陶成皆不坚致，易茅损，所谓黄浦镇窑也。"④清代的耀州窑颇具特色，但在产品质量上较宋代略逊一筹。

耀州地区产煤，同时这里也生产一种名为"坩子土"的黏土，可见耀州窑的基本烧造条件已具备。耀州窑所产瓷器是青瓷的一种，自宋有之，历经千年传承至清。清初耀州的陈炉、立地坡两处窑场在历经明末战乱后得以恢复并发展。陈炉进士崔乃镛撰有《陈炉镇》一诗，曰：

> 岭上楼云岭半霞，苍崖碧树出人家。层层洞口琼云护，九岛三山向背斜。有巢营窟周陶复，郁郁千家烟火迷。山外遥看长不夜，星流月奔互参差。一轮旋转地浮空，范土为形物象工。炽炭洪炉如炼石，

---

① （清）谢长清：(道光)《重修延川县志》卷1《地理志·物产》，《中国地方志集成·陕西府县志辑》第47册，凤凰出版社2007年版，第21页。
② （宋）陶穀撰，孔一校注：《清异录》卷下《器具门》，上海古籍出版社2012年版，第82页。
③ （宋）陆游：《老学庵笔记》卷2，中华书局1979年版，第23页。
④ （清）蓝浦撰，傅振伦注：《景德镇陶录》卷7《古窑考》，书目文献出版社1993年版，第91页。

第一章 清代陕西手工业与手工业产品市场

前民利用酬神功。①

从诗中所描绘的景象不难看出，这一时期陈炉镇的制瓷规模比较大。此外，《同官县志》亦载：立地坡于"清康乾时，有光朗窑、坚久窑、长盛窑、光明窑、坚刚窑"等数座窑，烧制条件良好，以及"距镇五里之马家窠为碗窑"。②此时，在历经了"清康乾诸朝之生息"后，耀州窑的烧制规模与数量在西北地区首屈一指，陕甘等地的民用瓷器有不少都属于耀州窑品种。

清代耀州窑的产品种类较多，以烧制碗、盘、盆、壶、灯等日用陶瓷器具为主。从品种上看，耀州窑除明代已有的黑釉、白釉、酱釉、茶叶末釉与白地黑花瓷外，清代还新烧出当地称为"铁锈花"的瓷器。③以茶叶末釉为例，这种瓷器因烧制后的图案似茶叶细末而得名。该釉色以黄绿、深绿、褐绿居多，外形古朴典雅、庄重肃穆，可谓是关中地区最具代表性的陶瓷品种之一。清人陈浏在《匋雅》中称赞："茶叶末纹理之佳妙，有若干泥团之疏散于水中者。且其渐渐晕开，汇于底足，围绕周遭，直如鳝鱼腹皮之姿态流动，又于窑变外得少佳趣。"④尤以"滋润、鲜明、活泼三者为贵"，文人雅士对茶叶末釉瓷也赞不绝口，其他品种也大都比较出名，并深受百姓喜爱。

耀州窑瓷器的烧制工艺颇为烦琐，笔者在这里简要概括一番：首先是瓷土原料的获取。清代耀州窑的烧制数量有显著增长，这就需要大批瓷泥原料作为支撑。富平县"出泔泥，同官瓷器以此为之"⑤，工人从山上采集黏土，运下山后把土置于平坦的地面上，历经数月风化，随后继续将土粉碎、详加拣选、去除杂物、入水浸泡，再搅拌成泥浆备用。其次是将瓷土

---

① （民国）余正东、田在养：(民国)《同官县志》卷2《建置沿革志·陈炉镇》，民国三十三年版，第7页。
② （民国）余正东、田在养：(民国)《同官县志》卷12《工商志·立地镇瓷》，民国三十三年版，第3页。
③ 牟晓林：《耀州窑》，文化艺术出版社2019年版，第20—21页。
④ （清）陈浏：《匋雅》，《中国古陶瓷文献校注》，岳麓书社2015年版，第307—308页。
⑤ （清）吴六鳌、胡文铨：(乾隆)《富平县志》卷3《贡赋·物产》，《中国地方志集成·陕西府县志辑》第14册，凤凰出版社2007年版，第59页。

进一步加工。一旦有制作任务,工人要及时将泥浆过滤,并把过滤后的瓷土送至作坊中,入水浸泡数天。捞出后,工匠以采、摔、揉等手法将瓷土加工成瓷泥。最后是陶瓷的成型步骤。陶工将陶泥揉搓成块,置于陶车转轮中央,启动转轮、手按泥块,根据商人的订单要求拉制器形,这一过程很考验工匠的技艺水平。瓷器的型体具备后,便只剩美化装饰工作。工匠们按照预先设计的纹样,利用贴、塑、雕、画、刻、印等方式加工陶瓷。最终,一件精美的陶瓷便制作完成。

在不同历史时期,耀州窑的装饰纹样与颜色有显著差异。如清代耀州窑的黑釉瓷、蓝花瓷大量使用动物雕塑装饰瓷身,尤以盒类瓷器上装饰蹲狮造型为多,寓意吉祥如意。此外还纹印着不少的植物图案,耀州窑博物馆藏清代"香黄地黑花菊纹盘"与"白地岳花朵花纹盘"即是在器物表面装饰植物花纹,相比宋代"青釉印花三把莲纹盘"而言虽样式单薄,却也体现出清代耀州窑工艺质朴、受众广泛的特点。

除同官县耀州窑外,关中另有蒲城县、白水县产瓷器,澄城县长润镇也是当地有名的陶瓷产区。[①]

三 陕南地区的陶瓷业

陕南地区的陶瓷制造业历史悠久。据考古资料显示,安康汉江沿岸出土的李家村文化时期陶器[②],距今已有七千余年的历史。从制瓷原料上看,陕南的陶土资源丰富,且分布广、开采方便,土质为可塑性极强的含铁质胶性黏土[③],陶瓷的生产历史悠久,工匠的技术水平也比较高。到了清代,陕南地区的陶冶业有了进一步发展,各地分布有规模不等的陶器作坊。西乡县白沔峡的白陶、兴安府的乌淘、龙驹寨陶器、汉阴县的龙门土陶,以及雒南、镇安陶瓷等皆为这一时期陕南有名的陶瓷品种。[④]

[①] 张萍:《区域历史商业地理学的理论与实践:明清陕西的个案考察》,三秦出版社2014年版,第88页。
[②] 刘勇先:《汉江拾贝》,暨南大学出版社2012年版,第212页。
[③] 陈良学:《湖广移民与陕南开发》,三秦出版社1998年版,第348页。
[④] 张萍:《区域历史商业地理学的理论与实践:明清陕西的个案考察》,三秦出版社2014年版,第88页。

清前期陕南陶瓷业的史料留存不多，有不少是能工巧匠的野史以及工匠后人的口述资料。即便如此，我们也可从中得知这一时期陕南制陶业的发展情况。据陈良学研究发现：清顺治年间，蒲城县的制陶艺人魏长福移居商州龙驹寨后，推动了当地制陶业的发展。魏家拥有制陶绝技，因生计所需，便"平场地、凿窑孔、挖黏土……制作缸、瓮、盆、罐"①，对外销售，使自家产品逐渐声名远扬。魏长福为促进龙驹寨陶瓷业的发展，将制陶技艺传授给乡邻、学徒等外人，这些人在习得技艺后，又前往商州各地开办陶场，促使商州制陶业得到发展。乾隆时，有近邻毛氏习得魏家技艺，"技成，领儿辈前往商州城王八石沟新辟陶场。毛氏烧制陶器之精，亦如魏氏，远近群众闻讯争相购买，此后，商州城内才出现陶瓦货摊"②。清代商州制陶业在以魏长福为代表的陶匠们的努力下日愈发展壮大。

在陶器种类上，汉阴县的龙门土陶颇有名，县内有一家乾嘉年间创立的龙门窑场，是由湖南移民段氏家族开办。段家窑场的工匠采用传统工艺制作土陶，所制陶器造型大气、线条粗犷、釉色古朴、轻薄耐用，敲击时有金属之声，在土陶中堪称佳品。产品除供应本地外，还远销安康、石泉、宁陕、镇安等地。③

洛南陶瓷兴起于嘉庆末年，第一家窑场由移居此处的河南陶瓷匠开办，窑场内设两盘轮子，学徒四人，年产陶瓷一万多件，运销至商州、官坡镇、龙驹寨等处。道光二十三年（1843）前后，当地又开办第二个窑场，可见陶瓷生产规模不断扩大。洛南陶瓷的纹饰虽不如耀州窑精细，但它坚固耐用，亦深受当地百姓喜爱。

西乡县在道光后期也开始出现大规模的陶器烧制活动。四川等地的移民看重此地陶瓷市场，竞相来此日夜赶制瓷器。除上述有名的陶瓷生产中心外，紫阳县汉城的龙王潭、金坪等地的制陶加工逐渐兴盛，镇安县庙坡生产的瓦罐、盆、碗也较为出名。

综上所述，清代陕南地区的制陶业自乾嘉时期大规模兴起，多由外省

---

① 石明样：《历史悠久的商洛镇瓦缶》，《丹凤文史资料》第5辑，1988年印本，第150页。
② 陈良学：《湖广移民与陕南开发》，三秦出版社1998年版，第351页。
③ 陈良学：《湖广移民与陕南开发》，三秦出版社1998年版，第350页。

商人前来开办,瓷场的分布与规模逐步扩大。当地工匠烧制的陶瓷比较有名,产品也行销西北各地。

第六节 清代陕西的竹木加工业

清代陕西竹木加工业的发展与竹子和树木的品种、数量息息相关。陕北地区气候干燥、森林植被稀少,人们会采用沙竹等作为原料做制成品,本地区榆树、柳树也有一定规模的种植,可由木匠制成木板、棺椁等物。关中地区的山林较多,当地百姓多从事木材加工行业。陕南的木材加工行业最为盛行,山民时常前往秦巴山区的老林中开采木材。商人趁机在此开办木场,并加大砍伐力度,促进了陕南竹木加工业的发展。木匠还将木材加工成家具、木板等各类成品,以便对外销售。需要说明的一点是,竹虽不属于树木,但竹的加工品与木材多有相似之处,且史籍中二者大都共同罗列,故在此节统一阐述。

一 陕北地区的竹木加工业

陕北地区长期气候干冷,加之黄土高原区不宜植木,使得陕北树木品种、数量较少。清朝时,陕北人口迅速增长,对粮食的需求进一步增加,为扩大耕地面积,人们便破坏森林植被。受此影响,陕北植被面积严重缩小,木材供应困难。这一时期,仅在陕北南部的关山、桥山、黄龙山、子午岭等地留存有面积不大的林地。陕北主要有松柏、栎、桦与竹等。它们的树干可以制成器具,枝则可用于编织。延安以北的森林植被破坏殆尽,剩下的大多为干草、落叶阔叶灌木丛及沙生植被。[①]

据史籍记载,清代陕北各地的竹木加工主要分为以下几种:第一,木匠们利用粗壮树干和树枝加工制成的产品。如绥德州米脂县,"榆,取作

[①] 陕西省农牧厅:《陕西农业自然环境变迁史》,陕西科学技术出版社1986年版,第405—406页。

器具，华美甚于彩绘；河柳，枝条可为鞭杆及编筛筐；杞柳，可为栲栳（酒杯）"①。这里需要注意，榆树因树干质量较好，工匠一般利用榆树干加工成各类大型木制品，柳树则因树枝韧性高，往往用来制成筐、筛。如宜川县百姓常常使用柳树枝生产一种木蒸笼，这种蒸笼可用于蒸馒头，"县北40里的牛家殿市集，交易即以牲畜、花布、木蒸笼为主"②。第二，工匠采用沙竹制成的产品。沙竹是陕北干旱、多风沙地区所产的一种竹子，如榆林府怀远县使用这种竹，"有沙竹柔长无节，屈之可为栲栳"③。定边县，"沙竹，性柔细长，屈之可为栳，并作烛芯"④，沙竹可制成酒杯或灯芯，丰富了陕北的竹制品种类。第三，其他木材原料制成的产品。如鄜州洛川县有一种"灵寿木"，其"节中肿，似扶老，可为杖，似竹，有节，长不过八九尺，围三四寸，不须削理自然有合杖制，一名櫄，今人有作马鞭者"⑤，这种木材可制成拐杖和马鞭等，成品质量坚硬。

乾隆《延长县志》中详细列举了延长木匠所能制造的各类木制品："家居厅有椅桌小橙，房有板床、花柜、炕桌、方箱、衣架、书架、妇女镜架、天平、比子架、炭炉架、酒床、栏筐、簸箕……犁身、木杷、锨板、扁挑、鞭杆皆竹木属。"⑥ 不难看出，木匠们以木材为原料，可以制成很多产品，这些木制品在陕北百姓的日常生活中随处可见。此外，榆林府府谷县境内产有一种楠木，其"细坚可镌字"⑦，表明了这一时期府谷县的木材加工行业已发展出工艺制品。

---

① （清）高照煦：（光绪）《米脂县志》卷9《物产志》，《中国地方志集成·陕西府县志辑》第42册，凤凰出版社2007年版，第454—455页。

② 张萍：《地域环境与市场空间：明清陕西区域市场的历史地理学研究》，商务印书馆2006年版，第237页。

③ （清）苏其炤原本，何丙勋增补：（道光）《怀远县志》卷2《物产》，《中国地方志集成·陕西府县志辑》第36册，凤凰出版社2007年版，第520页。

④ （清）黄沛、江廷球、宋谦：（嘉庆）《定边县志》卷5《田赋志·物产》，《中国地方志集成·陕西府县志辑》第39册，凤凰出版社2007年版，第47页。

⑤ （清）刘毓秀、贾构：（嘉庆）《洛川县志》卷13《物产》，《中国地方志集成·陕西府县志辑》第47册，凤凰出版社2007年版，第437页。

⑥ （清）王崇礼：（乾隆）《延长县志》卷4《食货志·物产》，成文出版社1970年版，第136页。

⑦ （清）郑居中：（乾隆）《府谷县志》卷4《物产》，成文出版社1970年版，第553页。

二 关中地区的竹木加工业

清代关中地区主要依托陇山、祁连山以及梁山、黄龙等山区发展竹木加工业。如陇县固关等地历来有经营木材加工的传统,"解锯木植,做驮鞍、农具及木盂、木棒之类,名为山货,贩卖甚果多,山民多藉以资生"①。山林附近的百姓多靠贩卖木材为生,也有不少山民直接把竹木加工成各种手工产品,运往外地贩卖,其名曰"山货"。乾隆年间,巡抚陈宏谋主持"造水车,教民用以灌溉"②,该水车便是利用当地木材制成,质量坚固,久用不坏。

在康熙《咸宁县志·物产》一节中,编撰者详细罗列了咸宁县境内的各种竹木制品:"松,……棺椁用;柏,……棺椁;粟、梓漆、榆柳,木中器用;楸,有山水二种,木多纹理中器用;槐,木中车器;桓竹,出南山小者曰松花竹,俱中织器用。"③松柏可用于制造棺椁,梓树可割漆,榆、柳的使用范围较广,大多数木制品都可用它们制成。槐树可制木车,竹子可用于编织。由此可见,仅咸宁一地,竹木的种类便有如此较多,且制品种类比较丰富,不少为百姓日用之物。另外,文中所列楸树可分为山、水二种,砍断后,树的内部纹理细腻,木匠一般拿来制成工艺品。

至于其他地区的木材加工行业,同州府华阴县种有榆树,"白榆取材适用,夹榆作毂坚而不裂,桑车榆毂闻声数里",木匠们利用榆木加工成车轮中心的原木。华阴县境内种有檀木,该木"体重而坚,材可以为车辐及斧锤诸柯",檀木可制成车的辐条以及斧锤等工具的手柄。另外还有漆树,这种树所产之漆,"可以漆物……华州人售漆者多割取浸液为货"④,漆是制作漆器的重要原料。乾隆时期,宝鸡县也产漆,"今邑南山俱产漆

---

① (清)吴炳:(乾隆)《陇州续志》卷1《方舆志·风俗》,成文出版社1976年版,第116页。
② (民国)赵尔巽:《清史稿》卷307《陈宏谋传》,中华书局1977年版,第10561页。
③ (清)黄家鼎:(康熙)《咸宁县志》卷1《星舆·物产》,清康熙七年刻本,第21—22页。
④ (清)李天秀等:(乾隆)《华阴县志》卷2《封域·方产》,《中国地方志集成·陕西府县志辑》第24册,凤凰出版社2007年版,第61页。

但取者不多耳"①，惜采集的工人不多，行业并不发达。

三 陕南地区的竹木加工业

清代陕南秦巴山区的树木砍伐十分盛行。雍正时期，秦巴山区的林木砍伐业日渐发展。至乾隆朝，外省移民不断涌入陕南，为当地提供了大批劳动力，木材砍伐的范围也随之进一步扩大。有不少商人看中此地林木资源，遂募资开办木场，雇人采伐，官府则不多加干涉，仅征收相应的税额。

商人采用开办木场的方式来获取陕南地区的林木资源，并要求木匠将木材加工成木制品。木场的开办进一步加速了民间砍伐活动，据《留坝厅乡土志》载："厅属万山复叠，材木矿产之饶，自来未经开采。（乾隆三年）设厂后，远商始集，当时商务上握重点者，一曰厢。在褒、沔二水上游，商凡四五家，皆伐木取材，陆运秦川，水运梁、洋者也。"② 该段史料表明了乾隆初年留坝厅已有商人开办木场，并且从事伐木作业。另外，也可从《秦疆治略》中得知道光时期陕南各地木场开设的详细数量与区域分布。这一时期，木场主要分布在留坝、凤县、略阳、洋县等地。各木场规模不等，小型木场有雇工数十人，大型木场可雇佣数百人。木场数量上，凤县有13处，砖坪有17处，紫阳有数处，每个场雇工几十至数百人。厢场则多分布于西部山区，可见这一地区的木材砍伐业也较为活跃。

工人采伐树木后，木匠会将木材加工成各种木制品对外销售，产品主要分为两种：

其一是木炭。陕南地区煤炭储量较少，民间需要砍伐大量的木材以作为生活用柴。如城镇百姓大多将木材用于举炊。各种冶铁、制瓷工场对木炭的需求量也很大，例如冶铁场即需要大量木炭作为加热燃料。为此，陕

---

① （清）邓梦琴等：（乾隆）《宝鸡县志》卷12《风俗·物产》，清乾隆五十年刻本，第7页。

② （清）王懋照：（光绪）《留坝厅乡土志》，《陕西省图书馆藏稀见方志丛刊》第15册，北京图书馆出版社2006年版，第120页。

南地区大规模开设木炭场,以满足这些需求,"炭厂,有树木之处皆有之。其木不必大,山民于砍伐老林后蓄禁六七年,树长至八九寸围,即可作炭。有白炭、黑炭、栗炭,栗亦白炭,坚致耐烧为上。白炭须放炭封窑,黑炭不封窑。冬、春之间,藉烧炭、贩炭营生者数千人"①。不少民众依靠贩售木炭为生。

其二是制作家具、搭筑房屋。清代陕南地区的木材依照质量优劣可分为圆木、枋板、猴柴三类。圆木较重,材质最佳,适宜修筑房屋、加固建筑。枋板可用于制作桌椅板凳等家具。猴柴轻薄易碎,只能用于烧柴。三者的评判标准是:"长三五丈者作圆木,长一丈内外者锯作枋板;臃肿不中绳尺者劈作猴柴。"② 在一些大型木场内,这三种木材一般均有生产经营。还有部分木匠,会将木材雕刻加工,制成工艺品,"美材所产,工匠可就造作贩卖"③。

另外,一些由木材制成的产品,如木梳、木琴等也都有生产。例如商州镇安县有"杨,水白杨可以作梳;黄栌,质坚而性耐水,架桥梁、架碥路最宜用之;梧桐,琴瑟之用;青枫,割漆用之;椴,可用刻镂;楸,文理坚细,可做器用"④。足见陕南木匠有能力制造的木制品种类繁多,木材加工技艺也十分熟练。

清朝初年,盩厔(今周至)县的木材采伐已深入南山林地,但秦岭山区仍有大量林木可供砍伐。乾隆时期,木材采伐与加工得到迅速发展,木场数量增多。然而毫无节制的林木砍伐使秦岭老林渐空,嘉庆后逐渐衰颓。由此可知,清代陕南地区竹木加工业的发展轨迹与林木原料的分布地和可供砍伐的树木数量密切相关。

---

① (清)严如熤:《三省边防备览》卷10《山货》,《陕西古代文献集成(第四辑)》,陕西人民出版社2017年版,第176页。
② (清)严如熤:《三省边防备览》卷10《山货》,《陕西古代文献集成(第四辑)》,陕西人民出版社2017年版,第174页。
③ (清)严如熤:《三省边防备览》卷10《山货》,《陕西古代文献集成(第四辑)》,陕西人民出版社2017年版,第174页。
④ (清)聂焘:(乾隆)《镇安县志》卷7《物产》,成文出版社1969年版,第275页。

第七节 清代陕西的其他手工业

清代陕西地区除上述六大手工行业外,另有其他手工业笔者尚未详细论述,如编织业、建筑业、皮革加工业、割漆业等。这些行业或因史料记载较少、分散,或在陕西分布不广,无法自成一节,故在此加以整合论述。

一 编织业

清代陕西编织行业的分布较为广泛,可利用的编织原料种类也比较丰富。如在陕北地区,榆林府怀远县,"芦苇编之可以为席"①。绥德州清涧县,"蜀黍……稍可作帚,茎可织席编篱"②。延川县除芦苇可制席外,"亦有高粱作者",另有一些以草、枝条编成的器具,"土人用野柳条编为器,或篱、或筐、或箕、或囤,各种形质,大小方圆不一,盛贮百物为用最广"③。安定县民众也采用高粱编织,其"稍可作帚,茎可织席编篱"④。定边县产有一种名为"茇蓟草"的植物,它可"作炕席、囤筐等具"⑤,上述表明了陕北地区的编织原料颇丰,但编织的器物种类略为单一,常见的有筐、篮以及帚等。

另外,关中各地也有规模不等的编织业,在地区分布上较陕北地区要小,织作的产品种类却有一定增加。例如同州府蒲城县产有蒲草,该草

---

① (清)苏其炤原本,何丙勋增补:(道光)《怀远县志》卷2《物产》,《中国地方志集成·陕西府县志辑》第36册,凤凰出版社2007年版,第520页。
② (清)钟章元:(道光)《清涧县志》卷4《田赋志·物产》,成文出版社1970年版,第219页。
③ (清)谢长清:(道光)《重修延川县志》卷1《地理志·物产》,《中国地方志集成·陕西府县志辑》第47册,凤凰出版社2007年版,第21页。
④ (清)米毓璋、姚国龄:(道光)《安定县志》卷4《田赋志·物产》,成文出版社1970年版,第122页。
⑤ (清)黄沛、江廷球、宋谦:(嘉庆)《定边县志》卷5《田赋志·物产》,《中国地方志集成·陕西府县志辑》第39册,凤凰出版社2007年版,第47页。

"可织席"①。华州地区,"华北以筐箧鬻书……萑苇织曲薄簟笥"②,当地百姓已可用草编织笔筒。西安府咸宁县产桓竹,此竹出南山,体型较小的名为"松花竹",专为织器用。秦岭北麓产竹数量较多,民众纷纷入山砍竹,而后编器出售。此外,华州的马蹄笼子,盩厔的筐、筛、笸、箩、篮等产品在这一时期也都有一定的名气。

在方志记载中,陕南地区的编织业并不出名,然而当地百姓使用编织品却十分普遍。如商州镇安县有芦苇,可"作席"③,各地妇女也时常利用草、芦、竹编织草鞋、麻鞋、草绳、竹筐等。百姓编织的产品除部分自用外,大部分会拿到集市中出售。龙须草是一种在陕南地区分布广泛的草类植物,也是编织草绳、草鞋的重要原料。乾隆时,洵阳县常以龙须草编绳,"秋冬取材可索绚,土人名曰草绳"④。

二 建筑业

清代陕西的建筑业主要是指房屋、构筑物的建造以及生产砖、瓦等建筑用品的行业,这其中包括砖瓦、陶土的烧造与使用。陕北、关中与陕南地区因气候环境及物产的差异,各地会采用不同的原料以及工艺生产砖石等建筑用品,搭建的房屋样式也各具特色。

首先是陕北地区的建筑业。陕北位于黄土高原的中部核心区域,当地百姓长期以黄土为原料,搭筑土窑,故陕北的土壤加工技术较为成熟。人们多建造窑洞居住,这种建筑具有冬暖夏凉、节约耕地等诸多优点。据嘉庆《延安府志》载:"安定风土刚劲……居住多土窑,间有以砖石砌窑者。"⑤ 表明安定地区的百姓除修建土窑外,还有一些窑洞采用砖石砌成,

---

① (清)张心镜:(乾隆)《蒲城县志》卷3《地理·物产》,成文出版社1976年版,第84页。
② (清)冯昌奕、刘遇奇等:(康熙)《续华州志》卷2《物产志》,《中国地方志集成·陕西府县志辑》第23册,凤凰出版社2007年版,第189页。
③ (清)聂焘:(乾隆)《镇安县志》卷7《物产》,成文出版社1969年版,第281页。
④ (清)邓罗琴:(乾隆)《洵阳县志》卷11《物产》,《中国地方志集成·陕西府县志辑》第55册,凤凰出版社2007年版,第115页。
⑤ (清)洪蕙:(嘉庆)《延安府志》卷39《习俗》,成文出版社1970年版,第1105页。

第一章　清代陕西手工业与手工业产品市场

这种房屋的质量更加坚固。砖瓦是建造房屋的重要原料，工匠往往就地取材，以黄土为料、柴草为引，烧砖瓦、垒窑洞，"砖瓦，随地起窑烧之"①，可见砖瓦的原料容易获取，烧制工艺也比较简单。有不少家庭为追求美观，要求工匠利用有色土壤粉饰窑洞，陕北出产的红土、白土、包金土等有色土，也均可用于上色。

另有一些百姓以窑洞低洼为由，期冀建造瓦房民居。久而久之，部分地区的瓦房占比已高于窑洞。如乾隆《延长县志》载：

> 宫室之美，人皆欲之，独延民随宅而安，不求华丽。统计十里村落，房屋十之六七，石土二窑居十之三四。凡住房上三间，外加厦子，左右为翼室，随基为构，不拘间数。对面用陪厅为客者室，通邑不多，家周宅砌墙。火砖镶土石为上，其次惟石，以泥涂附，上盖土瓦，间用石板镶之。②

从中不难看出，陕北工匠在建造瓦房时利用的材料较多，砖、土、石等原料在这时已十分常见。而瓦房的建造技术与窑洞并无太大区别，只是在整体构造上，窑洞是以下沉式、独立式为主，瓦房则以混合式、廊院式居多。

关中地区是以传统的瓦房民居为主要建筑物。白土是当地粉饰瓦房的重要原料，不少地区有出产。如富平县，"白土，出明月山如银包金"③。汧阳县，"白土，可粉墙，俗呼粉锡"④，同州府境内也产有砖瓦。清代关中各地也修建了一些大型建筑物。如乾隆五年（1740）西安鼓楼的重修等，表明了关中工匠修建房屋的技艺水平已相当高。

---

① （清）刘毓秀、贾构：(嘉庆)《洛川县志》卷13《物产》，《中国地方志集成·陕西府县志辑》第47册，凤凰出版社2007年版，第438页。
② （清）王崇礼：(乾隆)《延长县志》卷4《食货志》，成文出版社1970年版，第137—138页。
③ （清）吴六鳌、胡文铨：(乾隆)《富平县志》卷3《贡赋·物产》，《中国地方志集成·陕西府县志辑》第14册，凤凰出版社2007年版，第59页。
④ （清）罗日璧：(道光)《重修汧阳县志》卷1《地理志·物产》，清道光二十一年刻本，第16页。

陕南百姓在搭建建筑时多以木材、砖瓦为原料。因当地山林密集，故各地区以木材搭建房屋居多。据上文所述，严如熤将清代陕南的木材品质分为圆木、枋板与猴柴三类，圆木适宜修筑房屋、加固建筑，是上等的建筑材料，陕南百姓也因此多以圆木为料，搭筑屋宇。据悉，这时商州等地有砖瓦的生产，可见这些地区已使用砖瓦修建屋舍。关于陕南地区采用木材与采用砖瓦修建的房屋占比如何，囿于史籍记载不详，还待深入研究。

三　皮革加工业

清代陕西的皮革加工业以陕北和关中地区最为出名。陕北畜牧业发达，生产的皮张数量多，这为陕西皮革加工业的发展提供了充足的原料保障。关中则是由于交通便利、水源充足，大多数皮毛可运到此处做进一步加工。如泾阳县毗邻泾水、交通便捷，加工皮张十分适宜，每年都有大批皮匠来此硝制皮张，泾阳也由此成为陕西有名的皮毛加工点之一。

清代陕北地区的羊、牛、狐、獾等动物皮张均可制成皮革。皮匠为防止生皮腐烂，一般会将生皮混合黄米面、芒硝、食盐等揉搓后晒干，制成熟皮。之后，人们加工熟皮，做成皮袄、皮裘，或做成皮靴。由此可见，皮革加工业是陕北手工业的重要组成部分之一，皮革制品也是商人对外销售的一项大宗商品。

皮制品亦是关中地区重要的手工产品。首先，关中牧羊业较为发达，上文提及的"同羊"便是关中有名的羊只品种，这种羊的皮毛质量较好，适宜加工成各类皮革品。其次，关中毗邻洛河，水路交通发达，是各地进入西北诸省的东大门，西运货品的大量集散也使本地区成为重要的皮张加工场所。泾阳县是关中皮货的加工中心，每年夏初，各州县的硝皮匠齐聚泾阳，皮货作坊召集他们硝制皮张，生产规模十分庞大，动辄数百家同时硝皮。据《秦疆治略》载："东乡一带皮毛工匠甚多……县城内百货云集，商贾络绎，藉泾水以熟皮张，故皮行甲于他邑。每于二三月起至八九月止，皮工齐聚其间者不下万人。"[①] 规模已远非家庭作坊可比。在乾隆八年

---

① （清）卢坤：《秦疆治略》，成文出版社1970年版，第29—30页。

第一章　清代陕西手工业与手工业产品市场

（1743）与十二年（1747）的两次准噶尔互市贸易中，准噶尔商队共携带三十万张动物皮进入内地，随后这些皮货便全部被送往泾阳加工硝制。①

为便于理解，笔者在这里简要阐述关中地区的硝皮方法：硝皮的先决条件是水源与硝的充足。泾河为黄河分流，水中所含盐、碱成分比例适宜，非常适合浸泡与硝制皮革。皮革商人大量招揽硝皮匠，这些匠人往往掌握着先进的硝皮技术。解决原料与技术问题后，硝皮匠即开始硝制皮张。首先，工匠要将运来的皮张送至泾水处洗净。随后浸泡数天，待其柔软，再放入缸中。需要注意的是，工匠们选择泾水加工，主要有两方面考量：一是加工场所离泾水较近，便于漂洗皮张；二是浸泡的皮革也更加轻软，使成品质量更高。大荔县与之相似，因有洛水相临，故成为第二个皮货加工重心。其次是熟皮，方法有二：一为冷缸，即工人在工场的露天处摆放大缸若干，装满清水，配比适量的硝、盐和黄米面，放入缸中搅匀，紧接着把皮张放入，不停翻转、静置，月余即成；二为热缸，配料与冷缸相同，工艺上的区别则是将皮放入锅中、小火慢蒸，待水温适度，边泡边翻，十余天即可制成，速度较快。皮张出缸后，置于阳光下晒凉，用毛帚扫净皮上残留物，不可水洗，否则皮张容易褶皱。工匠再用特制的铁铲去除皮面油污，保持皮张整洁。随后平铺在木板上，四边敲钉，令皮干紧不收缩、无褶皱，再用铁梳抓除杂毛，使之整洁美观。这是硝皮的简要过程，实际加工时会更加精细，如在料的配比、锅的温度等方面工匠都要慎重考虑，在处理时也十分注重细节。

皮张硝制完成后，便可送至其他地方缝制成衣物，这是皮货加工的最后一道工序。其基本步骤是：皮匠将熟皮裁剪成大小不一的规格，依照宽窄、长短等制作要求，缝制成件，统称"皮筒"。长皮衣一般需羊皮五张，短皮衣则需三张，缝制一件皮衣需五、六个工时。羊皮的保暖效果较好，据《延长县志》载："黑羊皮袄本地产，剥者可用日为衣，夜可抵被。"②至于狐皮，则要按不同部位分为头、腿、嗉、肷（肋骨与胯骨之间的部

---

① 李刚、李丹：《天下第一商帮：陕商》，中国社会科学出版社2014年版，第42页。
② （清）王崇礼：(乾隆)《延长县志》卷4《食货志·物产》，成文出版社1970年版，第132页。

分）等，分别裁条、归类，编成皮衣，需八、九位工匠共同织造。因技术要求较高，故裁剪衣物的手工作业往往聚集在省府或皮革加工业较为发达的地区。

由于缺乏数据资料，笔者无法得知这一时期关中地区销售皮革制品的数量。不过，各地方志中对于关中皮毛交易市场的记录，使我们得以对该区域的皮革加工规模了解一二。如羌白镇自明代已是陕西主要的皮毛加工地之一，入清后，该地工匠的熟皮技艺更加精通，"大荔羌白镇聚各色生皮熟成，四方商多来售者"①，本县商贾亦"率多鬻皮为业"②。至道光年间，已是"每岁春夏之交，万贾云集"。因产品制作精美，以至"陕西巡抚岁以珠毛羔皮八百张贡诸京师"，名满西北，"十余年来商贾不至，裘侩亦十亡二三"③。另一处熟皮中心位于西安府泾阳县。道光时，该县皮匠不下万人，加工规模很大。故就这一时期关中地区的皮革行业来说，其市场交易规模应当很大，销售数额也比较高。

四 割漆业

所谓割漆，是指："以竹筒钉入木中，或以斧逆斫其皮开，以竹管承之，滴汁则为漆。"④ 工人从漆树上采集到的漆被称为生漆。漆树分布上，关中华阴县的南山盛产漆树，木漆可以漆物，华州人多割取漆树浸液为货。陕南山区也有许多漆树，兴安府、汉中府的漆农时常采漆树、滴漆汁。乾隆初年，漆树尚不被人熟知，"漆树，南北山甚多，识者少"⑤。随着移民迁入，百姓愈多以此为业。长此以往，"乾隆以后，户口加增至数十倍，地利日辟，物产日增，低山以漆、木耳、苎麻、漆油、桐油为大

---

① （清）贺云鸿：(乾隆)《大荔县志》卷5《食货·物产》，清乾隆五十一年刻本，第6页。
② （清）贺云鸿：(乾隆)《大荔县志》卷6《风俗》，清乾隆五十一年刻本，第5页。
③ （清）熊兆麟：(道光)《大荔县志》卷6《土地志·物产》，《中国地方志集成·陕西府县志辑》第20册，凤凰出版社2007年版，第69页。
④ （清）罗文思：(乾隆)《商南县志》卷5《物产》，《中国地方志集成·陕西府县志辑》第29册，凤凰出版社2007年版，第289页。
⑤ （清）罗文思：(乾隆)《商南县志》卷5《物产》，《中国地方志集成·陕西府县志辑》第29册，凤凰出版社2007年版，第289页。

宗，岁所出巨万，有业此而货殖致富者"①。可见陕南树漆的大规模生产已是乾隆朝以后。生漆主要涂抹于木制家具等物品的表面，这样可以延长耐用程度，亦可附着于器物上，制成漆器，"漆，将树割口取汁，可以饰器"②。著名的木漆种类有平利生漆，名下又发展出许多品种，如大红袍、火焰子、茄棵头、全州红、全州黄、红皮高八尺等。乾隆三十三年（1768），清廷颁布的《钦定物料价值则例》中有平利生漆的价格记载。③不过史书中并未记录清前期陕西漆场的开办情况，可见漆的生产并非集中经营，在生产规模上不如木场、纸场、铁场等手工工场。

五 官营手工业

最后，笔者再对清代陕西官营手工业的发展情况稍作介绍。顺治二年（1645）五月，清政府废除了明代匠籍制度，提高了工匠的人身自由程度。官营手工业的规模进一步缩小，后主要存在于两个行业：

第一是兵器制造业，这是官府禁止民间随意触及的手工行业。陕西有制造刀、矛、弓、矢等冷兵器的传统，据咸丰《同州府志》载："明张光孝华州志曰：'柳子镇千家铁匠，作刀剑剪斧之用。今柳子镇冶铁者十余家而已。'"④ 可见明代此处曾生产刀剑。《甘省便览》中亦有西安满营军匠之记载："弓匠四十名，铁匠四十名，箭匠四十名。"⑤ 这些工匠常年服务于军队，主要负责制造与修缮刀、箭、弓、矛等武器。火器的制造也较为盛行，工匠可制造火药、鸟枪与轻型火炮。据《大清会典》卷59记载，时陕西制造火药应用硫黄赴四川、山西采办，无定额；本地产硝石，采办无定额。⑥ 清朝初年，武功县境内常为兵乱所扰，知县张吉士得知"把总

---

① （清）杨孝宽、李联芳等：（光绪）《续修平利县志》卷9《货之属》，《中国地方志集成·陕西府县志辑》第53册，凤凰出版社2007年版，第505页。
② （清）张廷槐：（道光）《西乡县志》卷5《物产》，成文出版社1970年版，第98页。
③ 据载：生漆每斤价银二钱。
④ （清）李恩继、文廉：（咸丰）《同州府志》卷22《土物志》，清咸丰二年刻本，第2页。
⑤ （清）佚名：《甘省便览》，《西北史地文献》第23卷，兰州古籍书店1990年版，第63页。
⑥ （清）崑冈等：（光绪）《钦定大清会典》卷59《工部》，商务印书馆1936年版，第707页。

某之子精制火炮、火毬、火箭诸法",遂令大批量制造,"试之辄效,贼至莫敢近"①。之后武功县又增制不少火器,共计有:将军炮十一门、火炮七门、小炮十七门、大马腿炮十一门、小马腿炮十门、摆子炮三门、追风炮四门,另有三眼火枪六十三把、鸟枪七把、火毬八个,铅子、铁子若干,可见武功县的火器储存数量较多,这与当地工匠长期制作火器密不可分。

第二是铸币业。清政府对于铸钱行业一直采取官铸官销,由朝廷严加管理的办法。顺治时期,清廷要求驻守各地的军事部门就近铸制钱。如陕西"于延绥设有巡抚、总兵等官……并为重镇,故特置钱局"②,并尝试开炉鼓铸。除延绥局外,另有宝陕局也铸造铜钱。

总之,清代陕西的官营手工业种类较少,这是因为随着政权稳定,政府放宽了对各个行业的限制,有不少的手工行业改为民营。如采冶业,针对铜、煤、银等矿产,准许各省"任民采取",对金、铁矿藏也在一定时期内采取比较自由的开采政策,一般只征收税课,不直接干涉生产。民间手工业较为兴盛,反之官营手工业的规模十分有限。

第八节 清代陕西手工产品的分布

经过上述七节的论述,笔者基本阐明了清代陕西各项手工行业的生产种类与地区分布状况。为了更加直观地展示出清代陕西地区的手工业产品分布地点,笔者列出并绘制了与之相关的表格与示意图,以便读者理解和观看[见表、图(1-1),(1-2),(1-3)]。在绘制时,笔者依然以陕北、关中、陕南三地为独立的地区单元。如此做法,一是为了更便于查看,二是由于各地物产有所差别,若是绘制于同一张图内,则略显杂乱,不利于比较。

首先是陕北地区,依据时人笔记以及各地方志,谨将清代陕北地区的手工行业与产品分布列表如下:

---

① (清)沈华:(雍正)《武功县后志》卷3《武备》,《中国地方志集成·陕西府县志辑》第36册,凤凰出版社2007年版,第118页。
② (清)张廷玉等:《清朝文献通考》卷13《钱币一》,商务印书馆1936年版,考4966。

第一章　清代陕西手工业与手工业产品市场

表1-1　　　　　　　　　清代陕北地区手工产品分布

府、直隶州	下辖散州、县	纺织、编织、皮革业	食品手工业	矿产、竹木加工业
榆林府	神木	绸缎、皮货、绒毡	酒	煤炭、采石、瓷器、砖瓦、石灰
	府谷	草作纸	酒	采石、石炭、色土、瓷器、铜、木雕
	怀远（产纸）	席、皮加工	酒、酪	石炭、陶器
	葭州	蚕丝、麻	烟	瓷器、石炭、盐
绥德州	米脂	绳索	榨油	—
	清涧	纺织、缫丝、编席、草帽、绒毡物	烟草、酒、榨油	采石、色土、石灰、碸
	吴堡（不详载）	—		
延安府	肤施	—	—	石油、煤炭
	安塞	—	山木瓜榨油、酿酒	采石
	甘泉		酿酒	
	保安	羊绒、毛加工	—	—
	延长	丝绢、织布、毛皮加工	酿酒、榨油	石油、石灰、白土、木器、铁器、铜器、陶器
	延川	木棉、丝、麻、席、布、草器	烟、酒、油、酱	石油、陶器、石灰、石炭
	宜川	木棉、棉布、丝绢、麻、苇席	烟、蜜、油、酿酒	黄烛
	安定	羊毛、编席	烟草、烧酒、蜜	铁、石炭、石灰
	定边	席、毛皮加工	酒、油	盐、石、纸
鄜州	洛川	木棉、布、羊毛加工	蜜、酒、油	砖瓦、石灰、石炭、陶器、黄蜡
	中部	木棉、麻、苇、纺织	油	铁、漆
	宜君	木棉、纺织	—	铁

资料来源：清代陕西方志；《秦疆治略》等。

与表格相应的图片如下所示：

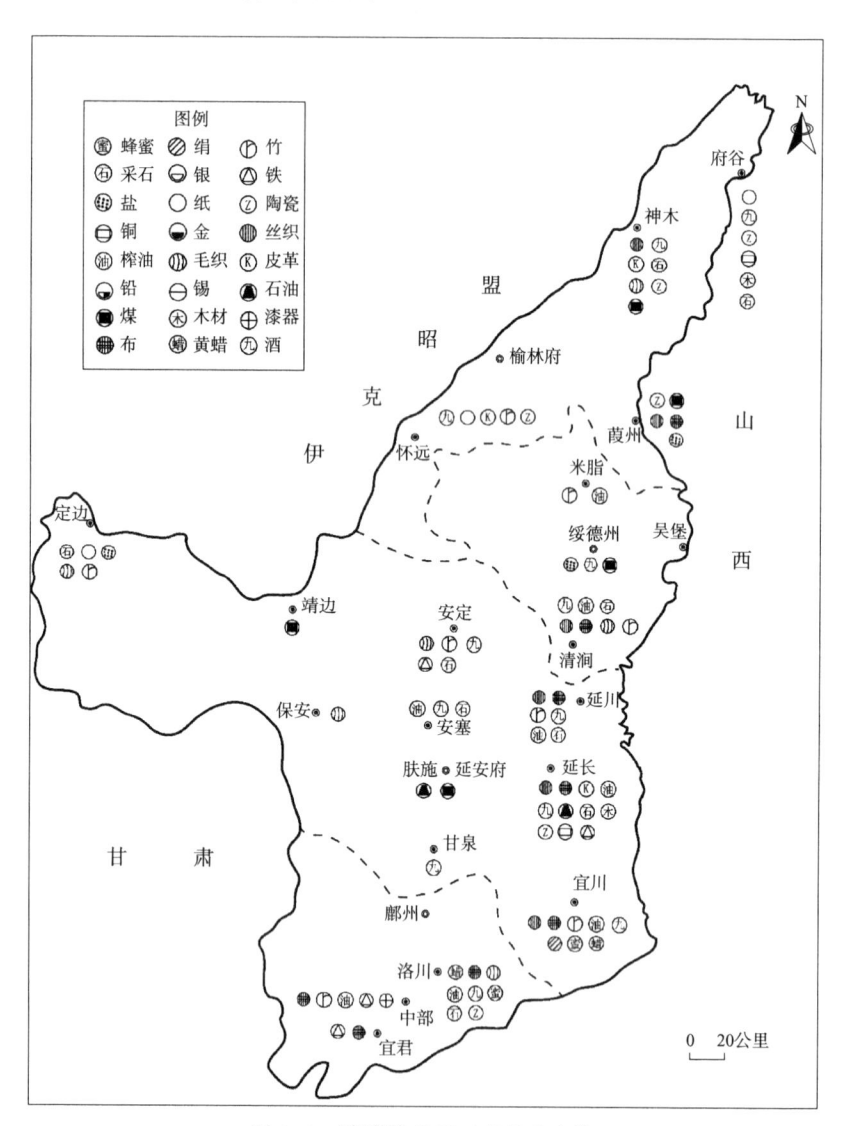

图 1-1　清代陕北手工产品分布①

关中地区的手工品种类相较陕北更为丰富，因此产品在分布上也更加密集，现将关中手工行业与产品分布列表如下，并绘制出相应的示意图：

---

① 图中的图标格式采用曾维华、吴琅璇《中国古代通史：图表》（学林出版社 1993 年版）中所列，后续图标均采用此格式。

表 1-2　　　　　　　　　清代关中地区手工产品分布

府、直隶州	下辖散州、县	纺织、皮革业	食品加工业	竹木、矿产加工业
同州府	大荔	织绒、熟皮、织布、绢、皮革	榨油	房屋器具
	朝邑	羊毛、布匹、皮衣、丝、棉	酒曲	—
	郃阳	毡、布匹、绒褐	榨油	砺石、铁器
	澄城	布匹、毡	—	陶瓷
	韩城	布匹	榨油	—
	白水	布匹	酿酒、榨油、蜜	石磨、碾盘、碌碡、土粉、石灰、窑器
	蒲城	布匹、绒毡	食盐、酿酒、硝盐	造纸、陶瓷、硫磺
	华阴	布匹	酿酒、榨油、酱	木材、玉、铜、铅、漆
	华州	布匹、毛毡、皮鞍	榨油	造纸、铁器、竹器、水磨、漆
邠州	三水	—	—	石灰、土煤
	淳化	布匹	—	—
	长武（未载）	—	—	—
乾州	武功	布匹	榨油	红花
	永寿	布匹、皮毛		
西安府	咸宁	布匹、絮、素、缣、丝	酿酒	棺椁、漆、木器、纸
	临潼	布匹	食盐	
	渭南	羊毛、布匹、麻绳	酿酒、食盐	碾磨、染色
	蓝田	织布、纱	酿酒	漆
	长安	布匹、绸绢		
	鄠县	布匹、毡、皮革	—	竹器

续表

府、直隶州	下辖散州、县	纺织、皮革业	食品加工业	竹木、矿产加工业
西安府	盩厔	羊皮、毡、布匹	酿酒、蜜	造纸、竹器、木器、瓦器、漆
	咸阳	布匹、毡、苇席	酒曲、榨油、蜜	造纸、瓦器
	兴平	布匹、毡、丝、葛	榨油、蜡	
	醴泉	布匹、毛织	榨油	铁器
	高陵	布匹	—	—
	三原	织布、丝、绫、绢	酿酒、榨油、蜜	石刻、造纸
	泾阳	熟皮、布匹、皮革、丝	酿酒、榨油	—
	富平	布匹、毡	酿酒、榨油、食盐	石刻、砂器、白土、石灰
	同官	—	蜜	陶瓷、煤炭、硫磺、蜡、柳器
	耀州	木棉、纺织、皮革	—	石刻、陶瓷
	宁陕厅	布、麻、葛	油、蜡、蜜	铁、炭、纸、漆
凤翔府	凤翔	缫丝、羊皮、毡、苇席	酿酒、榨油	造纸、煤炭、板木
	岐山	毡、皮革	酿酒	造纸、铁、采石
	扶风	羊皮、毡、绵布、丝、苇席、麻	榨油、蜜、黄蜡	瓦器
	郿县	缫丝、毡、熟皮、羊皮、布、麻、席	—	铁、石墨
	麟游	毡、葛布	蜜	煤炭、白土、紫玉
	汧阳	羊绒、毡、皮革、丝、麻、布、席	酿酒、榨油	石墨、漆、陶器、白土、石灰、石炭
	宝鸡	毡、绵布、丝、缣	烟、榨油、酿酒	造纸、靛、板木、炭、蜡烛
	陇州	羊皮、毡、纺织、丝、绢、席	榨油、陇酒、蜜	石炭、板木

资料来源：清代陕西方志；《秦疆治略》；《柽华馆文集》等。

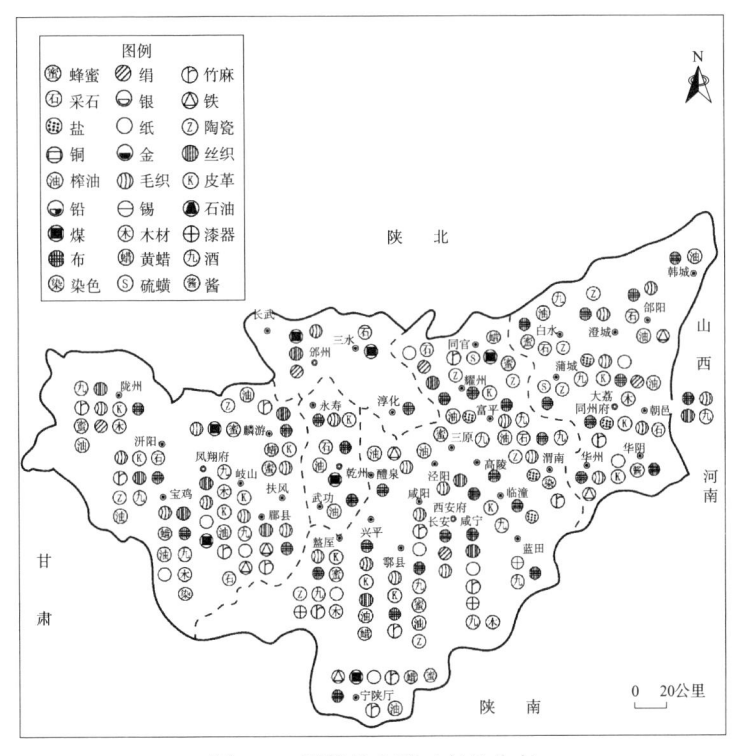

图 1-2 清代关中手工产品分布

陕南地区竹林、树木丛生，故其竹木制品种类也比较多，加之铁、金等矿产资源丰富，丝织业也较为发达，因此清代陕南的手工产品主要分布在这几个行业中。现将这一时期陕南地区的手工产品分布列表并绘图如下：

表 1-3　　　　　　　　清代陕南地区手工产品分布

府、直隶州	下辖散州、县	纺织业	食品加工业	竹木、矿产加工业
汉中府	南郑	蚕桑、绸绫、绫绢	酿酒	淘金
	褒城	蚕桑	—	淘金、木器
	沔县	蚕桑、织布、麻	酿蜜	冶铁、木器、漆、蜡
	略阳	蚕桑、皮毛、布、麻	酿酒、酿蜜	木器、造纸、冶铁、淘金、蜡、漆
	凤县	蚕桑	酿酒、酿蜜	造纸、冶铁、木器、蜡、漆

· 109 ·

续表

府、直隶州	下辖散州、县	纺织业	食品加工业	竹木、矿产加工业
汉中府	城固	蚕桑、绢、织布、麻	制盐	淘金、香菇、铜、铁
	洋县	蚕丝、縑、绸绫、绢、织布	酿酒、榨油	淘金、木器、造纸、木耳、香菇
	西乡	蚕桑、织布、葛麻、竹席	酿酒、酿蜜	冶铁、淘金、制陶、造纸、木耳、漆、黄蜡、柿油伞
	宁羌	山蚕、茧绸、縑、布匹	酿酒、榨油	冶铁、淘金、香菇、木耳、漆、石炭
	留坝	蚕桑	—	冶铁、木器
	定远	蚕桑	—	冶铁、造纸、木耳
兴安府	安康	编织	—	淘金、制陶、造纸
	平利	蚕桑、织布	酿蜜	割漆、蜡、炭、造纸
	洵阳	编织	—	冶铁、造纸
	白河	编织、棉、葛	酿蜜	造纸、漆、木耳
	紫阳	丝	酿酒、榨油	煤炭、木器、造纸、石砚、漆
	石泉	纺织	—	—
	汉阴	织绸、作绵、作线、蚕桑	酿蜜	制陶、造纸、漆、黄蜡、木耳、石煤
	砖坪	—	—	木器、造纸
商州	镇安	蚕桑、绸绢、纱线	—	冶铁、淘金
	雒南	葛布、麻、丝、绳	—	淘金、铜、铅、制陶、炼银、造纸、漆、黄蜡、白蜡、木耳、砺石、石灰、煤炭
	山阳	编茅、布帛、裘、葛、茧绸	酿蜜、酿醋、造酱、酿酒、榨油	砖瓦、漆木、造纸
	商南	蚕丝、麻、葛、皮毛	酿酒、榨油、酿蜜	造纸、割漆、蜡、石灰、柴炭、砖瓦、木耳

资料来源：清代陕西方志等。

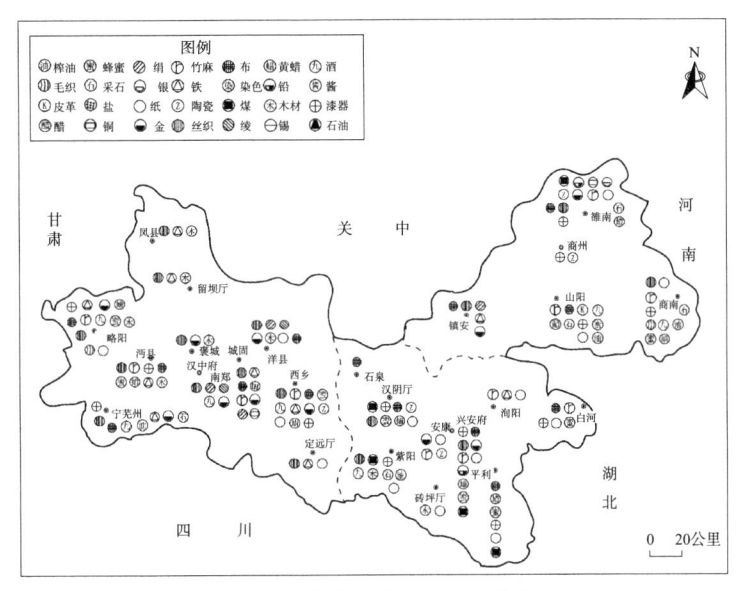

图 1-3 清代陕南手工产品分布

值得一提的是，道光时期陕南山区有很多商人开办的手工工场，如纸场、铁场、金场、木耳场等，这些工场作为陕西手工业的重要组成部分，是不可分割的存在，亦可从中看出陕南手工工场的地区分布情况。现一并列举出：

表 1-4　　　　道光年间陕南地区工场分布及雇佣人数一览

工场种类	时间（年）	地区	数量	人数	史料来源
纸场	2	西乡	20余座	大场匠作佣工百余人，小场40—50人	《三省边防备览》卷10
纸场	2	定远	100余座		《三省边防备览》卷10
纸场	2	洋县	20余座		《三省边防备览》卷10
纸场	3	定远	45处	—	《秦疆治略》
纸场	3	西乡	38座	—	《秦疆治略》
纸场	3	安康	63座	—	《秦疆治略》
纸场	3	紫阳	数家	—	《秦疆治略》
纸场	3	砖坪	22处	—	《秦疆治略》
纸场	3	商南	3、4家	—	《秦疆治略》
纸场	4	定远	45座	工作人数众多	《秦疆治略》

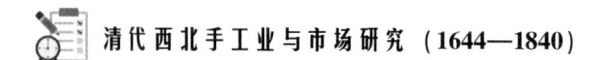

续表

工场种类	时间（年）	地区	数量	人数	史料来源
纸场	4	西乡	38座	每场匠工不下数十人	《秦疆治略》
纸场	—	宝鸡	4处	无多	《秦疆治略》
铁场	2	留坝	7处	—	《留坝厅乡土志》
铁场	4	凤县	17处	每场佣工数十人至数百人	《秦疆治略》
铁场	4	略阳	5处	匠人不多	《秦疆治略》
铁场	4	定远	2处	工作人数众多	《秦疆治略》
铁场	—	镇安	5处	—	《秦疆治略》
柴厢	2	留坝	5家	每厢匠工不下数十人	《留坝厅乡土志》
柴厢	2	略阳	10余处	每厢佣工不下三五千人	《三省边防备览》卷10
柴厢	4	凤县	13家	每厢雇工数百人不等	《秦疆治略》
柴厢	—	宝鸡	14处	无多	《秦疆治略》
大木厢	4	洋县	3处、10余处	每厢佣工不下三五千人	《三省边防备览》卷10
木厢	19	沔县	2处	每厢佣工数百人	《沔县新志》
金场	2	南郑	—	每场数十人	《三省边防备览》卷10
金场	2	城固	—	每场数十人	《三省边防备览》卷10
金场	2	洋县	—	每场数十人	《三省边防备览》卷10
木耳场	4	定远	12处	每场佣工数十人或成百人	《秦疆治略》
木耳场	4	西乡	18座	每场佣工数十人或成百人	《秦疆治略》

从上述陕北、关中与陕南地区的手工产品分布不难看出，陕北的手工业种类较少，陕南次之，关中地区的手工品种类最多，这与清代陕西各地的社会经济发展水平相符。由此可见，清代陕西手工业的发展很大程度上受当地经济发展水平制约。不过，从另一方面而言，手工行业的发展也在一定程度上促进了当地社会经济的发展与进步。

第九节　清代陕西的手工业产品市场

本书所指手工业产品市场，是交易手工品的场所和区域，它作为传统市场的重要组成部分之一，探讨其发展情况，对于研究手工业而言有着举足轻重的意义。清代陕西的手工业产品市场是在社会经济有了长足进步、手工品种类显著增长的基础上形成的。随着商品经济得到进一步发展，在陕西的一些城镇中，手工业逐渐与商业融合，这就便利了作为商业活动主体的商人往来各市镇行销手工品。他们在扩大城镇手工业产品市场方面发挥了巨大作用，并推动不少市镇发展为富有地域特色的手工品交易市场。

针对清代陕西市场的发展情况，诸多学者已有相当成熟的论述与分析。[①] 在本节，笔者将着重以城镇为中心，阐述陕西各级市场中销售的手工品种类。论述时，为突出地域特点，仍分陕西手工业产品市场为陕北、关中与陕南三个部分。

一 省、县、乡三级手工业产品市场的形成

市场层级结构，是"施坚雅模式"[②]的一种主张。施坚雅将清代全国市场分为九大区域，其中西北自成一区，各区域内的市场层级划分较为细致，从中央到地方共有八个层级。施坚雅将研究的时间点着眼于晚清时期，与本文有些许差距，不过亦可从中借鉴相关理论，以便于本节的写作。

（一）省级市场的扩张与辐射

清代手工业产品市场的发展具有一个非常明显的特点，即在商业发展越是繁华的地区，手工产品的需求量越大，产品聚集就愈加频繁，形成的市场规模也更加庞大。与之相对应，这一时期陕西共有三处省级商业中

---

① 主要成果有：薛平拴《古都西安：长安商业》，西安出版社2005年版；李刚《明清时期陕西商品经济与市场网络》，陕西人民出版社2006年版；张萍《地域环境与市场空间：明清陕西区域市场的历史地理学研究》，商务印书馆2006年版；张萍《区域历史商业地理学的理论与实践：明清陕西的个案考察》，三秦出版社2014年版等。囿于篇幅，不详列。

② "施坚雅模式"由美国学者施坚雅在《中华帝国晚期的城市》一书中提出，它的核心思想在于：其一，经济史研究应该注重不同区域的内部特征和功能类型的划分。施坚雅指出：明清时期的中国存在九个具有城市化和经济史意义的区域，即岭南、东南沿海、长江上游、长江中游、长江下游、西北、西南、华北、东北。其二，每个宏观区域的市场范围均可分为中心和边缘两部分，而且从中心向边缘依次等距离展开为若干蜂窝状六边形，即每一个规模最大的区域经济中心都被若干低一级的次经济中心所环绕，以此类推，直至最低一级。故中国的商业城镇和市场分布呈现出一种层级结构。

心——西安、汉中与榆林。其中西安已成为超省域的商业中心，市场影响已辐射至西北诸省。

清代西安府是陕西的政治、经济中心，府内又以三原、泾阳等地的商业较为发达。需要注意的是，三原县的商业鼎盛期虽在同治以后，但之前亦有较快发展。下面笔者将以西安府下辖的三原、泾阳、西安、咸阳和陕北榆林以及陕南汉中为重要的手工品交易市场，展开详细论述。

1. 三原手工业产品市场

三原县是清代东南布匹远销西北的中转地与集散中心。早在明朝时期，三原县就已是一处规模较大的棉布集散点，所销布匹大多来自松江一带。松江人褚华曾有言：

> 吾邑以百里所产，常供数省之用。……明季从六世祖赠长史公，精于陶猗之术。秦晋布商皆主于家，门下客常数十人，为之设肆收买。俟其将戒行李时，始估银与布，捆载而去。其利甚厚，以故富甲一邑。至国初犹然。①

从中可知，松江府为了满足西北棉布所需，生产了大量布匹。再从秦晋布商的挟赀数目、牙行因经纪收入而富甲一方等史实来看，当时陕西、松江之间的棉布贸易应当十分兴盛，这些布匹也主要供给边镇官兵与边境贡市所需。入清后，随着西北边疆战事尽平，军队的棉布需求减弱，民用布的贸易量随之上升。清前期政局稳定，社会经济得到发展，人口的进一步增加，遂使布匹交易市场更加广阔。清初时，西北地区的棉纺织技术并不成熟，难以满足当地所需，因此布商源源不断地将棉布从东南运往陕、甘、新等地。布商们在深入西北前，要先将棉布运抵三原等地中转，棉布也因此成为三原集散市场的大宗商品之一。西北的羊皮、羊毛也经淳化、旬邑或彬县、永寿各地运往三原，并在此加工硝制、行销各地。如此频繁的布匹、皮毛交易活动，使三原县日益成长为联系西北的商业重镇。

---

① （清）褚华：《木棉谱》，中华书局1985年版，第10页。

除纺织品外，三原亦经营着茶叶、食盐、铁器等产品。这些商品在三原县城中有各自的分布地点和市场划分区域，分布面积也较大。如布匹绸缎集中在山西街，手帕交易地点在手帕巷，食用油市场在油房巷。① 由此不难看出，三原市场中交易的手工品种类较为丰富。

三原浓厚的商业气息也逐渐改变了当地的社会风气，"商贾之习，原民极当，大则经理盐茶，细亦挟资负贩数年不归，饶裕之家，劝令买地，多以为累，万金之子，身无寸土，思欲转移，务本轻末，其道良难"②，"富商大贾，履厚席丰，甚至践曳绫绮，狼藉膏梁"③。三原商人大量购买绫罗绸缎以供享用，奢靡之风日盛，然这也在一定程度上刺激了三原手工业产品市场的进一步扩张。

2. 泾阳手工业产品市场

泾阳县作为关中地区的另一商业重镇，销售的大宗手工物品与三原县有所不同。主要分为以下几类：其一，泾阳的皮货加工十分有名。泾阳水陆交通发达，泾水流经该县，由陕北、新疆、甘肃等地运来的羊、狼、豹、狐、猞猁皮货需在此用泾水硝制加工。上文已对道光年间泾阳皮货的加工规模有所论述，泾阳城中的硝皮匠依靠泾水加工皮张，后由皮货商中转贩售，使泾阳成为皮货加工与转运的重心。清前期，关中、陕北已经成为泾阳皮货的重要行销地，随着市场进一步扩张，清中叶以后，泾阳皮货闻名全国。

其二，泾阳也是西北地区有名的茶叶加工与贸易聚集地。泾阳本地产有一种"茯砖茶"，然产量不丰，加工数量有限，当地工匠更多的是将四方运来的茶叶压制包装。清代西北百姓经常饮用一种砖茶，这种茶一般由茶叶压制而成，如乌鲁木齐砖茶便是如此。乌鲁木齐砖茶属于黑茶，黑茶产地主要在湖南，茶商在湖南购买茶叶后，经襄河水运至龙驹寨上岸，走

---

① 李刚：《明清时期陕西商品经济与市场网络》，陕西人民出版社2006年版，第422页。
② （清）刘绍攽：(乾隆)《三原县志》卷1《地理·风俗》，《中国地方志集成·陕西府县志辑》第8册，凤凰出版社2007年版，第261页。
③ （清）刘绍攽：(乾隆)《三原县志》卷15《创建普济堂序》，《中国地方志集成·陕西府县志辑》第8册，凤凰出版社2007年版，第470页。

陆路直抵泾阳。在泾阳"压制成砖茶才发运西行,这一焙制压砖过程,系由陕商所经营的茶店完成"①。压制工序如下:首先,工匠将茶叶切碎、筛选,去除杂质。其次,将挑选后的茶叶放入锅中翻炒,炒茶时须加水,不可过于干燥。最后,茶叶炒成,由工人制成砖形装封,一封五斤四两,上下钻孔通风,新制茶砖多有湿气,须晾晒半月。茶砖初成时呈绿白色,晾干后则呈黄黑色,待风干后即可出售。两湖、四川、汉中输入的茶叶往往在泾阳炒制压砖,而压砖时必须利用优质的水源进行二次发酵,泾水的水质非常符合茶砖发酵所需,泾阳也由此成为茶叶压砖的不二之选。久而久之,往来泾阳的茶商不断增多,验茶人员也随之增长,"官茶进关运至茶店,另行检做转运西行,检茶之人亦万有余人"②。从验茶人员的数量上不难看出,当时在泾阳地区运销的茶砖数量不计其数。

其三,泾阳也是行销兰州水烟的重要集散地点。兰州水烟在嘉道时期畅销全国,"水烟产于兰州而行销沪汉一带",明朝时便已由甘肃发往泾阳。明末时还有一种五泉烟,"五泉烟自泾阳发者,岁约金三万两"。至清咸同时期,"五泉烟自泾发者岁约金三百万"③,可见兰州水烟的发展势头非常明显,自明至清增长百倍有余。泾阳也作为这一时期兰州水烟的行销中转地而未曾改变。

上述三项是泾阳地区销售的大宗手工产品。除此以外,泾阳的烧酒、对子梭布也很出名,相关市场也颇具规模。与三原县相似,泾阳的社会风俗也朝着奢靡之风气渐行渐远。乾隆时,泾阳"其风弥炽,佣贩修荐绅之容,舆隶谋姬姜之饰,宛珠阿缟滥及婢妾,张筵召客,动用优伶"④。人们穿戴的饰品十分奢华,亦一定程度上推动了工艺品行业的进步与市场的扩张。

3. 西安手工业产品市场

在了解三原、泾阳两大手工品贸易市场后,有必要对西安城中手工品

---

① 李刚:《陕西商帮史》,西北大学出版社 1997 年版,第491页。
② (清)卢坤:《秦疆治略》,成文出版社 1970 年版,第30页。
③ (清)李元春:《李元春集》,《桐阁先生文钞》卷1《天下有宜裁之端五论》,西北大学出版社 2015 年版,第33页。
④ (清)葛晨:(乾隆)《泾阳县志》卷1《风俗》,《中国地方志集成·陕西府县志辑》第7册,凤凰出版社 2007 年版,第17页。

交易市场的布局做进一步探讨。清代的西安府城一分为二,咸宁居东,长安居西,其市场划分可从康熙《咸宁县志·市镇》中得知一二。据载,咸宁县城中共有17类市场、17种店铺,分为城中区和四关市场等五个部分,城内手工品交易市场的分布较为集中,主要有四大商业区:第一,开元寺东附近,有木头市、枋板市;第二,鼓楼前市场区,这一区域的手工品贸易市场分类细致,包括瓷器市、鞭子市、竹笆市、书店与金店;第三,钟楼西区,该地区市场规模不大,以小店为主,包括梭布店、云布店、红店（店内绘彩瓷,兼彩瓷销售）、纸店、壶瓶店、绸缎店;第四,城关市场区,咸宁下辖东、南、北三关均有市场,北关有锅店,东关市场最繁华,有盐店、棉花店,以销售生活必需品为主。①

从清初咸宁县的市场分布来看:首先,西安手工业产品市场上贩售的产品种类丰富,以日用品为主。其次,金店的出现,表明了工艺品加工行业有一定的进步,相应的市场规模有所扩大。最后,市场受城中结构制约,封闭性明显。

4. 咸阳手工业产品市场

除上述城镇外,咸阳县亦是清代关中地区重要的商业城市。从交通条件上看,咸阳城依渭河而建,地理位置十分重要,"咸原隶京兆,为西北支邑首冲,控巴蜀而扼甘凉,右辅关门锁钥也"②。咸阳的地理位置决定了它主要承担晋、豫地区的货物运输活动。《秦疆治略》载:"（咸阳）城内系水陆码头,商贾云集,气象颇形富庶。其实各铺皆系浮居客商,货物皆从各县驮载至此,由水路运往晋豫。至粮食、木板亦由西路车运而来,用舟载至下路。"③足见这时的咸阳城内市场非常繁荣,往来客商众多。

咸阳城中交易的手工品种类较多,贩售的大宗商品亦与三原、泾阳两地不同。第一是食用油的销售。咸阳是关中菜籽油行销山西的中转地。清代关中所属乾州、醴泉、武功、兴平等县生产菜籽油,产量大且油质佳,

---

① 参见（康熙）《咸宁县志》卷2《建置·市镇》,清康熙七年刻本,第26页。
② （清）臧应桐:（乾隆）《咸阳县志》卷17《艺文·重修咸阳城碑记》,《中国地方志集成·陕西府县志辑》第4册,凤凰出版社2007年版,第457页。
③ （清）卢坤:《秦疆治略》,成文出版社1970年版,第14页。

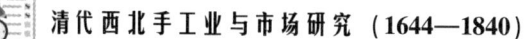

不仅满足了附近州县所需,还能够沿渭河运往晋南等地贩售,咸阳也因此成为关中菜籽油的加工、转运中心。第二,咸阳也是秦岭林木资源向外省输出的重要集散市场。木匠们在此将木材加工成木板、木厢,而后转售各地,"入渭浮河,经豫晋,越山左,达淮徐,供数省梁栋"①。第三,清代关中地区的食盐产量较少,大部分外来食盐须从咸阳中转,因此咸阳也就成为食盐转运的集散地。清代关中百姓以食用河东潞盐为主,这些潞盐大部分靠渭河船运,云集于咸,随后再运往周围各县。第四,咸阳也是山西铁器的重要中转市场。关中因煤、铁资源稀少,铁器生产难以长期维持,于是山陕商帮通过咸阳将铧、犁、锅等铁器输送至鳌屋、凤翔等地。当然,除此之外,布匹、首饰、纸张等各类手工产品也都行销于咸,但因市场规模相对较小,若详细阐述恐十分冗杂,故仅在此略有提及。

由上述关中各地的手工业产品市场可知,它们拥有以下特点:一、大都位于交通便利之处或交通枢纽之地。例如三原县以清峪河为界,划分为南、北二城,白渠贯穿南城中,水陆交通便捷。泾阳县位于"八百里秦川"的中心,地势平坦,陆路交通便捷,并有三白渠、泾渭河流之利,水陆交通十分发达。咸阳也借渭河水利,市场发展迅速。二、市场定位准确。如咸阳因关中缺铁,遂做起了贩运铁器的买卖。泾阳因泾河水质好,因此皮货、茶叶加工在此盛行,且得益于交通之便,兰州水烟也经常从此地转运。三、贩卖的手工品种类齐全,基本能够满足百姓日常所需。不过在工艺品领域,大多数产品质量不高,尤其是高档手工艺品的种类、数量较少,还有很大的发展空间。

5. 榆林与汉中手工业产品市场

清代陕北与陕南地区也各有一处手工业产品市场中心,即榆林与汉中。两地相较西安手工品交易市场而言规模要小,产品种类也不丰富。尽管如此,汉中与榆林依然是陕西南北两地重要的商品市场,是清代陕西社会经济的重要组成部分。

---

① (清)路德:《柽华馆文集》卷5《周侣俊墓志铭》,《清代诗文集汇编》第545册,上海古籍出版社2010年版,第393页。

榆林历经明清两代方才确立其在陕北市场的中心地位。明朝时期，因防卫北元的军事需要，榆林初建堡，后改为镇城，主要运送军事物资。城中有工匠，专事"打造盔甲炮铳诸器械"①等活动，军事手工业发展较快，商人仅从事简单的贸易活动。

入清以后，随着战事平定，陕北边军撤离，榆林的商贸活动日渐频繁，市场扩张速度加快。清廷随后又将榆林改镇为府，并于沿线修建驿站与交通道路，种种措施为榆林地区的商贸发展提供了有利条件。由于陕北毗邻蒙古，因此蒙汉民族贸易较为频繁，清初时双方曾以定点互市。如红山市是其中一个互市地点，当地从正月望日后开市，"间一日一市"，汉商携带"湖茶、苏布、丝缎、烟"等货物来与蒙古百姓交换所需物品。官府为抑制北方游牧民族，下令禁止销售米、军器等重要物资。蒙古部族的货物多为"羊绒、驼毛、狐皮、羔皮、牛、羊、兔"②，其中具有军事作用的马匹禁销。

康熙三十六年（1697），清廷放宽边疆开发政策，允许民众到长城以北的地区开垦，这一行为无疑促进了蒙汉人民交往，给榆林府市场地位的提高提供了契机。康熙以后，"以榆林为中心，每年举办六次骡马大会，会上有来自内蒙、宁夏、甘肃和晋、豫、关中诸省区的商旅，交易牲畜、皮毛、棉布、百货、粮食、手工业品等，会上伴有戏曲杂耍，或赛马助兴，热闹作凡"③。乾隆元年（1736），朝廷准许榆林部分地区"准食蒙盐，并无额课"，双方的食盐贸易也更加频繁。

乾隆以后，榆林地区的商旅路线已是四通八达，原先禁止销售的马匹等也允许售卖，市场环境相较清初要好很多。榆林百姓将大批茶、烟、刀、布匹、皮靴、口袋、毛毡、马鞍、铜铁锡银器等物运至边界贩卖，以换回蒙古部落的马、驼、牛、羊及各类农牧产品。此外，榆林手工产品的来源方式也多种多样。以茶叶为例，顺治十年（1653），榆林、神木始行

---

① （明）郑汝璧等：（万历）《延绥镇志》卷2《边饷·贮所》，上海古籍出版社2011年版，第128页。
② （清）谭吉璁：（康熙）《延绥镇志》卷2《食志·市集》，上海古籍出版社2012年版，第92页。
③ 田培栋：《陕西社会经济史》，三秦出版社2016年版，第303页。

茶法，史称："边地食茶与他省异，茶产于楚南安化，商人配引由襄阳府验明截角运赴榆林行销。榆属五州县及鄂尔多斯六旗，其茶色黄而梗叶粗大，用水沃煎以调乳酪，以拌黍糜，食之易饱，故边人仰赖与谷食等。"[①]榆林运往蒙古的茶叶一部分来自湖南，"商人俱往荆襄市茶，至边口易卖"[②]，一部分来自当地。茶叶品种不同、质量各异，但皆为蒙古族人所喜爱，因此销路很广。其他产品也从陕西各地运至榆林，并销往边境，如铜、铁等器物。陕北的畜牧业较为发达，毛皮种类丰富、产量高，当地几乎家家制造皮毛制品，因此行销边境的毛毡、皮靴多为本地制造，销量也很高。

清代陕南手工业贸易市场的发展经历了较为漫长的过程。清初陕南人口稀少、交通不便，商业经济发展比较缓慢。康熙至乾隆朝，大量流民涌入陕南，当地人口日渐增多，加之官府与民间广修驿路、栈道，方使陕南的商业贸易逐渐兴盛。嘉庆以后，陕南的贸易活动日益活跃。汉中城为汉中府治所在，为陕南商业最繁荣的地区之一。在地理位置上，汉中地处秦岭南部，巴山以北，汉江上游，自然条件优越。府城位于汉中盆地平原，气候宜居，水源充足，适宜农业种植与人口迁移，这些都为陕南市场的发展提供了便利条件。

在手工产品的销售上，汉中地区承接汉江自东运来的货物，主要包括布匹、瓷器、茶砖等，这些货物一部分在陕西境内销售，另一部分运往甘肃。而从甘肃、关中等地运来棉花、皮毛等货物又行销陕南，使各地的手工品在陕南地区实现了互通有无。从四川运来的商品主要有川纸、铁、绸缎等，经汉中中转，后发往西安及周围府县行销。由此可见，汉中府城逐渐成为陕南对外贸易的商品集散地。

值得注意的是，清前期汉中生产的手工产品种类比较有限。据《古今图书集成》载，汉中府"货类"有："丝、缣、蜡、漆、椒、茜、麻、油、

[①] （清）王致云、朱壎、张琛：(道光)《神木县志》卷4《建置志·茶政》，《中国地方志集成·陕西府县志辑》第37册，凤凰出版社2007年版，第510页。

[②] （清）谭吉璁：(康熙)《延绥镇志》卷2《食志·茶法》，上海古籍出版社2012年版，第89页。

第一章　清代陕西手工业与手工业产品市场

蜜、棉花、棉布、葛麻、脂草、榭皮、竹席、香饼、麝香、棕榈、柿油伞。"① 细算下来，仅纺织与编织两类手工品较多。至乾隆时期，汉中地区生产的手工品种类虽有所增长，但也算不上丰富，手工艺品更是稀见史载。因此当地手工业市场的发展更多的是得益于交通之便，促使商人从附近州县以及川、湖等地运送纸、铁、绸缎、茶叶、瓷器等产品到此处。当汉中货物充盈后，才能充分发挥手工产品转运及销售的市场功能，并以此为中转点对外行销产品。

综上所述，西安、榆林、汉中三地的手工业产品市场因地理位置、市场定位的不同，销售的手工产品种类也各有差异。囿于史籍缺载，笔者无法得知各种产品的交易数额，但从方志、笔记等文献资料中不难看出，三地行销的手工品种类是比较齐全的，商人运载的商品数量也比较多。据此推测，西安、榆林、汉中三个省级手工业产品市场的发展水平并不低。综合来看，西安手工产品贸易市场的辐射与影响范围最广，汉中、榆林次之。

（二）县级市场的增多与分散

除西安、榆林、汉中三大手工业产品市场中心外，清代陕西各地也有着规模不一的散州、手工产品交易市场。这些市场已成为当地百姓购买手工物品的重要地点，也是这一时期陕西手工业产品市场的重要组成部分。

1. 陕北的县级手工业产品市场

清代陕北各县级手工业产品市场的发展，表现为手工业与商业相结合的城镇数量有了明显增加，市镇中贩卖的手工产品种类和数量也有了一定增长。以神木县为例，它位于榆林府东北部，东临黄河，北接蒙古；耕地较少，农业不发达。但因接壤蒙古，与蒙古各部族间往来较多，因此双方时常交易各种商品。当地"生计无多，半由口外懋迁，以求什一之利"②，

---

① （清）陈梦雷：《古今图书集成》卷532《方舆汇编·职方典·汉中府部》，第103册，中华书局影印本1934年版，第53页。

② （清）王致云、朱壎、张琛：（道光）《神木县志》卷2《舆地志·风俗》，《中国地方志集成·陕西府县志辑》第37册，凤凰出版社2007年版，第481页。

商业发展较为明显。主要从两个方面表现：第一，蒙古地区的牧民同汉民之间以茶马贸易为主。前文提及：蒙古人很是仰赖榆林府所产茶叶。神木县作为边茶运销中心，"神木销茶犹甲于他属"①，当地商人时常携带茶砖前往边境，辗转售卖。第二，其他手工产品也时常运往神木中转，且有不少本地货物行销至蒙古部族。据载，道光年间神木县负责行销的手工品主要有"盐、碱、硝、矾、皮靴、火链、佩刀、铜锡器、包烟、湖茶、蒙古茶桶、布匹、皮货（白、黑羊皮、狐皮、猫皮、灰鼠）、羊毛口袋、羊毛毡、绒毡"②。可以看出，神木县市场上有内地销往蒙古各部的产品，如湖茶，也有蒙古销往内地之货物，如蒙古茶桶。双方互通有无，在一定程度上促进了神木乃至陕北手工产品交易市场的扩张。由上述可知，神木县的手工业产品市场颇具规模，贩卖的产品种类也比较丰富。

除神木县外，陕北葭州、府谷、怀远三县的手工产品贸易市场发展速度也比较快，只是规模相对较小，尚无法与神木相提并论。清初随着边疆稳固，中央政府谋求在陕北废堡立县。雍正九年（1731），陕北定边、靖边、怀远三县相继设立。自此，这些军事重镇转变成了具有政治、经济意义的县，这是陕北社会经济发展、市场规模扩大的重要表现。

不过在清前期，陕北各县的手工产品交易市场规模，从整体上看依然有限。笔者查阅了清前期的陕北各县方志，发现这一时期陕北的商业活动并不频繁。由于农业经济尚不发达，加之手工业发展水平不高，这导致陕北多县并未出现大规模的商品交换活动，神木县的成功也并未被其他各县模仿。为更加准确地掌握清代陕北地区手工业产品市场的发展情况，下面笔者将针对陕北诸县的市场发展和手工产品的销售情况做一分析。

清前期，延安府内经商人数较少，百姓亦不善经营。嘉庆时期，延安地区的商业活动"至挟资逐末犹非所长，盖缘土瘠民贫，千金之产辄推上户，既无余财可资营运，兼智虑短浅，筹算未工，城内市廛以及各乡镇

---

① （清）王致云、朱壎、张琰：(道光)《神木县志》卷4《建置志·茶政》，《中国地方志集成·陕西府县志辑》第37册，凤凰出版社2007年版，第510页。

② （清）王致云、朱壎、张琰：(道光)《神木县志》卷2《舆地志·物产》，《中国地方志集成·陕西府县志辑》第37册，凤凰出版社2007年版，第483页。

第一章　清代陕西手工业与手工业产品市场

集，均系隔河晋民暨邻邑韩城、澄城等处商贾，盘踞渔猎，坐致奇赢，土人袖手脾肌，莫与争利也"[1]。这段史料早在乾隆《宜川县志·风俗》中已有提及，然而直至嘉庆朝依旧没有改观，可见当地的商业发展比较缓慢，仅有的商业活动也大多被晋商与关中商人所垄断。

从延安下辖的各县来看，市场发展各有差别。例如宜川县，该县在清前期"出产较他属倍啬，鲜富商巨贾，贸易往来无抽收，即今所征杂税，不过小民村集买卖地土牲畜，零星琐碎，数极微末"[2]。宜川看似地理位置不佳，但实际上此处"东据黄河，南扼孟门，峻岭广阜，名胜要区"[3]，只因道路建设尚未完善，贻误了商旅往来。当地也产有一些手工物品，如"棉布、丝、绢、毡、烛、麻、苇席、蜂蜜、油"[4]，表明手工业产品市场是存在的，规模应该不会很大。清中叶以后，随着交通道路不断修缮，宜川地区的酒、毛毡、菜籽油等产品成为对外输出的主要商品。

在延长县境内，商业情况也并不乐观，"城镇有贸，尽山西及韩城人为之，县人入伙开张者十不过一……统计县中累千金产者不逾十户，余家可百金亦名富汉，吁可悯也"[5]。该县"邑处偏隅，无大镇市"，物产种类也比较有限，"蚕丝、石油、石炭、绒、棉、蜡、蜜、席"，虽饲养羊、马、牛、驴，却"无皮匠造帐房及靴、鞋、包揿等物，需用者尽他处购之"[6]。有盐市和酿酒坊，规模很小，手工品交易市场的发展比较落后。

安定县手工业产品市场的发展颇具特点。据史籍记载，嘉庆年间该地"前数十年，乡人入城，大半戴毡笠，裘惟黑羊皮，近则多有以服饰相耀者……工无良者，所售多苦窳，商贾多山西人"[7]。由此可见，安定地区的手

---

[1]（清）洪蕙：(嘉庆)《延安府志》卷39《习俗》，成文出版社1970年版，第1107页。
[2]（清）吴炳：(乾隆)《宜川县志》卷1《田赋志·杂课》，成文出版社1970年版，第216页。
[3]（清）洪蕙：(嘉庆)《延安府志》卷10《舆地考一》，成文出版社1970年版，第250页。
[4]（清）吴炳：(乾隆)《宜川县志》卷1《田赋志·物产》，成文出版社1970年版，第220—221页。
[5]（清）洪蕙：(嘉庆)《延安府志》卷39《习俗》，成文出版社1970年版，第1110—1111页。
[6]（清）王崇礼：(乾隆)《延长县志》卷4《食货志》，成文出版社1970年版，第132页。
[7]（清）洪蕙：(嘉庆)《延安府志》卷39《习俗》，成文出版社1970年版，第1105—1106页。

工贸易市场是有一定规模的。裘皮为衣是当地的传统做法，然而服装攀比、奢侈风气的兴盛，这些现象都与商业活动的频繁往来及市场上商品种类的增加息息相关。百姓时常以服饰相攀比，表明了安定市场上贩卖的衣物种类有所增多，可见当地的手工业产品市场在嘉庆时得到了进一步发展。此外，晋商看重此处市场，来此行销商品，表明了安定市场是值得进一步扩张的。

鄜州下辖鄜县、宜君、洛川、中部四地。清朝初年，鄜县未见有手工品贸易市场的相关记录，其"地凉薄，物产不饶，民性朴鲁，服贾鲜术，食货之可通于四方者罕矣"①。物产较少，仅有木棉种植以及酒和油的酿造，多行销本地。洛川是鄜州境内经济发展条件较好的县，即便如此，嘉庆时该县的商业也仅是"本城四街，店铺不及百家，本地居民交易，凡买卖牲口之期曰会……皆系本地居民交易，或韩城、白水接界之所附近居民往来交易，无远地商贩，土基、旧城或间有之，只系小本贸易，脚力营生，无富商大贾居积之饶"②。县内的手工行业主要有织造布匹、羊绒，酿制酒、蜜以及陶器加工，产品大多由家庭作坊制造，手工品交易市场的规模并不大。

由上述可知，清代陕北延安府内的县级手工业产品市场大多数属于集市性质的贸易，而类似于府城中专门的城关市场很少存在。鄜州手工品交易市场有一定的发展，然规模算不上很大。进一步来说，这一时期陕北各县并未有大型手工业产品市场的出现，神木县商人虽时常与蒙古各部间交换货物，但因陕北手工业发展缓慢，生产的手工品种有限，导致一些产品的数量与质量并不能满足百姓所需。陕北县级市场的增多往往是建立在边境安宁、改堡为县的基础上，但实际上各县之间的商贸交流并不频繁，市场也较为分散，如咸阳、三原等超越州县级别的城镇市场寥寥无几。因此，重要的商业城镇仍集中于各州县县治，这是清代陕北手工业产品市场的典型特征。

2. 关中地区三类县级手工业产品市场

清代的关中地区相较陕北而言，经济发展条件要更加优越，市场发展

---

① （清）顾耿臣、任于峤：(康熙)《鄜州志》卷3《田赋志·物产》，清康熙五年刻本，第24页。

② （清）刘毓秀、贾构：(嘉庆)《洛川县志》卷3《疆域》，《中国地方志集成·陕西府县志辑》第47册，凤凰出版社2007年版，第380页。

水平也更高。这表现为水陆交通条件良好，市镇商业经济发展较快，城内行销的手工品种类更加丰富，市场的规模更大、数量更多。以现存史料来看，主要有以下三种类型的县级手工业产品市场：

第一种是手工业生产与销售均有从事，且产品质量较优、销售数量繁多的市场。清代关中手工业的发展颇具地域特色，当城镇中的某种手工品较为出名，且生产数量多，并对外大量出售，那么即便是其他州县有生产与之相似的产品，也依旧无法形成竞争优势。比较有代表性的是同官县的陈炉镇。该镇是制瓷中心，同时也是关中地区的售瓷中心，临近州县很难与之争利。又有蒲城县兴市镇以生产和贩卖纸张闻名，其他地区则未见造纸闻名如兴市镇者。再如同州大荔县羌白镇是有名的皮制品产销中心，该镇自明代已有加工熟皮的记载，当地主要加工羊、牛、狐、虎、豹等动物皮张，皮料大都来自陕北和甘肃地区，加工完成后从当地转运，沿长江销往各省。史载："商贩之皮货，惟同州硝水泡熟者，则较他处所制者，逾格轻软鲜柔，此乃水性关系，一货而工商兼需，故同城羌镇以造皮驰誉者，自昔已然。"[①] 自明至清，大荔一直是关中有名的制皮、销售中心，因毗邻洛水，适宜硝皮，生产的皮货数量也非常多，吸引了不少客商来此购置。除泾阳县可与它相争外，其他地区难以与之竞争。从上述不难看出，生产与销售的双重市场中心一般对产品的质量要求高、数量要求大，有能力成为这种市场的州县数量十分有限。

第二种是位于交通要道的州县发展为手工品贸易的集散地。便利的交通条件是促成市场发展的重要因素之一。清代陕西境内利用交通条件发展手工产品市场的地区主要有两处：其一是以关中盆地为中心，自潼关至凤翔，东西向联系诸州县，这是一条横贯陕西的商旅路线，同时也是货物向西和西北运输，以及商品中转的重要干线，沿线市镇的商业市场较为发达。该条路线包括潼关、华州、渭南、西安、鄠县、盩厔、扶风、岐山、宝鸡、凤翔等地。以鄠县为例，自此处向东可直达西安，北通咸阳，是秦

---

① （民国）陈少先、聂雨润：（民国）《大荔县志稿》卷4《物产》，成文出版社1970年版，第68页。

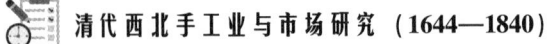

岭山货外运的必经之路,清初此地市场就很繁盛。据田培栋的研究发现,从各地运往鄠县的手工产品主要有以下几种:一、烧酒,鄠县境内虽有产,然产量有限,烧酒更多来自外地,从凤翔、醴泉等地陆运到鄠县,每年可输送数万斤。二、食盐,陕西食盐大多来自山西潞州,利用水运至河口,由河口经渭,再走陆运至省城,后抵达鄠县,每年有数十万斤食盐经鄠县中转。三、油类,鄠县的榨油工人会在菜籽中杂以棉籽、罂粟子,名曰杂油,榨出的油多在县内行销。商人另从兴平、醴泉等处陆运食用油或灯油至鄠,每岁可销上万斤。四、铁器、瓷器,镰刀由省城陆运至此,每年约有数万把,盆、碗、罐等瓷器,则由耀州陆运至鄠。[1] 另有金银首饰等物在鄠县也有贩售,因贸易量相对较低,此处不加详述。从鄠县手工业产品市场的基本情况可以得知,鄠县本地生产的手工品数量与种类并不丰富,然而各地的手工品经水、陆通道运输至此,表明鄠县地区的交通运输条件十分便利。不过在转运至鄠县的产品种类上仍旧以日用品为主,工艺品很少,足见市场种类还比较单一。另一处借交通之便发展市场的地区位于山、陕两省的交汇处,每年有大量晋商携带货物在此停留或入陕,继而前往关中等地行销商品。山、陕交界以及沿黄河各州县的城市商业较发达,包括吴堡、清涧、宜川、韩城等县,地区商业职能突出,这与两省的频繁贸易活动有关。

　　第三种市场是介于第一种与第二种之间,而经济特征又并不十分明显的城镇。如大荔县,它在关中各县中的经济较为发达,并承担着临近州县的皮毛加工任务。这里需要指出的是,大荔县虽在第一种县级市场中就已提及,然而那仅是对于皮毛加工这一种手工业而言,并不妨碍大荔县作为第三类市场的代表。由于大荔的交通条件不如咸阳、三原等地便利,长途运输产品时较为不便,因此当地百姓能够在大荔县城中购买的手工品种类是不如咸阳等地丰富的。乾隆年间,大荔县城内的市集位于四街与西关,"月以三、七日为市,单日亦递集",交易品"皆民间衣食器具而已"[2]。由此可知,当地百姓的日常交易品主要是服饰、器物等手工品,种类比较

---

[1] 田培栋:《陕西社会经济史》,三秦出版社2016年版,第575页。
[2] (清)贺云鸿:(乾隆)《大荔县志》卷3《建置·市集》,清乾隆五十一年刻本,第13页。

有限。类似的还有白水县，该县处于渭河平原北部，交通不便，商品经济也不发达。乾隆年间，"县治西南逼近城垣，无西南两街，以东龙门洞四分"①。可见此处城池规模小，市场功能单一。从乾隆《白水县志》中所记县城商业街区的分布来看，"由洞北直抵北城门为北街，货店、酒肆、面馆咸簇于此……北折直抵北郭门为北关，有民庐，市会在焉"②。市廛稀少，南门街仅有十余家店铺。显然在乾隆年间，白水县手工业产品市场是不发达的。当地贩卖的手工品只有衣物、烧酒等。再如韩城县，康熙时城内"米粮杂货每关一月，俱集城外，花布则在察院门口，日以为常"③。城内有布匹贩卖，市集开市并不频繁，足见手工产品交易规模不会很大。

结合上述三种关中地区县级手工业产品市场的分布，我们可以看出，县级商业发展仍具有明显的局限：市镇手工品贸易市场的功能种类并不全面，产品生产数量多寡不一，货物运输中转不便，最终导致市场发展不充分，从而给百姓的生产生活带来不利影响。与陕北相似，新兴的商业城镇也大多未超越本地州县治城的商业发展水平，这是清代关中手工业产品市场发展的基本情况。

3. 陕南地区的沿江手工业产品市场

上文已述，清代陕南地区的商贸活动自乾隆以后方才有较快发展。嘉道时期，许多外地商帮往来陕南各县从事贸易活动，会馆也应运而生。笔者在分析陕南各县的手工业产品市场时，会从会馆的角度加以阐述。

陕南地区的水路运输大都依靠汉江水利，因此地处汉江流域的州县也就负责各种货物的中转与停留。汉江自宁羌县流入，向东流经沔县、汉中、城固、洋县、石泉、汉阴、紫阳、安康、洵阳等地，最终于白河县流入湖北。嘉道时期，上述地区的方志中记载了一些在当地修建的客商与工匠会馆，现摘出列表如下，以便分析。据嘉庆《汉阴厅志》所记，乾隆时

---

① （清）梁善长：(乾隆)《白水县志》卷2《建置·街庐》，《中国地方志集成·陕西府县志辑》第26册，凤凰出版社2007年版，第450页。

② （清）梁善长：(乾隆)《白水县志》卷2《建置·街庐》，《中国地方志集成·陕西府县志辑》第26册，凤凰出版社2007年版，第451页。

③ （清）傅应奎：(乾隆)《韩城县志》卷1《市集》，《中国地方志集成·陕西府县志辑》第27册，凤凰出版社2007年版，第15页。

期汉阴厅修建的商人与工匠会馆见下表1-5：

表1-5　　　　　　　乾隆年间汉阴厅修建会馆一览

会馆名称	位置	供奉人物	修建时间
江南会馆	东关	朱文公（熹）	乾隆五十二年客民建
山陕会馆	东关	关帝	乾隆三十二年客民建
湖南会馆	东关	大禹	乾隆四十六年客民建
江西会馆	东关	许真君（逊）	乾隆三十八年客民建
鲁班庙会馆	东关街南	公输子（般）	乾隆五十四年匠作人建
湖北会馆	东关	大禹	乾隆五十三年客民建

资料来源：嘉庆《汉阴厅志》卷3《寺观》。

同样的行为在石泉县也有出现。乾隆至道光年间，来自各地的商人在石泉县城中陆续建立了会馆。据道光《石泉县志》载，该县建立的会馆见表1-6：

表1-6　　　　　　乾隆至道光时期石泉县修建会馆一览

会馆名称	位置	供奉人物	修建时间
江西会馆	城内	许真君	乾隆四十八年
江南会馆	城内	朱子	乾隆四十七年
湖广会馆	城内	禹王	乾隆年间建
武昌会馆	西关	屈夫子	乾隆年间建
黄州会馆	西关	张真人	乾隆四十三年
河南会馆	东门外	伏羲神农	嘉庆年间建
四川会馆	城内	二郎神	嘉庆年间建
山陕会馆	城北	关帝	道光二十四年

资料来源：道光《石泉县志》卷1《祠祀志》。

对比两县所建会馆，从供奉的人物中可以看出：大多数商人会馆为求平稳，供奉的人物往往与本地文化相关。如四川会馆供奉二郎神，河南会馆供奉神农，江西会馆供奉许真君，大多数是本省的神话传说人物。另一方面，工匠会馆中一般祭拜本行业的祖师爷。例如汉阴有一处木匠会馆祭拜鲁班，表明当地的木材加工行业已发展到一定水平。此外，商州府城早在乾嘉之际即存在瓷器帮、布帛帮、盐帮、船帮、江帮、黄帮等行业和地

第一章 清代陕西手工业与手工业产品市场

域性商帮,手工行业性质的会馆众多,这些均为陕南地区手工业发展与产品市场繁荣的表现。

黄州、江西、湖广等地的商人从各地运输大量的手工物品至陕南各地销售、转运,同时又将陕省生产的产品运至外省贩卖,从中赚取利润。例如江西帮专营陶瓷,从江西运送大量的瓷器到汉中出售;西安帮从事估衣业;黄帮经营桐油、生漆、毛货。另有一些商帮在陕南的实力也不容小觑,如京帮在陕南销售川、苏、杭等地的绸缎布匹及京广货物;山西帮经营布匹百货。此外还有杂货帮、茶帮等,均各有所营。这些不同行业、种类的行帮会馆,它们分渠道、分领域,共同维系着陕南地区的城镇经济活动,对于陕南手工品交易市场的扩大与商品经济的发展有着举足轻重的作用。

外地客商构成了清代陕南商人的主体,他们到陕南各州县设立会馆、开展贸易活动,同时大量收购陕南物产,运销省外。例如洵阳县所产楮皮是造纸与纺织的重要原料,客商们购买量甚大:

(楮)惟洵阳为盛,其用流通晋豫吴楚,俱用以作纸。李时珍云:楮本作柠,其皮可织为纻。近时掺入搭连诸料,则用愈广矣。咸宁之引驾迴、牛犊镇俱有行驮载往者,络绎不绝……货穰者俱系三晋及西(西安)、同(同州)人,列廛而居,操业穰者缓急,先以数金饵之,误吞其饵,则终身为佣矣。先籍其树之所有,谓之点构,不能别售也。于是盐布琐屑,俱仰给焉,以值计穰,不难以少而算多,以穰酬值,亦不妨以轩而作轻蔽之,所从来远矣。虽随事惩之,能解其症结乎?[①]

可以看出,外地客商在当地除购置楮树皮外,还有食盐、布匹的交易。乾嘉之际,汉中各地盛产烟卷,产品远销湖北诸地,"今汉中郡城,商贾所集,烟铺十居三四。城固湑水以北,沃土腴田,尽植烟苗,盛夏晴霁,弥望野绿,皆此物也"。在南郑、城固等地,大商人皆"重载此物,

---

① (清)邓梦琴:(乾隆)《洵阳县志》卷11《物产》,《中国地方志集成·陕西府县志辑》第55册,凤凰出版社2007年版,第114页。

历金州以抵襄樊鄂渚者，舳舻相接，岁縻数千万金"，紫阳县更是"务滋烟苗，较汉中尤精，尤易售"①。陕南的烟多为旱烟，与水烟不同，水烟需要舒适的口感，故添加配料较多，旱烟经工匠卷起原料、简单加工即可售卖，产量高、价格低，适宜大规模对外出售。另有镇安县对外出售经工人包装加工的木耳，以及纸张、树漆等手工品。县中所产木耳行销汉口，制造的皮纸、火纸等利用水路运销外地。当地还产有一种树漆，以陆路运销本省、水路运至湖北贩售。嘉道年间，晋、豫商人每年都会前往商洛地区购置大量木材，当地木匠在砍断树木、编成木排后即可将木材装运，顺流而下至河南等地贩售，"至河南设有木厂之区，随行售卖，称为木商，其商之巨者，每以千金作本，亦雒境自然之利"②。

从上述陕南诸县的手工品销售与地区分布来看，清代陕南县级手工业产品市场具有以下特征：其一，沿汉江两岸是形成手工品销售市场的集中地带，这与陕南地区的交通走向一致。陕南位于秦巴山区的中间地带，平原面积狭小，官道修建不如关中地区，加之经济开发较晚，因此大多数商品走水路运输。其二，在省域交界处形成商品集散地点，这些地区的手工品交易市场的发展较快。这一点与山陕交界处的关中数县很是相似。陕南地区毗邻河南、湖北、四川、甘肃，北有秦岭阻隔，形成了相对独立的贸易区域，在省域交界地点往往形成大宗商品的集散地，与湖北、四川、河南的商业联系超过了关中和陕北地区，进而在交界处形成商业市镇。如宁羌、镇安、洵阳等地的市场发展即属此类。随着陕南各地的经济开发水平不断提高，可供商人选择的陕南县级市场也日益增长。不过陕南市场也有不可避免的缺陷，例如市场分布并不集中，不利于大型商业市镇的形成。

（三）乡镇市场的补充与修整

清代陕西的乡镇市场是本省手工业产品市场的重要补充。这一层级的手工业产品市场规模小、数量多，是清代陕西市场的重要组成部分。乡镇

---

① （清）岳震川：《赐葛堂文集》卷4《食货志论三》，《清代诗文集汇编》第441册，上海古籍出版社2010年版，第179页。
② （清）陈绶：《雒南县乡土志》卷4《物产·植物》，成文出版社1969年版，第164页。

第一章 清代陕西手工业与手工业产品市场

百姓在平日里前往县城并不容易，如若购买衣物、农具等日用品会十分不便，因此设立乡镇市场也成为便利当地百姓购买商品的主要手段。

清初陕西的乡镇集市数量较少。如凤翔府扶风县，顺治时只有5市，且这5处市场也仅是"若云南之虚"①，破败不堪。雍正时期，蓝田县乡镇集市仅有7处，不如明朝。乾隆以后，陕西各地的集市陆续恢复并有所发展，嘉道时期呈现大幅增长，详细情况见下文。

1. 陕北乡镇市场

清朝初年，受战乱影响，陕北的乡镇集市荒废程度较深，史籍中几乎不见有完整的集市记载。各县方志中常记有"今废"等字样，可见这一时期陕北的乡镇市场十分萧条。

乾隆以后，陕北集市数量增长速度加快。据张萍统计，清中期陕北集市数量共计116个②，已超越明代最高数。其中鄜州最多，有41个，绥德最少，为12个。作为陕北市场中心的榆林，集市数量反倒少于鄜州，有36个。以葭州为例，嘉庆年间，葭州共有集市十处，每一处的开市时间都不相同，见下表：

表1-7　　　　　　　　嘉庆朝葭州集市统计

地名	日期	地名	日期
葭州城	四、六、九日集	大会坪	三、八日集
通秦寨	一、六日集	王家峁	五日集
马家沟	八日集	乌龙铺	一、五日集
店头	六日集	黑水街	一日集
荷叶坪	五、十日集	螳蜊峪	四、九日集

资料来源：嘉庆《葭州志·建置志》。

由表格内容可知，葭州除州城外，十日一集的集镇有4个，十日二集的有5个，数量不少，但交易次数算不上频繁。

---

① （清）刘瀚芳、陈允锡：(顺治)《扶风县志》卷1《市集》，清顺治十八年刻本，第41页。

② 张萍：《区域历史商业地理学的理论与实践：明清陕西的个案考察》，三秦出版社2014年版，第276页。

百姓在集市开展交易前，会于市中搭置十分简易的店铺，专设店面者较少，这些简单搭建的店铺成为本地商品交易的重要场所，贩售的产品种类视各县物产决定。因市场狭小，外地客商一般不会来此转运产品，这意味着乡村集市中出售的产品一般是本县特产，少有外地货物输入。

2. 关中乡镇市场

清代关中乡镇市场的发展水平要较陕北更高。清中叶关中集市数量为206个，是同时期陕北的近两倍，其中西安府88个，占42.7%。除去各州县治城，乡镇一级的集市数量足有一百余处。具体而言，关中乡镇手工业产品市场的规模要较陕北更大，集市上销售的产品种类也有显著增长。张萍认为：从关中各县方志的《物产》卷中，可以看到乡镇中的交易货品种类。各地《货属》项所记应当大多是本地生产并于市场内出售的产品。[①]依照该说法，在清初的醴泉县，"殖之属十，布、绢、棉花、丝绵、蓝席、红花、羊毛、麻、纸、油，皆货也"[②]。这些产品应当有不少为乡镇所产。至于临近的岐山县，县境内物产种类更加丰富，有"木棉、丝、绵布、绵绸、麻、苇席、皮硝、石灰、木炭、羊皮、毡条、毡蓑、毡帽、靛、油、蜜、黄蜡、松板、椵板、木橡、砺石、赤土、瓦器、红花、花椒"[③]。与手工业相关的不下二十余种，在很大程度上满足了乡镇百姓日常之需。

此外，清代关中各村镇每年都要举办数次庙会。顺治时期，白水县一年举办四次庙会，到乾隆后期增加到十一次，庙会市场的发展由此可见一斑。康熙年间，韩城县每年亦举办三次庙会。在一些交通闭塞的州县，庙会市场在商品流通中的作用非比寻常。如耀州地区因地貌复杂、交通不便，致使本地市场发展受挫，商业活动较少，长此以往不利于商品经济的发展。嘉庆年间，耀州增设五个庙会，该行为极大地改变了耀州商业经济

---

① 张萍：《区域历史商业地理学的理论与实践：明清陕西的个案考察》，三秦出版社2014年版，第291页。
② （明）苟好善：(崇祯)《醴泉县志》卷2《田赋·物产》，清初补刻本，第16页。
③ （清）王毂：(顺治)《重修岐山县志》卷1《风土志·物产》，清顺治十四年刻本，第17页。

的发展格局,"至会期之日,凡细绢、纸、布、香药、瓷器、皮革、筋角杂物,尽足取给"①。足见清代关中的庙会活动在乡镇手工品交易市场中占有非常重要的地位。

值得注意的是,关中乡镇地区每年都会向一些大型市镇运送产品。比如杂货类有木耳、蜜、木炭、石灰、漆、毡、烟草、皮货等;铁农具类有犁铧等;还有瓷器、木器等多种货物。②乾隆《鄠县新志》中称:"近山易生,如薪炭、木枋、柏、泥纸、竹,可以负鬻。"③有不少产品是由商人从产地运往西安、咸阳等地贩卖。乾隆以后,这一行为在关中地区愈加常见,之所以出现该现象,是因为乡镇地区往往靠近山林且适宜饲养牲畜,从此处运往大型城镇的货物也多为经过简单加工的产品,如此商人既可以赚取利润,又在一定程度上促进了商品流通,有利于市场的长期进步。

3. 陕南乡镇市场

清中叶,陕南地区的集市数量达到274处,已超越关中与陕北地区,数量如此之多,是由于陕南的水路商品流通条件相较关中、陕北地区更为优越,大多数乡镇集中于河流沿岸所致。关中、陕北两地依靠陆路运输的比例很高,从而导致运输成本高、运载量较小。陕南地区拥有得天独厚的汉江、嘉陵江水运,可运载货物多、运载量大。由上文可知,汉江乃是自陕西省宁羌州向东流,途经陕南的二府十一县,这些州县得益于汉江良好的水运条件,商品流通较为顺畅,因此陕南乡镇集市也主要聚集于这十一个县中。其余各县也拥有大小不一的集市贸易,只是在数量上少于两府州县。

笔者根据陕南各地方志,将清代汉中、兴安、商州的集市数量加以统计,并列表如下:

---

① (清)陈仕林:(嘉庆)《耀州志》卷2《建置志·村堡附市集》,清嘉庆七年刻本,第50页。
② 薛平拴:《古都西安:长安商业》,西安出版社2005年版,第273页。
③ (清)汪以诚:(乾隆)《鄠县新志》卷3《风俗》,《中国地方志集成·陕西府县志辑》第4册,凤凰出版社2007年版,第50页。

表 1-8　　　　　　　　　清代陕南地区集市数量统计

府、直隶州	下辖州县	集市数量
汉中府	洋县	顺治时 1 处，光绪前四乡集市 31 处
	城固	康熙时 2 处，嘉庆时 4 处
	南郑	乾隆时 3 处，嘉庆时 3 处
	褒城	嘉庆时县城无，（城外）7 处
	凤县	嘉庆时，县城内（有）
	定远厅	嘉庆时 1 处
	略阳	嘉庆时 2 处，道光时市集 27 处，镇市 10 处
	宁羌州	嘉庆时 2 处，道光十二年城内 2 处，乡 43 处
	沔县	嘉庆时 3 处
	西乡	嘉庆时 5 处，道光八年 24 处
	留坝厅	嘉庆时 13 处
兴安府	石泉	乾隆时 2 处
	洵阳	乾隆时 9 处
	宁陕厅	道光时 19 处
商州	山阳	康熙时城内无市
	镇安	雍正时 7 处，乾隆时无市廛，乡无镇集

资料来源：康熙《山阳县初志》；康熙《城固县志》；康熙《洋县志》；雍正《镇安县志》；乾隆《镇安县志》；乾隆《南郑县志》；乾隆《洵阳县志》；乾隆《石泉县志》；道光《重修略阳县志》；道光《西乡县志》；道光《留坝厅志》；道光《续修宁羌州志》；道光《宁陕厅志》；民国《汉南续修郡志》等。

由于统计资料有限，加之部分方志并未记载集市的详细情况，仅从表格内容来看，以汉中府设立的集市数量最多，兴安府、商州次之。笔者即以汉中府为例，探讨这一时期陕南地区的集市发展水平。大体而言，汉中地区的集市数量自清初以来呈增长态势。如康熙五十六年（1717）城固县尚且仅有两处集市："儒学前大集，周公堡大集，离城二十里"[1]，而到了嘉庆时已有"儒学前、周公堡、上元观、原公镇"[2] 等四处。略阳县在嘉

---

[1] （清）王穆：(康熙)《城固县志》卷 2《建置志·坊市》，《中国地方志集成·陕西府县志辑》第 51 册，凤凰出版社 2007 年版，第 504 页。

[2] （清）严如熤原著，杨名飏续纂：(民国)《汉南续修郡志》卷 7《市集》，《中国地方志集成·陕西府县志辑》第 50 册，凤凰出版社 2007 年版，第 88 页。

第一章 清代陕西手工业与手工业产品市场

庆时有两处集市，至道光朝，"邑之市集不一，其久废者不及备载，载其今有者二十有七"①。不过从表格中可见，也有一些地区县城内并无市集，而城外乡镇有集市，如褒城县。至于商州境内一些经济相较落后的地区，如镇安县于雍正时尚有七处市集，乾隆时已然无踪，可见此处乡镇集市有一定程度的衰败。

另一方面，乡镇市场在部分地区也呈现出繁荣景象。龙驹寨即是清代商州重要的乡镇贸易集市之一，此地距商州城约120里。龙驹寨的开发时间较早，明朝时已是一处重要的商埠。清康熙年间得到进一步发展，成为"水走襄汉，陆入关铺，千户成廛，万蹄通货"②的繁华市镇。乾隆二十一年（1756），商州知州罗文思上奏：指出龙驹寨地处"水陆码头，路通楚豫二省，商贾辐辏"③。请求将三要巡检司移驻于此，许之，并设州同一员，增强了龙驹寨的政治地位。乾隆后期，每月仅从襄阳到龙驹寨的船只就有二百余条。④ 至道光年间，龙驹寨"商贾辐辏，舟骑络绎"⑤的繁荣景象日甚一日，可谓是乡镇市场转型的成功代表。龙驹寨市场上销售的手工品种类有很多，出名的有布匹、陶瓷等。

清中叶，陕南有不少随水路交通开发而逐渐发展起来的集市。乾隆时，山阳县的漫川关就借汉水之利，发展本地商业，"市集盛于县城，居民多似一二十年中新创者。土人云：吴楚货物，从汉水转输商洛者，皆由此，故列市日益多云"⑥。另如紫阳县的瓦房店，也是一处大型的土货商品集散地。道光年间因"川江路梗，货物转运多由此取道入川，行旅辐辏，市面最为繁盛。"贩卖的产品种类主要有："如茶、麻、漆、丝、桐、漆、

---

① （清）谭瑀、黎成德等：（道光）《重修略阳县志》卷1《市集》，《中国地方志集成·陕西府县志辑》第52册，凤凰出版社2007年版，第354页。
② （清）王廷伊、李本定：（康熙）《续修商志》卷2《建置志·关市》，清康熙四年刻本，第17页。
③ （清）罗文思：（乾隆）《续商州志》卷2《镇寨》，《中国地方志集成·陕西府县志辑》第30册，凤凰出版社2007年版，第258页。
④ （清）罗文思：（乾隆）《续商州志》卷2《镇寨》，《中国地方志集成·陕西府县志辑》第30册，凤凰出版社2007年版，第261页。
⑤ （清）卢坤：《秦疆治略》，成文出版社1970年版，第42页。
⑥ （民国）劳亦安：《古今游记丛钞》卷12《商洛行程记》，中华书局1924年版，第17页。

油、木耳、药材之属，西南二乡所产者，多由此出口，可为大宗。"① 商业的繁盛，使当地商号数量显著增加，时街内开办商号多达 28 家，并建有陕商会馆、晋商会馆、武昌会馆、江西会馆等，商业繁华程度堪比县城。② 洵阳县有蜀河流经，其下各乡镇皆受蜀河水运之利，"蜀河，系水陆货物交卸之所，客商辐辏，人烟稠密"③。砖坪厅境内有大量的林木资源可供采伐。道光前，该地"山路崎岖，艰于驮载，即有肩挑背负而来者，运费不赀，价值昂贵，以致货不能销，人皆裹足"，如今"由火石沟造小船至安康之岚河口，直达汉江，险滩加以疏浚，商贾始无阻滞"④。至此，砖坪厅及下辖各乡镇集市的商人便可借由岚河抵达汉江沿岸开展贸易，使陕南水道沿岸的集市发展也日渐繁荣。

正是在这种商品贸易环境下，至清朝中期，陕南地区逐渐形成了以汉中、兴安为中心，依托汉江及其支流为水路交通线，连接各县级、乡镇集市的市场体系，基本满足了沿江两岸民众买卖货物所需。据史载："（陕南）山中多苞谷之家，取苞谷煮酒，其糟喂猪，一户喂猪十余口，卖之客贩，或赶赴市集，所得青蚨以为山家盐布、庆吊、终岁之用。猪至市集，盈千累万，船运至襄阳、汉口售之，亦山中大贸易，与平坝之烟草、姜黄、药材等，同济日用。"⑤ 即使陆运交通不便，民众也可将自家牲畜通过水路运达江岸集市出售，更无论树漆、布匹和其他手工产品。由于交通便捷，沿江城镇作为货物中转站的条件也比较充分。长此以往，便无形中降低了陕南传统庙会市场的商业功能。清代陕南民众对集市的依赖程度要远大于庙会，庙会的市场功能被削弱，这也是陕南庙会市场的发展要弱于关中的重要原因之一。

总之，清代陕西的乡镇集市无论是在数量上还是规模上都有了长足进

---

① （民国）杨家驹：（民国）《重修紫阳县志》卷2《建置志·市集》，《中国地方志集成·陕西府县志辑》第56册，凤凰出版社2007年版，第412页。
② 李刚：《明清时期陕西商品经济与市场网络》，陕西人民出版社2006年版，第183页。
③ （清）卢坤：《秦疆治略》，成文出版社1970年版，第131—132页。
④ （清）卢坤：《秦疆治略》，成文出版社1970年版，第127—128页。
⑤ （清）严如熤：《三省边防备览》卷9《民食》，《陕西古代文献集成（第四辑）》，陕西人民出版社2017年版，第168页。

步。一方面，在环境相对闭塞的州县，农村集市在满足百姓对商品交换的需求方面发挥着重要作用。另一方面，在交通条件较好、商品经济较发达的州县，一些农村集市向集镇乃至市镇过渡，承担着本地商品输出与外来商品输入的重要任务，甚至出现农村手工产品运往县城的现象，为农村城镇化发展奠定了基础。综上所述，清代陕西三大层级市场体系可缩略为下图所示的结构形式：

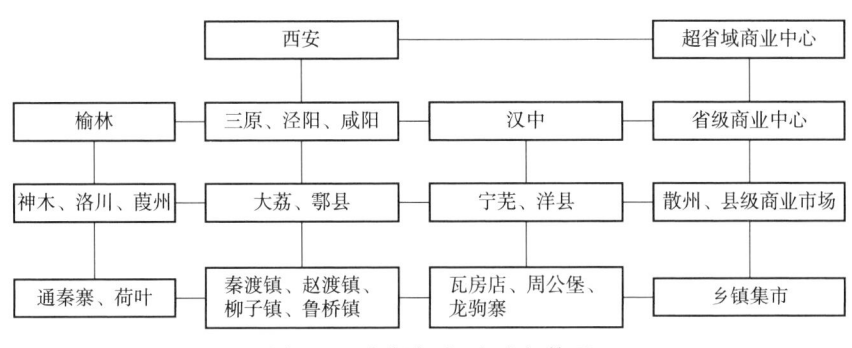

图 1-4 清代陕西三级市场体系

二、手工产品行销路线

不同于明朝注重陕西官道的军事需求，清代陕西官路的开辟更侧重于政治、军事和货物运输的综合考虑。随着西北战事的平定，发展的不确定因素减少，这给清代西北各地发展社会经济提供了重要条件。这一时期，陕西的道路建设十分突出，清前期表现为中央政府投入修缮道路、桥梁的费用占比较高，并修建了连接各州与县之间的主要驿道。清中期以后，中央所投费用占比逐渐降低，地方官府同民间合作出资的比例提高。

影响商路选择的一大因素是成本原则。商人一般会选择廉价、高效、可承载货物多的交通条件。[①] 一些偏僻、高昂的交通路线，其利用价值不断降低，商人也就放弃从此处通行。长此以往，这些商路会被逐渐荒废，而经济、便捷的商业道路则会不断得到开辟。清前期，商旅往来主要沿官方驿道

---

① 张萍:《区域历史商业地理学的理论与实践：明清陕西的个案考察》，三秦出版社 2014 年版，第 123 页。

行走，中期以后，商路、驿路的分离倾向明显，民间开辟的商路有所增多。

（一）陕北商路

清代陕北地区的商路建设主要表现为两个方面：其一，沿边开放通往蒙古各部的商路；其二，官府修缮的驿道。乾隆时期，随着驻扎西北的大军撤退，边境贸易再次恢复，民间商贸往来频繁，进一步带动了此地交通道路的建设。

清朝时期，官方在榆林长城线以北开辟了通往神木、定边及鄂尔多斯草原的通道，比较重要的有三条[①]：一、神木通往榆林的道路。该道从神木出发，沿明长城西行可到达榆林。二、由榆林通往乌审旗、城川至定边县的商路。三、榆林城经乌审旗至鄂托克旗的通道。这三条是清代陕北民间商品流通以及与蒙古开展边境贸易的重要商路。乾隆元年放开边关食盐销售，"准食蒙盐，并无额课"，疏通了鄂尔多斯向内地运送食盐的通道。榆林由过去的东、西、南三路流通，变成了四路通衢。商人们利用这四条商路源源不断地将马、牛、驼以及畜牧产品运往榆林府城，此处遂成为陕北百姓与西北牧民贸易的集散中心，当地人以茶叶、布匹换取食盐、牲畜，商贸往来在这一时期未曾断绝。

第二是陕北通往省内、省外的商路。由于水运条件不发达，商人自陕北运输商品时一般走陆路。以榆林府为例，府内除与蒙古部族互通的商路外，另有数条通往各地的商旅要道：其一，由榆林府至包头和归化城（今内蒙古呼和浩特市）的商路。此路自榆林北行，经鄂尔多斯左翼中旗等地，渡过黄河至包头，共计740里。由包头继续向东北行走，即至归化城。其二，榆林西侧有五条商路：第一条向西行进到达宁夏府花马池；第二条西出长城，分出两条支线，第一支线与第一条线路汇合，第二支线至定边；第三条出榆林西南行，至城川后南行至宁条梁，与第一条线路汇合；第四条由榆林府城向西进发，沿第三条至长海子后，继续西行，直至定边县；第五条由榆林城西行至长海子，再向西北，至三道泉后转向西南，最后到达宁夏花马池。这五条是运输食盐、布匹等货物的重要通道。上述五

[①] 王开主编：《陕西古代道路交通史》，人民交通出版社1989年版，第438—445页。

条道路大多与宁夏花马池相连接，而花马池地区主要生产池盐，在清廷放开食盐的生产与销售禁令后，花马池等地提升了食盐产量，随后盐商利用这五条商路将宁夏食盐运往陕西，进一步提高了宁夏食盐的销量。另外榆林府还拥有到达神木、葭州的商路，这两条是运输山西货物的重要通道。

榆林到延安、西安两府的商路是贯穿陕北陆路交通的主要干道。由榆林出发，途径米脂、绥德、延安，直至西安，每年商人都要利用该条线路输送大量的边境贸易货品，如苏布、砖茶及日用品等。同州、泾阳的皮货，经硝皮匠加工后，也可由此运往边界地区出售。

清代陕北南部地区与相邻的西安府、同州府，以及山西等省均有密切的经济往来。此处商路大约在乾嘉时期便已连接各主要州县，陕北南部的道路主要通往西安府以及山西、河南等地，输入的手工产品也多是布匹、杂货等物。

（二）关中商路

清代在关中地区形成了以西安、三原、泾阳、咸阳为中心，以同州、凤翔为支线，联系着各州县手工业产品市场的商路网。各府以府城为中心，不断扩大市场规模，并影响临近的州县。清前期，民间私自拓宽的商路较少，且官方驿道更有利于驼运行走，商人们为了方便运输商品、减少成本，往往行走于官道，使得这一时期关中的官商道路高度重合。

从关中地区的商业重心来看，首先，三原县为关中要邑，水陆交通甚为便利。城南有渭水流经，商人可依托水路运送山西铁器，城北有泾水流入，盐、铁、石炭等货物运至此处停靠、中转。清河贯穿县城，向东流去。① 西北各地的动物皮毛途经淳化、旬邑、永寿等地运抵三原硝制加工，尔后再将成品运销各地；东南布匹经潼关或龙驹寨运至三原，加工染色后行销甘陇一带。清代三原县处于关中商业活动的中心地位，各手工商品和原料运往此处加工、硝制，使当地呈现出"高城相对出，流水在中涵……货泉来宇内，风物似江南"②的繁忙景象。

---

① 刘安国：《陕西交通挈要（下编）》，民国七年苏州刻本，第15—17页。
② （清）屈复：《弱水集》卷6《三原县》，《清代诗文集汇编》第223册，上海古籍出版社2010年版，第77页。

其次，泾阳县毗邻三原，水陆交通同样发达，向西有一条道路，经醴泉县可抵甘凉；泾河贯通全境，上可经彬州，最终抵达甘肃平凉；东南商路途经高陵、渭南，至潼关，而后可到达山西蒲坂津渡口，使货物沿渭河北岸转运，不经西安中转，节省运费的同时亦可抢占市场。北通富平，可抵达耀县、同官。四条商路使泾阳县成为清代陕西的商业重镇。商人们利用这四条商路，运送西北皮货、砖茶、水烟等手工品，由甘宁运来的皮革也在此硝制、辗转贩售，湖汉输入的茶叶来此炒制压砖，兰州水烟也大量运往泾阳售卖。泾阳商人掌握了这些大宗商品的销售渠道，也就一定程度上掌握了商品定价权，"街市流通银每两易钱多则一千二三百，少则一千有余。然价之涨落，率视泾（阳）、三（原）为标准"①。

最后，咸阳是关中地区另一个商业较为发达的城镇，商路建设也比较完善。据《秦疆治略》载："（咸阳）城内系水陆码头，商贾云集，气象颇形富广。其实各铺皆系浮居客商，货物皆从各县驮载至此，由水路运往晋豫。至粮食、木板亦由西路东运而来，用舟载至下路。"②事实也的确如此，如盩厔县有"粜粟者、鬻薪者、挽盐者、贩木者，云集于咸（阳）"③。仅此一县，行销至咸阳的手工品种类已有如此之多，更无论咸阳是盩、鄠两县商品出入的门户，同时也是关中各县与晋、豫及关中东部各地有着密切商贸往来的贸易重镇，贩卖的手工品种类应当十分丰富。便利的交通条件也进一步稳固了咸阳在关中地区手工业产品市场的地位。

从各府的商路发展情况来看，同州府是关中东部渭河以北各县的政治与交通中心，陆路交通四通八达。④ 其在山、陕、豫三省间有一条贸易路线，是自西安或泾阳、三原途径同州府，经大庆关过黄河的北路商业线⑤，这条路线连接了三省的商业贸易，经济地位十分重要，同州是该商业线上

---

① 郭琦、史念海、张岂之主编，田培栋著：《陕西通史·经济卷》，陕西师范大学出版社1996年版，第275—276页。
② （清）卢坤：《秦疆治略》，成文出版社1970年版，第14页。
③ （清）路德：《柽华馆文集》卷3《送徐邑侯入都序》，《清代诗文集汇编》第545册，上海古籍出版社2010年版，第322页。
④ 王开主编：《陕西古代道路交通史》，人民交通出版社1989年版，第430页。
⑤ 张萍：《区域历史商业地理学的理论与实践：明清陕西的个案考察》，三秦出版社2014年版，第125页。

一处重要的中转站。

凤翔府地处陕、甘两省的连结处，亦是甘、川两地商贸往来的必经之路，甘、川两省的贸易货物自此分流。商人若到甘陇地区则须自宝鸡经秦州，随后方可直达皋兰（今甘肃皋兰县）。若是入川则由宝鸡穿过北栈道抵达汉中，以汉中为中转再运往四川。凤翔也因此成为陕西著名的码头之一。

（三）陕南商路

清代陕南地区的商路主要依托汉江水运。汉江是长江支流中最大的一支，河流水量大、吃水深、可承载量多，为陕南发展商业提供了极其便利的条件。

汉江上游湍急，区域地形条件复杂。严如熤有言："（汉江）夏秋涨发，最畏跑沙。至沙阳以下，江阔水平，始无跑沙之患。自均州以上至洋县皆石滩，洋县以上，均州以下则沙滩矣。"[1] 可见时人对汉江水域已有相当的了解，汉江开发也逐渐步入正轨。汉江干流流经陕西的长度约有1300余里，各县水道宽窄不一。为发展水路运输，各地时常疏浚航道，以改善水运条件。如砖坪厅境内多山，山上产有大量的木耳、纸。道光前，此地山路崎岖，运费不贵，致使货物滞销。待至道光朝，汉江水运得到充分开发，小船可自安康的岚河口直达汉江，集镇也依靠汉江发展商业，货物运输便利。又如上述山阳县的漫川关，若是东南货物走汉水转运，继而输往商洛者，皆由此通过。

汉江横贯陕南地区，若是一路沿江岸行走，可直达汉口。时人认为，汉江水道虽然凶险，然其担负着汉中商品对外输出的重要作用，因此要大力开发。商人也可通过汉江将汉中等地的商品销往湖北汉口。汉江开发之初，《三省边防备览》云："汉江水险，所通仅止兴安、汉中。两郡民风尚朴，上水货船花布为多，其他苏、广之货难以销售，来汉、兴者甚少，故上水船只亦属寥寥。"[2] 可见在开发汉江之前，当地百姓因顾虑水险，在很

---

[1] （清）严如熤：《三省边防备览》卷5《水道》，《陕西古代文献集成（第四辑）》，陕西人民出版社2017年版，第92页。

[2] （清）严如熤：《三省边防备览》卷5《水道》，《陕西古代文献集成（第四辑）》，陕西人民出版社2017年版，第98—99页。

长一段时间内都没能充分利用汉江水运。乾隆时期，陕西水道开发加速。乾隆十年（1745）八月，巡抚陈宏谋下令修理龙驹寨至襄阳的水路，希冀加强与江楚各省的经济联系：

> 陕西界在西陲，舟楫鲜通，江楚各省可以水路抵陕者，止有商州龙驹寨一路。近年以来商旅客货多由此路，而蓝出以下有蓝桥一带或依山傍水，路径险窄石块崎岖，驼马行走甚为苦难，……崎岖险窄之处尽可加工修葺，化险为平，以便商旅。①

此举修缮了龙驹寨至襄阳的水路，使关中地区可借汉江水路与江楚各省联系起来。此外，《艺文·夔行记程》中亦载：四川城口有"大竹河，商贾聚集，为太平通水程之所。河自东而西可行船，山内所产药材、茶叶，由此顺流而下，至紫阳任河口，计程三百六十里，合汉江，直达襄樊。襄樊花布等货泝流至此，起旱运发各处"②。秦巴山区的百姓依靠汉江输送木耳、香菇、桐油、生漆、纸张、木炭等山货入川，产品种类较多，市场规模不小。

陆路方面，陕南因秦岭阻隔，故汉中与关中地区多通过大小不同的峪口来实现通商。由华州经蓝田至宝鸡，共有七十二峪口，皆可通往汉中地区，较大的通道有六条③：一、北栈道，由褒城出发，经大散关出益门镇至宝鸡；二、褒斜道，自太白山至郿县；三、傥骆道，由华阳至关中鳌屋；四、子午道，由午口入谷，经宁陕厅出子口可达长安县；五、由安康出发，经镇安出秦岭；六、自商县、蓝田等地出发，至西安。六条商路中又以北栈道首屈一指，该道不仅连接着汉中和关中地区，同时也是入川大道。商人通过此道运送的多是原料和一部分加工品，有缣、蜡、漆、油、蜜、棉布、葛麻、竹席等。

---

① （清）陈宏谋：《培远堂偶存稿》卷21《佐修龙驹寨道路檄》，《清代诗文集汇编》第280册，上海古籍出版社2009年版，第502页。
② （清）严如熤：《三省边防备览》卷17《艺文下》，《陕西古代文献集成（第四辑）》，陕西人民出版社2017年版，第327页。
③ 田培栋：《陕西社会经济史》，三秦出版社2016年版，第681页。

第一章 清代陕西手工业与手工业产品市场

自陕南通往省外的陆路中，以通往川地的官路修建较早。康熙三年（1664）九月，官府广修栈道：

> 自五丁粗开山径以后，数千年于兹矣，降至明季，逆闯横肆，秦蜀梗塞，羊肠一线，仅供猿狐出没。……于是修险"，凡五千二百丈有奇；险石路，凡二万三千八十九丈有奇；险土路，凡一千七百八十一丈有奇。修偏桥一百一十八处，计一百五十七丈；去偏桥而垒石以补之者，自江面至岸高三丈许，其长六十五丈二尺，凡十五处；修水渠一百四十五道，煅石三十二处，共一百五十六丈六尺。去当路山根大石二百八十九处，垒修木栏杆一百二十三处，凡九百三十八丈有奇，合营兵、驿夫、民夫各匠，积六万九千八十三工，是役也不三月而告竣。[1]

这些修建的道路中便包括陕南通往四川之栈道。除北栈道可通往四川外，另有四条可由汉中入蜀的通道：一、南栈道，从汉中出发，经沔县、宁羌进入四川。二、自汉中经黄官岭、米仓山，直至南江。三、经牟家坝、回军坝，在西河口处可分为两条道路：一入南江，另一条入通江。四、汉中抵西乡、镇巴至万源。四条道路中以南栈道相较平坦，商旅往来较多。从汉中到甘肃的陆路主要有两条：其一是途径北栈道、双石铺至甘肃两当县；其二由略阳县至甘肃徽县、成县。以此观之，在陆上交通中，陕南入川的道路要多于甘肃，水路也是如此。陆路运输货物时以骡、马驮运为主，大宗商品无法外运。田培栋研究了西安至汉中的陆运脚力，并指出：一名脚夫最多可携带一百斤产品，高昂的运费成本成为陆上贸易的主要阻碍。[2] 也因此，陕南水路成为商人运输大宗商品的主要通道。

结合上述陕西各地商路之行程，现绘图1-5，由于商路与官道高度重合，故笔者在图中以驿站作为间隔，连接各地区，以供参考。

---

[1] （清）达灵阿、周方炯：(乾隆)《重修凤翔府志》10《艺文·贾大司马修栈记》，成文出版社1970年版，第450页。
[2] 田培栋：《陕西社会经济史》，三秦出版社2016年版，第946页。

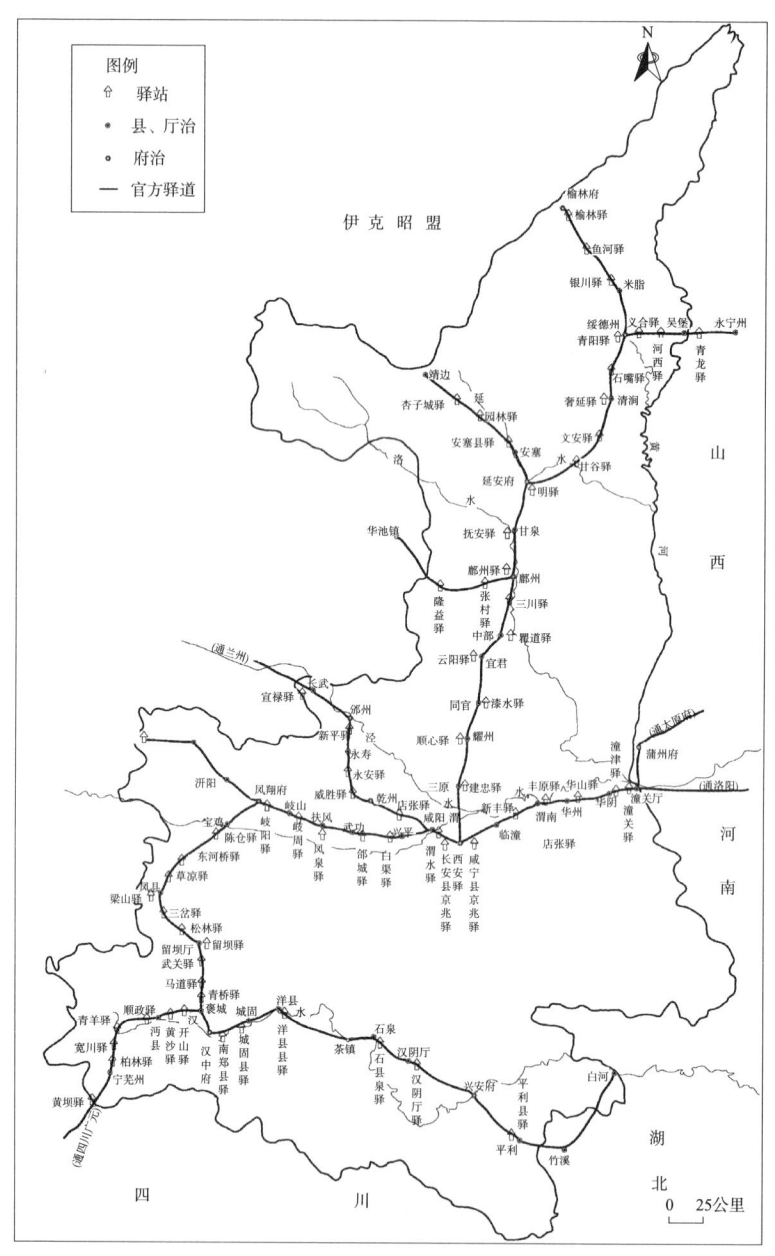

图 1-5 清代陕西官道①

---

① 根据《中国历史地图集》第 8 册"陕西"（谭其骧主编，中国地图出版社 1987 年版）改绘。

三 行销手工产品的商帮群体

清代陕西各地拥有规模不一的商人群体，他们被称为各种"帮"，如陕帮、湖帮、川帮、回帮等。在各地区、行业中，商帮们所从事的商品贸易种类各不相同，发展水平也各有差别。

陕西本地商人称为陕商，它们同晋商联合，销售的手工产品品种有很多，主要包括棉布、食盐、皮货、木制品等。以棉布为例，清代陕商的棉布贸易有一个转变过程，即从清初的转运江南棉布逐渐过渡到乾隆年间的转销湖、豫棉布。方行曾对此做出解释："乾隆间，河北、湖北地区棉布生产发展，陕甘商人转向这一地区买布，而减少向江南进货，为的是节省运输费用。"[1] 正如时人所说："（河北布价）视他处亦昂，盖商家为什之一之营，锱铢计及，远者必有费，辗转滋劳，节道里所费之资，用集近产，力省而功仍倍也。"[2] 节省成本是陕商经营布匹时优先考虑的问题。

转变后的陕商会前往河南、湖北、河北等地收购大量棉布，而后销往陕西。河南许昌以产布出名，境内有业棉者，"肩挑襁负，相望于道"，山陕、京津各地的富商大贾，"辇金而来，捆载而去"。随后，陕商将棉布运往三原，再经工匠之手将棉布整染、改卷，最后交由陕商转销。三原县处于通衢之地，商贸发达。明朝时期，已有较多三原商人从事江南布匹的贩运活动。到了清朝，三原棉布市场规模不断扩大，商人于是招揽晋、鲁等地的布匠前往三原加工布匹，以提高棉布加工效率。三原县城也因此成为陕商设立布号的聚集地，著名的布店有晋陕商帮的"自立永、自立忠、自立和、颜发明、同心协、敬义太"，另有万顺贵、万顺德、敬信义、福德愚、德合生、同顺合以及三原的福顺布店和聚盛东绸布店。[3] 布匹经三原中转加工后，再由陕商销往西北各地。

其次是皮货交易，西北畜牧业发达，羊、马、牛、驼、狸等动物皮毛的

---

[1] 方行：《论清代前期棉纺织业的社会分工》，《中国经济史研究》1987年第1期。
[2] （清）郑大进：(乾隆)《正定府志》卷12《物产》，《中国地方志集成·河北府县志辑》第1册，上海书店出版社2006年版，第310页。
[3] 赵景享：《原兰州私营商业概况》，《兰州文史资料选辑》第3辑，1985年版，第159页。

产量高、质量好。乾隆时期，在西北开展民族贸易时，官府就采用以皮货换取绸缎、茶叶的方式，按照"甘陕官商三七分销"的比例，招徕"殷实商人总办分销"，随后"将一切生皮自肃运送西安泾阳县地方"①，再由硝皮匠进一步加工硝制。在这一过程中，陕商已逐渐成为运送西北皮货的中坚力量。

最后是竹木加工业的经营。陕商从事贩卖木料者，大都是富商。清代的林业采伐与加工是一项成本耗费极大的行业，经营林业须历经租山、雇工、砍伐、仓储、中转等多项流程，可见其工本要求很高。因此，"凡开厂之商，必有资本足以养活厂内之人"②，这些"开厂出资本商人，住西安、盩厔、汉中城"③。另有一部分陕商经办原木运输，行销外省。山中有百姓以伐木为生，或者将木材制成各种手工产品。例如鄠县山民会将薪炭、木枋、柏、泥纸、竹等贩予陕商。陇县，"解锯木植，做驮鞍、农具、木盂、木棒之类，名为山货，贩卖甚伙，山民多借以为生"。木匠们大多服务于商人，他们将木材加工成木板，以赚取微薄的利润，产品多"由西路车运而来，用舟载至下路"。木商们一般将产品运送至咸阳等地中转，最后贩售至晋、豫诸省。

除陕商外，也有其他地区的商人来陕经营手工产品。以兴安府为例，李刚在《陕西商帮史》中，提及清代兴安地区的商帮数量众多，他们分别来自不同省份，经营的行业亦有区别。总结起来，主要有楚、湘、晋、豫、川、赣、闽、秦等地的商人在此建立商帮、设立会馆，先后有13个商帮，统称"八帮"。这些商帮以及他们经营的产品主要分为以下几类：第一，湖北帮，设有武昌会馆，又以湖北黄陂人最多，他们另建有黄州会馆，主营白木耳、皮张、布匹等；尚有部分汉阳商人结成汉阳帮，以经营生丝为主。第二，湖南帮，建有湖南会馆，湖商多行销瓷器、印染物、雨伞等手工品。第三，河南帮，设中州会馆，下有怀帮，经营漆、麻、木耳、生丝、茶叶的生意，种类较多。第四，江西帮，建立江西会馆，多为

---

① 叶志如：《乾隆八至十五年准噶尔部在肃州等地贸易（上）》，《历史档案》1984年第2期。
② （清）严如熤：《三省山内风土杂识》，《陕西古代文献集成（第四辑）》，陕西人民出版社2017年版，第545页。
③ （清）严如熤：《三省山内边防论三》，《清经世文编》卷82《兵政十三》，中华书局1992年版，第2013页。

赣州人，从事陶瓷生意。第五，川帮，建四川会馆，主要经营皮张、纸张。第六，福建帮，建有福建会馆。第七，陕帮，主要由关中商人组成，建陕西会馆，经营生丝、桐油、漆、麻、茶叶等行业。第八，本地帮，指汉中、兴安等陕南商人，主营黑木耳、生漆、桐油、京广杂货等。第九，回帮，由回民商人组成，主要经营茶叶、牛、羊皮。另有山西帮经营食盐。可见除陕帮与本地帮外，其余商帮大都由外省商人组成。清人王志沂在《汉南游草》中对上述会馆也多有叙述：

> 山西馆、黄州馆、武昌馆、四郎庙、江西馆、陕西馆，皆高大宏敞，内惟武昌馆，一名屈公祠，祀屈公原，栏楣门柱皆青石，尤华丽。各馆内匾联甚多，悉金装雕饰，于此益见商旅之多，贸易之盛。①

各省商帮齐聚陕西，构成了行销手工产品的重要力量，在推动陕西各地的市场发展上也起到非比寻常的作用。其中，陕商更是成为不可或缺的存在。三原、泾阳、大荔是手工加工业的重心，拥有成千上万的棉布匠、硝皮匠与砖茶师在此从事相关行业的制造与加工。每年陕商把各地的茶叶、布匹、皮革、烟草运回陕西，交由工匠加工，使清代陕西的茶砖、生丝、三原布和大荔皮革等成为闻名全国的产品。包括陕商在内的这些商帮也有力地促进了各地城镇手工业的发展，并进一步扩大陕西手工业产品市场的规模，使影响力深入西北乃至全国各地。同时，也展示了这一时期陕西手工业在西北地区的重心地位。

小　结

综上所述，自清初至道光朝，陕西的手工业分别从纺织、矿产加工、食品加工、造纸、陶瓷、竹木加工等多个领域实现了进步。不过，由于各地区社会经济发展的不平衡，导致其进步水平又有所差异。

---

① （清）王志沂：《汉南游草》，《陕西志辑要·附文》，清道光七年刻本，第12页。

首先是陕北地区手工业的发展情况，陕北各府、州、县在纺织、食品加工与矿产加工这三大手工行业中有了显著发展。如鄜州、宜川等部分地区的丝织业实现了从无到有的突破，延长、清涧、洛川等地的棉纺织规模有所扩大，生产数量也有一定提高。乾隆时陕北的棉纺织业发展较快，北部清涧县已有相关记载。毛纺织业的进步也比较明显，清初陕北地区仅保安、安塞两地有毛纺织业的相关记载，其他地区记录不详；至清中叶，从北部榆林至南部洛川县的方志中都已有较为详细的毛织品加工记录。矿产加工方面，矿石采挖区域集中到了陕北北部，煤炭的产量有了较大提升。在民间，农产品加工业的生产活动较为频繁，食品加工业进步较快，酿酒业的规模有所扩大。

不过行业发展也存在着较多不足。如畜牧业的生产结构单一，大多为初级加工产品，价值不高。另一方面，也表现为行业技术水平较低，工匠无法发挥专长，即使当地有丰富的原料，也无法开展加工。如道光时期的安定县，"羊毛为土产，惜无教织者""工无良者，所售多苦窳"，百姓们往往只是将毛、丝、棉等原料外销，以赚取薄利。一些手工业也受到资源短缺的限制，发展受挫。如陕北的林木资源稀缺，这就导致该地区的造纸业不发达，木材加工技术也相对落后。总的来说，陕北工匠生产的手工品大都为日用品，大多数产品质量不高，外销市场规模不大。正如田培栋所评价："明清时期，陕北地区的手工制造业，更为落后，在延安、榆林及各县城，手工业作坊很少，又无大的矿业。作为农业副产品的家庭手工业，若与其他地区相比，也是瞠乎其后。"这一评价可谓十分中肯。

其次，相较陕北而言，清代关中地区的多个手工行业进步显著。第一是棉纺织业的发达，主要表现为种植棉花的州县数量多，从事棉纺织的地区分布广。第二是关中皮毛加工业的发展，在这一方面，关中超越了陕西其他地区，各地将原料运送至关中泾阳、大荔等地加工，而后再销往他处，促进了陕北、甘肃等地畜牧经济的发展。第三是制瓷业的进步，这一时期耀州窑的制造数量以及市场规模均有较大增长，惜花式纹样及工艺水平较宋代有所衰落。此外，部分行业如制盐业、酿酒业等受到官方阻碍，发展上受到一定的限制，却也基本满足了百姓日常所需。值得注意的是，一些行业因受到资源短缺的影响，发展程度并不高。如冶铁业、首饰加工业等。田培栋对这一时期关中手工业的发展也有着精准定位："（除皮毛业外）其他并没有什么著名的产品，仅只是些一般化的产品，销路只限于关中地区。"表明了清代关中地区的手工业发展仍处于上升期，但水平相较全国而言并不高。

最后，清代陕南地区的手工行业发展也比较显著。清初统治者废除禁山令，并实行移民垦荒的政策，促使外省移民不断迁往陕南各地。他们不仅带来了先进的手工技术，同时也为发展手工业提供了大量劳动力。雍正以降，陕南地区丰富的自然资源被迅速开发，借由此，相关的手工业进步也十分明显。过去荒芜的陕南，逐渐成为人烟麇集之地。商人在山区开设了规模较大的冶铁、伐木、造纸场，又开发了沿汉江、嘉陵江两岸的淘金业等，这些行为促进了该地区的社会经济发展，丰富了当地百姓的日常生活。清中叶以后，在一些以资源消耗为主的手工业领域，如伐木、冶铁、造纸等渐有衰退趋势。不过，人工培植行业，如木耳、香菇业等仍有发展，产品经过加工包装后，每年的外销数量有很多。

在清代陕西手工业产品市场与行销商路方面，第一，市场领域中，清代陕西各地逐渐形成了省府、州县、乡镇三个层级的手工业产品市场。省级市场以西安、榆林、汉中三地为中心，这三处在境内承接各地运来的原料，如皮毛、茶叶、木材等，然后生产、加工成大量的手工产品，并由商人行销他处。同时，又有源源不断地手工产品运入，使此三地逐渐成为货物的集散中心。州县级手工业产品市场是州县城百姓购买手工品的主要地点，市场规模不大，除治城外大多为集市性质的贸易，一般位于交通相对便利的地方。乡镇手工品贸易市场则是陕西手工业产品市场的重要补充，该层级市场的规模小、数量多，能够满足当地百姓日常所需。第二，在商路方面，清前期的陕西商路在很大程度上还依赖于官修驿道。首先，陕北的沿边地区开辟了通往蒙古部落的商路，便利了双方买卖货物；其次，陕北通往省内外的商路一般走陆路，效率较低，不利于大宗产品贸易。关中地区的商路则是以西安为中心，以各府州县为网点，形成行销手工物品的水陆交通网。陕南地区则是以汉江、嘉陵江水道为主要商路，商人走水路运输货物较为频繁。

第二章 清代新疆手工业与手工业产品市场

新疆地域辽阔，自然环境复杂，依托阿尔泰山脉、昆仑山脉与天山山脉，疆内又可分为南、北两个部分，习惯上称天山以南为南疆，天山以北为北疆，两地自然环境、地理条件均有较大差异。北疆地势高而平坦，境内大小湖泊分布广泛。南疆沙漠广阔，天山山脉融化的雪水使沙漠边缘地区形成绿洲，农业生产条件较好。基于此，新疆地区物产丰饶，适宜多种手工业的发展。清代新疆地区的手工业主要包括纺织、矿产加工、竹木加工、食品加工、建筑、皮革加工以及粮食加工和其他行业加工等类，种类较多，然不同行业间的发展差距较大。笔者在论述时，依然以上述行业为主，从产品的分布、工艺、品质、产量、种类、政策等方面，详细分析清代新疆各手工业的发展情况。

清代新疆的手工业产品市场主要包括官方贸易和民间贸易两部分。就官方贸易而言，清廷以丝绸、布匹等物同各族商队换取马匹、牛羊等牲畜。乾隆时期，新疆地区以互市为主要形式的贸易活动不断扩张，商人们通过各条商路，给新疆各地带来了丰富的手工产品。民间贸易也很频繁，起到了补充新疆手工业产品市场的重要作用。

第一节 清代新疆的纺织业

清代新疆的纺织品种类主要包括棉纺织、丝纺织和毛纺织。其中棉纺织业和丝纺织业在南疆地区比较发达，北疆的毛纺织业较为兴盛。由于新疆地域辽阔，单纯从地域角度阐述各手工行业的发展情况并不简单，且容易混乱，故笔者会以时间为线索，论述各个时期新疆地区的纺织业发展水平。

一 新疆的棉纺织业

清朝初年，准噶尔统治着新疆地区。这一时期，新疆的棉纺织业大多集中于南疆，此时的南疆已普遍种植棉花作物。吐鲁番，"多棉豆之利"[①]，喀什噶尔、叶尔羌、阿克苏也成为重要的产棉区。这些地区大多有产棉织布的传统，几乎家家都有织作棉布的习惯，所谓"男识耕耘，女知纺织"[②]即当时的生动写照。当地百姓用织成的棉布或裁剪成各类服饰自用，或同周边各族交换商品。清人苏尔德于《回疆志》中载维吾尔人，"纺车机梭形虽小异，其用则同，远近各外夷以羊马诸货易，回人颇为利益"[③]。可见准噶尔统治时期已有维吾尔族百姓使用织机织造棉布。

清廷统一新疆后，棉纺织业得到了进一步发展。史载："平定以来，种植如常。纺织之法，与内地略同，惟器具稍异。"[④] 从产量上看，这一时期新疆的棉纺织业以叶尔羌、喀什噶尔、和阗三地较为发达，棉布产量较高。乾嘉年间，上述三地棉布除满足当地所需外，还供应了清廷同哈萨克商队的贸易棉布九万余匹。其中，叶尔羌每年共交白布二万六千七百余匹；和阗每年折交白布二万六千八百余匹，随着棉布贸易规模的进一步扩大，这一数字也有所增长。

从品种上看，新疆地区的棉布品种众多。"回布"是新疆棉布最广泛的称呼，另有"稀稀""印花"等多个品种。"稀稀"是一种白粗布，"纱

[①] （清）椿园七十一：《西域闻见录》卷2《新疆纪略》，《清抄本林则徐等西部纪行三种》，全国图书馆文献缩微复制中心2001年版，第39页。

[②] （清）傅恒等纂，钟兴麒、王豪、韩慧等校注：《西域图志校注》卷39《风俗》，新疆人民出版社2014年版，第685页。

[③] （清）苏尔德：《回疆志》卷3《织纴》，成文出版社1968年版，第87页。

[④] （清）萧雄：《听园西疆杂述诗》卷3《纺织》，中华书局1985年版，第78页。

粗而松，片厚而疏宽"，这种布质地粗糙，但因穿着舒适，价格便宜，深受维吾尔及中亚各族百姓的喜爱。清人萧雄所撰《西疆杂述诗》中云："木棉花下女郎多，摘得新花细马驮。手转轴轳丝乙乙，不将粗布换轻罗。"① 生动刻画了百姓对粗棉布的喜爱之情。"印花"是指于布匹上印染颜色和图案后制成的一种棉布款式，有木戳与木滚两种印制方式。木戳类似于盖章，染印时需要将染料涂于木戳上，再拓印织物，主要用于印染小型花纹。木滚是在雕刻花纹的木滚上涂色进行滚印，适宜印染大型花纹。印染的主要颜料由植物制成，有红花、槐花、木兰、茜草以及桑树、红柳、杏树的根等。此外，"白布、印花布、金花布、绣花布、金边白布、冷布、搭连布"② 等诸多棉布品种在新疆也都有生产。

二　新疆的丝织业

准噶尔统治新疆时，南疆丝织业有一定程度的发展。这一时期，以和阗地区的丝织业最为兴盛，"新疆惟和阗人知养蚕缫丝织绢，他处桑树虽多，食椹而已"③。椿园七十一在《西域记·和阗》中记载：和阗，"原蚕山茧极盛，所织绸、绢、布极缜密，光实可贵"④。据椿园氏所述，和阗生产的丝织品种有绸、绫、绢、缎、倭缎、金丝缎、荡缎等多种，表明了和阗工匠的丝织工艺水平较高。有学者认为，新疆丝绸的生产技艺甚至同内地不相上下。⑤ 在丝绸制品的使用上，这时新疆的阶层分化比较明显。一些精美的丝绸，往往要先供给准噶尔部族的首领享用。如袍子，"台吉用锦缎为之，上饰以绣。宰桑则丝绣丝纻氆氇为之"。首领妻子的服饰也常以丝绸装饰，"台吉宰桑之妇，衣用锦绣，两袖两肩，及交襟续纤，镶以

---

① （清）萧雄：《听园西疆杂述诗》卷3《纺织》，中华书局1985年版，第77页。
② （清）和宁撰，孙文杰整理：《回疆通志》卷12《物产》，中华书局2018年版，第291页。
③ （清）苏尔德：《回疆志》卷3《织纴》，成文出版社1968年版，第86页。
④ （清）椿园七十一：《西域记》卷2《新疆纪略》，《清抄本林则徐等西部纪行三种》，全国图书馆文献缩微复制中心2001年版，第67页。
⑤ 蔡家艺：《清代新疆社会经济史纲》，人民出版社2006年版，第61页。

金花，或以刺绣"①。寻常百姓则多装饰绸缎于帽中，"帽庄高而直，多用红绿倭缎、毡片为之，或以金银花线盘绕各种花样于上，不缀缨绊"②，偶尔也会以绿色长绸束腰。民间可使用的丝绸种类有限，名贵的丝绸一般要供给贵族。

统一后的新疆，丝织品生产工艺相较过去有较大进步。此时，新疆织匠已有能力织造一种独特的丝织品，名曰"回回锦"，维吾尔族人善于织造该锦。回回锦的花纹具有波斯、中亚的艺术风格，且与云锦、宋锦、蜀锦、壮锦等国内知名的丝绸品种齐名，是清朝有名的锦种。该锦中又包含一类用大量金料织绣的锦，称为"回回金锦"，是新疆进献京师的珍品，织造难度颇大。回回锦是一种纬丝在三种以上、织造技术较为复杂的丝织物。因此，该锦的织造与工艺的改良，是新疆丝织业进步的重要标志。除回回锦外，《西疆杂述诗》中亦记录了其他丝绸品种："彩帕蒙头手挈筐，河源两岸采柔桑。此中应有支机石，织出天孙云锦裳。"诗下注："新疆到处多桑，而养蚕治丝，仅有和阗水土相宜，由来已久，能织绢、素大绸、回回锦绸，运往各处售卖，男女习勤，与农并重，故和阗之民尤为富足。"③足见这一时期新疆丝织品种是有增长的，且男女皆可从事丝绸织造。清廷也发现了和阗绢这一特产，遂将和阗丝绸运至北疆与哈萨克开展贸易，这是新疆丝织业发展的重要见证。

新疆丝匠的织造技艺至迟到乾隆时期已处于较高水平。乾隆二十六年（1761）四月，造办处有一南疆丝匠名曰"呢吗"，其"做的活计送进呈览"，制有金银线数量不等，产品工艺精美，颇受乾隆帝赏识，着"赏缎一匹"，另"回子匠役内有勤谨者"④，皆有奖赏。可见在乾隆时期，新疆丝匠的织造技艺已成为宫廷技艺的重要组成部分。

---

① （清）傅恒等纂，钟兴麒、王豪、韩慧等校注：《西域图志校注》卷41《服物一》，新疆人民出版社2014年版，第705页。
② （清）苏尔德：《回疆志》卷2《衣冠》，成文出版社1968年版，第66—67页。
③ （清）萧雄：《听园西疆杂述诗》卷3《蚕桑》，中华书局1985年版，第78页。
④ 中国第一历史档案馆、香港中文大学文物馆：《清宫内务府造办处档案总汇》第26册，乾隆二十六年四月十七日，人民出版社2005年版，第612—613页。

三 新疆的毛纺织业

清朝时,新疆地区的畜牧业比较发达,皮毛产量多且品种丰富。清初准噶尔对南疆地区实施间接管理,境内饲养的牲畜主要有羊、牛、马、驴、骡等。据《西疆杂述诗·牧养》载:"羊为食肉计,兼成衣以御寒"[1],南疆百姓多以羊毛为毛织品的主要原料。北疆则是在天山以北、巴尔喀什湖以东的广阔草原上从事畜牧业生产。据蔡家艺《准噶尔的畜牧业》一文中分析,在噶尔丹策零统治时期,"一个上等户,其拥有牲畜头数,一般是马五六十匹,牛四五十头,羊二三百只,骆驼十多头。中等户是马二三十匹,羊五六十只以上,牛十多头,骆驼数峰"[2]。到了噶尔丹统治时期,要求一个兵丁"殷实者,各备马十匹、驼三只、羊十只;窘乏者,马五匹、驼一只、羊五只"[3]。由此可见,新疆地区以羊只的饲养数量最多,故织匠多以羊毛为原料,发展毛纺织业。

准噶尔人主要织造衣物、毡毯等毛纺织品。当地牧民很多都从事畜牧业,他们"居穹庐,逐水草",毡毯是迁徙时必备的铺垫之物,因此准部百姓大都有能力织做毡毯。平时搭建的蒙古包须用毡毯铺垫,坐、卧、装饰等用具也均用毡毯制成,"锡尔德克,以羊毛织成,其形长方,或铺于床,或铺于地,施坐褥于上,即内地毡毯也"。这种毛织品有抗寒保暖的功效。除新疆本地外,内地商人听闻毡毯的效用后,也大量收购新疆毛毡,随后贩运至内地。一些富贵人家的卧褥常以毡毯做内衬,而后再点缀丰富的颜色,以装饰被褥表面,史籍中有相关记载:"卧褥也,以毡为裹,或一层,或二层,冒以缎绸及布之属,用以卧。"[4] 维吾尔族人所织毛毡主要分为白毡与花毡。白毡质朴,用作卧褥,花毡华丽,作装饰用。百姓也会将毡毯"施于炕,长阔视炕之度。或施于地,长者盈丈,短亦六七尺,

---

[1] (清)萧雄:《听园西疆杂述诗》卷3《牧养》,中华书局1985年版,第79页。
[2] 蔡家艺:《准噶尔的畜牧业》,《西域研究》1993年第4期。
[3] 《清圣祖实录》卷76,康熙十七年八月庚午,中华书局1985年影印本,《清实录》第4册,第970页。
[4] (清)傅恒等纂,钟兴麒、王豪、韩慧等校注:《西域图志校注》卷41《服物一》,新疆人民出版社2014年版,第706页。

阔者七八尺，狭亦四五尺。复加花毡于上，惟上等回人用之"①。

比较遗憾的是，清前期的相关文献资料中并未记录下新疆的制毡工艺，故在此便以《新疆图志》所载毛毡技法做一论述。该书虽为清末所作，然新疆的制毡技艺传承历史悠久，以此推测，该工艺相较清前期而言应未有显著变化，遂以此为例。据载，新疆毛毡的制作流程如下：

> 以芨芨草为帘敷于地，洗净羊毛摊帘上，以柳条拍之使匀，漉以沸汤，卷之使紧，或用驴马旋转之，如碌碡然，即结成毡片。四人日可成四毡，然皆粗工。惟和阗、洛浦所织罽毯极精致，为西人所重。②

芨芨草是新疆地区常见的一种草类，韧性强，适宜制作帘、纸等物，将羊毛铺于芨芨草上，不易沾灰。工匠随后用热水浇烫羊毛并卷紧，再用石制的圆筒不断碾压，方成毡片。最后，工匠将毡片织成毡毯。如此，一件质地朴素的毛毡便大功告成。

在准噶尔统治地区，蒙古族与维吾尔族是其境内的两大部族。《西域图志·服物》中罗列了两族百姓生产的各类毛纺织品，主要分为被服与坐卧之具。准噶尔部的毛制品有：帽冠，一般以白毡做内衬；衣袍，用驼毛做絮；都尔布锦，以羊毛织成；被褥，内部毛絮偶尔以驼毛代之；幔帐，施于座前，有不少以毡制成。③ 相较而言，维吾尔族百姓织造的毛织品种类更加丰富：有一种暖帽，以毡罽为之；毯，以羊毛和棉线织成，普通家庭多使用色白的毛毯，富贵人家会以花毡装饰；席单，羊毛织成，施于席上，以侍宾客；坐褥，用绸缎及毡制成。另有一种塔尔摩资勒察亦是花

---

① （清）傅恒等纂，钟兴麒、王豪、韩慧等校注：《西域图志校注》卷42《服物二》，新疆人民出版社2014年版，第716—717页。

② （清）袁大化、王树枏、王学曾：《新疆图志》卷28《实业一》，上海古籍出版社1992年版，第291页。

③ （清）傅恒等纂，钟兴麒、王豪、韩慧等校注：《西域图志校注》卷41《服物一》，新疆人民出版社2014年版，第705—706页。

毯，以羊毛织成，质粗，平常人家用之。①

　　清廷统一新疆后，此地绒褐织造业发展加速，特别是南疆进步令人瞩目，产品远近闻名。《新疆纪略》有言："喀什噶尔之卡伦外布鲁特内出驼绒，极细，此系骆驼绒织者，故价值甚贵。"② 绒褐一般由畜毛织成，其中以羊毛织成的绒褐产量高、价格低，多为百姓使用；驼毛产量少、价格高，用它织成的绒褐多为贵族使用。《西陲竹枝词》中有"毛褐"一词，云："被褐名由宽博传，毳毛织就效洋毯。价廉买得当（挡）风雪，一幅深衣耐几年。"③ 道出了普通绒褐质坚、价廉的特点，适合百姓的日常穿戴。

　　另一方面，这一时期新疆工匠编织的地毯也十分有名。清代新疆地毯属东方地毯式样，表面多用几何型图案点缀，且以和阗地毯享誉内外。南疆地毯均为手工编织，费时费力、工作量巨大，一般由三到四名工匠共同完成。织造时，工匠将羊毛捻成线，使用由植物、矿物制成的染料印染毛线后开始编织。他们依照预设图案编织地毯，把色线逐一缠绕于经线上，结成一条后割断残余线头，如此复杂的操作也仅是千万根线中的一条，故一张地毯用时至少两、三个月。《新疆志稿》中记录了一种栽绒毯工艺："织罽毯，用羊毛为经，棉线为纬，杂以丝绒，五色相间，为古彝鼎泉刀八宝花卉诸文采，厚者盈寸，长宽方丈余，或六七尺不等。其绒植若秧针，故名曰栽绒。"④ 这种地毯对织匠的技术要求高且严格，花纹融合了诸多文化的图标，稍有闪失就会破坏整体美感。因此新疆地毯十分昂贵，一张几十两银也仅为平价，它既是日用品，也是一件精美的艺术品。它是新疆上层权贵的消费品，亦曾上贡清廷。同光年间，新疆地毯已远销至印度、阿富汗和俄罗斯等地。下图为今藏清代新疆地毯：

---

① （清）傅恒等纂，钟兴麒、王豪、韩慧等校注：《西域图志校注》卷42《服物二》，新疆人民出版社2014年版，第715—717页。
② （清）珠克登：《珠华亭新疆纪略（下）》，中国国家图书馆藏，第17页。
③ （清）祁韵士：《西陲竹枝词》，《清代诗文集汇编》第429册，上海古籍出版社2010年版，第719—720页。
④ （民国）钟广生、孙銮甫：《新疆志稿》卷2《工艺》，成文出版社1968年版，第121—122页。

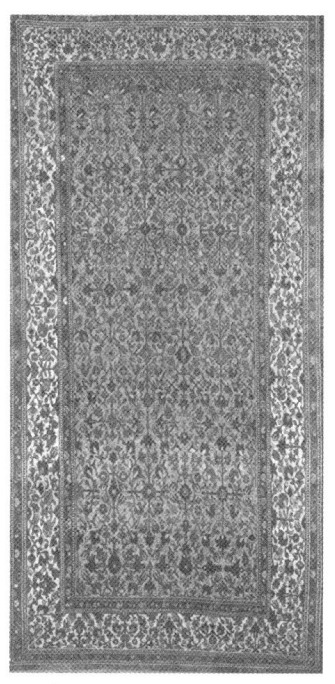

第二章 清代新疆手工业与手工业产品市场

图 2-1 清代新疆栽绒银线边金线地花卉地毯（故宫博物院藏）①

通过上述毛织品的生产种类与数量，我们不难得知清代新疆毛纺织业的发展情况：第一，工匠有能力织造的毛织品种类繁多，有冠、袍、褥、幔等产品。在这些产品中，又以日常用品占绝大多数，具有实用性为主的特征。第二，工匠的技术水平较高。为满足贵族阶层所需，织匠们会织造出相当华丽的毛织品，如流苏、全帛、结穗、缎匹等附于毡毯之上，式样精美、质量较好，表明了这时新疆毛织品的织作工艺已达到相当高的水平。

第二节 清代新疆的矿产加工业

新疆矿产资源丰富，据《西域图志》载，清朝时，铜、铁、锡、金、铅、玉、硫磺等各类矿物在新疆皆有采掘。以铁、铜的开采与冶炼规模较

---

① 该毯采用"田""米""井"字的格式以二方、四方连续角隅纹样等组合而成。以几何形构成的图案对称、均衡、规整而又有变化，形成了独特的风格。毯心为新疆传统的石榴花卉、巴旦木图案组成。此毯编织细密，起绒短而平滑，为清宫珍藏品。

· 157 ·

大，金、银储量相对较少，玉石的采挖与雕刻十分出名。下面笔者依据清代不同时期新疆铁、铜、玉石以及其他矿物的开采与加工为线索展开论述。

一 新疆的冶铁业

清代新疆冶铁行业的发展水平较高。在准噶尔统治时期，准部就曾在铁矿贮藏地广设铁场、冶炼铁器。清政府统一新疆后，铁矿的冶炼规模得到进一步扩张。在论述时，笔者会将准噶尔统治时期与清廷统一时期的新疆冶铁业分开讨论，以便区分。

（一）准噶尔统治时期的新疆冶铁业

清初准噶尔统治者对于新疆地区的铁矿分布情况的了解尚不明朗，准噶尔人曾于"喀喇巴勒噶逊、昌吉河源等处"[①]开采铁矿。起初，工匠的冶铁效率较低，后来学会使用熔炉，效率有所提高。准噶尔人有开办铁场，场内雇工人数不等，规模较小的有数百人，大的有千人以上。康熙五十五年（1716），战败被俘的俄国士兵索洛金在新疆伊塞克湖当矿工时说："湖的四周铁矿相当多，它自古以来就由卫拉特人自己开采"，开采得到的铁矿"运到对岸山上的树林之中。在这个树林里用老法熔炼，现在已改用熔炉，用炼出的铁，制造刀矛、盔甲等。他们那里这类匠人现在已近千人。不久前，被俘的瑞典军官列纳特改变了往熔炉输送矿石的方法，造成了舢板，把矿石由湖的一岸输送到另一岸，再从这里由浑台吉的属民取去，运到山上熔炼"[②]。在一些被俘虏的外国工匠的帮助下，准噶尔人冶炼铁矿的技术水平有一定提高，他们用炼出的生铁和熟铁制造工具、农具和兵器。

这一时期，铁矿主要供给准噶尔部族制造兵器，以便对外军事扩张。在兵器的种类上，准噶尔铁场生产有刀、枪、剑、甲胄、火炮等。准噶尔

[①] （清）傅恒等：《平定准噶尔方略续编》卷17，乾隆二十七年五月壬子，文渊阁《四库全书》，第359册，第731页。

[②] ［苏联］兹拉特金著，马曼丽译：《准噶尔汗国史》，商务印书馆1980年版，第344—345页。

人的刀，称"伊勒都，即刀也。形如内地，惟于刀把之间，以铁两方，横抵之代护手"①。枪分为冷枪与火枪两种，冷枪称"济达"，长约一丈至一丈三尺，为加强杀伤力，枪头用钢铁制造，长有六寸，刃柄处以马鬃毛缠绕，又挂驼毛为球，手柄处钻孔、系条，便于携带。火枪形如内地鸟枪，内地称"厄鲁特鸟枪"，长四尺余，以铁做枪管，腔内放铅弹，士兵发射时以手端握开枪，威力较大。

准噶尔的甲胄种类较多。甲匠们制有一种甲，形状如同内地，"或施铁皮于胄前以障面，仅露两目"②，另制有一种锁子甲。除此以外，工匠还制有一种绵甲，名曰"鄂勒博克"，可见准部为了适应对外作战，从软甲到铁甲皆有生产。在噶尔丹统治时期，准噶尔甲的质量名扬西域，史称："作小连环琐琐甲，轻便如衣，射可穿，则杀工匠。"③ 工匠们不敢怠慢，制作的甲胄质量优异。据学者们研究发现，准噶尔甲匠的来源有三：一是外族邀请，"巴图尔珲台吉还从外面请来木匠、石匠、铁匠、铠匠等手工业者进行各种制作"④。二是战争掠夺；三是本部族的原有工匠。此外，专职的制甲工种——铠匠也出现。乾隆二十三年（1758），清廷平定阿睦尔撒纳叛乱后，俘获数名甲匠。乾隆帝如获至宝，为获取制甲技艺，特将奇齐克、玛木特、多尔济三名准噶尔甲匠并入蒙古旗，令于武备院造办。⑤ 三名甲匠打制的准噶尔甲坚固精巧，深得清廷喜爱。

准噶尔火炮有两种，据《西域图志》载准部火炮，"以铁为腔，中施硝黄铅弹之属"⑥。第一种火炮高二三尺，圆径三寸，置于驼背上发射。第二种一般于固定阵地战使用，这种火炮高二三尺，圆径五六寸，因后坐力

---

① （清）傅恒等纂，钟兴麒、王豪、韩慧等校注：《西域图志校注》卷41《服物一》，新疆人民出版社2014年版，第712页。
② （清）傅恒等纂，钟兴麒、王豪、韩慧等校注：《西域图志校注》卷41《服物一》，新疆人民出版社2014年版，第712页。
③ （清）梁份撰，赵盛世等校注：《秦边纪略》卷6《噶尔旦传》，青海人民出版社1987年版，第421页。
④ 《准噶尔史略》编写组：《准噶尔史略》，广西师范大学出版社2007年版，第57页。
⑤ （清）傅恒等：《平定准噶尔方略正编》卷50，乾隆二十三年二月戊辰，文渊阁《四库全书》，第358册，第826页。
⑥ （清）傅恒等纂，钟兴麒、王豪、韩慧等校注：《西域图志校注》卷41《服物一》，新疆人民出版社2014年版，第713页。

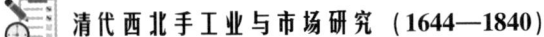

强,牲畜难以托起,故以特制木架支撑。管理火炮的人称为"包沁",人数上"专管铁匠铸造器械的鄂拓克有五千多户,专司炮之包沁有一千多户"①。准噶尔火炮威力惊人,在对外作战时往往使敌人望风披靡:

> 又使回回教火器,教战,先鸟炮,次射,次击刺。令甲士持鸟炮短枪,腰弓矢佩刀。橐驼驮大炮,出师则三分国中人相更番,远近闻之咸慑服。②

准部政权建立之初,火炮主要由回匠制造。康熙二十一年(1682),准噶尔军队进攻哈萨克时就曾使用回炮。

民间打制的铁器大多是农具与手工用具,如斧、锯、剪刀、犁耙、锄头、镰刀等物。《圣武记》记有一种"准噶尔锯",式样似内地锯,使用时极其锋利,可用于切割木材和玉石。例如叶尔羌密尔岱山产玉石,工人采挖后"以准噶尔锯截之,而使温都斯坦玉工治之"③,可见此锯质量坚固、用途较广。准噶尔治下的维吾尔族百姓,他们的铁器制造也颇有名气。维吾尔族工匠生产一种铁斧,这种斧比较特殊,"铸铁为干,其头锐利如枪。近锐头六七寸为斧面,下如半月之形。口甚锐,上半形带长方,背有二十余钼铻,如锯之状。盖一物而可三用也"④。既可如枪、做锯,亦维持着斧的功能,体现出草原民族兵农合一的军事特点。

维吾尔人又以善铸刀而出名,其所铸刀"刃短而窄锋,晶光荧荧,置映日光中,隐见波涛纹"⑤。随着工匠的锻造技艺愈加娴熟,生产的刀具数量日益增多,种类也很齐全,有些刀已可作装饰之用,这些装饰刀具"刃

---

① 《准噶尔史略》编写组:《准噶尔史略》,广西师范大学出版社2007年版,第117页。
② (清)梁份撰,赵盛世等校注:《秦边纪略》卷6《嘎尔旦传》,青海人民出版社1987年版,第421页。
③ (清)魏源:《圣武记》卷4《乾隆戡定回疆记》,中华书局1984年版,第168页。
④ (清)傅恒等纂,钟兴麒、王豪、韩慧等校注:《西域图志校注》卷4《服物二》,新疆人民出版社2014年版,第722页。
⑤ 蔡家艺:《清代新疆社会经济史纲》,人民出版社2006年版,第69页。

短柄长，盛以皮鞘，饰以银。柄系长条，佩于带间"①。另外，剪刀的式样也很精美，"头锐而厚且长，两股如燕尾，其形略钩而已。又有一种，其尾可伸，屈之则成剪刀形，伸之则两尾相并，如双箸然"②。

铁匠们打造的农业生产工具有犁、耙、锄、镰等，一应俱全。据《西域图志》所记：犁，当地人称为"布尔古斯"，"头以铁为之，曰题实，长短参差如指形。犁之梁曰克实勤，以木为之，约长一丈，端有铁环，可以穿钩"。犁耙称为"库尔札克"，外表"铁头向内，形似铲，柄稍斜，以枣木为之。播种之后，用以覆土"，"恰特满：形如铁锹，其头甚圆，以枣木为直柄，用以堡土开沟，并引沟水以灌田"。镰刀的形状也十分适合农民握持使用，"鄂尔噶克，形似曲刀，纯钢为之，头柄皆铁，用以刈稻麦之属"③。民间使用的铁器种类较多，铁匠们皆可打制，成品质量俱佳，且久用不坏。

（二）清朝统一时期新疆的冶铁业

前文已述，新疆地区的铁矿储量丰富，这是发展铁矿加工业的重要条件。在统一新疆后，清政府便下令在新疆各地兴办铁场，并探明了新的铁矿分布区域。为了扩大铁场的冶炼规模，清廷下令用人犯开采新疆铁矿。久之，铁矿的采挖数额有了明显提高。乾隆三十年（1765），乌鲁木齐办事大臣弥泰奏称："（乌鲁木齐）铁厂每月出生铁四千八百斤，年产五万七千多斤。"④ 至乾隆四十九年（1784）九月十八日，大臣图思义奏：

> 挖铁人犯一百十余名至一百二十余名不等，仍按人数每日每名额造荒铁二斤，一岁应交征额铁九万二千八百六十二斤，今挖获荒铁一

---

① （清）傅恒等纂，钟兴麒、王豪、韩慧等校注：《西域图志校注》卷42《服物二》，新疆人民出版社2014年版，第716页。
② （清）傅恒等纂，钟兴麒、王豪、韩慧等校注：《西域图志校注》卷42《服物二》，新疆人民出版社2014年版，第722页。
③ （清）傅恒等纂，钟兴麒、王豪、韩慧等校注：《西域图志校注》卷42《服物二》，新疆人民出版社2014年版，第724—725页。
④ （清）和瑛：《三州辑略》卷9，成文出版社1968年版，第342页。

清代西北手工业与市场研究（1644—1840）

十一万四千八百六十二斤，除征项外，计多获二万二千斤。①

由此可见，采挖铁矿的工人多由人犯组成，且每年采掘的铁矿数额也在不断提升。自乾隆三十年岁产五万余斤，再到四十九年的年产十万余斤，产量的上升十分明显。为给铁场提供充足的冶铁原料，官府每年都要命令工人开采大量的铁矿。据《乌鲁木齐政略·铁厂》所载，乾隆二十九年至三十七年（1764—1772）乌鲁木齐铁场采矿数额如下表所列：

表2-1　　　乾隆二十九年至三十七年乌鲁木齐铁场采矿数额②

时间	采矿额定数额（斤）	采挖盈余数额（斤）
乾隆二十九年十一月—乾隆三十年十月	61440	8660
乾隆三十年十一月—乾隆三十一年十月	76000	31178
乾隆三十一年十一月—乾隆三十二年十月	61440	13016
乾隆三十二年十一月—乾隆三十三年十月	56480	11540
乾隆三十三年十一月—乾隆三十四年四月	23680	4155
乾隆三十四年四月—乾隆三十五年三月	56800	11200
乾隆三十五年四月—乾隆三十六年三月	61280	12000
乾隆三十六年四月—乾隆三十七年三月	56800	22500

另据吴元丰翻译的满文档案资料可知，乌城铁场在乾隆三十四年四月至四十八年三月（1769—1783）间共计开采荒铁1816560斤。乾隆四十八年四月至五十年三月（1783—1785）的产量共计257712斤。最后十年的生产数额总计1301572斤，三个时间段合计开采铁矿3375844斤，平均年产125031.26斤，开采量巨大，充分保障了乌鲁木齐铁场冶炼铁矿与打制铁器所需原料。

但在另一方面，工人的采掘工具简陋、生产效率不高也是官方急需重视的问题。工人的开采工具通常只有锤、镐、锹、铲、凿等，可供使用的

---

① 中国人民大学清史研究所、档案系中国政治制度史教研室：《清代的矿业》，中华书局1983年版，第520页。
② 资料来源：《乌鲁木齐政略》，《新疆文献四种辑注考述》，甘肃文化出版社1995年版，第73—74页。

第二章 清代新疆手工业与手工业产品市场

工具种类较少。官府也仅通过增加劳动力来提高采矿数额。在乌鲁木齐铁场开办之初，工匠的生产效率较低，据纪昀所记："铁厂在城北二十里，役兵八十人采炼，然石性绝重，每生铁一百斤，仅炼得熟铁十三斤。"①生、熟铁的冶炼比例仅为 100∶13，可见铁匠的冶炼技术并不成熟，转换效率低下。

为进一步了解清代新疆的铁矿加工行业，笔者以乌鲁木齐官办铁场为例，详细论述这一时期官办铁场的发展状况。乾隆二十四年（1759），清廷统一天山南北，因连年战事，乌鲁木齐人烟稀少、防务空虚。为加强新疆防务与巩固边疆统一，清廷派遣八旗和绿营兵留驻新疆，要求在当地开荒屯垦，同时迁移内地百姓前往乌鲁木齐垦荒。

乌鲁木齐屯田之初，士兵使用的农具大都从陕西、甘肃等地采买置办。官府每次采办时，遥远的运输路途往往会贻误屯垦日期，影响农业生产效率。后随着屯田规模进一步扩大，农具的需求与日俱增，仅靠从外地运送的农具数量已很难满足士兵垦荒之需。如乾隆二十四年至三十七年（1759—1772）间，从内地移驻乌鲁木齐及其所属镇堡的屯田绿营兵共4108 名，官府要求每"三名合给农具一副"②，如此看来，仅绿营兵就需1370 副农具。此外，考虑到农具的损耗问题，每年需按照原农具数目的十分之三补充，计有 411 副，一年总计 1781 副。每副农具中包括"犁铧一张、铁锨二把、斧头一把、镢头一把、镰刀二把、锄头一把、拥脖二副、撒绳一根、铲子二把、缰绳二条、辔头二副、弓弦五根、马绊一副、肚带一根、搭背二副"③。可见屯田所需要的农具数量非常多。而从甘肃、陕西等地运载农具时，主要依靠骆驼等牲畜走陆路运输，这种运输方式路途漫长且运载量少，即使在清中叶交通条件改善的情况下，将货物从归绥驼运至乌鲁木齐亦须耗费四个月之久，从西安至乌鲁木齐也要有两个月脚程。铁器的运输效率显然不能满足新疆屯垦之需，农具缺乏成为新疆农业发展

---

① （清）纪昀修，郝浚等注：《乌鲁木齐杂诗注》，新疆人民出版社 1991 年版，第 109 页。
② （清）永保：《乌鲁木齐事宜》，《新疆文献四种辑注考述》，甘肃文化出版社 1995 年版，第 130 页。
③ （清）和瑛：《三州辑略》卷 4，成文出版社 1968 年版，第 129 页。

· 163 ·

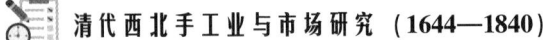

的巨大阻碍。因此，乌鲁木齐铁场的开办刻不容缓。

乾隆二十七年（1762），乌鲁木齐办事大臣旌额理派人寻找铁矿分布地，最终于昌吉河源头处探获铁矿，并在此处试采冶炼，结果成功铸造农具。于是，旌额理上奏乾隆："乌鲁木齐每年各屯所需农具，俱由内地运送。今陆续迁移民户，所需农具，较前倍多。若得本处产铁熔铸打造，可省内地挽运之烦。"① 他请求从外省雇用铁匠来疆传艺，待绿营兵习得技艺后工匠再回原籍。乾隆帝应允，自此乌鲁木齐铁场建立。因陕西铁匠闻名西北，故旌额理咨文陕甘总督杨应琚："原调取之两名匠役内，除选送善练熟铁匠役一名外，还选送熟悉铁矿并善铸犁铧等生铁器具匠役一名。"② 次年，陕省工匠抵乌鲁木齐，旌额理立即派人开山采矿，工匠即刻冶炼。历经数月的打造试验，工匠们成功打制出斧头、镰刀、凿子、锛头、镢头、铲子、铁锹、铁撬、钳子、錾库、铁锤等十余种铁具，小型农具的生产有了基本保证。

然而，在制作犁铧等大型农具时，乌鲁木齐铁场因生产条件不足，导致成品质量不佳、脆弱易坏。不得已旌额理又行文杨应琚，希冀调用善制大型农具的铁匠一名。乾隆二十九年（1764），新任乌鲁木齐办事大臣绰克托接见陕西铁匠赵英山，令他试制犁铧，但所制产品几乎均以失败而告终。迫于无奈，铁场只得自力更生。绰克托令铁匠选取上好的土壤建炉，冶炼铁矿、制造农具，同时选派兵丁学习冶铁、打制技术。在几名铁匠的努力下，最终所需农具大都可制造成功，质量相较于陕甘等地运来的农具也有所提高。此时，铁匠已可用小炉制成犁铧、炒锅等铁器。绰克托趁热打铁，派遣大量绿营兵学习冶炼技术，制造各类铁器。至于"大小中锯、推刨刃、捉刀子、錾子、铁握勺、钢锉"等锭铁纯钢、乌鲁木齐不产的铁器，按例"仍遵前奏，动用存公银两采买应用"③。两年后，乌鲁木齐铁场的冶炼工艺、生产规模和产品种类基本完善定型，满足了屯田所需。乾隆

---

① （清）和瑛：《三州辑略》卷9，成文出版社1968年版，第342页。
② 军机处满文录副奏折2067-020，转引自吴元丰《满文档案与历史探究》，辽宁民族出版社2015年版，第398页。
③ 军机处满文录副奏折2117-047，转引自吴元丰《满文档案与历史探究》，辽宁民族出版社2015年版，第399页。

三十年（1765），官府于乌鲁木齐城东增设铁炉四座冶炼熟铁，后又于城北设炉冶炼生铁。

在生产工艺上，乌鲁木齐铁场的生产工序大致如下：首先，工人前往山中开采铁矿，"视其石之色赤者，即为荒铁，连石挖取，敲椎去石"①。其次，把荒铁投入炉中冶炼成汁，得到生铁，继续冶炼生铁，以获得熟铁。工匠依据具体需要，分别炼成生铁或熟铁，制造各种器具。起初一百斤生铁仅可炼出十三斤熟铁，效率较低，后随着冶炼技术的进步，一百斤生铁可炼成熟铁十五斤。

铁场每年采获的荒铁在炼成生铁后，并不全部炼成熟铁，而是按照实际需要，使用时调拨各处，余下的存库备用。除供应乌鲁木齐本地外，铁场每年还将大量产品供给其他州县，如嘉庆元年（1796），"铁厂铸造农具并供支哈喇沙尔、塔尔巴哈台、吐鲁番屯工之用"②。

可以说，乌鲁木齐铁场的创办，既免除了从内地置办铁器转运之烦，节省了长途运输农具的开支，又对当地农业生产、矿物开采、防务建设和工匠培养等方面产生了积极作用。此外，铁场任用人犯做工，开创了安置遣犯的新办法，对于懈怠的遣犯，官府也仅是让其捐银代役。如乾隆五十四年（1789）闰五月，乌鲁木齐都统尚安奏："铁厂之设，原以济屯田农具之用，旧例于遣犯内，择年力精壮者二百名，以一百五十人挖铁，五十名种地，供挖铁人犯口粮。至一切杂费，于遣犯内，酌募有力者，每年捐资三十两，以供厂费。"③ 并定以年限，核准遣犯为民回籍，"在厂佣工，逾五年，为民；十年，准回原籍，予以自新"④。凡此种种，可谓是手工业推动农业进步及稳定社会的重要表现。

不过另一方面，该铁场在乾隆后也表现出一定的混乱与失控。嘉庆二

---

① （清）格琫额：《伊江汇览》，《清代新疆稀见史料汇辑》，全国图书馆文献缩微复制中心1990年版，第8页。
② （清）永保：《乌鲁木齐事宜》，《新疆文献四种辑注考述》，甘肃文化出版社1995年版，第131页。
③ 《清高宗实录》卷1330，乾隆五十四年闰五月丁亥，中华书局1985年影印本，《清实录》第25册，第1003页。
④ 《清高宗实录》卷1353，乾隆五十五年四月己卯，中华书局1985年影印本，《清实录》第26册，第131页。

十四年（1819），大臣高杞上奏：

> 窃查乌鲁木齐铁厂，自开采以来，每年挖获铁斤并无定额，惟按遣犯之工作人数之多寡，核计岁获铁斤之盈绌。迨四十八年以后，挖铁人犯有年满撤出，或有事故以及力不能继者陆续开除，仅存十余名不等，捐资银两不敷厂用。……迄今又历三十余年，产铁之所，山老矿深，铁厂本为极苦之区，而工作又倍难于往日，以致遣犯日少，并有不愿拨入铁厂者，所获铁斤渐次未能充裕，诚恐久之必致不敷屯田打造农具之需。①

嘉庆初年，乌鲁木齐铁场的冶铁数量已呈下滑趋势。至嘉庆十九年（1814），该年铁场仅产荒铁 66043 斤，为乾隆朝年平均产量的半数有余，此后便基本定格在这一数字左右，② 衰落已成事实。

除乌鲁木齐铁场外，伊犁地区也设有铁场。据《西域水道记》载：莎岭，"岭产铁，乾隆三十八年，将军舒公赫德疏言：'伊犁种田回民销买旧铁，制作耕具，数年以来，收买殆尽。于伊犁河南莎岭开矿，调阿克苏城回民三十户试采。'迄今山阴置厂焉"③。由此可见，伊犁铁场主要生产屯田农具等铁器，规模较小，不如乌鲁木齐铁场出名。

从乌鲁木齐铁场的发展历程中不难看出，自乾隆二十七年（1762）铁场的开办至乾隆末年这段时间，该铁场的生产规模是有所扩大并常年保持在较高水平的。乾隆以后，随着乌鲁木齐附近的铁矿资源被开采殆尽，加之从外地运输铁矿的成本较高，铁场的原料问题难以解决，迫使铁场不得不削减生产规模。同时，由于生产数额减少，官府遂下令削减铁场的工人数量。久而久之，铁场规模缩小，生产供应难以为继，加之长期得不到资金支持，嘉道以后逐渐没落。伊犁以及新疆其他地区开办的铁场与乌鲁木

---

① 中国人民大学清史研究所，档案系中国政治制度史教研室：《清代的矿业》，中华书局 1983 年版，第 521—522 页。
② （清）佚名：《乌鲁木齐政略》，《新疆文献四种辑注考述》，甘肃文化出版社 1995 年版，第 74 页。
③ （清）徐松：《西域水道记》卷 4，中华书局 2005 年版，第 213 页。

齐铁场的发展历程较为相似。当然，除了原料供应不足的因素外，民间生产农具数量的增长、市场需求的饱和以及其他地区的竞争都是导致乌鲁木齐铁场衰落的原因。针对这些因素，笔者在此处不再详述。

除官方外，民间也需要用到大量的铁器。民办铁场在新疆各地也很兴盛，如乌鲁木齐位于孚远水西沟的铁矿产区即有民办铁场，生产规模比较可观，"冈阜平坦，赤赭黄童，不生草木，溪流潺湲，便于汲引，铁质刚劲纯粹，经久不蚀，又多炭山，以供锻炼。当乾嘉之际，商人崔占元开设铁厂，大兴冶业，居民数千家，隐若巨镇"[1]，铁场主要打制镰刀、犁耙等农具，然后对外出售。

二 新疆的冶铜业

新疆地区的铜矿储量丰富、分布广泛。清朝时期，在阿尔泰山、天山和静至乌什地段以及帕米尔高原——喀喇昆仑山东部等一些铜矿贮藏较多的地方，冶铜业的规模较大，工匠生产的铜器种类也比较多。民间生产的铜制器具有锅、碗、罐等，官府则主要用铜打制武器、铸造铜币。鉴于内容颇多，笔者仍然以准噶尔统治时期与清廷统一时期两个时间段为线索，分别论述清代新疆地区的冶铜业。

（一）准噶尔统治时期新疆的冶铜业

准噶尔统治时期，新疆已有炼铜场的分布。据载："科托夫希科夫中士在1748年早春因公事去过塔尔巴哈台噶尔丹策凌的侄子达瓦齐领主的兀鲁思。据他了解，那里'有称做布哈的银矿和铜矿厂。用这些矿造什么东西，不清楚。'"同年（乾隆十三年），"经常住在准噶尔的商人阿伊别克巴霍穆拉托夫讲到：'噶尔丹策凌时期办过的铜厂、银厂现在倒闭了，因为无利可图，却花费了巨大劳力。'"[2] 工场虽停办，但不难看出，当时准噶尔铜匠已具备一定的冶铜技术。

---

[1] （清）袁大化、王树枏、王学曾：《新疆图志》卷29《实业二》，上海古籍出版社1992年版，第297页。
[2] ［苏联］兹拉特金著，马曼丽译：《准噶尔汗国史》，商务印书馆1980年版，第346页。

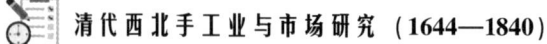

兵器方面，准部火炮一开始为熟铁制造，后改由铜加工制成。在策妄阿拉布坦和噶尔丹策零统治时期，火炮制造工艺得到进一步改良，这与瑞典军官阿列纳尔有一定的关系。瑞典人帮助准噶尔人铸造铜制火炮，"他们有小型铜炮约二十尊，是瑞典人阿列纳尔造的……那些炮由骆驼运送。据说，火药、铅弹和铁器都是卡尔梅克人自制的"，"列纳特（即阿列纳尔）在发展铸造生产和大炮生产方面起过重要的作用，准噶尔汗对他的工作曾给以很高的评价。列纳特对乌格里莫夫说过，他制成并交给噶尔丹策凌的军队使用的计有四磅炮十五尊，小炮五尊和十磅臼炮二十尊"①。列装铜炮后，准噶尔军队的战斗力有了明显增强。除此之外，噶尔丹策零曾求助于俄国女皇安娜一世，请求她"派几名会造大炮和臼炮并能教会我属民射击的大炮行家，暂来我处进行教练"②。但由于双方存在边界争端，此事暂被搁置。乾隆十九年（1754），阿睦尔撒纳归附清朝时，"进炮九位……恭进炮位，特欲表其诚悃"③。乾隆二十七年（1762），清军又于特穆尔里克地区"掘得大铜炮四，冲天炮筒八，大小炮子万余"④。这些原本是准噶尔军队的重要火炮储备。从相关记载来看，当时准部利用铜矿制造火炮的技术已比较发达。

铜币铸造方面，准噶尔人在铸造铜钱时有固定地点，钱币的形状会偶尔更换。策妄阿拉布坦统治时期曾于叶尔羌地区铸钱。《西域图志》有载："回部旧属准噶尔，所用普尔钱文，质以红铜为之，制小而厚，形圆椭而首微锐，中无方孔。当策妄阿喇布坦时，面铸其名，背附回字。噶尔丹策零嗣立，既易名而铸。"⑤ 准噶尔地区发行的是红铜普尔钱，其形状带尖，长1.7厘米，宽1.5厘米，厚0.4—0.5厘米，重6.3—8.2克。每文重二

---

① ［苏联］兹拉特金著，马曼丽译：《准噶尔汗国史》，商务印书馆1980年版，第344—346页。
② ［苏联］兹拉特金著，马曼丽译：《准噶尔汗国史》，商务印书馆1980年版，第345页。
③ 《清高宗实录》卷471，乾隆十九年八月乙丑，中华书局1985年影印本，《清实录》第14册，第1092页。
④ 《清高宗实录》卷663，乾隆二十七年闰五月戊寅，中华书局1985年影印本，《清实录》第17册，第415页。
⑤ （清）傅恒等纂，钟兴麒、王豪、韩慧等校注：《西域图志校注》卷35《钱法》，新疆人民出版社2014年版，第640页。

钱，每五十文可兑换一两白银。① 噶尔丹策零继位后，下令将旧普尔钱改铸，铸成钱面纹有"噶尔丹策零"字样的普尔钱，并收兑旧普尔钱，比例为1∶2，收兑一批的同时又改铸一批，正所谓："旋换旋铸，旧钱销尽乃已。"② 这种钱币大致从18世纪初开始流通，使用时间长达六十年，流通范围主要在以叶尔羌为中心的南疆西四城（喀什噶尔、叶尔羌、英吉沙尔、和阗）地区。由此可见，这一时期准部流通的铜钱主要有两种：第一式为钱面铸有厄鲁特蒙古文，即"策妄阿喇布坦"；第二式钱面铸有察合台文，为"噶尔丹策零"字样。

民间制造的日用铜器种类较多，主要有盘、壶、罐等器皿，且以维吾尔族的制铜技术较为精湛。《西域图志·回部》中，对维吾尔族的日用器皿有详细介绍：

> 托古斯密斯塔巴克。用红铜为圆盘，径尺许，深三四寸不等。其数用九。以盛各项饮食之物。塔赫锡。用红铜为小圆盘，圆径约二寸以内，高寸许，以盛果品。其数亦用九。库喇，以红铜为之。其形如罐而有盖，旁施两耳。以盛饭面乳食等物。数以四。鄂喇札木，以红铜为之。其形如缸，高七寸余，口径三寸余。以盛肉汁。数以四。③

除史籍中所列的四种铜器外，另有盥洗器阿布塔巴、储水圆盆奇拉布察、贮汤铁器楚云楚衮、红铜大锅密斯噶藏，以及大小铁锅崇楚云噶藏、奇齐克噶藏等，品种繁多。分析来看，准噶尔统治时期新疆使用的铜制器物主要有以下两个特点：其一，铜器在百姓的日用器皿中十分常见，这与新疆大量开采铜矿有关。偶有铜铁混合的产品，如小铁锅奇齐克噶藏等。

---

① 穆渊：《清代新疆货币史》，新疆大学出版社1994年版，第22页。
② （清）傅恒等纂，钟兴麒、王豪、韩慧等校注：《西域图志校注》卷35《钱法》，新疆人民出版社2014年版，第641页。
③ （清）傅恒等纂，钟兴麒、王豪、韩慧等校注：《西域图志校注》卷42《服物二》，新疆人民出版社2014年版，第718—719页。

其二，部分器皿的使用数量要求准确，不可随意增减，应是与制式有关。如红铜圆盘、小圆盘皆以九为数，铜罐和铜缸以四为准，除此之外未见有规定数额者。

（二）清朝统一时期的新疆冶铜业

据文献资料记载，新疆铜矿主要分布于库车、乌什、叶尔羌、喀什噶尔、伊犁等地，可见分布较为广泛。铜矿分布如此之广，这就给各地开办冶铜场提供了充分条件。清朝统一后，新疆地区的官办铜场日渐增多，最早的官办铜场是于乾隆三十八年（1773）开设的乌什铜场。该年，据绰克托奏称："今年乌什采挖红铜兵丁三百名，俱各奋勉出力，除交正项铜斤外，多交铜五千四百斤，请将官员兵丁议叙赏赉。"[1] 可见乌什地区的官营铜场已颇具规模。伊犁铜场也很有名，乾隆四十一年（1776）伊犁铜场始建于哈尔海图山，每岁可获铜二千斤至六千斤。乾隆五十六年（1791）因"不能充旺"，移于哈什，"每月增采五百斤""每年收获七千余斤"。矿源枯竭后，嘉庆六年（1801），又移铜场于巴燕岱之呼巴海。[2] 喀什噶尔铜场于乾隆年间开办，为扩大规模，办事尚书永贵奏请增派人手冶炼，"现派员役率领回人三十名，在硕尔布拉克等处试采，得铜颇旺，复添派回人"[3]，后因扩张较快，下令暂缓办理。

官府冶炼铜矿主要用于打制兵器与铸造钱币。首先，在兵器方面，清政府统一新疆时，枪炮的运输有见史载，然何时开始制造却不得而知。乾隆二十三年（1758）七月，雅尔哈善率领清兵进攻库车时，因"所带炮位不能攻城"，立请"解送匠役铜铁，照金川例即于军营铸造大炮二位"，乾隆帝令陕甘总督黄廷桂"将匠役铜铁等项，解交雅尔哈善等铸造"[4]。不

---

[1] 《清高宗实录》卷924，乾隆三十八年正月丁酉，中华书局1985年影印本，《清实录》第20册，第421页。
[2] （清）汪廷楷、祁韵士：《西陲总统事略》卷8《铜铅厂》，中国书店出版社2010年版，第122页。
[3] （清）傅恒等：《平定准噶尔方略续编》卷16，乾隆二十七年四月辛未，文渊阁《四库全书》第359册，第722页。
[4] 《清高宗实录》卷567，乾隆二十三年七月辛丑，中华书局1985年影印本，《清实录》第16册，第187页。

第二章 清代新疆手工业与手工业产品市场

过,由于战场形势瞬息万变,加之铸造大炮的原料历经月余方才运到,且"所需工料与寻常不同",使雅尔哈善颇感"微有作难之意"①,铸造大炮的计划也因此被搁置。乾隆二十四年(1760)十一月二十八日,乾隆帝在上谕中言道:"兆惠奏称,内地所送大神威炮十一位,回部无需多设,请于叶尔羌、喀什噶尔各留二位,余七位来春送回原处等语,所奏甚是。但运送颇觉路远,哈密、巴里坤亦可存留,着杨应琚酌于此二处分贮。"② 可见彼时新疆地区尚未铸造火炮,士兵所用大多为统一战争时遗留的大炮。

那么统一后新疆的枪炮制造究竟何时开始,蔡家艺指出应在道光朝,因为《伊江集载》中记有咸丰初年,官方曾计划于新疆惠远城添造威远炮八门、抬炮二十八门、抬枪六十杆,巴燕岱添造抬炮八门,抬枪六十四杆,镇标添造抬炮五十门。③ 由此可知,新疆的枪炮制造应早于咸丰,大概为道光时期,具体年份已无从可考。④ 笔者认为这种判断方式有其合理性,囿于史籍记载不详,统一后的新疆何时开始制造枪炮不易考究,若从零散的资料中寻觅相关线索也不失为一个办法。

其次,清朝统治下的新疆铸钱业,主要生产一种被称为"新普尔钱"的货币。"普尔"系维吾尔语,即"钱"之意。准噶尔统治时期,在南疆地区通用的钱币被称为旧普尔钱。清朝统一新疆后,因征税、发饷、贸易和财政等方面的需要,同时也是为了标志主权的确立,开始在新疆实行新的货币制度。在北疆,清政府规定使用全国统一的制钱;在南疆则采用新钱。重新铸造的铜币,称为新普尔钱,因用红铜所铸,亦称"红钱"。新普尔钱的铸造发行,是清政府为了巩固国家统一和加强统治的重要经济举措。

乾隆二十四年(1759)清廷统一天山南北后,尽数销毁准部旧币,并尝试铸造新币。改铸旧普尔钱的建议,最早由定边将军兆惠提出,他于乾

---

① 《清高宗实录》卷568,乾隆二十三年八月丙寅,中华书局1985年影印本,《清实录》第16册,第211页。
② 《清高宗实录》卷601,乾隆二十四年十一月甲戌,中华书局1985年影印本,《清实录》第16册,第748页。
③ (清)佚名:《伊江集载》,《清代新疆稀见史料汇辑》,全国图书馆文献缩微复制中心1990年版,第118页。
④ 蔡家艺:《清代新疆社会经济史纲》,人民出版社2006年版,第193页。

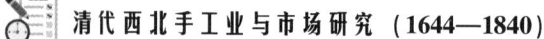

隆二十四年（1759）七月上奏：

> 回部钱文，应行改铸。查回钱俱红铜鼓铸，计重二钱，一面铸准噶尔台吉之名，一面铸回字。因所产铜少，每以新钱一文，易旧钱二文，销毁更铸。今虽未便全收改铸，现有铸炮铜七千余斤，请先铸钱五十余万文，换回旧钱另铸。或照内地制钱，每一文重一钱二分，或即照回钱体质，一面铸乾隆通宝汉字，一面铸叶尔羌清文及回字，并呈样请旨酌定。①

兆惠提出了两种办法：一是铸造与内地相同、每文重一钱二分的铜币；二是改铸准噶尔时期使用的旧普尔钱，铸造一种有地方特色的新普尔钱。兆惠倾向于后者，因此提前制定了改铸的详细式样并呈报清廷。清廷很快议准，并将所呈钱文的式样"交钱局铸造二百文，发往为式"。新钱的式样定为："轮廓方孔，如制钱式"，面铸"乾隆通宝"四字，为汉文，钱币背后铸地名，为满文及回文，每枚重二钱。②新旧钱币兑换比为1：10，后改为1：5。清政府也严格规定了新钱的流通地区，红钱仅限于南疆八城（东四城与西四城）通行，"若过托克逊，则与制钱一例也"③，制钱是指流通于北疆以及吐鲁番、哈密地区，与内地相等的货币。

在这里，笔者简要提及一下铸币的工艺及流程，以便读者加深理解。华觉明曾论断：明清时期的铸币工艺，"除明嘉靖年间改用黄铜代替青铜外，在工艺上似再无大的变化"④。据此，我们大致可以从明末宋应星撰写的手工业生产技术类书籍《天工开物》中，得知清前期工匠的铸币工艺与技术水平。

---

① 《清高宗实录》卷593，乾隆二十四年七月庚午，中华书局1985年影印本，《清实录》第16册，第599页。

② （清）和宁撰，孙文杰整理：《回疆通志》卷7《喀什噶尔》，中华书局2018年版，第129页。

③ （清）袁大化、王树枏、王学曾：《新疆图志》卷34《食货三》，上海古籍出版社1992年版，第326页。

④ 华觉明：《中国古代金属技术：铜和铁造就的文明》，大象出版社1999年版，第478页。

第二章 清代新疆手工业与手工业产品市场

《天工开物·冶铸篇》于"钱"一条中记有明末的铸币工艺,该条记录在中国古代的铸币资料中堪称十分详细,且该书刊印时间距1644年仅不足十年,故此技艺在清前期应当比较流行。书中所载铸钱流程如下:

> 凡铸钱熔铜之罐,以绝细土末和炭末为之。罐料十两,土居七而炭居三,以炭灰性暖,佐土使易化物也。罐长八寸,口径二寸五分。一罐约载铜、铅十斤,铜先入化,然后投铅,洪炉扇合,倾入模内。
> 凡铸钱模以木四条为空匡。土炭末筛令极细,填实匡中,微洒杉木炭灰或柳木炭灰于其面上,或熏模则用松香与清油,然后以母钱百文,或字或背布置其上。又用一匡,如前法填实合盖之。既合之后,已成面、背两匡,随手覆转,则母钱尽落后匡之上。又用一匡填实,合上后匡,如是转覆,只合十余匡,然后以绳捆定。其木匡上弦原留入铜眼孔,铸工用鹰嘴钳,洪炉提出熔罐,一人以别钳扶抬罐底相助,逐一倾入孔中。冷定解绳开匡,则磊落百文,如花果附枝。模中原印空梗,走铜如树枝样,夹出逐一摘断,以待磨锉成钱。凡钱先错边沿,以竹木条直贯数百文受锉,后锉平面则逐一为之。
> 凡钱高低,以铅多寡分,其厚重与薄削,则昭然易见。铅贱铜贵,私铸者至对半为之,以之掷阶石上,声如木石者,此低钱也。若高钱铜九铅一,则掷地作金声矣。凡将成器废铜铸钱者,每火十耗其一。盖铅质先走,其铜色渐高,胜于新铜初化者。若琉球诸国银钱,其模即凿锲铁钳头上,银化之时,入锅夹取,淬于冷水之中,即落一钱其内。[①]

可以看到,工匠在铸造铜币时,一般用坩埚熔炼红铜。熔化时,先加入铜,因铅较铜更易氧化,这样做可以减少铅的损耗。铸型材料采用细砂土和木炭粉,所铸型体呈薄壳状,能节省塑形材料与工时。模具则是用锡

---

① (明)宋应星撰,钟广言注释:《天工开物》中卷《冶铸》,中华书局1978年版,第226—228页。

制成。脱模后，工匠们再用松香和清油熏烤，使铸型表面均匀地覆盖一层烟黑，这样在浇注铜币时有利于铜钱表面保持整洁，用工具稍加修整，便可使成型的铜币式样美观。① 简言之，工匠要先制造铜币模板，后灌入原料，再精加工，最后成型。

新疆"红钱"的含铜量是比较高的。据穆渊《清代新疆货币史》中所述，红钱"悉系提净红铜而成"，用净铜铸造，不掺铅锡，故呈红色。铸造时舍弃旧普尔钱的打压法，采用上述浇铸法制成红钱，中有方孔，一改过去的中间无孔样式。具体制法为：将生铜原料经过土法提炼，即成熟铜，不加铅锡，浇铸钱模，即得红钱。由于土法提炼，熟铜中有未去除的铅、锌等杂质，故红钱中的含铜量一般在90%左右，即使如此，也远较内地制钱的质量高。②

为了保证新钱供应充足，官方先后在天山南部设立了叶尔羌、阿克苏和乌什三个钱局，用于铸造新普尔钱。乾隆二十五年（1760），叶尔羌钱局成立。建成之初，局内有大炉4座，工匠81名，包括从外省雇用的传艺工匠数名，由2名官员管理，主要任务是将旧普尔钱改铸新钱。在铸钱过程中，由于当地木炭火力弱，炼铜困难，官府遂下令改大炉为六座小炉，减少了火力要求，提高了生产效率。不过，随着可供改铸的旧普尔钱数量不断减少，钱局的工匠也被大量裁减。至乾隆三十一年（1766）十二月，叶尔羌钱局暂停铸钱，局内仅剩维吾尔族工匠12名。

据满文奏折档案记载，钱局的铜料来源主要有三种方式：一是清军运往库存以备铸炮的铜，二是以新钱换取的旧钱，三是融化铜器后所得铜料。这三种铜料来源的火耗也各有差异：备铸铜，每百斤火耗九斤四两，较内地钱局多耗四两；旧普尔钱，每百斤火耗七斤十两五钱六分，较备铸铜少耗一斤九两四钱三分；铜器，每百斤火耗十五斤二两，较备铸铜多耗五斤十四两。③ 另据记载，乾隆二十五年至三十一年间，叶尔羌钱局共计

---

① 华觉明：《中国古代金属技术：铜和铁造就的文明》，大象出版社1999年版，第476页。
② 穆渊：《清代新疆货币史》，新疆大学出版社1994年版，第40页。
③ 军机处满文录副奏折1871-4，转引自吴元丰《满文档案与历史探究》，辽宁民族出版社2015年版，第382页。

第二章　清代新疆手工业与手工业产品市场

铸得新钱 257809.72 文。三十三年（1768），钱局又重铸新钱 258.18 文，数额较少。

学术界对于叶尔羌钱局的最终停办时间说法不一。穆渊认为："当回收与熔铸旧普尔的任务完成之后，叶尔羌局只是在乾隆三十四年（1769）用乌什局所拨的三千斤铜再铸造过一次红钱，即长期停铸。"①而吴元丰认为这种说法并不准确，"乾隆三十四年（1769）六月，经乌什参赞大臣舒赫德等奏准，确由乌什钱局拨铜三千斤送到叶尔羌准备铸钱。然而，经开炉试铸发现，其火耗铜数较乌什钱局多，且铜斤比钱文运输费事。所以，将送到叶尔羌的三千斤铜，于乾隆三十五年（1770）运回乌什钱局，其铸获的二百二十二串五百余文钱再运往叶尔羌使用"，"由此可见，叶尔羌钱局最后停止铸钱的时间，不是乾隆三十四年（1769），应该是乾隆三十三年（1768）七月"②。而据笔者所见，穆渊所言乾隆三十四年叶尔羌钱局铸造过一次红钱，应是开炉试铸，而非全部铸成，见此法不可行方又转至乌什，只是作者未详细阐述、引起误会。吴元丰的判断较为准确，但对于试铸是否算作铸造，则要看已试铸的铜钱是否流通，以及流通数量如何。因缺乏史料，笔者不好妄断。

阿克苏钱局地处南疆东北地区，该地铜矿资源丰富、冶铜历史悠久。乾隆二十四年（1760）十月，阿克苏办事大臣舒赫德奏请于本地设立钱局，以铸造新钱。次年，诸伯克皆赞同此事，阿奇木伯克色提巴勒第等也共同呈文，随后清廷同意于二十六年（1762）开始设局铸钱。乾隆三十一年（1766），依照当初诸伯克"至何时足以流通，再停止铸造"的办法，阿克苏钱局停止铸造新币。六年时间，共铸造新币 45405 滕格 8 文钱。③由此可见，阿克苏钱局的规模较小，铸造的新币数量也并不多。

乾隆三十一年，阿克苏钱局迁至乌什，并改名乌什钱局，额定匠役百余名，包括维吾尔族工匠五十余名、绿营兵六十名。最初，乌什钱局所铸铜钱与阿克苏铜钱的质量基本相同，仅将背面"阿克苏"字样改成"乌

---

① 穆渊：《清代新疆货币史》，新疆大学出版社 1994 年版，第 46 页。
② 吴元丰：《清乾隆年间新疆新普尔钱的铸造流通及其作用》，《西域研究》1997 年第 1 期。
③ 每文钱合银一分，每百文钱为一滕格，合银一两。

什",后商旅日渐繁盛,而铜钱储量不足,难以支撑频繁的商品贸易活动。为增铸钱文,乌什钱局将每文钱重由二钱减为一钱五分,质量有所下降。乾隆三十九年(1774)正月,乌什参赞大臣绰克托又奏请减轻钱两,降为一钱二分,至此方成定制。

在笔者看来,南疆铸造发行新普尔钱,是清政府巩固统一、加强统治的经济举措,有一定的积极作用:第一,促进了商品经济发展,增加了官府的财政收入。乾隆时期南疆市场的日益繁荣与新钱的发行密切相关。第二,促进了采铜业与铜器铸造技术的进步。清政府在南疆地区设局铸钱后,积极鼓励阿克苏、乌什、拜城、库车、沙雅尔、赛里木和哈喇沙尔等七城维吾尔族百姓广泛采掘铜矿。同时,每当新办钱局时就要从陕西等地聘请工匠来疆传艺,待本地绿营兵和维吾尔族工匠习得技艺后,再将陕西工匠送回原籍,这一行为使本地工匠习得了铸钱、冶铜工艺。

另一方面,新钱的缺点也十分明显:红钱的不断减重,引发了钱币贬值。乾隆二十五年(1760),所造红钱重值二钱,红钱与银两的比值"定以百普尔为一腾格,直银一两"①。彼时红钱的质量很高,甚至出现了"钱贵银贱"的现象。如乾隆三十年(1765),喀什噶尔、阿克苏、和阗等地的商人"携带货物赴叶尔羌贸易,并不购买别物,带钱而回者甚多",从而使叶尔羌"钱价渐昂,每两仅换普尔钱七八十文"②。但随着红钱大量减重,使商品交换时又逐渐产生了"银贵钱贱"的现象。至乾隆五十二年(1787),喀喇沙尔和喀什噶尔七城兵丁的盐菜银"每银一两,改折给普尔钱一百六十文"③。仅仅二十年间,贬值率竟高达100%,而到了嘉庆年间,已需220文方可兑换一两银。货币贬值带来物价上涨,影响了百姓的日常生计。

北疆的铸钱场所主要是位于伊犁的宝伊局。北疆在统一之初尚无铸币场所,用钱皆从内地运来,"伊犁现在行使之钱,皆系内地各处商贾及携

---

① (清)傅恒等纂,钟兴麒、王豪、韩慧等校注:《西域图志校注》卷35《钱法》,新疆人民出版社2014年版,第641页。
② 《清高宗实录》卷757,乾隆三十一年三月乙酉,中华书局1985年影印本,《清实录》第18册,第333页。
③ 《清高宗实录》卷1282,乾隆五十三年六月甲辰,中华书局1985年影印本,《清实录》第25册,第180页。

眷官兵带往者，自康熙、雍正以至乾隆通宝，各样皆有"①。因此，为了摆脱这一现状，官府紧锣密鼓地置办新钱局，乾隆四十年（1775）十月，宝伊局成立并开始鼓铸铜钱。

宝伊局所制铜币为小钱，正面铸汉文"乾隆通宝"，背面印满文"宝伊"二字，重一钱二分，与红钱同。宝伊局铸造铜币数额之多寡，目前尚不得知，但从有限的史料中不难看出，宝伊局的铸造规模较小，约为乌什钱局之半数。

民间采冶铜矿的时间较晚。嘉庆十九年（1814），伊犁将军松筠上奏："因有商民王继纬等呈称：镇西府所属奇台县地方产铜，宜禾县地方产铅，情愿自备工本试采，得有成效，按例纳课。其铅砂内熔得银两，一并按例纳课，等情。"② 商人若想开采铜矿，首先要向官府提出开采请求，征得同意后方才试采，采集到的铜矿或用于民间制造锅、碗器物，或售与官府铸钱。民间试采的时间并不长，就在同一年，"至开采铜厂已经松筠奏明停止"，可见这时官府并不支持当地百姓大规模开采铜矿。

三　新疆的玉石加工业

准噶尔统治时期，新疆玉石的采掘与加工记载较少。清朝统一新疆后，新疆的玉石开采业日渐兴盛，玉石加工的规模比较大，玉匠的工艺水平也比较高。

准噶尔统治新疆时，该区域的玉石加工业拥有一定规模，囿于史籍记载较少，笔者主要对这一时期新疆的玉石加工行业进行初步探讨。首先，当地维吾尔族百姓日常佩戴的饰物中已有玉石一项。据《回疆志》载：维吾尔族人常于"胸前扣挂玉石及红绿花色石一块"③，表明了当地的玉石开采与加工活动较为普遍。其次，在日常使用的器具中，"其贵重之盘，则以玉为之"，"碗，其大小不等，以油涂之，以漆髹之，盛茶及饭。有酋长

---

① 中国第一历史档案馆：《清代新疆货币档案（上）》，《历史档案》2012年第1期。
② 中国人民大学清史研究所、档案系中国政治制度史教研室：《清代的矿业》，中华书局1983年版，第303页。
③ （清）苏尔德：《回疆志》卷2《衣冠》，成文出版社1968年版，第70页。

及贵人，或以玉为之"①。由此可知，准噶尔部玉匠已具有生产玉碗、玉盘等物品的能力，可见这时新疆玉匠的技艺精湛，可制作多种玉器。不过，大多数玉石仍供给上层贵族使用，故不难推断，在准噶尔统治时期，高档玉制品在新疆的使用范围比较有限。

清廷统一新疆后，当地的玉石开采业以乾隆年间最为频繁，官、民皆可采挖。与此同时，各地探明的玉石贮藏地点也不断增多，开采范围也有了进一步扩大。新疆玉石产地首推和阗，次为叶尔羌。魏源《圣武记》云："和阗西则丛山，东则沙泽，近蒲昌海，不通外藩，无互市，惟产玉闻天下，叶尔羌次之。"②

除探明的玉石储量增多外，乾隆帝个人嗜好玉石的行为也促进了玉石采掘业的发展。缘于此，叶尔羌密尔岱山的采玉活动也于乾隆时期达到了历史新高峰，不仅采玉规模与人数达到了历朝之最，并且开采出了许多大型玉料，著名玉雕作品《大禹治水图》的原料即采于此处。

乾隆年间，官府在密尔岱山一共进行了八次大规模采玉活动。乾隆二十七年（1762）八月和十月，叶尔羌地方根据朝廷的需要采集了大量玉料，其"皆采自密尔岱山，以准噶尔锯截之"③。《西域水道记》中也记录了乾隆年间官方采自密尔岱山的三块特大玉料："其年有采进密尔岱山玉三，首者青，重万斤，次者葱白，重八千斤，小者白，重三千斤。"④而颜色呈青、重达万斤的玉料便是《大禹治水图》的原料。

为了满足乾隆帝的喜好，新疆地方官长期采挖玉石，并在玉石行业带来一股奢靡之风，最终导致了"高朴私鬻玉石案"的爆发。这是一起由官员私采玉石获利，致使百姓深受其害的严重案件。高朴本是乾隆皇帝的宠臣，乾隆四十三年（1778）他初任叶尔羌办事大臣时，即看中叶尔羌地区的玉石质量上佳，适宜上贡。为献宝皇帝及谋私利，高朴上奏乾隆，请求

---

① （清）傅恒等纂，钟兴麒、王豪、韩慧等校注：《西域图志校注》卷42《服物二》，新疆人民出版社2014年版，第718页。
② （清）魏源：《圣武记》卷4《乾隆戡定回疆记》，中华书局1984年版，第168页。
③ （清）徐松：《西域水道记》卷1，中华书局2005年版，第54页。
④ （清）徐松：《西域水道记》卷1，中华书局2005年版，第56页。

第二章 清代新疆手工业与手工业产品市场

批准在密尔岱山每隔一年开采一次玉石,以向朝廷进贡,帝允之。随后,他役使三千多民众远赴密尔岱山采玉。由于此山地处高寒地带,而且多降雨、冰雹,夏季又多山洪,自然条件极为恶劣,加之民工劳役沉重、衣食无着,因此死伤事故时有发生,矿工们苦不堪言。

高朴将工人采集到的玉石一部分留下作为进贡之用,余下玉石则私自运至苏州售卖,由高朴的家人李福操办具体事宜。第一次李福售出玉石62块,获银109067两。其中高朴五股,得银59533两,足见玉石利润之高。

事情的败露起因于叶尔羌内部的伯克继承问题。高朴与新任伯克色的巴尔第产生矛盾,在色的巴尔第得知高朴私采玉石后,一面安抚百姓,一面上报乌什参赞大臣永贵,永贵随即前往叶尔羌扣押高朴,并上奏乾隆帝。乾隆接到奏报后十分震惊,直言:"高朴在叶尔羌,串同商人贩卖私玉,贪婪狼藉各款,实出情理之外,为从来所未有"[①],当即批示:

> 高朴系惠贤皇贵妃之侄,高斌之孙,经朕加恩擢用,不料如此贪黩妄为,殊出情理之外永贵据实奏办,公正可嘉。着即秉公严审如果属实,一面具奏,一面将高朴即在该处正法。淑宝协同办事……着拿解来京治罪。[②]

同时连下三道圣谕,令大学士阿桂负责办理此案,李福等人也在淮安关被捕。乾隆厉声斥责为案犯大开关口的官员:"李福携带玉石数千斤,装载车辆,明目张胆,进关而行。关口员役,询系高朴幕友家人,竟不查看,即行放过,是关口竟为虚设,而勒尔谨视前此所降谕旨,亦全不经意。"[③] 最终,案件的处置结果十分严厉,高朴及同党九人被处以死刑。两江总督高晋降职,"派其前赴豫省督办堵河事宜",吏部尚书绰克托撤职,

---

① 《清高宗实录》卷1069,乾隆四十三年十月己卯,中华书局1985年影印本,《清实录》第22册,第323页。
② 《清高宗实录》卷1067,乾隆四十三年九月壬寅,中华书局1985年影印本,《清实录》第22册,第270页。
③ 《清高宗实录》卷1069,乾隆四十三年十月辛未,中华书局1985年影印本,《清实录》第22册,第312页。

· 179 ·

叶尔羌帮办大臣淑宝撤职。另外，乾隆奖赏了色的巴尔第"据实呈控，赏给贝勒职衔"，乌什参赞大臣永贵"秉公参奏，亦仍用尚书"，接替了绰克托的吏部尚书职务。对于受难百姓，一是退赔高朴勒索的"腾格普尔"；二是免除三千多名民工的"岁应输钱粮"。

经过一番处置，乾隆消除了不稳定因素，清政府在新疆的统治也得到了进一步巩固。结案后，乾隆下令封闭密尔岱山，禁止民间采玉。由此可见，民间采挖玉石的活动因"高朴案"的影响而严重受限。玉石是新疆的名贵贡物，每年可采几千至万斤不等，商民售卖，原无例禁。但随着此次"高朴案"带来的不良影响，玉禁尤为严格，凡私赴新疆偷贩玉石者，以"窃盗律"治罪。乾隆四十八年（1783），又发生了安集延回人阿不拉私贩玉石案，两起案件在很大程度上影响了民间玉石的正常开采与销售。此后，民间玉石采掘业的发展严重受挫。直至嘉庆年间朝廷解除玉禁，当地民众才可继续采集玉石。

嘉庆四年（1799），嘉庆帝下令："嗣后回子得有玉石，准其自行卖与民人，无庸官为经手，致滋纷扰。"① 重新准许民众自由开采玉石，并可以公开买卖，使得密尔岱山的采玉业再度繁荣起来。嘉庆十七年（1812），因官府开采玉石过多，"和阗、叶尔羌每岁照例应进贡玉，业经解到一摺。前自平定新疆以后，和阗、叶尔羌每岁采进贡玉四千余斤。嘉庆十七年，因造办处所贮之玉甚属丰足，减额每岁采进二千斤"②。如此做法，既使官方的采玉规模保持在合理区间，又可减少百姓徭役，缓和双方的矛盾。

新疆地区的玉石加工业发展显著，一些加工技艺也被录于书中。嘉庆进士姚元之在《竹叶亭杂记》中记载了叶尔羌矿工开采玉石的方法：

> 其叶尔羌之玉则采于泽普勒善阿。采恒以秋分后为期，河水深才没腰，然常浑浊。秋分时祭以羊，以血沥于河，越数日水辄清，盖秋

---

① 《清仁宗实录》卷45，嘉庆四年五月甲戌，中华书局1985年影印本，《清实录》第28册，第545页。

② 《清宣宗实录》卷17，道光元年四月乙巳，中华书局1985年影印本，《清实录》第33册，第322页。

第二章　清代新疆手工业与手工业产品市场

气澄而水清。彼人遂以为羊血神矣。至日，叶尔羌帮办茇采于河，设毡帐于河上视之。回人入河探以足，且探且行。试得之，则拾以出水，河上鸣金为号。一鸣金，官即记于册，按册以稽其所得。采半月乃罢，此所谓玉子也。近年产亦稀。回民应贡，出赀购以献矣。叶尔羌西南曰密尔岱者，其山绵亘，不知其终。其上产玉，凿之不竭，是曰玉山，山恒雪。欲采大器，回人必乘牦牛，挟大钉、巨绳以上。纳钉悬绳，然后凿玉。及将坠，系以巨绳徐徐而下，盖山峻，恐玉之卒然坠地裂也。今斧凿碎玉堆积，随时可以之抵雀矣。其玉色青，盖石之似玉者。①

该段资料详细叙述了回人采挖玉石所处的季节、使用工具以及采集过程等，可见这时叶尔羌地区的玉石开采技术已相当成熟。

和阗地区开采的玉石称为"和阗玉"，和阗玉的特点是体型较小，常呈现卵状，表面较为光滑，质地温润有光泽。乾隆所撰《和阗玉》诗云："回域定全部，和阗驻我兵，其河人常至，随取皆瑶琼。"② 这首诗赞扬的便是和阗地区玉陇哈什与哈拉哈什二河中采集的玉石。据椿园七十一在《西域记》中载：

其地有河，产玉石子。大者如盆、如斗，小者如拳、如栗，有重三四百斤者，各色不同。如雪之白、翠之青、蜡之黄、丹之赤、墨之黑者皆上品。一种羊脂朱班，一种碧如波斯菜，而金片透湿者尤难得。③

密尔岱山的玉石分布十分广泛，小型玉石的开采相较简单，但是一些大型玉石的采挖难度较大，"欲求纯玉无瑕大至千万斤者，则在绝高峻峰

---

① （清）姚元之：《竹叶亭杂记》卷3，中华书局1982年版，第80页。
② （清）傅恒等纂，钟兴麒、王豪、韩慧等校注：《西域图志校注》卷43《土产》，新疆人民出版社2014年版，第738页。
③ （清）椿园七十一：《西域记》卷2《新疆纪略》，《清抄本林则徐等西部纪行三种》，全国图书馆文献缩微复制中心2001年版，第64页。

之上，人不能到"。和阗玉依据不同的采取方式，名称也有一定区别。采自山中的玉叫"攻玉"，这是玉石的主要来源。另一种是采自水中的玉石，名曰"捞玉"。每当夏秋洪水过后，人们纷纷下河打捞玉石。此法一般是由"远岸官一员守之，近水岸营官一员守之，派熟练回子或三十人一行，或二十人一行，截河并肩，赤脚踏石。而步遇有玉子，回子即脚踏知之，鞠躬拾起。岸上兵击锣一棒，官即过硃一点，回子照水按点索其石子去"①。开采时需要较多的人手，采集效率不高。

商人一般将采集的玉石送至玉匠处打磨加工。新疆玉石的打制与雕刻工艺十分复杂，《西域记》中记有喀什噶尔与阿克苏两城玉匠的技艺水平："喀什噶尔回城与镇城相连，极繁盛，习技巧，攻玉镂金，色色精巧"，"阿克苏，回子一大城也，人二万余户……尤多技艺之人，攻玉制品，精巧可观"②。工匠的制玉过程一般如下：首先是择玉。由顾客提供玉石，玉匠依照玉石的品质适当雕琢。按照颜色不同，又有白、青、墨、黄、碧等多个玉种，以白玉为最。其次是雕琢。清代和阗玉有十余道雕琢工序，细分下来，"有捣砂、研浆、开玉、扎埚、冲埚、磨埚、掏膛、上花、打钻、透花、木埚、皮埚等"③，充分反映了这一时期琢玉工艺的成熟。最后，还要检查玉雕的成品质量。玉雕纹饰的图案及比例是判定玉石工艺优劣的重要标准。民众所配玉石一般体型较小，图案要求精雕细琢，特别是一些人像、花卉等图案要美观与协调相统一。一件和阗玉从选料的开始到完工，少则一月，多则数年，稍不留意即有损坏的风险。因此玉器不仅原料珍贵，玉匠的雕刻之功更是可贵。通过上述工艺，工匠能够雕刻出玉砚、玉玺、玉章、玉雕、玉壶等产品。据《新疆图志》载：玉石制品主要有"若圭、枕、珂、珮、带、胯、簪、钏、盘、几、衾、杖、刀把、鞍辔、玉

---

① （清）椿园七十一：《西域记》卷2《新疆纪略》，《清抄本林则徐等西部纪行三种》，全国图书馆文献缩微复制中心2001年版，第65页。

② （清）椿园七十一：《西域记》卷2《新疆纪略》，《清抄本林则徐等西部纪行三种》，全国图书馆文献缩微复制中心2001年版，第69、58页。

③ 廖宗廷、周祖翼、周征宇等：《中国玉石学概论》，中国地质大学出版社2015年版，第211页。

佛、玉马类，皆穷极巧智，为世所称羡"①，足见玉雕品种丰富，极大地满足了民间对玉制工艺品的需求。

另外，每年也有商人装载玉器自新疆贩卖到内地。乾隆四十三年（1778），帝云："苏州商人，赴回疆买玉运苏，制器售卖，往往有极大白玉，并不始于近日，朕久已知。"② 可见新疆生产的玉雕数量多、产品质量优良且销售范围广。

四 其他矿产加工业

清代新疆地区除开采、加工大量的铜、铁、玉石矿物外，当地官民也采掘和加工其他种类的矿产资源，如煤炭、金、银、铅、硝、硫磺等。由于这些矿产分布不均、产量不等，加之史料多寡不一，故笔者统一为其他矿产加工业，并于本节论述。

第一是煤炭资源的开发。作为冶炼矿物的重要燃料，煤炭的开采与使用在新疆十分普遍。纪昀被贬至乌鲁木齐后，曾见百姓用煤甚是频繁：

> 城门晓启，则煤户联车入城。北山之煤，可以供薰炉之用，焚之无烟，嗅之无味，易炽而难烬，灰白如雪。每车不过银三星余。西山之煤，但可供炊煮之用，灰色黄赤。每车不过银三星。其曰二架梁者，石性稍重，往往不燃，价则更减。亦有石炭，每车价止二星，极贫极俭之家乃用之。③

乌鲁木齐四周的山中产煤，北山煤炭在燃烧时无烟，质量较好，西山生产有烟煤可供炊爨，贫困人家则使用廉价的石炭。

---

① （清）袁大化、王树枬、王学曾：《新疆图志》卷29《实业二》，上海古籍出版社1992年版，第298页。

② 《清高宗实录》卷1068，乾隆四十三年十月己未，中华书局1985年影印本，《清实录》第22册，第296页。

③ （清）纪昀修，郝浚等注：《乌鲁木齐杂诗注》，新疆人民出版社1991年版，第113—114页。

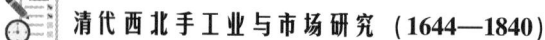

哈密地区的煤矿开采条件好，且煤炭质量优。清人萧雄曾记录了哈密煤炭的相关情况，据《西疆杂述诗》载：哈密三道沟地区产煤炭，"在老窑者，犹有烟，中之闷人。新窑更胜数倍，随置于地，烧之引火即燃，无烟气而有长焰，经久不烬"①。足见哈密地区的有烟煤与无烟煤开采规模较大。

由于煤炭需求量巨大，普通人家在采掘时难以形成规模，故官府多招揽商人雇人开采。清廷统一新疆后，陕甘总督杨应琚获悉他石克山有煤，"饬招商访采，节据采获煤三十五万余斤"。随后杨又奏请："其各屯防处所，亦请一律察勘开采。"② 新疆煤炭得以广泛采挖，从而满足百姓生产生活所需。

伊犁地区也产煤，大多数由商办工场开采。煤主要产于惠远城以北的空郭罗鄂博山一带，矿工的采煤活动时常有之：

> 自我兵移驻以来，开窑采取，凡坚而无烟者，灰尽色白，易燃耐久，经夜不熄，见风而醉者为佳。其有铜星之种，燃灰色红，而有琉璜烟气者，次之。窑距城仅十余里，往返最为近便，迩年商民开之数十窑，日可出煤数千车。其窑之深，不过一二丈，即可得煤。③

伊犁煤炭的开采量极大，以至"四城军民炊爨皆仰给焉"。不仅如此，空郭罗鄂博山的煤还供应手工生产，成为各类玻璃、铁器加工的必备燃料。

第二是金银矿藏的开采与加工。金料广泛应用于打制各类首饰，或者炼成金子，银矿也是如此，这样可便于金银产品的市场流通。准噶尔统治时期，新疆的金银矿在冶炼后可制成首饰。维吾尔语中称打制首饰的工匠为"阿尔屯齐"，他们往往拥有精巧的技艺。与一般日用品不同，首饰要

---

① （清）萧雄：《听园西疆杂述诗》卷4《土产》，中华书局1985年版，第116页。
② 《清高宗实录》卷629，乾隆二十六年正月庚午，中华书局1985年影印本，《清实录》第17册，第21页。
③ （清）格琫额：《伊江汇览》，《清代新疆稀见史料汇辑》，全国图书馆文献缩微复制中心1990年版，第9页。

表现出精细、美观、华丽、舒适。清初时，准噶尔的首饰种类已较为丰富。史载，准部百姓佩戴有"环也。金银为之，以坠耳，饰以珠，男妇皆用之"。若是制造专为妇女佩戴的耳环，则"以银及铜为之，贵者用金，上缀珠宝"①。如若工匠制造的产品质量精良，满足了买主的期望，则会收到双倍酬金，或得到酒食、礼物的馈赠。乾隆初，《西域地理图说》记录了新疆地区的首饰匠：

> 阿尔屯齐，乃做金银铜首饰之匠人。若能依其主人所指，巧为打做妇女之妆饰，主人则喜其精为制做，或自巧为做小帽，或买时样新靴相曾（赠），一为酬谢，或倍加劳金、酒食礼物。是故回人视此手艺有余利而无过费，是为最贵上乘行计。②

"阿尔屯齐"这类群体的出现，表明清初新疆地区的首饰加工行业已发展到一定水平。为获取更加丰厚的奖励，首饰匠们也不断磨炼技艺、提高工艺水平。

另据《新疆钱币通讯》载，20世纪90年代南疆新发现了一枚银质准噶尔普尔。③这枚银钱的造型、文字与铜质普尔均相同，只是钱体较薄、质量较轻。足以证明准噶尔汗国时期是有铸造并流通过银制货币的，但是流通量很少。至于为何未见史籍记载，缘由尚不清晰，不好妄加判断，有待深入研究。

值得注意的是，准噶尔产有一种手工品，其名曰"台印"。它是由银、铜、铁、锡等多种原料制成，是准噶尔首领颁布命令时使用的一种印章，"台吉之印，其形圆，范金为之。宰桑以下之印其形方，或以银，或以铜

---

① （清）傅恒等纂，钟兴麒、王豪、韩慧等校注：《西域图志校注》卷42《服物二》，新疆人民出版社2014年版，第716页。
② 阮明道主编：《西域地理图说注》卷4《贸易回人行规较量》，延边大学出版社1992年版，第97页。
③ 《新疆钱币通讯》1990年12月（总第26期）。

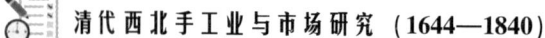

铁锡，各视其职而差等焉"①。准噶尔内部的印章制度等级分明，刻印的原料、形状、大小也有明确规定，"汗之印，其形正圆，径二寸余，色用红。伯克之印，圆而有蒂，径一寸余，色用黑。伯克中惟阿奇木、伊什罕有之，余俱无。印文首镌年分，次镌其父名，最下镌本人名。伯克印亦如之。汗新立、伯克新授则别铸其印焉"②，不可随意僭越。台印已成为准噶尔时期新疆矿产加工业的代表性产品。

清廷统一新疆后，当地更加积极地采掘各类矿藏，如开采乌鲁木齐金矿便始于一次抓捕行动。乾隆三十六年（1771），乌鲁木齐办事大臣徐绩在护送满兵赴伊犁后返回乌鲁木齐的途中，"拿获奎屯、呼图壁河源私淘碎金民人周一强等，搜获碎金二两二钱二分"③。乾隆帝得知情况后，命徐绩前往查看，并下令于此处派千总二员，率兵两百，每四人为一组，配备淘金木床一副、铁铣、铁镬各四把及簸箕等物，在奎屯河、呼图壁河处试淘金砂，以开辟财源。同年，提督巴彦弼奏报乾隆帝，言乌鲁木齐属玛纳斯地方入山伐木者常获金块，乾隆下令试采。四十七年（1782），都统明亮奏准又于库尔喀喇乌苏设司金局，以便开采当地金矿，并"发给民人路条，入山淘洗金矿，交纳金课"④。官府借助百姓之手，探明与扩大了采金范围。金场的开设地点也时有变动，五十五年（1790）九月，乌鲁木齐都统尚安奏称："从前昌吉县南山金厂产金较少。经臣奏明，移于北山试采。自募夫立厂以来，每月产金数目较南山稍多，但该处与从前封闭古城瑚图斯山毗连，恐夫役越境偷采，难以巡查，请将北山金厂封闭，新募夫役全行撤去，以靖地方。得旨允行。"⑤金场原本位于南山，后因南山的金矿储量减少，又移至北山开采，然官府因担忧越境，又关闭北山金场，可见昌

---

① （清）傅恒等纂，钟兴麒、王豪、韩慧等校注：《西域图志校注》卷41《服物一》，新疆人民出版社2014年版，第710页。

② （清）傅恒等纂，钟兴麒、王豪、韩慧等校注：《西域图志校注》卷42《服物二》，新疆人民出版社2014年版，第722页。

③ （清）佚名：《乌鲁木齐政略》，《新疆文献四种辑注考述》，甘肃文化出版社1995年版，第78页。

④ （清）和瑛：《三州辑略》卷9，成文出版社1968年版，第341页。

⑤ 《清高宗实录》卷1362，乾隆五十五年九月癸未，中华书局1985年影印本，《清实录》第26册，第264页。

第二章　清代新疆手工业与手工业产品市场

吉金场的开办并不顺利。

随着民间开采金矿的规模愈加庞大，乾隆四十九年（1784），大臣明亮请求朝廷加强对民间采金业的监察，"恐将来聚集渐多，致滋事端，经臣悉心筹画，酌量收课，设法稽查，将先行试办缘由"①，乾隆帝允之。监察不可谓不严，官府在设立冶场、招募工人、管理工匠、固定税额、司金局经理等多个方面均颁布了详细要求。乾隆以后，由于盗采、私挖现象屡禁不绝，清廷遂下令禁止民间采金。

嘉庆十九年（1814），因边疆军费开支巨大，为了开源节流，吏部尚书英和上《开源节流疏》，言曰：

> 伏查新疆地方……岁支兵饷百数十万，内地颇受其累。其地向有金矿银矿，恐聚集多人，滋生事端，久经封闭。窃思天地生财，原以供生人之用，开之而矿苗旺盛，裕课足民，固属全美。即或矿苗消乏，不敷工本，而工本自散在民间，究竟天地间多此一项流通，亦为有益。况新疆矿厂，自开辟以来，未经发泄，旺盛可知，如办理有效，足敷该处兵饷，则内地经费日见宽舒。其他各省矿厂，亦俱久经封闭，弃同泥沙。臣伏思天下大计，东南洋货，西北皮货，以货易货固多，而以银易货者亦不少。兼之器皿、首饰、装饰等项，消耗金银之处，不一而足。中国金银有日减无日增，安得不致短绌？则莫若取诸矿厂，以补消耗之数，应请毋庸封闭，或官为经理，或任富商经理，无论所得多少，取之于天，并非取之于民。即使官吏难保侵渔，富商或饱囊橐，总系取弃置之物，以济生民之用，实属有益无损，且可赡养贫民。虽聚集多人，而多人即藉以谋生，人有谋生之路，即无滋事之心。虑其滋事，不令谋生，未免因噎废食。如蒙俞允，请敕伊犁将军，并各直省详查，奏闻办理。仍须敕谕不得畏难苟安，宽其罚

---

① 中国人民大学清史研究所、档案系中国政治制度史教研室：《清代的矿业》，中华书局1983年版，第523页。

赔，俾有赢余，则人皆乐从，上下交益。①

从后续来看，矿禁政策虽未能改变，然从上书内容可知，此时民间已大量使用金银货币交换货物，金子也成为制造器皿、首饰的重要原料。这为道光朝新疆民间广开金银矿冶的行为提供了先决条件。

第三是硝石、硫磺、铅等矿产资源。这三种矿产是生产火器的重要原料。早在准噶尔对外战争时期，就已有准部工匠利用这些矿石资源制造火器。《秦边纪略》记录了准噶尔火药的制作步骤："取沙油汁，煮土成硫磺，取泻卤土煎硝"②，再经配比后，便可制成火药。新疆统一后，乾隆二十五年（1760），阿克苏办事大臣舒赫德以新疆路途遥远之故，请于阿克苏等地自行制造火药、铅弹。同年二月，他在奏报中说道：

查阿克苏出产硝磺，曾派回人十户，采取交纳。又行文阿桂，酌增数户，以供阿克苏、乌什驻防兵之用。至叶尔羌所用火药，于沙尔呼勒、托郭斯谦采磺，以叶尔羌所产之硝配造，其铅子于和什喇布制造。和阗所用火药，于克勒底雅取硝，于塔克取磺配造，其铅子于阿克苏、叶尔羌采造。喀什噶尔附近产硝，亦由沙尔呼勒取磺配造，于特尔克制造铅子。现在各城驻防兵共五千三百名，内枪炮手三百余名，一年所需火药约八、九千斤，即分派各城回人采办。③

舒赫德向乾隆帝详明了阿克苏制造火药的原料与工艺优势。随后，阿克苏工匠尝试自产火药。仅仅一年时间，当地火药产量已基本能够满足兵丁训练、作战之需。库车和沙雅尔建有火药场，每年产硝、火药1700斤左右。乌鲁木齐、伊犁也置办了火药场。乌鲁木齐火药场原建于昌吉，嗣因

---

① （清）英和：《开源节流疏》，《清经世文编》卷26《户政·理财上》，中华书局1992年版，第649页。
② （清）梁份撰，赵盛世等校注：《秦边纪略》卷6《嘎尔旦传》，青海人民出版社1987年版，第421页。
③ 《清高宗实录》卷605，乾隆二十五年正月庚午，中华书局1985年影印本，《清实录》第16册，第793页。

昌吉硝矿质量不佳，后移于玛纳斯。玛纳斯火药场初置兵丁二十，后增至四十，每兵日可熬硝一斤十二两。① 所制硝石除满足本地应用外，还要供给伊犁火药场。伊犁火药场内置"石碾五盘，骡五头，兵十名"，以便生产火药。该场"每年拨给硝九千斤，硫磺一千斤，搀合柳木炭做药，年产火药一万四五千斤内，每年运送塔尔巴哈台火药一千五百斤，其余收存军械库，用于每年兵丁操防"②。

乌什设有硝局，该局每年可熬硝5590余斤，七分之一拨运吐鲁番，余下硝料于当地制造火药，由阿克苏供给所需硫磺、铅，岁造火药六千余斤。乌什地区生产的火药，约七分之一拨运阿克苏，六分之一解运喀喇沙尔。③

第三节　清代新疆的竹木加工业

新疆地域广阔，竹木资源十分丰富，据悉："木之有果者，名阿里玛。有松名哈喇默敦，有柏名哈尔垓。……木之无果者，有榆名额棱默敦。有桑名珠珠玛。有柳名布尔噶苏。有杨名乌里雅苏，叶不甚垂，其干可屈为肉槽，剡为舟楫。有树名胡逊，形如桦。其方苞可为木碗，其油可以燃灯。"④ 仅史料中所见，这一时期新疆即种植有榆、柏、松、柳、杨、桐等十余种树木。当地木匠利用这些资源，能够制造碗、桌、架等产品。如嘉庆《回疆通志》载："杨，白杨叶小，极高而直，有高至四五丈者。其余小者，亦俱端直，可充栋材；榆，可充车材。"⑤ 工匠针对不同的树种，探索出各类木材加工方法，并制成精美的手工品。

---

① （清）佚名：《乌鲁木齐政略》，《新疆文献四种辑注考述》，甘肃文化出版社1995年版，第51页。

② （清）佚名：《伊犁略志》，《清代新疆稀见史料汇辑》，全国图书馆文献缩微复制中心1990年版，第290—291页。

③ （清）和宁撰，孙文杰整理：《回疆通志》卷9《乌什》，中华书局2018年版，第196—197页。

④ （清）傅恒等纂，钟兴麒、王豪、韩慧等校注：《西域图志校注》卷43《土产》，新疆人民出版社2014年版，第729页。

⑤ （清）和宁撰，孙文杰整理：《回疆通志》卷12《物产》，中华书局2018年版，第289页。

官方时常利用木材制造弓箭、坐床等用品。清初准噶尔木匠善制弓和箭。弓称"努穆",形状同内地一般,体型稍小,以便于马背上骑射,木匠用山羊皮包裹装饰弓,并以马尾鬃为弦。箭则稍短,它要求木材细且强劲,这是为了防止士兵在张弓拉箭时折断箭支。刀柄则以硬木制成。此外,工匠们生产出一种专为准噶尔汗国首领服务的木床,名曰"坐床"。这种床"以木为之,长六七尺,阔三尺许,高尺余,有四足,制如内地之床。其左右及后三面,咸有边阑,或加雕刻",式样精致无比,非一般贵族可用,"惟大台吉坐之,宰桑以下不僭坐"[1]。

民间使用的木制品种类更加丰富。第一种是饮食所需木器,主要有以下几类:木制酒器,称为"阿雅噶",以柳木和桦木制成,尺寸不等;木盘,称"特卜什",以木为之,形如长方盘,大小各异,多用于盛肉;木勺,可用于捞取吃食和酒、浆等物,木柄曲直长短无定式;木碗,削木制造,可用于盛茶和饭,样式长短不一,木匠会在木碗上涂油、漆髹,可减少器具损坏的风险,延长使用时间。木槽称"腾纳",此物以木为槽形,可盛水和面。木筛,名曰"阿勒噶克,屈柔木为边,粗布为底,形状正圆。如内地之筛,用以除粗取细"。木筐称"绰里",用细柳木编成,形如圆筐,用以漉米。从上述木制品种不难看出,准部百姓日常使用的木制饮食器具种类较多,也表明木匠制造小型木制品的技艺相当成熟。

第二种是盛放物品的用具。在置物方面,有木匣,以木为之,形状似长方,中间有木楞阻隔。"男以藏带刀诸物,女以藏首饰诸物。其平等回人,则男女各一。"[2] 制作木柜时,工匠一般制成长方形,上有抽盖,大的约有四五尺,小的也不下二尺,用于收藏衣物、帽子,正面刻有花木禽兽为饰,富人家使用时,男女各有一套。木桌方面,木匠为了维持桌子的稳固性,在制作时往往会于桌腿处增加横木。例如有一种被称为"额格斯察尔帕雅桌"的木桌,四面皆施加横木,中以系物,下以承足,这样的木桌

---

[1] (清)傅恒等纂,钟兴麒、王豪、韩慧等校注:《西域图志校注》卷41《服物一》,新疆人民出版社2014年版,第706页。

[2] (清)傅恒等纂,钟兴麒、王豪、韩慧等校注:《西域图志校注》卷42《服物二》,新疆人民出版社2014年版,第717页。

第二章　清代新疆手工业与手工业产品市场

耐用度高，可久用不坏。

第三种是大型的木制品，如木床、木舟、木车等。木床除首领的"坐床"外，普通百姓大都使用一种被称为"喀尔特床"的木床。这种床以长木为主体结构，中间横放五六根直木为楞，下方竖立四根木，左右两足间，各施横木，以增强稳定性。木车、木舟等运输工具的制造需要用到大量木材。如木舟的主体部位大多以一根独木制成，"托斯和尔，即舟也。刳独木为之，大小不等，用以济渡。一舟左右两篙，亦以木为之，其名曰海巴"。也有工匠采用小木拼装而成，舟上架有支架，"枑四柱，可蒙毡毯之属，无风雨则撤之，有则张之"①。木车因有轮辕，构造略微复杂。轮用大幅，以铁条加固，中间插入四板，交叉成十字形，轮辕多用槐木制成。车厢空间很大，可用牛、马等动物牵引。

第四种是竹制器具。新疆有竹子产出，当地百姓时常以竹为料，加工成竹制品。准噶尔人善于削竹为片，制成长四寸、厚二分的竹笔。人们在书写时，"如刀之口，取墨于发帚以作字"。笔毛的来源较多，"束毛以为笔，或束人发为之"②。维吾尔族亦有竹笔的制造，与准部名称不同，名曰"喀里雅木"。顺带一提，墨水的制作较为简单，史载："以锅底烟煤，合油面为之，即回部之墨也。"③

第五种是利用木材造纸。维吾尔族百姓所造的纸称为"喀阿斯"，制作方法为工匠从柳树上摘下枝条，而后将嫩枝条捣烂，加以蒸发、过滤制成。该纸制作精细，"略似高丽纸"④，质量要优于用草制成的准噶尔纸张。

还有一种是乐器。准部的乐器一般为木制，种类颇多。如准噶尔人善用筝，名"雅托噶"，其筝"通体以桐木为之，长四尺七寸三分八厘五毫，额广七寸二分九厘，尾广六寸四分八厘"。胡琴，"以木为槽，面冒以

---

① （清）傅恒等纂，钟兴麒、王豪、韩慧等校注：《西域图志校注》卷42《服物二》，新疆人民出版社2014年版，第722页。
② （清）傅恒等纂，钟兴麒、王豪、韩慧等校注：《西域图志校注》卷42《服物二》，新疆人民出版社2014年版，第721页。
③ （清）傅恒等纂，钟兴麒、王豪、韩慧等校注：《西域图志校注》卷42《服物二》，新疆人民出版社2014年版，第721页。
④ （清）傅恒等纂，钟兴麒、王豪、韩慧等校注：《西域图志校注》卷42《服物二》，新疆人民出版社2014年版，第721—722页。

革……轴长三寸零三厘，施弦二，自山口至弦柱，长二尺零三分五厘二毫，以马尾为之。别以木为弓，以马尾为弓弦。以弓弦轧双弦以取声"①。此外，还有乐器二弦，以木为之；箫，以竹为之。维吾尔族百姓使用的乐器与之相似，他们另制有一种独特的乐器，名为"把拉满"，形状类管，以木为之，头小末大，饰以金，较为华丽。

另外，当地百姓使用的农具，如木犁的梁也是用木料制成，长约一丈。犁耙的柄稍斜，以枣木制成。寻常家中使用的斧头，斧柄也是以枣木制作。由上述可见，准噶尔木匠已有能力制作各种木制品，且成品质量较好。

清廷统一天山南北两路后，木匠的加工技艺多承自准噶尔时期，生产种类并没有较大变化。不过在官府开办的工场中，木制兵器的制造规模有一定扩张。如乾隆三十三年（1768），清政府在新疆伊犁等地建造了撒袋、弓箭、鞍鞯、铁造等局，每局由一名官员监管，"以协领综司之"，可制造出相应的器物，"各挑满兵熟悉技艺者数人修造"②。乾隆五十五年（1790），伊犁将军永保奏请将四局"合为一局"，并改名为"军器局"。③军器局内置八十名匠兵，主修造事务。局内有木匠专事弓箭制造，这一点与准噶尔时期相似。

第四节　清代新疆的食品加工业

清代新疆地区的食品加工业主要有酿酒与制盐行业，其中以酿酒业尤为出名。酿酒是准噶尔人的传统手工业，当地百姓可酿造葡萄酒、阿拉克酒、巴克逊酒以及马奶酒等，这些酒种中又以葡萄酒最有名。原料方面，新疆百姓广泛种植葡萄，其"美者可酿酒"。制作工艺也比较简单：人们将熟透的葡萄置于瓮器中，加盖密封，待发酵一段时间后即可酿成。为了

---

① （清）傅恒等纂，钟兴麒、王豪、韩慧等校注：《西域图志校注》卷40《音乐》，新疆人民出版社2014年版，第691页。

② （清）格琫额：《伊江汇览》，《清代新疆稀见史料汇辑》，全国图书馆文献缩微复制中心1990年版，第43页。

③ （清）松筠：《钦定新疆识略》卷4《伊犁与图》，海南出版社2000年版，第158页。

第二章 清代新疆手工业与手工业产品市场

提升酒的口感，工人会挑选质量较好的葡萄加以酿制，成品"色微绿，味虽醇而不浓"。若加以蒸制，则会制成一种药酒，"色白、味辣，而烈有力，能醉人，为性甚热，能治腹中寒疾"①。阿拉克酒采用沙枣和桑葚为原料酿制，《西域记》中有言："夏初桑葚熟，回人取以酿酒，家各数石，男女于树阴草地或果木园中，欢然聚饮，酣醉舞，彻夜通宵。"② 该酒成本低廉，味涩而淡，人们只作平日饮用。巴克逊酒主要以稻米、大麦、糜子等为原料酿成。在酿制时，工匠先将原料磨成面粉，连皮倒入缸内，放入发霉的谷粒，再加水搅拌，然后封住缸口，静待发酵即可。巴克逊酒是维吾尔族宴请宾客的重要祝酒，在大婚之日，"三日之中，戚串咸至，曰待喜，验有红，则设酒庆贺。酒名巴克逊，如绍兴酒"③，此酒味如绍兴黄酒。马奶酒，顾名思义，以马奶为原料酿造，"马奶可作酒，名曰'七噶'"。在制作马奶酒时，准噶尔人与维吾尔族人的制法相同，一般将马奶盛于皮袋中，用手反复揉搓，于温热处放置一夜，发酵后便可饮用。萧雄认为此酒："性温补，久饮不间，能返少颜。"④

新疆冬季气候寒冷，因此各族百姓都有饮酒的习惯。清朝统一新疆后，随着当地人口不断增长，加之屯田日渐兴起，使农作物的种类、产量有了明显提高，酿酒业也呈现出新的发展趋势。据史籍记载，这一时期新疆可用于酿酒的农作物品种主要有："大麦，用以烧酒；糜子，亦用以烧酒；高粱，亦用以烧酒；沙枣，可以造酒；葡萄，回地多以之酿酒……又有以葡萄烧酒者，其酒有大毒，不可饮。"⑤ 此外，有不少山西人也在新疆从事酿酒业，酿制的烧酒被称为"代酒"，有诗曰："梨花淡白入杯香，十字帘前下马尝；轰饮不妨争拇战，岂知清绝绍兴良。"⑥ 后注："味薄，代人所造

---

① （清）苏尔德：《回疆志》卷2《饮食》，成文出版社1968年版，第72页。
② （清）椿园七十一：《西域记》卷7《回疆风土记》，《清抄本林则徐等西部纪行三种》，全国图书馆文献缩微复制中心2001年版，第190页。
③ （清）徐珂：《清稗类钞》第五册《婚姻类·回人婚嫁》，中华书局1984年版，第2009页。
④ （清）萧雄：《听园西疆杂述诗》卷3《饮食》，中华书局1985年版，第88页。
⑤ （清）和宁撰，孙文杰整理：《回疆通志》卷12《物产》，中华书局2018年版，第286—288页。
⑥ （清）祁韵士：《西陲竹枝词》，《清代诗文集汇编》第429册，上海古籍出版社2010年版，第719页。

故有此名",诗中所指便是代酒。在北疆,有不少内地商贩在此酿酒贩卖。如贵州有夏姓者,乾隆中在乌鲁木齐以绍兴法造酒,酒名曰"仿南"。

这一时期,葡萄酒的原料种类相较过去也有一定增多。据《回疆志》载:乾隆时,新疆葡萄"其实有紫、白、青、黑数种,形有圆长、大小;味有酸甜不同。一种色绿而无核,实如黄豆者,味极甘美。一种色紫而小,如胡椒者,即琐琐葡萄也。一种色黑形长,寸许者。一种色白而大者。皆七八月熟,晾干可致远,回人多以酿酒"①。不难看出,这时的新疆葡萄从形状、颜色上已可分为很多品种,酿成的酒也各有千秋。《西陲竹枝词》中对新疆葡萄酒有很高的评价:"紫浆凝处似琼膏,玉露垂涎马乳高;风味宜人留齿颊,那随桑落酿仙醪。"② 除此之外,人们依旧采用沙枣发酵酿酒,《西陲竹枝词》称:"金枣尝新贮满篮,离离亦有赤心含,葡萄美酒虽难匹,风味还怜小酿甘。"③ 乾隆中期,新疆百姓大量采集桑椹用于酿酒,"回疆桑树最多。先叶而后椹,椹有白黑红紫数种。大者长寸许,食之甘美而多浆,熟即落,落后复生,一年结实四五次。每桑椹熟时回人不谷食,日以为当餐。风吹落地者晒干作粮,亦可以做酒"④。

在食盐生产领域,清代新疆的食盐产地分布较广,"新疆固产盐之奇区也,有盐滩焉、有盐山焉、有盐地焉……以所谓无百里外无盐产者可也"⑤。当地的食盐种类主要包括池盐与石盐两种。池盐分布于迪化、哈密、巴里坤、吐鲁番、塔尔巴哈台等地。《盐法通志》中引《采访册》所记乌鲁木齐的食盐产地主要分布于:"迪化城西北有盐池,东西长八、九里,南北宽不过一里,水深数尺或数寸不等。夏、秋之际,烈日曝干,水自结盐,取之不竭。"⑥ 据学者的研究发现,早在17世纪,已有居民在乌

---

① (清)苏尔德:《回疆志》卷3《葡萄》,成文出版社1968年版,第100页。
② (清)祁韵士:《西陲竹枝词》,《清代诗文集汇编》第429册,上海古籍出版社2010年版,第718页。
③ (清)祁韵士:《西陲竹枝词》,《清代诗文集汇编》第429册,上海古籍出版社2010年版,第718页。
④ (清)苏尔德:《回疆志》卷3《桑椹》,成文出版社1968年版,第99页。
⑤ (清)袁大化、王树枬、王学曾:《新疆图志》卷32《食货一》,上海古籍出版社1992年版,第313页。
⑥ (民国)周庆云:《盐法通志》卷2《疆域二》,民国七年刻本,上海图书馆藏,第26页。

第二章 清代新疆手工业与手工业产品市场

鲁木齐盐池附近采挖食盐，可见官方管理及开采乌地食盐至今已有三百余年的历史。①

《新疆图志》记录了清代新疆地区的主要食盐产地。该书虽撰于清末，但由于食盐产地大体固定，因此记录的食盐分布地相较清前期应当不会有明显变化，故可以采用。据书中所载：乌鲁木齐池盐质量佳，已可媲美淮盐，"谨按县治东南一百八十里之达板城，素为产盐之区，距城西九十里，傍西树窝子有池产盐，曰大盐池，其盐色白味纯，类淮盐"②。吐鲁番池盐的质量次之，"谨按厅治南乡底湖庄南山以北之碱滩，距城九十里，其滩纵二百五十里、横一百二十里，中有产盐之池六、七处，浅深、大小各各不同，盐色白，味纯"③。巴里坤地区有不少盐池，然生产的食盐质量不佳，"谨按厅治蒲类海其北岸距城四十里，中有池产盐，色白，味苦，不适于食，岁销不过二十余车……又距城北二百四十里塘湖下之苏海图，有池周十余里，产盐，色、味尤劣。且路远，无采用者"④。不难看出，各地盐池的食盐质量有所差别，以乌鲁木齐池盐质量较好，吐鲁番次之，巴里坤的池盐质量较差，大多为当地百姓自食。

清前期，新疆食盐的产量较高，价格也比较便宜。"澄澈戎盐出水涯，分明青玉净无瑕，犹嫌不及交河产，一色轻红似杏花。"像这般质量较高的青盐，"味微甘，胜于海盐"，也仅是"每二斗五升，才值制钱二十文"⑤。可谓质优价廉。

石盐一般指岩盐，这类盐大多从山中或土壤中采挖。新疆石盐的分布广泛，在吐鲁番、哈密、库车、乌什、焉耆、温宿、疏勒、莎车、和阗等地皆有产。如哈密地区，"谨按厅治距城东南一百四十里之长流水有盐滩，

---

① 袁国映主编，程艳、张莉、李慧菁著：《新疆湿地生态环境与保护》，新疆美术摄影出版社2016年版，第168页。

② （清）袁大化、王树枏、王学曾：《新疆图志》卷32《食货一》，上海古籍出版社1992年版，第313—314页。

③ （清）袁大化、王树枏、王学曾：《新疆图志》卷32《食货一》，上海古籍出版社1992年版，第314页。

④ （清）袁大化、王树枏、王学曾：《新疆图志》卷32《食货一》，上海古籍出版社1992年版，第315页。

⑤ （清）纪昀修，郝浚等注：《乌鲁木齐杂诗注》，新疆人民出版社1991年版，第111页。

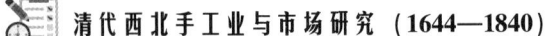

周围四十里，掘土尺余即见白盐，名曰土盐。质轻，味稍苦，岁销十余石"[1]。这种直接从山中或土中开采的盐即可视为石盐。就新疆各类食盐的质量而言，池盐最佳，石盐次之。如焉耆县，"谨按县治四境产盐之区甚多。其西南距城三十里之卡拉希碱滩屯约四十里，广三十里，滩下尺余即盐，厚二、三尺不等，色黑，味纯，略杂沙石"[2]。可见石盐的采挖往往伴有杂石，加上久经风化，相貌不佳，故质量要较池盐稍次。不过，石盐的加工方法十分简单，研磨成粉即可食用，无需像池盐般经熬制、蒸煮后才可食用。例如温宿县有山穹阿瓦提地方产石盐，这种盐"莹洁，若水晶状，俗呼为水晶盐。味正，质坚，色白，又名为石盐……每片重至五、六十斤，不加熬炼，研细即食，为户民所必需"[3]。

由于新疆地域广阔，官府不易完全掌控新疆各地的食盐生产，遂采用"听民自采自食"的举措。如拜城县，"距城三百五十里为库勒呼勒克山，皆块盐，色白味纯，民间随意开窑采取佐食"。依照旧制，百姓开采食盐，清政府采取课归地丁，"按丁计盐、按盐计课"的方式，将盐税按丁随田赋一并征收，这样可以任听商贩，以便利民。[4] 至于食盐质量较差，无优质盐区的地方，一般不加课税。例如库车地区，"距城西六十里之布素特庄碱滩，长三里，广二里，均曰土盐"。此地的土盐"质色俱劣，价贱，乡民掘食，无运售者"。类似的还有皮山县北一百四十里的"阿沙提坤悉等地，盐由贫民自行挖运，盐色黄，味苦"。这些石盐因质量较差，无法售卖，因此百姓可随意挖掘，官府也不加干涉。如史籍记载的"以上莎车府属产盐之区六十余处，悉运销府属各地方，无税。……以上和阗州产盐之区十有七处，无税"，便是官府不征盐税的佐证。

---

[1] （清）袁大化、王树枬、王学曾：《新疆图志》卷32《食货一》，上海古籍出版社1992年版，第315页。

[2] （清）袁大化、王树枬、王学曾：《新疆图志》卷32《食货一》，上海古籍出版社1992年版，第315页。

[3] （清）袁大化、王树枬、王学曾：《新疆图志》卷32《食货一》，上海古籍出版社1992年版，第316页。

[4] 刘超建、王恩春：《一盐多制：清代新疆盐制视野下的国家、地方与民众》，《盐业史研究》2020年第4期。

第五节　清代新疆的其他手工业

除上述四项手工行业外，清代新疆地区还有建筑、造纸、皮革加工、粮食加工等多个手工行业。这些手工行业中，以建筑业的规模较大，可以说分布在新疆各地；皮革加工的规模也不小，遗憾的是史籍记载有限；新疆的造纸匠善于以草为原料，生产纸张；粮食加工方面，可分为水磨与石磨加工，尤以水磨的生产效率更高。下面，笔者将依据此四项手工业分别加以论述。

一　建筑业

新疆气候干旱，鲜有雨雪，加之温差较大，故城镇、民居大都以土筑造。据《回疆志》载，喀什噶尔、叶尔羌等地都曾建有土城，"喀什噶尔，旧有土城一座，不圆不方，周围三里七分"，"英阿杂尔，土城一座，周围约二里一分"，"叶尔羌，旧有土城一座，不方不圆，周围六里三分"①。民居方面，回人墙屋"不用石料、砖瓦，惟赖土性坚粘，仅以土坯、石灰筑砌"②。值得注意的是，新疆各地的寺庙建筑与民居房屋有所不同，它们大多数以砖瓦砌筑或砖土合筑。例如17世纪40年代巴图尔珲台吉在和布克赛尔建立的喇嘛庙③，以及18世纪初由噶尔丹策零在伊犁建成的海努克庙、固尔札庙等，它们大都以砖瓦、石灰和琉璃等为原料建造。④

统一后的新疆并没有改变原有的建筑方法，工匠继续沿用泥土建造房屋。《乌鲁木齐杂诗》云："雕镂窗槅彩画椽，覆檐却道土泥坚。春冰片片陶家瓦，不是刘青碧玉砖。"诗下注："惟神祠以瓦为之，余皆作瓦屋形而覆以土"，"砖瓦皆杂沙砾，易于碎裂"⑤。民间依然以土为料，筑造民居。

---

①　（清）苏尔德：《回疆志》卷1《城池》，成文出版社1968年版，第37、40页。
②　（清）苏尔德：《回疆志》卷2《房屋》，成文出版社1968年版，第66页。
③　[英] 约·弗·巴德利著，吴持哲、吴有刚译，陈良璧校：《俄国·蒙古·中国（下）》第1册，商务印书馆1981年版，第1126页。
④　（清）傅恒等纂，钟兴麒、王豪、韩慧等校注：《西域图志校注》卷39《风俗》，新疆人民出版社2014年版，第679页。
⑤　（清）纪昀修，郝浚等注：《乌鲁木齐杂诗注》，新疆人民出版社1991年版，第44页。

不过这种房屋质量不佳，烧制的砖瓦也大多夹杂沙石，成品劣质。土城建设上，据史籍载，自乾隆二十六年至道光八年（1761—1828）间，清朝政府先后于新疆各地建立了惠远、惠宁、迪化、宁边等三十多个城镇，它们大都用土筑成，具体的城镇名称、地点与建成时间见下表 2-2：

表 2-2　　　　乾隆二十三年至道光八年新疆建立城镇一览

地区	城镇	建立时间	资料来源
伊犁	塔勒奇城	乾隆二十六年（1761）	《西域水道记》卷 2
	宁远城	乾隆二十七年（1762）	《伊江汇览》
	绥定城	乾隆二十七年（1762）	《伊江汇览》
	惠远城	乾隆二十九年（1764）	《伊江汇览》
	惠宁城	乾隆三十一年（1766）	《伊江汇览》
	瞻德城	乾隆四十五年（1780）	《西域水道记》卷 4
	拱宸城	乾隆四十五年（1780）	《西域水道记》卷 4
	熙春城	乾隆四十五年（1780）	《西域水道记》卷 4
	广仁城	乾隆四十五年（1780）	《西域水道记》卷 4
古牧地	辑怀城	乾隆二十七年（1762）	《乌鲁木齐政略·城堡》
喀什噶尔	徕宁城	乾隆二十七年（1762）	《清高宗实录》卷 674
	恢武城	道光八年（1828）	《清宣宗实录》卷 141
特讷格尔	阜康城	乾隆二十八年（1763）	《乌鲁木齐政略·城堡》
昌吉	宁边城	乾隆二十八年（1763）	《乌鲁木齐政略·城堡》
呼图壁	景化城	乾隆二十九年（1764）	《乌鲁木齐政略·城堡》
乌鲁木齐	迪化城	乾隆三十年—乾隆三十二年（1765—1767）	《乌鲁木齐政略·城堡》
	巩宁城	乾隆三十七年（1772）	《乌鲁木齐政略·城堡》
乌什	永宁城	乾隆三十一年（1766）	《西域水道记》卷 2
塔尔巴哈台	绥靖城	乾隆三十二年（1767）	《西域图志》卷 11
吉木萨	保惠城	乾隆三十七年（1772）	《乌鲁木齐政略·城堡》
	恺安城	乾隆三十七年（1772）	《乌鲁木齐政略·城堡》
巴里坤	会宁城	乾隆三十七年（1772）	《乌鲁木齐政略·城堡》
古城满城	孚远城	乾隆四十年（1775）	《乌鲁木齐政略·城池》
玛纳斯左营	康吉城	乾隆四十一年（1776）	《乌鲁木齐政略·城堡》

第二章　清代新疆手工业与手工业产品市场

续表

地区	城镇	建立时间	资料来源
玛纳斯右营	绥宁城	乾隆四十一年（1776）	《乌鲁木齐政略·城堡》
奇台县	靖宁城	乾隆四十四年（1779）	《清高宗实录》卷1083
吐鲁番	广安城	乾隆四十六年（1781）	《三州辑略》卷2
库尔喀喇乌苏	庆绥城	乾隆四十七年（1782）	《清高宗实录》卷1166
精河	安阜城	乾隆四十七年（1782）	《西域水道记》卷3
喀喇巴尔噶逊	嘉德城	乾隆四十七年（1782）	《三州辑略》卷2
叶尔羌	嘉艺城	道光八年（1828）	《清宣宗实录》卷141
阿克苏	普安城	道光八年（1828）	《清宣宗实录》卷141
和阗	威靖城	道光八年（1828）	《清宣宗实录》卷141
库车	巩平城	道光八年（1828）	《清宣宗实录》卷141
英吉沙尔	辑远城	道光八年（1828）	《清宣宗实录》卷141
喀喇沙尔	协顺城	道光八年（1828）	《清宣宗实录》卷141

表格所列的每座城镇，内部通常都建有几个或十余个坛庙。如伊犁惠远城，有万寿宫、关帝庙、八蜡庙、刘孟将军庙、火神庙、老君庙、城隍庙、龙王庙、风神庙、子孙圣母庙、土地庙；绥定城，有关帝庙、老君庙、喇嘛寺。[1] 除上述外，《钦定新疆识略》中又提及惠远城另有社稷坛、先农坛、文昌宫、文昌阁、真武庙、魁星阁、祠堂、节教祠、喇嘛寺等庙坛，[2] 共计二十处。乌鲁木齐巩宁城有万寿宫、关帝庙、城隍庙、火神庙、文庙、龙王庙、社稷坛、先农坛、八蜡庙[3]；迪化城有万寿宫、城隍庙、真武庙、文昌阁、奎星阁、财神庙等。昌吉宁边城，"东有文庙、八蜡庙、火神庙，城北有关帝庙，东北有先农坛"[4]。喀喇沙尔城有关帝庙、龙神庙、财神庙和鲁班庙等。

---

[1] （清）格琫额：《伊江汇览》，《清代新疆稀见史料汇辑》，全国图书馆文献缩微复制中心1990年版，第22—25页。

[2] （清）松筠：《钦定新疆识略》卷4《伊犁舆图》，海南出版社2000年版，第164—171页。

[3] （清）永保：《乌鲁木齐事宜》，《新疆文献四种辑注考述》，甘肃文化出版社1995年版，第100—101页。

[4] （清）傅恒等纂，钟兴麒、王豪、韩慧等校注：《西域图志校注》卷10《疆域三》，新疆人民出版社2014年版，第244页。

寺庙祭坛的数量如此之多，工匠在建造时使用的砖瓦数额也十分巨大，这就为当地建筑业的发展提供了良好条件。在新疆各地，以伊犁地区的石灰、砖瓦的加工制作较为出名。《伊江汇览》有载："石灰、砖瓦、琉璃、器具，向无出产。戊子年（乾隆三十三年），满营佐领格（瑃额）始于船工遣犯内择其能此技者，设窑于大城东门外试烧之，迄今砖瓦、粗瓷之器及琉璃兽吻，悉皆供用无匮，而石灰之利亦溥焉。"[1] 可见清代伊犁地区石灰、砖瓦加工业实现了从无到有的突破，并且发展势头良好，促进了伊犁建筑业的进步。

二　造纸业

新疆工匠在造纸时主要以柳树枝、草类植物和桑树皮等为原料。清初新疆各地草类植物分布较广，有不少草适宜造纸，并被广泛使用。

准部造纸，是将一种名为"察逊"的草捣烂、压制，进而制成。这种纸张质地粗厚，使用时要用卵形石块来回碾压，待平整后方可书写，纸的名字亦称"察逊"。察逊纸的质量不如内地纸，亦不如维吾尔族工匠生产的"喀阿斯"纸张。

统一后，新疆造纸工艺有了长足进步。乾隆时期，新疆出产一种桑皮纸，这种纸以桑树皮为原料，质量较好。人们在桑皮纸上书写时墨迹不易晕染，因此该纸在和阗等地有大量生产。撰写于乾隆三十七年（1772）的《回疆志》中，已有这一时期新疆造纸业的相关记载：工匠的造纸技艺颇为精湛，纸"有黑白二种，以桑皮棉布絮和作成，粗厚坚韧，幅小不盈，大用石子磨光，方堪写字"[2]。这便是和阗生产的桑皮纸。在造纸时，大都以一家一户为生产单位，是农村家庭经济的重要补充。另一方面，在原料和制作工艺上，也与准噶尔时期用草和柳条造纸有很大差异。文献资料对这一时期新疆的造纸工艺记叙简略，而据学者们研究，新疆纸张的制造要

---

[1] （清）格瑃额：《伊江汇览》，《清代新疆稀见史料汇辑》，全国图书馆文献缩微复制中心1990年版，第11页。

[2] （清）苏尔德：《回疆志》卷3《回子纸》，成文出版社1968年版，第125页。

经历剥皮、煮皮、砸浆、捞浆、晒纸等多项流程。待纸张产出后，还需精加工，以增加纸张的美感，便于对外销售。乾隆时期，新疆纸张按照种类可分为未加工的生纸与加工后的熟纸。维吾尔族工匠的熟纸加工方式主要分为两步：一是砑光，"精者磨以石，尚光泽"①。二是压实，一般用石头压制，这样可以增加纸的质感。纸张按质量可分为四等：一、二等纸张较厚且颜色洁白，主要用做包裹物品、笔记记录等；三、四等纸张薄而软，用途有糊窗及其他方面。桑皮纸本地销量较少，大多为对外销售。清中叶，和阗地区的桑皮纸每年大约销售一千万张，本地销有数十万张，其余大部分经商人之手销往库车、阿克苏、乌鲁木齐、喀什噶尔等地。

三 皮革加工业

皮革加工业是准噶尔人的传统手工业。他们生产各种皮革，以满足日常穿戴所需。皮革制品中，以红香牛皮革最为出名，依《准噶尔汗国史》所述，俄国人称这种皮为"红色油性革"。② 红香牛皮是专供准噶尔贵族制造皮靴的原料③，这表明皮匠时常为上层贵族制造皮靴。关于红香牛皮靴的制造工艺，《西域图志》中有详细记载："固都逊，即靴也。以牛皮为之，台吉多用红香牛皮，中嵌鹿皮，刺以文绣。宰桑亦用红牛皮，不嵌鹿皮，不刺绣。民人穿皮履，或黑或黄，无敢用红者。"④ 随着商品经济的发展，贵族们也注意到红香牛皮的质量好，且市场空间大，认为其有利可图。因此在皮革市场进一步扩张的背景下，皮匠们"所制红香牛皮不但自给有余，而且销至青海白塔儿及多巴等地"⑤。此后，红香牛皮制品主要供给两类人：一是准部贵族；二是由商人行销各地，卖给富人、豪绅以赚取厚利。

其他皮革制品也有生产。如工匠会在棉帽四周饰以羊皮，提升保温效

---

① （清）萧雄：《听园西疆杂述诗》卷3《艺术》，中华书局1985年版，第84页。
② ［苏联］兹拉特金著，马曼丽译：《准噶尔汗国史》，商务印书馆1980年版，第347页。
③ 蔡家艺：《清代新疆社会经济史纲》，人民出版社2006年版，第65页。
④ （清）傅恒等纂，钟兴麒、王豪、韩慧等校注：《西域图志校注》卷41《服物一》，新疆人民出版社2014年版，第705页。
⑤ 《准噶尔史略》编写组：《准噶尔史略》，广西师范大学出版社2007年版，第116页。

果。冬季的暖帽装饰海龙与水獭皮,贵族可用貂饰之。妇女们为了增加衣物美感,也会于衣襟、衣袖处镶上染色皮。袍用貂皮或羊皮裁制;鞋,亦以皮为之。新疆产有一种皮被,"上等回人,以绸缎为表,羊皮为里,中等回人以布为表,以皮为里,严冬用之"[①]。也有人缝皮为带,可装盛酒乳,不难看出这一时期新疆的皮革制品种类较多。除日用皮革制品外,妇女们利用染色皮革装饰衣物,使皮革亦成为一种工艺品。

至乾隆中期,新疆皮革制品的种类无明显增长。如百姓的内衬衫袄及冬、夏帽子依然用皮革制成,无论冬夏时节,人们俱戴皮帽,皮匠只是在帽子的形状上做出一定更改,"帽沿扁而长,前后两尖"[②],制作时,仍然以海龙、水獭、狐皮为之。衣服则有皮制长袍,百姓脚上穿红黑皮靴,靴子的形状与清初新疆百姓所穿皮靴相似。

四 粮食加工业

粮食加工业是指利用水力或畜力将农作物磨制加工的手工行业。五代时,新疆已有水磨,"有水,源出金岭,导之周围国城,以溉田园,作水硙"[③]。水硙即水磨,主要用作粮食加工,可将小麦等磨成面粉。人们在磨面时基本使用水力、畜力进行加工作业,这两种方法相较手动碾碎而言省时省力。石磨较重,若是由人工拉磨则会消耗巨大且效率低,故拉磨时以驴和骡等牲畜为主,偶有用马。人们在利用牲畜拉磨时,要先用黑布蒙其双眼,随后令它围绕石磨转圈,从而拉动石磨不断滚动,最终碾碎粮食,效率相较人力有所提高。水磨一般放置在水流湍急处,通过水流动力带动碾车,既省力效率又高,这种方法对自然条件的要求较高,是常用的加工手段。由此可见,石磨的效率是不如水磨的,不过它的优势在于成本不高,几乎家家可用;水磨则需在水流处设置碾车,效率高,受水文条件影

---

① (清)傅恒等纂,钟兴麒、王豪、韩慧等校注:《西域图志校注》卷42《服物二》,新疆人民出版社2014年版,第717页。

② (清)苏尔德:《回疆志》卷2《衣冠》,成文出版社1968年版,第67页。

③ (后晋)王延德:《西州使程记》,《古西行记选注》,宁夏人民出版社1996年版,第159页。

第二章 清代新疆手工业与手工业产品市场

响很大。

叶尔羌附近的山中有不少河流，因落差大、流速较快，故适宜水磨加工。在准噶尔统治时期，当地的水磨加工方式已较为常见。清朝统一新疆后，就曾于叶尔羌等地获得"水磨一十八处，每年应抽粮一十七巴特满四噶尔布尔"[1]。粮食加工业主要位于南疆，北疆因水文条件不如南疆地区，未见有大规模水磨加工的记录。

随着统一后新疆屯田事业日盛，清廷对粮食加工的需求也日渐增长。为解决这一需求，清政府在各驻防兵和屯兵聚居地安设了加工粮食的碾磨，以石磨为主。如在古城屯安就有"旱磨七盘"，吉布库屯安有"旱磨二盘"。[2] 官府也设有水磨，或置于兵营附近，"满营各协下设立水磨一处，由各该协领选派能事领催兵丁经理，并雇觅民人磨面"[3]。驻扎伊犁的绿营兵营也设有水磨，以便加工粮食。当地的官营水磨分布大致如下："屯凡水碾磨十八盘，四盘安于巴彦岱，六盘安于古尔托，八盘安于塔尔奇城，各以千总、外委专任之，而出入兼司，仍系都守之责。"[4] 此时伊犁的水磨数量并不多，分布也较为分散。

在民间，百姓使用水磨、石磨加工粮食的行为更加普遍。南疆地区，"回人咸知稼穑，种植大率以麦为重，虽不种秋、谷、豆，不为常食"。人们会将粮食"埋于池窖，随时零星舂磨，以供食用。有水处，水磨甚多，藉以收利"[5]。维吾尔族以小麦为食，他们将小麦去壳，然后用碾磨把小麦碾成面粉。又如喀什噶尔城，"粮饷局官水磨大小八盘，仓内旱磨八盘，阿奇木水磨八盘，民人水磨七盘，城内四街民人旱磨四盘，回城东门外有回子水磨共三十五盘，回子水磨四盘，以上水旱磨共七十四盘，内水磨六

---

[1] （清）永贵、固世衡原撰，苏尔德增撰：《回疆志》卷4《赋役》，清乾隆三十七年刻本，第10—11页。
[2] （清）佚名：《乌鲁木齐政略》，《新疆文献四种辑注考述》，甘肃文化出版社1995年版，第67页。
[3] （清）永保：《乌鲁木齐事宜》，《新疆文献四种辑注考述》，甘肃文化出版社1995年版，第144页。
[4] （清）格琫额：《伊江汇览》，《清代新疆稀见史料汇辑》，全国图书馆文献缩微复制中心1990年版，第70页。
[5] （清）苏尔德：《回疆志》卷3《耕种》，成文出版社1968年版，第85—86页。

十二盘，旱磨十二盘"①。足见当地的磨盘数量不少。有学者曾研究了水、旱磨的生产效率，发现二者差别较大。② 水磨一小时可粉谷物约一百公斤或可磨面粉约五十公斤。石磨则依据磨盘大小不同，生产的数量有较大差异。如一盘直径三尺二寸的磨，一头驴牵拉每日只能磨面五十公斤；一盘直径二尺二寸的磨，一头驴每日仅能磨面二十五公斤。换算下来，水磨磨制一小时可抵小型石磨两天，差别较大。

此外，清代新疆地区的制陶、编织藤器等行业也都有了长足发展，笔、墨等日用品亦可自行生产。囿于史料及篇幅所限，此处不多赘述。

第六节 清代新疆的手工业产品市场

清初新疆地区处于准噶尔的统治之下，与内地的正常贸易受阻，导致市场较为狭小。其内部商品交换主要以定期集市的形式开展，外部则与中亚等国有一些贸易往来，同清朝的贸易一般以贡市为主要方式。清廷严格限制双方的贸易规模，致使这一时期新疆手工业产品市场发展缓慢。清廷统一新疆后，正常的商贸活动不受限制，边疆民族贸易也于这一时期盛行，丝绸、马匹的交换活动在乾隆朝十分频繁。在此背景下，各族百姓也积极从事贸易往来，促进了各族间的友好交流与商品经济发展。有鉴于此，笔者将分开论述准噶尔统治时期与清朝统一时期新疆手工业产品市场的详细情况。

一 准噶尔统治时期新疆的手工业产品市场

准噶尔统治时期，新疆主要从事畜牧业生产，而以目前学术界之共识，从事畜牧业的民族，其商品交换通常以外部交换作为主要形式；从事农业之民族，其商品交换则大都以内部交换作为主要形式。因此，从事农

---

① （清）珠克登：《喀什噶尔略节事宜》，《清代边疆史料抄稿本汇编》第24册，线装书局2003年版，第83—85页。
② 黄正林：《黄河上游区域农村经济研究（1644—1949）》，博士学位论文，河北大学，2006年，第188页。

业的民族，内部产品交换一般都要较从事游牧业的民族发达，这是历史的普遍规律。准噶尔的畜牧业生产比较发达，而手工业的发展次之，由此可见，准噶尔统治时期新疆内部的手工业产品交易活动并不发达。不过与内地、俄国开展多边贸易，亦促使新疆地区形成一定规模的手工业产品市场。

（一）内部贸易

从现有记载可知，准噶尔内部的商品交换主要可分为两种形式：一是境内开设的大小集市。这种集市数量非常少，大多位于伊犁及亚梅什湖附近。首先是伊犁地区的集市。雍正元年（1723），奉命出使伊犁的沙俄使臣温科夫斯基曾说：“当天（6月29日）我们的人去集市，那里有人对他们说，如果他们想去看摔跤，可去摔跤场”，"当天一名军人——托博尔斯克鞑靼人在集市上见到一名俘虏，他原是秋明鞑靼人"，"集市上有人说，似乎想把这些俘虏交给俄国使臣。卫兵们看到了这个谈话场面，把俘虏打了。第二天，除了做买卖之外，便不准跟我们人说话"[1]。据此可知，伊犁集市应该是长期举办，并且没有时间限制。亚梅什湖集市是一个临时交易点，它的主要功能是等待来此运盐的俄国人，双方趁机交易食盐与其他货物，是一个规模很小的手工业产品贸易市场。

二是在定期的庙会上交换产品。在准部，规模较大的庙宇一般都会举办庙会。每逢节日，人群聚集于此，商人会前往买卖交易，牧民也可乘机交换物品。如上文所述伊犁的海努克庙和固尔札庙便有规模较大的庙会，每逢"岁首、盛夏，其膜拜顶礼者远近咸集，往往捐珍宝、施金银以事庄严"[2]。

南疆的维吾尔族百姓大都于集市中开展商品交换。《回疆志》云："回人交易之市名曰巴杂尔"，"第七日曰阿萨那，以阿萨那日为期，周而复始，如北方之集，南方之墟。是日各处之粗细货物俱驮负而来，以及牛羊

---

[1] [俄]伊·温科夫斯基著，尼·维谢洛夫斯基编，宋嗣喜译：《十八世纪俄国炮兵大尉新疆见闻录》，黑龙江教育出版社1999年版，第111页。
[2] （清）汪廷楷、祁韵士：《西陲总统事略》卷12《厄鲁特旧俗记闻》，中国书店出版社2010年版，第200页。

马匹牲畜、瓜果咸备,男女杂遝,言语纷纭,互相贸易"①。《西域记》中亦载:"日中之市,谓之'八栅尔',每七日一集,五方之货,服食所需,均于八栅尔交易。"② 从中可知,集市上售卖的有服饰、食物、牲畜以及各种日用品。参加集市之人,农民占绝大多数,工匠次之。工匠中,多数是以手工业为副业的农民,专职从事手工业者较少。商贩中,大部分是以经商为副业的农民,可称商人者不多。集市上的货物,以农牧业产品和土特产占据主要,手工业产品只居其次,故据此判断,这一时期南疆地区的手工业产品市场规模不会很大。

(二) 外部贸易

准噶尔时期新疆的外部贸易对象主要是清朝与俄国,二者中又以清朝为重。同清政府的贸易大体上有三种形式:一、贡市;二、定期互市;三、进藏熬茶贸易。准部通常派遣官商前往交易,成员主要是准噶尔人与维吾尔人。

1. 贡市

贡市是指准噶尔向清朝称臣后,遣使进京纳贡,同时获得清廷的大量赏赐。早在顺治初,卫拉特蒙古各部就与清朝建立往来关系,遣使通贡。据《清实录》载:

> 厄鲁特贡使,一等者,上号蟒缎一,帽缎、彭缎各一,毛青布二十四,银茶桶一,重三十两;随从五人,各彭缎一,毛青布八。次等者,补缎一,彭缎一,毛青布十六;随从三人,各彭缎一,毛青布八。小台吉及塔布囊各官来使,各彭缎一,毛青布八;随从一人,各毛青布四。喀尔喀汗下贡使,一等者,三号蟒缎一,帽缎、彭缎各一,毛青布二十四;随从二人,各毛青布六。次等者,补缎、彭缎各一,毛青布十六;随从一人,毛青布六;三等者,彭缎一,毛青布

---

① (清) 苏尔德:《回疆志》卷2《交易》,成文出版社1968年版,第87—88页。
② (清) 椿园七十一:《西域记》卷7《回疆风土记》,《清抄本林则徐等西部纪行三种》,全国图书馆文献缩微复制中心2001年版,第217页。

第二章 清代新疆手工业与手工业产品市场

八；随从一人，毛青布四。①

双方在开展贡市贸易后，清廷对准部的赏赐以手工业产品为主，更为确切地说，是以纺织品为主，包含的绸缎种类十分丰富，有很多都是回赠的上品。例赏之外，还添加了银两、鞍、辔等物。

准噶尔汗国建立后，双方的贡市次数愈加频繁，有时一年会举行数次。康熙十八年（1679），噶尔丹贡"锁子甲、鸟枪、马、驼、貂皮等物"②。二十三年（1684），噶尔丹又遣使进京纳贡，以祝贺清政府平定"三藩之乱"，除上贡各种毛皮外，还有厄鲁特鸟枪四杆。③ 康熙二十五年（1686）九月，清廷讨论与准噶尔的长期互市问题："理藩院题：'厄鲁特土哈尔台吉、噶尔丹台吉等，遣使互市。'上曰：'厄鲁特部落，如噶尔丹等四大台吉，应令来京互市，其余小台吉，俱于张家口互市，着为定例。'"④ 雍正元年（1723），清廷进一步增加了赏赐种类。该年，策妄阿拉布坦遣使来朝，清廷各赏"缎四匹，兰布二十四匹，从人各赏彭缎一匹、兰布八匹"⑤。至噶尔丹策零父子统治时期，双方政治、经济交往愈加密切。准部的贡品，除马匹、皮货外，每年还有玉碗、玉杯等用品。清廷则会赏赐绸缎、布匹，有时也会加赠瓷器、玻璃器等物。如乾隆八年（1743）冬，准噶尔宰桑图尔都等人贡玉碗一只、马二匹。⑥ 清政府为了回馈此次上贡，特准赏赐两次：第一次赏妆缎、漳绒、宁绸各二端⑦，玻璃

---

① 《清世祖实录》卷54，顺治八年闰二月丁丑，中华书局1985年影印本，《清实录》第3册，第434页。

② （清）温达等：《亲征平定朔漠方略》卷1，康熙十八年九月戊戌，中国藏学出版社1994年版，第52页。

③ （清）温达等：《亲征平定朔漠方略》卷2，康熙二十二年七月戊戌，中国藏学出版社1994年版，第69页。

④ 《清圣祖实录》卷127，康熙二十五年九月癸卯，中华书局1985年影印本，《清实录》第5册，第361页。

⑤ （清）允禄等：（雍正）《大清会典》卷222《理藩院二》，文海出版社1995年版，第14426页。

⑥ （清）傅恒等：《平定准噶尔方略前编》卷47，乾隆八年十二月甲子，文渊阁《四库全书》第357册，第671页。

⑦ "端"为布帛长度单位，丈八尺为端，倍丈谓之端，倍端谓之两，倍两谓之匹。

器六件、珐琅器四件。又给图尔都大缎四端、玻璃器四件、银二百两。第二次赏佛像十二尊,各色缎十端,锦缎、妆缎各八端,玻璃器、瓷器十五件。①

此外,双方还在归化城、张家口和肃州等地交易货物,规模较大。准噶尔方携带了大量毛皮细软以及维吾尔人生产的绸缎等物,随后前往上述地区开展贡市活动,部分手工业产品会留于沿途贩售。乾隆十一年(1746),赉木瑚里率领前往肃州互市的商队中已携带有俄国毛毯,可见准部商人亦充当起中间商的角色。在准部使节入京的途中,沿途贸易地点大多定于归化城、张家口、肃州与哈密。总之,从上述不难看出:清准双方的贡市贸易,清廷提供的商品以纺织、瓷器等手工业产品为主,准部则多以牲畜、皮毛制品与玉制品为主。

2. 定期互市

定期互市是噶尔丹策零统治时期开展的一种新型贸易方式,主要贸易地点位于肃州。清廷规定:准噶尔商队来内地,"四年贸易一次,人数不得过二百,限八十日还部。来京者,道出肃州、西安;其往肃州者,亦以四年为限,数不得过百人。除禁物外,买卖各从其便"②。从乾隆九年至十七年(1744—1752),双方先后举行过五次互市贸易,次数并不频繁,然而每次参加贸易的准噶尔商队人数都突破了百人的限制,且贸易数额巨大,由一开始的数万两增加至十多万两,表明双方的互市贸易活动已拥有相当庞大的规模。

关于双方携带的商品种类,准部商队一般携带大批牛羊马驼、毛皮、葡萄、硇砂、羚羊角等物品,到肃州与内地商人交换货物。蔡家艺在查阅中国第一历史档案馆(下面简称"一档馆")所藏资料时,发现了准部商队首领额连胡里分别于乾隆九年、十三年在肃州交易时的换货清单,他们换得的物品主要有以下几大类:

---

① 《清高宗实录》卷208,乾隆九年正月壬午;《清高宗实录》卷209,乾隆九年正月壬寅,中华书局1985年影印本,《清实录》第11册,第680、691页。

② 《清高宗实录》卷110,乾隆五年二月己卯,中华书局1985年影印本,《清实录》第10册,第635页。

第二章 清代新疆手工业与手工业产品市场

一是各种丝织品，其中包括金边大蟒袍、五丝蟒袍、金双喜袍、扣背金缎、京片金缎、大妆花缎、金寿字缎、闪缎、摹本缎、花线缎、濮绸、潞绸、泽绸等。这些丝织品，在贸易中所占比重最大，约占总贸易额的一半以上。一是布匹、针线、茶叶、烟、糖、铁锅、碗、碟等日用必需品。这些物品在贸易中所占的比例也很大。例如乾隆九年（1744）额连胡里等在肃州的贸易，仅购买针线就折银11589.4两，其中花红线779斤，折银1558两；木红线4917斤，折银9834两；大金线160子，折银128.8两；小金线343子，折银68.8两。仅此一项，就约占其贸易额的四分之一。①

现将两次贸易中清政府一方提供的商品数量与价格情况列表2-3如下，以便笔者做进一步分析：

表2-3　乾隆九年（1744）肃州互市贸易中清方提供的商品一览②

商品	数量	单价（两）	总价（两）	商品	数量	单价（两）	总价（两）
金边大蟒袍	17件	18	306	五丝蟒袍	32件	10	320
金百蝶	23匹	20	460	金双喜袍	3件	20	60
扣背金	40匹	10	400	京片金	28匹	6	168
大妆花	1匹	10	10	大蟒袄	55连	10	550
西蟒袄	31匹	5	155	金寿字缎	3匹	24	72
三花妆	178匹	6	1068	西金心闪缎	5匹	10	50
金翠蝶	0.5匹	16	8	朝衣	5件	24	120
贡素缎	13匹	15	195	内造摹本缎	262匹	12	3144
汉府云龙缎	108匹	6.8	734.4	汉府花宽缎	44匹	6.6	290.4
汉府花缎	160匹	6.5	1040	汉府素缎	460匹	6.3	2898
把汉府缎	113匹	6	678	白汉府缎	15匹	6.5	97.5
八丝素缎	41匹	5.7	233.7	汉府闪缎	58匹	7	406
京双袍缎	191匹	3	573	西小花线缎	200匹	1.8	360

---

① 蔡家艺：《清代新疆社会经济史纲》，人民出版社2006年版，第83—84页。
② 资料来源：表2-3军机处录副奏折，民族类，蒙古项2292卷第6号（汉文）；表2-4军机处满文录副奏折，民族类342卷第9号。转引自蔡家艺《准噶尔同中原地区的贸易交换——两份准噶尔的购货单试析》，《民族研究》1982年第6期。

续表

商品	数量	单价（两）	总价（两）	商品	数量	单价（两）	总价（两）
花线缎	183 匹	2.3	420.9	彭缎	78 匹	2.8	218.4
双丝泽绸	6 匹	8	48	单丝泽绸	20 匹	3.5	70
西湖绉	17 匹	3	51	大花绸	10 匹	1.5	15
濮绸	686 匹	1.1	754.6	西绫	44 匹	1.5	64
荆花绢	1722 匹	1.2	2066.4	荆素绢	560 匹	0.8	448
潞绸	39 匹	4	156	府纱	4 匹	7	28
姑绒	141 匹	6.5	916.5	木红线	4917 斤	2	9834
花红线	779 斤	2	1558	大金线	161 子	0.8	128.8
茶	2097 封	1.8	3774.6	松罗茶	1110 斤	0.4	444
京佛金	10000 张	0.01	100	佛金	210500 张	0.002	421
斜文梭布	237 匹	0.8	189.6	文裕梭布	16 对	0.7	11.2
大花绢	21 匹	0.8	16.8	五色绢	7 匹	0.9	6.3
白大哈达	270 个	0.15	40.5	大铜碗	14 个	—	3.2
小铜碗	48 个	0.1	4.8	小哈达	15 个	0.07	1.05
白布	58 匹	0.65	37.7	闽姜	569 斤	0.3	170.7
冰糖	847 斤	0.3	254.1	胶枣	30 斤	0.3	9
宫碗	1800 个	0.1	180	汤碗	127 个	0.1	12.7
七寸盘	274 个	0.13	35.62	五寸盘	65 个	0.08	5.2
茶锺	600 个	0.05	30	木碗	157 个	0.1	15.7
铁锅	2 个	0.35	0.7	大皮箱	7 个	1.2	8.4
小皮箱	1 个	0.7	0.7	大皮匣	5 个	0.55	2.75
小皮匣	5 个	0.35	1.75	针	1430 支	0.001	1.43
烟	34 包	0.08	2.72	大黄	10305 斤	0.15	1545.75
狐、貂、豹皮	—	二成现银	2667.18	共计	—	—	41240.35

表2-4　乾隆十三年（1748）肃州互市贸易中清方提供的商品一览

商品	数量	单价（两）	总价（两）	商品	数量	单价（两）	总价（两）
单丝泽绸	3 匹	3.5	10.5	二色金大蟒袍	45 件	18	810
金蛟边大蟒袍	35 件	18	630	二色金双喜袍	30 件	20	600
五丝蟒袍	110 件	10	1110	金百蝶缎	53 连	20	1060
金寿字缎	32 匹	12	384	满金寿字缎	36 匹	18	648
大满妆缎	10 连	16	160	扣背金	71 匹	10	710

续表

商品	数量	单价（两）	总价（两）	商品	数量	单价（两）	总价（两）
大妆花缎	40匹	10	400	大蟒袄	20连	10	200
京五丝片金	107匹	6	642	京三花妆	89匹	6	534
西五丝片金	183匹	5	915	西小妆花	439匹	5	2195
贡素缎	109匹	15	1635	内造摹本缎	211匹	12	2532
深色大卷府缎	78匹	8	624	汉府云龙缎	466匹	6.8	3168.8
汉府花缎	2300匹	6.5	14950	汉府素缎	1007匹	6.3	6344.1
白汉府缎	53匹	6.5	344.5	把汉府缎	114匹	6	684
汉府闪缎	155匹	7	1085	府纱	11匹	7	77
大潞绸	84匹	4	336	双丝泽绸	1连	8	8
湖绉	103匹	3	309	姑绒	114匹	6.5	741
花线缎	3629匹	1.8	6532.2	大花绸	138匹	1.5	207
大西绫	83匹	1.5	207	濮绸	614匹	1.1	675.4
荆花绫	1161匹	1.2	1993.2	荆素绫	961匹	0.8	768.8
花红线	1058斤	2	2116	木红线	2402斤	2	4804
金线	443包	0.8	354.95	大花哈达	28匹	0.8	22.4
白哈达	30匹	0.9	27	辅茶	4364封	1.5	7855.2
松罗茶	4884斤	0.4	1953.6	闽姜	136斤	0.3	40.8
冰糖	144斤	0.3	43.2	胡椒	191斤	0.3	57.3
姜皮	16斤	0.3	4.8	莩朴	36斤	0.3	10.8
胶枣	20斤	0.3	6	红枣	39斤	0.15	5.85
宫碗	1772个	0.1	177.2	汤碗	498个	0.1	49.8
五寸碟	242个	0.08	19.44	篹碗	239个	0.13	31.07
七寸盘	140个	0.13	18.2	三寸碟	10个	0.05	0.5
姜黄	10斤	0.3	3	茶锤	1203个	0.05	60.15
木碗	14个	0.1	1.4	大黄	8739斤	0.15	1310.9
狐、貂、豹皮	—	二成现银	1439.52	共计	—	—	74560.175

从两个表格中不难看出，清廷用于互市的产品种类较为丰富，且数量众多。在表2-3中，仅丝织物就有四十三种，其中锦袍四种，各种彩缎和素缎二十四种，绸五种，绢四种，哈达二种，绉、绫、纱、姑绒各一种，棉织物有布三种。另有针线五种、茶二种、食品二种、药物二种、瓷器五

种、铜器二种、皮革制品二种，以及铁锅、木碗、烟、佛金、京佛金等五种。在表2-4中，丝织品有三十八种，另有针线三种、茶二种、食品三种、药物六种、瓷器七种和用具一种。由上述统计可知，丝织物在清方提供的贸易品中占首要地位。乾隆九年的第一次互市贸易中，丝织品种占总商品种类的56.16%，第二次约占59%。包括丝绸在内的手工品也在两次交易的物品中占据绝大多数。如在第一次贸易中，共计73种商品，其中手工品有68种，约占93.15%；第二次提供的商品有61种，手工业产品有50种，约占81.97%。在第二次贸易中，手工业产品的种类相较第一次有所下降，但仍占有绝对优势。

通过定期互市贸易，准部商队获得大量珍贵的手工业产品，他们将商品运回准噶尔供贵族享用。准噶尔庞大的市场需求，也促进了交易地肃州手工业产品市场的较快发展，使双方均实现了互利。

3. 进藏熬茶贸易

进藏熬茶是明清时期信仰藏传佛教百姓的一项重要活动。凡前往寺院布施者，都必须携带茶叶以供熬茶，并于僧众喝茶时布施。在众多进藏熬茶的活动中，以18世纪前期准噶尔人的进藏熬茶规模与影响最大。

由于路途遥远，准噶尔人在进藏熬茶时通常于西宁及附近之地"购买送布彦应用之物，并换疲乏驼马"[①]，再经多巴等地前往西藏。故每当准部进藏熬茶时，便是一次重要的商品交易活动。据载，这一时期大规模的熬茶贸易共有三次。在此以乾隆十二年（1747）七月，准噶尔宰相巴雅斯瑚朗带领三百人商队所开展的熬茶贸易为例。这支队伍自伊犁启程，抵达西藏，沿途与内地商人交易货物，并获得了大量商品。据一档馆保存的一份有关巴雅斯瑚朗在西藏各寺院布施礼品的清单中可知，商队携带了大量金银礼品，还有各色绸缎、布匹、茶叶、皮革、金银首饰、日用手工品等物。这些物品，大多是在与内地百姓的交换中获得的。

由于目前满文奏折的翻译还在进行中，故笔者将蔡家艺抄录的布施礼

[①] （清）阿克敦：《德荫堂集》卷14《再使准噶尔奏》，《清代诗文集汇编》第256册，上海古籍出版社2010年版，第588页。

第二章 清代新疆手工业与手工业产品市场

品清单总结一番,以便分析阐述。需要指出的是,因巴雅斯瑚朗等人在进藏熬茶时,除了向达赖和班禅喇嘛布施外,还向大昭寺、小昭寺、色拉、布赉绷、噶勒丹、札什伦布、珠木赞等二十余处寺院献施,数量过多无法一一列举,因此现仅将清单中向达赖、班禅及"四大寺院"的布施情况列出。具体而言,布施品有:

一、敬献达赖手帕六十三条、绸缎一百四十三匹、回回绸缎六十三匹、棉布一百七十五匹、黄金二百零二两、白银六百两、茶叶一百包、蟒缎十六匹、(羊)毛毯二十四条、光面纹绣皮革二十二张、水獭皮十八张、衣服二件、蟒袍二件,其余胶、银盘、佛像、银净瓶、金刚经板、龙塔、素珠、坠铃、象牙盒子、靠褥等各一。

二、敬献班禅额尔德尼手帕四十一条、绸缎一百六十一匹、棉布五十匹、胶二块、白银六百两、黄金一百九十五两二钱、回布一百二十二匹、茶叶一百包、绫绸四匹、蟒缎五匹、经典三套、羊毛毯二十四条、光面纹绣皮革二十二张、水獭皮二十八张、貂皮九张、瓷碗一对。银盘、察罕特尔额克佛像、金刚经板、龙塔、坠铃、银盒、银净瓶、袈裟、靠褥各一。

三、进献布赉绷庙,计有手帕一百六十三条、缎伞三把、缎幡六面、箭结五彩手帕银镜五面、银制头盖五件、绸缎四十二匹、枪三支、棉布二匹、灯烛银一千两七钱,另有卡仗嘎、银锤、刀、水獭皮、光面纹绣皮革、银孔雀羽毛伞、制人头素珠各一,为熬茶进白银三百七十五两。此外,对于庙内近万名喇嘛,每位各发布施银数两不等。

四、进献色拉庙,共有手帕十七条、绸缎四匹、棉布四匹、光面纹绣皮革二张、水獭皮二张,尚有箭结五彩手帕银镜、缎伞、银链、枪各一,为熬茶进献白银三百两。庙内四千七百一十二名喇嘛,各放布施银五两。内四名堪布,每人各放布施银二十五两,其余各佛僧所获不等。

五、进献札什伦布庙及熬茶共计大小手帕一百一十八条、缎幡十六面、光面纹绣皮革十二张、银制头盖三件、枪三支、箭结五彩手帕银镜三面、卡仗嘎二件,另有缎伞、孔雀羽毛伞、刀、银茶壶、重五

· 213 ·

十五两银锭、银戤子各一,灯烛银八百六十九两八钱,熬茶留银一万二千五百八十二两。

六、在噶勒丹庙熬茶、献佛时,计献有手帕十七条、缎二十四匹、框结五色手帕银三面、红毡并架子一件、枪三支、刀三把、银制头盖三件、为点灯、熬茶、求福进手帕五条、羊毛毯十二条、水獭皮三张、光面纹绣皮革九张、布六匹,银盘、银锤、斧、缎伞各一,黄金三两,白银二万七千九百一十三两八钱七分五厘。①

从上述清单中不难看出,每次准噶尔首领派遣商队进藏熬茶时,商品交换规模均不小。这些手工业产品种类甚多,且进献于每个寺庙的品种几乎相同,有缎匹、银器、皮革、毛皮、日用品等,尤其是献给达赖和班禅的物品种类、数量几乎等同,可见在准噶尔人看来,二者的地位平等。

笔者在此仅列举了准部在四座寺庙中供奉的物品,余下近二十座寺庙虽进献数量略有不同,但是手工业产品的种类应当不会有明显变化。当然,每次交易的规模不可能完全一致,礼品内容也并非一成不变。但准部所提供的手工业产品,大部分是在与内地商民的贸易中得来的,故可以断言,这些礼品的种类不会有过多变动。长此以往,这对于促进准部与内地的双边贸易,推动内地手工业的发展以及扩大准噶尔的互市规模等方面具有积极意义。

另有一些散商也借进藏熬茶之机从事商品贸易活动。据《秦边纪略》载:

多巴,今之夷厂也。在湟河之西,其地名不著于昔,盖新创也。居然大市,土屋比连,其廛居逐末,则黑番也。出而贸易,则西宁习番语之人也。驮载往来,则极西之回与夷也。②

---

① 进献的物品种类与数据来源于蔡家艺《清前期卫拉特蒙古进藏熬茶考述》,见中国社会科学院民族研究所主编《中国民族史研究》,中国社会科学出版社1987年版,第265—281页。
② (清)梁份撰,赵盛世等校注:《秦边纪略》卷1《西宁卫》,青海人民出版社1987年版,第68页。

第二章 清代新疆手工业与手工业产品市场

这里的"极西之回与夷"所指即是准噶尔与维吾尔族商人。他们把牛、羊、马、骆驼等牲畜以及毡毯、葡萄、皮毛等货物贩运到内地，又从当地购买各种手工品行销准部。久而久之，这些散商逐渐成为新疆手工业产品市场发展的重要力量，在促进双方的商业往来中有不容忽视的作用。

结合上文，现依据林永匡、王熹翻译的满文奏折档案，将乾隆初期准部与内地之间的定期互市与进藏熬茶贸易的时间、地点、商队、人数及成交额等情况列表如下：

表2-5　乾隆五年至十六年清、准双方定期互市与进藏熬茶贸易情况一览[1]

时间	地点	商队	人数	成交额（两）
乾隆五年	肃州	—	—	22300
乾隆六年	东科尔	齐默特	300	105400
乾隆七年	肃州、哈密	吹纳木克	42	88800
乾隆八年	哈密	巴卜	12	2600
乾隆八年	东科尔	吹纳木克	312	78233.41
乾隆八年	哈密	额尔古济	13	8305
乾隆九年	肃州	额连胡里	122	41311.85
乾隆九至十年	肃州	图尔都	14	11664
乾隆九至十年	哈密、肃州	哈柳	38	41200
乾隆十至十一年	哈密、肃州	哈柳	28	28900
乾隆十一年	哈密、肃州	额连胡里	214	103130
乾隆十二年	得卜特尔	巴雅斯瑚朗	300	162369.66
乾隆十三年	哈密、肃州	额连胡里	136	87260.175
乾隆十四至十五年	哈密、肃州	额尔肯、呢玛	52、47	18345
乾隆十六年	肃州	呢玛	52	10000
总计	—	—	—	799819.095

从表格内容可知，自乾隆五年至十六年（1740—1751），清准双方的互市与熬茶贸易的规模起伏不定，若将表格内容制成图片，则更加展示出

---

[1] 资料来源：林永匡、王熹《清代西北民族贸易史》，中央民族学院出版社1991年版，第95—112页。

这一时期准噶尔互市与进藏熬茶贸易的不稳定性。

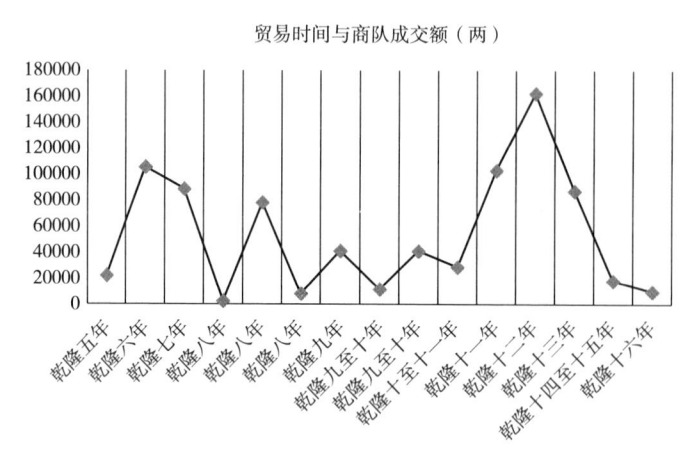

贸易时间与商队成交额（两）

图 2-2　乾隆五年至十六年清准双方定期互市与进藏熬茶贸易成交额数走势图

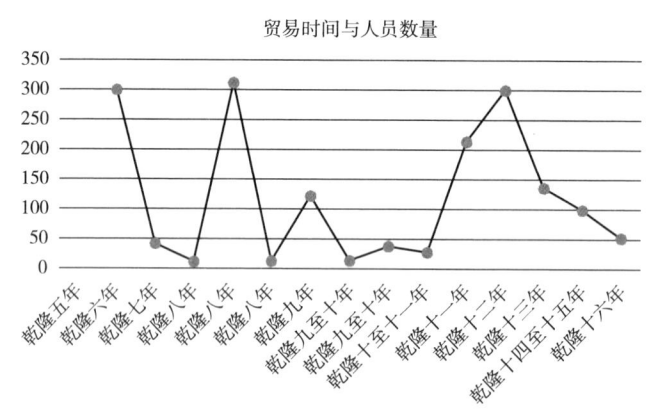

贸易时间与人员数量

图 2-3　乾隆六年至十六年清准双方定期互市与进藏熬茶贸易人数走势图

从两条折线图中可见，除乾隆五年因商队人数未见记载，无法看出贸易额与商队的联系外，此后的贸易成交额与商队人数的增减趋势基本一致。这表明了此时准噶尔商队摒弃了互市贸易之初的那种组成大规模商队、商品贸易额却很少的试探性局面，而是尽可能提高双方的贸易规模，是双方进一步信任与发展商品贸易的集中表现。

值得注意的是，贸易活动虽每年都有举行，但成交额皆不相同，且数额差距较大，这实为检验双方经济与社会生产水平的重要指标。每年来往内地的准部商队数额不等，携带的货物量也有较大差异，一个重要的原因

第二章　清代新疆手工业与手工业产品市场

在于畜牧业生产的不稳定性。内地生产的手工业产品是准噶尔人渴求的货物，他们每年都要大量购入以供准部贵族享用。但由于准噶尔商队在贸易时多以牲畜做交易，一旦饲养数量因环境因素而减少，势必带来贸易时的被动局面，这也是双方贸易不稳定的原因之一。而准噶尔商队携带牲畜数量的变化，也是检验其政治、军事力量转变的重要凭据。因此，清廷商队每年携带大量手工业产品，同准噶尔开展定期贸易与熬茶贸易，是有突出意义的。

4. 与俄国的贸易活动

清初，准噶尔同俄国之间的贸易活动也有所发展。17世纪初，俄国人阿历克赛耶夫在考察厄鲁特人的贸易活动时记录道："他们每年也赶着类似的马群去托博尔斯克和托木斯克，把它全换成商品，如象软革、铜锅、黄铜杯、铁和水獭（他们认为水獭皮比其他皮好）。"① 此时双方的手工品交易活动已较为频繁。随着沙俄势力入侵亚梅什湖附近地区，这里逐渐成为双方买卖食盐的场所，"集市持续二三个礼拜，俄国人取了盐，做过买卖，回托博尔斯克去，那些喀尔木克人和其他的人也回各自的兀鲁思"②。手工品交易市场规模也得到了进一步扩张。

17世纪上半叶，准噶尔人同俄国的双边贸易持续发展。据厉声的调查发现，准噶尔与俄国贸易时，输入的商品主要为马具、呢绒、服装、武器、纸张及小五金③，输出的则有羊、马、牛、毛皮等牲畜，南疆的丝棉织品及内地出产的茶叶、大黄和丝织品等。④

俄国的武器装备也是输入准噶尔的重要手工业产品。1644年，厄鲁特与哈萨克部开战时，"巴图尔浑台吉决心向哈萨克的扬吉儿以及没有参加远征的昆都仑等卫拉特王公报仇。文件证明，他派了自己的代表到库兹涅茨克县去，在那里有组织地大批收购武器和军事装备物品。他的代表们'向俄国属民购买库亚克（一种古代军人穿的锁子甲——兹拉特金）、盔、

---

①　[苏联] 兹拉特金著，马曼丽译：《准噶尔汗国史》，商务印书馆1980年版，第110页。
②　[英] 约·弗·巴德利著，吴持哲、吴有刚译，陈良璧校：《俄国·蒙古·中国（下）》第2册，商务印书馆1981年版，第1331—1332页。
③　厉声：《新疆对苏（俄）贸易史：1600—1990》，新疆人民出版社1993年版，第20页。
④　[苏联] 奇米特多尔日耶夫：《17—18世纪蒙俄关系》，莫斯科，1978年，第44—46页。转引自厉声《新疆对苏（俄）贸易史：1600—1990》，新疆人民出版社1993年版，第22—23页。

箭、矛和各种铁器。'"①

至18世纪20年代，双方的贸易数额与种类均有了显著增长。奉命出使准噶尔的俄国使臣温科夫斯基说："他们运到俄国的货物有：叶尔羌和其他城镇用本地出产的棉花织成的印花布、粗布、台布、乔夫达尔布、粗平纹布、次等薄纱，用叶尔羌产的丝织的长条台布、头纱、头巾。他们还向俄国出口少量海龙皮、雪豹皮、猞猁皮、沙狐皮和次等狐皮，还出口一部分坎卡拉盖貂皮"，"从俄国运到他们那里的货物有：各种颜色的呢子、海龙皮、水獭皮、红黑二色油性软革、玄狐皮、勒拿红狐皮、针、剪刀、镜子等"②。双方在各自的城镇设立集市，有了固定的贸易场所，手工业产品交易市场也得到进一步扩大。

二 清朝统一时期新疆的手工业产品市场

清廷统一新疆后，当地的商品贸易范围得到进一步扩大。据《清朝通志》载："西陲底定，自辟展、库车、阿克苏、乌什、和阗、叶尔羌、喀什噶尔等处，均设市集。内地运往者，绸缎、褐毡、色布、茶封，易回部驴、马、牛、羊、翠羽、花翎、毛革、金银、铜货及麦荞乌茭，以实边境军储。或遣官监运，或听军民贩载，其物价悉照内地价值交易。"③由此可见，统一后新疆地区的商品贸易相较过去更加自由，同内地的商贸往来也更为频繁，手工业产品交易市场也呈现出一片繁荣景象。

新疆地域辽阔，加之民族众多，故笔者在论述这一时期新疆手工业产品市场的发展情况时，会着重从不同市镇中的各族商人群体和他们贩卖手工业产品的商业活动出发，而非再以市场层级划分的角度出发。况且清人对新疆各城镇的层级划分也早已有之：

> 查回部设立阿奇木，共三十一城。计其大小，酌为三等：叶尔

---

① [苏联]兹拉特金著，马曼丽译：《准噶尔汗国史》，商务印书馆1980年版，第201页。
② [俄]伊·温科夫斯基著，尼·维谢洛夫斯基编，宋嗣喜译：《十八世纪俄国炮兵大尉新疆见闻录》，黑龙江教育出版社1999年版，第210—211页。
③ （清）嵇璜、刘墉等：《清朝通志》卷93《食货略》，商务印书馆1935年版，志7296。

羌、喀什噶尔、阿克苏、和阗为四大城；乌什、英吉沙尔、库车、辟展为四中城；沙雅尔、赛哩木、拜、库尔勒、玉古尔、牌租阿巴特、塔什巴里克、哈喇哈什、克勒底雅、玉陇哈什、齐尔拉、塔克、阿斯腾阿喇图什、阿喇古、玉斯腾阿喇图什、英额奇盘、巴尔楚克、沙尔呼勒、鲁克察克、托克三、喀喇和卓、洋赫、克勒品为二十三小城，俱给与阿奇木伯克图记，其大城图记分寸，视内地佐领，中小等城以次递减。①

由此可知，叶尔羌、喀什、阿克苏、和阗四城是南疆的经济中心，乌什、英吉沙尔、库车、辟展等城镇次之。在论述时，笔者主要将新疆手工业产品市场分为内部贸易与外藩贸易。在当时，内、外两种贸易的市场重心皆以四大城和四中城为主，且在笔者看来，以四大城、四中城为主的市场划分方式，有利于集中产品贸易市场、扩大商品交易规模。小城多为商人的途经之地或补给点，方便其开展长途贸易。

（一）内部手工业产品贸易市场

新疆内部的手工业产品市场发展较快，凡有工匠生产手工业产品的地区，当地必定有购买者，手工品的交易市场自然形成，这是受到广阔的地域条件所影响。在交通条件落后的古代，百姓们长途跋涉前往他处购买物品非常不易，故本地区的产品生产和销售一般是共存的。由前文可知，新疆各手工业产品交易地区和种类主要有：乌鲁木齐的铁器、煤炭，奇台的铜器，和阗、叶尔羌、喀什噶尔和阿克苏的玉石，叶尔羌、喀什噶尔与和阗的纺织品，南北两疆的绒褐以及和阗的地毯等等。这些产品大多是当地有名的手工业产品种类，因此市场规模自然不小。若加上其他手工行业，以及商人购买、运输、外贩之数，估计种类更多，市场规模也更为庞大。

据林永匡、王熹的推断，新疆的民族贸易活动中，除久居本地的维吾尔、柯尔克孜、乌孜别克和哈萨克等族商人外，还有从内地前来的汉、回

---

① 《清高宗实录》卷642，乾隆二十六年八月戊寅，中华书局1985年影印本，《清实录》第17册，第184页。

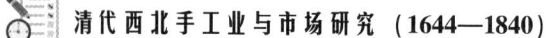

等各族商人，这些商人大都有从事行销手工业产品的活动。①

维吾尔族商人经常于南疆从事经营活动，当地的维吾尔族人也生产大量的手工品。据统计，他们主要从事丝棉纺织、毛呢、皮货、酿酒、造纸、木器、油漆、玉雕等手工行业，这就给维吾尔族商队提供了充足的贸易产品。商人携带这些货物，在南疆的叶尔羌、辟展、哈密、阿克苏、喀什噶尔等地开展频繁的贸易活动。在官方开展回布换马的贸易之前，维吾尔族商人便已往来南疆各地行销回布，有些甚至跨越天山，自南疆前往伊犁、塔尔巴哈台、乌鲁木齐等地交易回布等物。

布鲁特人久居新疆，有东、西两部。《西域记》中记有："布鲁特，回子之一部落也，地介安集延、喀什噶尔之间"，该族"风俗语言，与回疆大同小异，毡帐为居，游牧为业，以肉为食，牛马乳为酒，有额鲁特之风矣。喜中国之瓷、茶、绸、布、烟、酒，珍之如宝"②。与其他民族相似，布鲁特族百姓经常以物易物，即用饲养的牲畜换取内地的手工业产品。布鲁特族因毗邻乌什和喀什噶尔，故贸易地点也常在此二城中。另外，伊犁也是布鲁特商人开展贸易的重要场所，伊犁惠远城中，"每岁布鲁特人驱牛羊十万及哈喇明镜等物入城互市，易砖茶、缯布以归，西方行贾者以所有易所鲜，恒多奇羡，民用繁富"③。

另一方面，随着各族商贸往来日渐频繁，新疆的商业城镇得到发展，市场规模也得到进一步扩大。如南疆之叶尔羌、喀什噶尔、阿克苏、哈密，北疆之伊犁、乌鲁木齐、古城、巴里坤、塔尔巴哈台等，这些地区一度成为交易手工业产品的重要地点。

叶尔羌是南疆地区有名的商业市镇。18世纪中叶，随着清政府统一南疆战争的结束，叶尔羌迅速发展为南疆的商贸中心之一。在叶城中，诸商业街道"规模宏敞，甲于回部。城中街巷，屈曲错杂，无有条理。民居以

---

① 林永匡、王熹：《清代西北民族贸易史》，中央民族学院出版社1991年版，第28页。
② （清）椿园七十一：《西域记》卷3《外藩纪略》，《清抄本林则徐等西部纪行三种》，全国图书馆文献缩微复制中心2001年版，第81页。
③ （民国）钟广生、孙蠡甫：《新疆志稿》卷2《商务》，成文出版社1968年版，第128页。

土垣屏蔽，穴垣为户，高者三尺，伛偻出入。屋宇毗连处，咸有水坑"①。市内山陕、江浙商人居多，大部分从事绸缎、茶叶、毛皮以及日用百货的贩运。"每当会期，货如云屯，人如蜂聚。奇珍异宝，往往有之。牲畜果品，尤不可枚举。"②这里的奇珍异宝，即包括来自新疆各地的金银首饰和玉雕工艺品等。

除叶尔羌外，另有喀什噶尔、阿克苏、辟展与哈密等诸多有名的商业城镇。喀什噶尔有"回城，与镇城相连，极繁盛"③，城内工匠擅长琢玉，并且会制作各种金铜器皿，"缠民不善陶业，无论贫富，悉用铜器代之。疏勒、英吉沙尔亦善制铜器，特岁出无多，仅足供本地之用"④。产品多贩售本地，外销较少。各地丝棉织品皆负盛名，"土产荡绸、荡缎、金银丝绸、缎、布"⑤，内地商民纷纷入疆开展贸易活动。乾隆五十九年（1794），参赞大臣永保请于汉城外添盖厢房，增设铺面房一百五十间，"如关厢之制，迁内地商民居之，列市肆焉"⑥，防止人口过于密集。外商中以浩罕人居多，"篙汉（浩罕），在喀什噶尔正西约一月程……其回人善于商贩，轻家重利，时往他部贩易土物，来我喀什噶尔等处易换中国绸缎、瓷器等物，贩往别部取利"⑦。至道光朝，喀什噶尔四街共有"大字号铺二十家，小字号铺六十九家，小杂货铺二十家，烧房十一家。各项艺匠铺七十六家，大车店六座，字号店十家，小店三十五家"⑧。足见当地手工制造与销

---

① （清）傅恒等纂，钟兴麒、王豪、韩慧等校注：《西域图志校注》卷18《疆域十一》，新疆人民出版社2014年版，第367页。
② （清）椿园七十一：《西域记》卷2《新疆纪略》，《清抄本林则徐等西部纪行三种》，全国图书馆文献缩微复制中心2001年版，第63页。
③ （清）椿园七十一：《西域记》卷2《新疆纪略》，《清抄本林则徐等西部纪行三种》，全国图书馆文献缩微复制中心2001年版，第69页。
④ （清）袁大化、王树柟、王学曾：《新疆图志》卷29《实业二》，上海古籍出版社1992年版，第298页。
⑤ （清）椿园七十一：《西域记》卷2《新疆纪略》，《清抄本林则徐等西部纪行三种》，全国图书馆文献缩微复制中心2001年版，第69页。
⑥ （清）和宁撰，孙文杰整理：《回疆通志》卷7《喀什噶尔》，中华书局2018年版，第118页。
⑦ （清）永贵、固世衡原撰，苏尔德增撰：《回疆志》卷4《外夷》，清乾隆三十七年刻本，第38—39页。
⑧ （清）珠克登：(道光)《喀什噶尔略节事宜》，《中国地方志集成·新疆府县志辑》第10册，凤凰出版社2012年版，第602—603页。

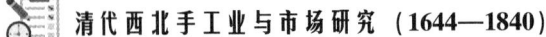

售市场均拥有较大的规模。

而在阿克苏境内,"地当孔道,以故内地商民,外番贸易,鳞集星萃,街市纷纭。每逢八栅尔会期,摩肩雨汗,货如雾拥"①。本地匠人尤善玉器、铜器、木器的制作,成品精巧、美观。工匠也擅长制鞍辔,"绣鹿革为鞯,鞍辔修整,为各城翘楚"②,制成后由商人行销各地。和阗地域广阔,下辖有六城,以盛产玉石、蚕丝、毡毯出名。该地区纺织业发达,织匠们织造的回布质量精细,深受各族百姓喜爱。和阗每年可供给回布五万余匹,随后转运伊犁,以用于商队同哈萨克等族的贸易之需。当地有染房,每年阿克苏染坊可染红布一万四千余匹,并染有靛布若干匹。哈萨克人喜红,因此红布大多用于官府同哈萨克的贸易中。

至于哈密地区,早在清政府统一之初,便已作为内地拨解粮饷、牲畜、绸缎、布匹等物的中转站,城中"商贾云集,百货俱备。居然一大都会矣"③。

许多南疆商人以上述四大商业地区为中心,组成商队,携带大量货物,长途跋涉,前往天山以北的伊犁、塔尔巴哈台、乌鲁木齐等城市贩卖商品。长此以往,商人的活动为南北疆各地的商业繁荣、手工业的发展,以及两地间的经济交往均做出了积极贡献,手工业产品市场也得到了进一步发展。

至于北疆地区的手工业产品交易市场。首先,乌鲁木齐是新疆重要的经济中心,地有满、汉两城,满城曰"巩宁",汉城曰"迪化"。据椿园氏所述:乌鲁木齐城内交通便捷,"以故字号店铺,鳞次栉比,市衢宽敞,人民辐辏。茶寮酒肆,优伶歌童,工艺技巧之人,无一不备。繁华富庶,甲于关外"④。纪昀也对乌鲁木齐工匠有所叙述。他以钟表匠为例:"戍屯

---

① (清)椿园七十一:《西域记》卷2《新疆纪略》,《清抄本林则徐等西部纪行三种》,全国图书馆文献缩微复制中心2001年版,第59页。
② (清)椿园七十一:《西域记》卷2《新疆纪略》,《清抄本林则徐等西部纪行三种》,全国图书馆文献缩微复制中心2001年版,第58页。
③ (清)椿园七十一:《西域记》卷1《新疆纪略》,《清抄本林则徐等西部纪行三种》,全国图书馆文献缩微复制中心2001年版,第17页。
④ (清)椿园七十一:《西域记》卷1《新疆纪略》,《清抄本林则徐等西部纪行三种》,全国图书馆文献缩微复制中心2001年版,第21页。

第二章 清代新疆手工业与手工业产品市场

处处聚流人，百艺争妍各自陈。携得洋钟才似栗，也能检点九层轮。"诗下注："流人既多，百工略备。修理钟表，至为巧技，有方正者能为之。"[1] 工匠技艺巧妙，生产的产品种类甚多，市场上贩售的手工业产品种类也十分丰富。

北疆另一处贸易中心位于古城，此地亦有满、汉两城。古城处于交通要道，为天山南、北两路之枢纽，自内地贩往新疆的绸缎、布匹、纸张、瓷器等物，皆在此处转运；蒙古所需缯布、茶叶等，也多于此输出，可见古城已成为不少手工业产品的集散中心。巴里坤地区气候寒冷，牧草丰茂，适宜畜牧，因地理位置优越，凡赴古城、乌鲁木齐、库尔喀喇乌苏、塔尔巴哈台、伊犁者皆取道于此，是南、北两疆商业往来的必经之地，也因此发展成为北疆的货物中转点，商贾往来众多。据《镇西厅乡土志》载：巴里坤，"自设官分治，商货云集，当商钱商以及百货商无不争先恐后，道光间颇称繁盛"[2]。由此观之，此处应当有不少商人从事手工品的贩运活动。塔尔巴哈台是新疆重要的屯田中心。自乾隆起，内地商贾便时常转运日用百货来此行销，并同当地民众交换牲畜、毛皮等。哈萨克贸易兴起后，此地遂成为双方交易的聚集地，每年都有哈方商队驱赶马匹牛羊前来，"交易绸缎而去"[3]。塔尔巴哈台百姓所需要的回布、缎匹也大都从伊犁、乌鲁木齐转运，如此便促进两地纺织品交易市场的发展。

（二）外藩手工业产品贸易市场

清朝统一新疆后，该地区与外藩的贸易往来愈加频繁，其主要的商业活动是清廷与哈萨克等族的绢马贸易。哈萨克部生活在伊犁西北的草原一带，在清朝统一新疆前，受准部阻隔，无法与清廷开展贸易。清军平准后，哈萨克部希冀与清廷互市，请求"将马匹易换货物"[4]。清政府很快同

---

[1] （清）纪昀修，郝浚等注：《乌鲁木齐杂诗注》，新疆人民出版社1991年版，第45页。
[2] （清）阎绪昌：《镇西厅乡土志》，《新疆乡土志稿》，全国图书馆文献缩微复制中心1990年版，第212页。
[3] （清）椿园七十一：《西域记》卷3《外藩纪略》，《清抄本林则徐等西部纪行三种》，全国图书馆文献缩微复制中心2001年版，第79页。
[4] （清）傅恒等：《平定准噶尔方略正编》卷44，乾隆二十二年九月丙寅，文渊阁《四库全书》第358册，第736页。

意，并在乌鲁木齐设立贸易点，以便于同哈萨克部交换商品。此后，清方也相继确立伊犁、塔尔巴哈台为贸易地点。在商品种类上双方有着很大区别。哈萨克百姓主要从事畜牧业生产，"其地无城郭屋宇之空居，不艺五谷，毡帐为家，游牧为业"，"最喜中国之瓷器、茶叶、杂色梭布及片金、倭缎之属，得之宝贵"①。可见哈人对于内地的手工业产品十分珍视，这也为乌鲁木齐、伊犁等地发展成规模较大的手工业产品市场提供了有利条件。除此之外，新疆与土尔扈特、浩罕等族，以及俄国等也都有着不同程度的手工业产品交易活动。

1. 丝绸—牲畜贸易

首先是清、哈双方的贸易活动。清廷与哈萨克贸易之初，乾隆帝对此很是重视，时常过问，并嘱咐经办官员留心哈萨克人的需求，以便及时对贸易产品做出调整。清廷提供给哈萨克商人的物品可分为三类：一是绸缎，主要由江南织造局承办，织造完毕后转运陕甘库存备用。产品有蟒缎、贡缎、大缎、倭缎、扬缎、花缎、白绸、荆花绢、苏彭缎、二丝锦缎、八丝锦缎、元青泽绸等，每年有数千匹。也有从山西、山东等地运来的绸缎，数量不多。二是布匹，主要是南疆提供的"回布"，每年有五万匹左右，另有陕西三原一带织造的梭子布等。三是杂货，如茶、线、棉花、瓷器等，种类较多。随着双方贸易往来愈加频繁，加之贸易并无时间限制，使得贸易规模有了明显扩大。清政府经过数年的努力，也逐渐在货源、品种、调度、运解乃至销售等环节上制定了一套行之有效的措施，以保障贸易的顺利进行。哈萨克人在市场上提供的货物主要有马、牛、羊等牲畜。清廷通过贸易，换回了很多马匹。清方换取马匹是有其考量，乾隆帝认为："彼处为产马之区，亦可以补内地调拨缺额，并非藉此以示羁縻，亦非利其所有，而欲贱值以取之也。"②这些马匹或解送军营留作军用，或存于屯田处所以备农耕，或运往肃州卖予民间，使购得的马匹得到充分利用。

---

① （清）椿园七十一：《西域记》卷3《外藩纪略》，《清抄本林则徐等西部纪行三种》，全国图书馆文献缩微复制中心2001年版，第77—78页。

② （清）傅恒等：《平定准噶尔方略正编》卷45，乾隆二十二年十一月癸巳，文渊阁《四库全书》，第358册，第757页。

第二章 清代新疆手工业与手工业产品市场

清廷在与哈萨克交换货物时，要先以白银核算商品价格，然后实行以物易物。一般而言，双方商品的兑换比例为：

> 五彩蟒袍一件，四庹①二色金缎一匹，每（件、匹）换马四匹，换羊三十二只；四庹倭缎一匹，四庹二色锦缎一匹，每匹换马三匹，换羊二十五只；八庹苏花缎、苏素缎、杨缎、彭缎，每匹换马二匹，换羊二十只；八庹闪缎、六庹彭缎、中片金，每匹换马二匹，换羊十六只；四庹妆缎，每匹换马二匹，换羊十二只；小花线缎一匹，换马一匹，换牛一只，换羊八只；串绸一匹，换马一匹，换牛一只，换羊七只；白绸一匹，换马一匹，换牛一只，换羊六只；绫子一匹，换马一匹，换牛一只，换羊五只；里袖一匹，换马一匹，换牛一只，换羊四只；回布一匹，换大羊一只，换小山羊二只；布六匹，换骟马一匹，换大牛一只；布四匹，换儿马一匹，换半大羊一只，悉有定额。②

清政府规定了兑换比例，减少了双方贸易时可能出现的兑换问题，提高交换效率，促进了双边贸易的发展。

关于这一时期清方所提供贸易丝绸的详细数额，学术界历来争议颇多。林永匡与王熹借助乾隆二十四年（1759）至咸丰三年（1853）的满文档案，得到了新疆自内地办解的丝绸数。范金民曾用数篇文章论证了江南运往新疆的丝绸种类与数量。③ 王科杰则对林永匡与王熹的数据持有不同意见。④ 据笔者搜集的资料所见，囿于满文档案记载并不全面，例如有部分时间段的布匹贸易数额未见记录，因此若想得到详细数据无疑有较大困难，这就需要结合时人笔记估算。

---

① 庹：一种长度单位，是指成人两臂左右平伸时两手之间的距离，约合5尺。
② （清）格琫额：《伊江汇览》，《清代新疆稀见史料汇辑》，全国图书馆文献缩微复制中心1990年版，第76—77页。
③ 范金民：《清代江南与新疆官方丝绸贸易的数量、品种和色彩诸问题》，《西北民族研究》1989年1期；《清代江南与新疆地区的丝绸贸易（上）》，《新疆大学学报（哲学社会科学版）》1988年第4期；《清代江南与新疆地区的丝绸贸易（下）》，《新疆大学学报（哲学社会科学版）》1989年第1期。
④ 王科杰：《新疆回布贸易兴起原因再析》，《清史研究》2020年第1期。

首先，关于内地提供给哈萨克商人的丝绸数量。乾隆四十二年（1777），椿园七十一在《西域记》中称伊犁，"每岁例调内地……绸缎数万匹，与哈萨克交易牛羊马匹，变价充饷"。塔尔巴哈台，"岁调……绸缎数万匹，与哈萨克交易牛羊驼马，变价充费。"① 然据道光《苏州府志》载："织办解新疆绸缎，岁无定额，应给银两，亦无定数，每年约办缎匹一千匹左右，领银四千两上下。"② 以此观之，椿园氏应当夸大了官府调用的绸缎数量。而乾隆二十四年（1759）至咸丰三年（1853）这九十四年间，江南运往新疆的贸易丝绸数究竟有多少，范金民给出了详细数字，为416072匹，③ 平均每年4380匹。林永匡、王熹二人则估算出内地运往新疆的丝绸共计443440匹，其中江南地区丝绸数按90%占比计算，约399096匹，与范金民估算的结果相差万余匹。但就贸易结果而言，哈萨克贸易中清方提供的丝绸数始终保持在较高区间，表明了绢马贸易这一商业行为无疑是成功的。

而以贸易品种观之，新疆绢马贸易需要的丝绸主要包括缎、绸、绢等多种，各地需要的丝织品数量也有一定差别。伊犁最初以缎为主，后转为绸；塔尔巴哈台和喀什噶尔用缎较多；乌什、叶尔羌、和阗三地调用绸的比例较高。随着清哈双方的贸易规模进一步扩大，清政府提供的丝绸品种也有了明显增多：有妆缎、大缎、锦缎、字缎、闪缎、彭缎、苏缎、扬缎、倭缎、宫绸、春绸、花绫、片金、宁绸、串绸、蟒袍缎、纺丝绸、衣里绸、濮院绸、金百蝶缎、小花线缎等数十种。④ 另有山西的泽绸、潞绸，还有山东的茧绸，两地每年约有上百匹绸缎运往新疆。

为了维持长期贸易活动，在双方交易之初，乾隆帝即要求加强对丝绸质量的把控，"其应需缎，若由内府办解，丝色精良，而官办后仍必招商，

---

① （清）椿园七十一：《西域记》卷1《新疆纪略》，《清抄本林则徐等西部纪行三种》，全国图书馆文献缩微复制中心2001年版，第29、34—35页。

② （清）宋如林、额腾伊、石韫玉等：道光《苏州府志》卷17《田赋十·织造》，清道光四年刻本，第34页。

③ 范金民：《清代江南与新疆地区的丝绸贸易（上）》，《新疆大学学报（哲学社会科学版）》，1988年第4期。

④ 范金民、金文：《江南丝绸史研究》，农业出版社1993年版，第322—324页。

第二章　清代新疆手工业与手工业产品市场

将来恐成色略减,致烦言论。现在陕省采办各色缎,及巴里坤现存杂色梭布、京庄布,均可敷用"①。这一措施得到了哈萨克商人的积极回应,仅乾隆二十八年(1763)中的四个月内,就换回马4200匹。同时,乾隆帝一再强调,织造绸缎时:"工料虽可照常办理,不必过于精好,所有每匹尺寸,务须如式宽足,俾制衣材料,不致短少,庶于贸易,更为有益。"② 即在交易时清方可以适当增加丝绸的供给数量,舍弃一部分产品质量,这样就满足了哈萨克商人交易更多缎匹的需求。哈萨克人喜红,但地方官往往基于库存对哈售卖,"管理贸易之员,往往与以别色布匹,是即强以所不欲",不在意哈族商队所需。事为乾隆帝所知,他厉声斥责负责此事的官员,并下令:"红色布匹,何足为贵。哈萨克既多有要者,嗣后何妨多为办运。着传谕伊勒图,此后向哈萨克贸易,不妨将红色布匹,令其多为运往,以备贸易"③,随后官府照令行事,准备了大量哈萨克人喜爱的红色绸缎。

对于质量较差的丝绸,朝廷不得不采取"减价发售"的方式处理。乾隆三十一年(1766),伊犁将军明瑞上奏:"从前各项织造办解大缎,丝色鲜明,质厚体重,是以哈萨克等俱乐于交易。今年苏州、杭州解到缎匹,较前货料平常,即于摹本大缎一项,乾隆三十年以前解到者,每匹重四十二三两不等,三十一年解到者,每匹仅三十五六两。"④ 请求减价销售。乾隆帝应允,并下令:"其所减之价,即着落各承办之织造,照数赔补,并将该织造交与内务府大臣议处。再此项缎匹,于何时解至甘肃,该督因何不遵旨点验,辄将浇薄不堪之缎匹,解送伊犁。并著吴达善明白回奏。"⑤

---

① 《清高宗实录》卷550,乾隆二十二年十一月癸巳,中华书局1985年影印本,《清实录》第15册,第1017页。
② 《清高宗实录》卷610,乾隆二十六年正月丙子,中华书局1985年影印本,《清实录》第16册,第854页。
③ 《清高宗实录》卷939,乾隆三十八年七月乙酉,中华书局1985年影印本,《清实录》第20册,第688页。
④ 中国第一历史档案馆编:《乾隆朝上谕档(第五册)》,第143条,档案出版社1991年版,第47—48页。
⑤ 《清高宗实录》卷775,乾隆三十一年十二月壬戌,中华书局1985年影印本,《清实录》第18册,第512页。

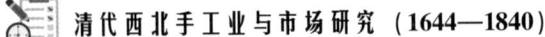

清政府对丝绸质量的较高要求，保证了清哈绢马贸易的长期繁荣。

值得注意的是，哈萨克商人对于清方提供的丝绸质量有着相当高的包容性。例如在乾隆二十四年（1759）十一月，大臣永德在多次经办与哈萨克的绢马贸易后，提出建议：

> 臣于乌鲁木齐办理哈萨克贸易两年矣。详察前来哈萨克之本性，此辈皆系边末之人，极贪图好利。贸易伊始，虽言多取好缎，然易换时，则又不分缎绢之优劣，每每唯求多得数目。以臣之愚见，与哈萨克贸易，若多有价贱平常缎匹、绢、纺丝等货物，与价昂质好之绢缎搭配交易，随其多得之意，则可愈易交易。故此项平常缎匹、绢、纺丝等物所需甚钜。然臣查乌鲁木齐存贮缎匹，除内库解送缎匹、乌鲁木齐旧有大缎外，不啻价贱平常缎匹将近用完，而绢匹等物亦已用尽。因此次前来哈萨克带来马匹无多，现有平常缎匹搭配交易仍敷足用，将来若有赶来马匹甚多者，临时周章似有迟误。①

乾隆帝同意其请求，永德随后会同辟展、哈密大臣斟酌此事，将原价、运费一并计算，并请陕甘总督协助他将储存在陕西的江南丝绸解运至新疆。由此可见，清政府在保障丝绸质量达到标准的同时，也同意提高丝绸产量，适当放宽质量要求。如此，便可以保证清方提供数量更多的丝织品，换取的哈萨克马匹也会增多，给双方的长期贸易奠定基础。

清廷通过绢马贸易，既满足了哈萨克人对于丝织品的需求，也换回了数量较多的马匹牲畜。而关于不同时期马匹与丝绸的兑换比例，这里有必要论述一番。据载，乾隆三十二年（1767），伊犁清哈贸易市场上的马价为：

> 头等每匹价银四两八钱，二等三两六钱，三等二两五钱，折中

---

① 《满文军机录副》，乾隆二十四年十一月十一日永德奏。转引自林永匡、王熹《清代西北民族贸易史》，中央民族学院出版社1991年版，第149页。

核算，每匹约三两六钱有奇。加收沿途解送杂费等项，连价本约四两一钱有奇，较（内地）买马一匹定价八两之例，每匹可省银三两八钱。①

外藩马匹的价格要低于内地采购价，这在一定程度上减轻了清政府的财政开支，且"哈萨克马匹向多高大，即最小者，较之蒙古马匹，亦属差胜"②。哈萨克马匹质量上佳，价廉物美，清廷也因此获利甚厚。

在清哈绢马贸易中，丝绸与马匹的兑换比例并非一成不变。乾隆三十三年（1768），首批绢马贸易的交换比例是"马一匹，仅得缎一端"③。次年，哈萨克部族的哈斯伯克等带领贸易商队抵达乌鲁木齐，商队所携马匹，善者每匹作价4.4两，次者3.8两，成交马1150匹④，与上一年的定价已有所区别。下面，笔者以哈萨克商队来乌贸易的时间先后为顺序，将历次成交额中的马价及与缎匹的交换比价稍加论述并列成表格，阐述双方绢马贸易活动的一些规律与特点。

乾隆二十三年（1758）九月十七日，哈萨克首领哈巴木拜之子额德格、其弟托穆泰等率领五十七人的商队，前往乌鲁木齐开展贸易活动。清廷一方由努三、永德等人经办此次贸易，因行事仓促，故缎匹的来源较为复杂，绸缎由陕西西安及甘肃肃州、皋兰、武威等地办解缎、绫、布等305.5匹，并附加杂色绫230对。这些纺织品加运费共计1194两8钱4分。通过此次交易，清政府共获得哈萨克马219匹，其中包括骟马166匹，照每匹价银8两，值银1328两。⑤ 同年十二月，哈萨克商队同清方继续在乌

---

① 《清高宗实录》卷793，乾隆三十二年八月庚辰，中华书局1985年影印本，《清实录》第18册，第720页。

② 《清高宗实录》卷1408，乾隆五十七年七月乙巳，中华书局1985年影印本，《清实录》第26册，第929页。

③ 《清高宗实录》卷593，乾隆二十四年七月己卯，中华书局1985年影印本，《清实录》第16册，第593页。

④ （清）傅恒等：《平定准噶尔方略正编》卷76，乾隆二十四年八月丙戌，文渊阁《四库全书》，第359册，第369页。

⑤ 《满文朱批奏折》，乾隆二十三年九月二十四日，努三等奏。转引自林永匡、王熹《清代西北民族贸易史》，中央民族学院出版社1991年版，第139页。

鲁木齐交换商品，并以 102 匹马换得丝绸 543 匹。为便于直观展示乾隆时期清哈绢马贸易的物品种类与兑换比例，现将乾隆二十三年（1758）至三十年（1765）间清方提供的商品、价格，以及哈萨克的马匹价格列表 2-6 如下：

表 2-6　乾隆二十三年至二十四年乌鲁木齐绢马贸易中清方提供货物一览①

时间	商品	数量	单价（两）	总价（两）	运足银（两/每匹）	加增银（两/每匹）
乾隆二十三年九月（共合银1646两）	元青贡缎	33 匹	13	429	1.411	5.441
	苏花缎	16.5 匹	5.6	92.4	0.67	2.344
	苏素缎	43.5 匹	4.6	200.1	0.499	1.925
	小花线缎	154 匹	1.35	207.9	0.146	0.565
	中片金	2 匹	4	8	0.434	1.664
	闪缎	0.5 匹	4.15	2.75	0.225	0.868
	杂色绫	230 对	0.52	120.12	0.056（每对）	0.217
	京庄白布	55 匹	0.325	17.875	0.035	0.136
	印花布	1 匹	0.38	0.38	0.041	0.159
乾隆二十三年十二月（共合银747两）	闪缎	48 匹	4.6	220.8	0.217	1.88
	苏素缎	34 匹	4.65	158.1	0.22	1.828
	苏花缎	3 匹	5.6	16.8	0.265	2.21
	小花线缎	61 匹	1.35	82.35	0.063	0.53
	荆花绢	54 匹	0.75	40.5	0.035	0.294
乾隆二十四年七月（共合银4960.4678两）	内贡缎	57 匹	13	741	0.655	11.796
	摹本缎	27.5 匹	13	357.5	0.655	11.796
	苏花缎	138.5 匹	5.6②	775.9165	0.282	5.81
	苏素缎	151 匹	4.65	702.15	0.234	4.219
	小庄花缎	72 匹	3.5	252	0.176	3.175
	小蟒缎	49 匹	2.5	171.5	0.176	3.175
	闪缎	55 匹	4.6	253	0.331	4.174

---

① 表 2-6、2-7、2-8 资料来源：林永匡、王熹《清代西北民族贸易史》，中央民族学院出版社 1991 年版，第 165—173 页。
② 剩余半匹计为 3.1165 两。

续表

时间	商品	数量	单价（两）	总价（两）	运足银（两/每匹）	加增银（两/每匹）
乾隆二十四年七月（共合银4960.4678两）	片金闪缎	88匹	4	352	0.21	3.629
	小花线缎	286匹	1.35	386.1	0.068	1.224
	荆花绢	436匹	0.75	327	0.037	0.68
	花红线	5斤	1.9	9.5	0.095	1.724
	闪色彭缎	5匹	2.7674	13.837	0.139	2.51
	梭布	400对	1	400	—	—
乾隆二十四年七月二十四日（共合银782.46两）	贡缎	0.5匹	13	6.5	0.226	3.572
	苏素缎	154匹	4.65	716.1	0.162	2.555
	梭布	33对半	1	33.5	—	—

自乾隆二十五年（1760）始，清方记录的商品交易详情中，省略了运足银与加增银两项，并非不再征收，而是摊入商品价格中统一计算。故从乾隆二十五年（1760）始须重新绘制表格。

表2-7　乾隆二十五至三十年乌鲁木齐绢马贸易中清方提供货物一览

时间	商品种类	数量	总价（两）
乾隆二十五年十二月（共合银1391.3两）	八庹草锦	3匹	63.8
	六庹小蟒缎	17匹	167
	八庹帽缎	1匹	9.1
	六庹扬缎	1匹	5.1
	四庹彭缎	55匹	175.1
	闪缎	69匹	339.3
	苏素缎	24匹	105.5
	荆花绢	10匹	8.9
	白棉布	207匹	126
	白布	11匹	7.2
	兰布	6匹	5.7
	毛青三棱	100匹	55.6

续表

时间	商品种类	数量	总价（两）
乾隆二十五年十二月 （共合银1391.3两）	川烟	12包	2.1
	苏花缎	9.5匹	55.7
	苏素缎	3.5匹	16.8
	金蛟大蟒袍	5匹	57.9
	二色金蟒袍	5匹	59.1
	五丝五彩蟒袍	2匹	12.6
	中片金	7匹	29.3
	三妆花	2匹	8.6
	小花妆	2匹	7.3
	小蟒袄	7匹	26.3
乾隆二十六年正月 （共合银1390两）	八庹四云大缎	1匹	7.4
	八庹闪色暗花缎	7匹	62.4
	八庹大闪缎	2匹	19.1
	八庹扬缎	24匹	157.9
	六庹扬缎	29匹	149.1
	八庹小闪缎	2匹	13.6
	四庹彭缎	129匹	410.9
	五丝缎	3	15.4
	六庹彭缎	10匹	59.2
	荆花绢	44匹	39.4
	白布	18匹	11.8
	大红布	19匹	21
	油绿布	58匹	67
	毛青三梭	53.5匹	29.7
	梭	7对半	6.9
	川烟	15包	2.6
	苏花缎	1匹	5.8
	金蛟大蟒袍	2匹	23.1
	二色金百蝶	15匹	213.3

续表

时间	商品种类	数量	总价（两）
乾隆二十六年正月 （共合银1390两）	二色金寿字	1匹	11
	中片金	8匹	33.5
	连机蟒袄	1匹	6.4
	小蟒袄	4匹	15
	小妆花	2匹	7.3
乾隆二十七年正月 （共合银3057.4两）	八庹金线蟒缎	3匹	53.1
	闪缎	19匹	96.7
	五丝缎	282匹	928.1
	六庹彭缎	106匹	510.6
	大缎	67匹	478
	四庹彭缎	282匹	837.1
	小卷绫	5匹	16.4
	毛青三棱	6匹	3.6
	川烟	13包	2.2
	贡缎	2匹	27.2
	二色金蟒袍缎	3匹	35.5
	二色金双喜缎	2匹	22.1
	二色金寿字缎	2匹	22.1
	小妆花缎	2匹	7.3
乾隆二十七年 二月十三日 （共合银3554.7两）	八庹四云大缎	1匹	7.6
	闪缎	11匹	58.5
	五丝缎	438匹	1441.5
	六庹彭缎	243匹	1170.7
	大缎	20匹	142.7
	倭缎	1匹	11
	六庹扬缎	26匹	130.7
	四庹彭缎	4匹	11.8
	荆素绢	4匹	24
	小卷绫	6匹	19.7

续表

时间	商品种类	数量	总价（两）
乾隆二十七年二月十三日（共合银3554.7两）	小卷金蟒缎	34匹	283.5
	大卷八丝缎	9匹	127.9
	毛青棱布	53匹	32
	棱布	67对	63.7
	白布	46匹	30.3
	川烟	44包	7.7
	二色金双喜缎	1匹	11
	花红线	1斤	2
乾隆二十八年九月十九日（共合银712.2钱1分）	八庹苏花缎	4匹	29.3
	八庹苏素缎	3匹	21.3
	大金四庹蟒缎	2匹	22.9
	六庹扬缎	2匹	10.5
	八庹彭缎	22匹	157.9
	闪缎	5匹	31
	小花线缎	18匹	59.1
	四庹彭缎	34匹	117.9
	倭缎	22匹	175.7
	白串绸	21匹	57.7
	五丝缎	3匹	9.8
	对子棱布	1匹	0.47
	毛青棱布	2匹	1.2
	兰布	8匹	7.6
	白石牌布	9匹	6.1
	川烟	18包	3.1
乾隆二十九年正月初七（共合银1774两4钱）	八庹大金蟒缎	1匹	19.2
	金寿字缎	1匹	11
	双喜缎	1匹	11
	四庹金百蝶缎	3匹	34.1
	四庹二色锦缎	21匹	177.5

第二章　清代新疆手工业与手工业产品市场

续表

时间	商品种类	数量	总价（两）
乾隆二十九年 正月初七 （共合银1774两4钱）	闪缎	39匹	242
	八庹彭缎	16匹	114.8
	八庹苏素缎	16匹	114
	八庹青素缎	8匹	57.5
	八庹白素缎	2匹	13.8
	五丝五彩蟒缎	3匹	18.9
	六庹扬缎	51匹	256.4
	小花线缎	148匹	444
	白串绸	47匹	129.1
	荆花绢	15匹	24.7
	毛青梭布	21匹	12.7
	对子梭布	92对半	87.3
	白石牌布	9匹	6.1
	川烟	2包	0.3
乾隆二十九年 二月初五 （共合银1111两2钱）	六庹扬缎	32匹	160.9
	四庹二色锦缎	16匹	135
	八丝大缎	1匹	14.2
	八庹青素缎	20匹	143.8
	八庹白素缎	2匹	13.9
	八庹彭缎	8匹	57.4
	八庹苏花缎	5匹	26.6
	八庹苏素缎	9匹	64.1
	闪缎	18匹	91.6
	八丝缎袍料	2匹	8.2
	五丝缎	31匹	102
	三花妆缎	1匹	4.3
	小花线缎	2匹	0.6
	白串绸	24匹	65.9
	四庹彭缎	36匹	124.8

续表

时间	商品种类	数量	总价（两）
乾隆二十九年二月初五（共合银1111两2钱）	荆花绢	12匹	19.8
	毛青梭布	3匹	1.8
	对子梭布	64对	60.4
	川烟	3包	0.5
乾隆三十年二月二十九日（共合银792两7钱4分）	石青金寿字缎	8匹	96.98
	片金	10匹	46.06
	大白绸	5匹	9.91
	八庹彭缎	7匹	52.26
	八庹苏花缎	40匹	304.93
	八庹苏素缎	10匹	73.99
	四庹苏花缎	40匹	151.42
	白串绸	11匹	27.42
	濮院绸	1匹	1.72
	回子青布	6匹	2.76
	回子白布	41匹	14.52
	八庹二色金缎	0.5匹	7.94
	里绸	2匹	2.82

表2-8　乾隆二十三年至三十年乌鲁木齐绢马贸易中哈方提供货物一览

时间	哈方商品	数量	单价（两）	总价（两）
乾隆二十三年九月	骟马	166匹	8	1328
	儿骒马	53匹	6	318
乾隆二十三年十二月	骟马	78匹	8	624
	碎小骟马	9匹	4	36
	儿骒马	14匹	6	84
	碎小骟马	1匹	3	3
乾隆二十四年七月	大骟马	1000匹	8	8000
	碎小骟马	68匹	6	408
	儿骒马	82匹	6	492

续表

时间	哈方商品	数量	单价（两）	总价（两）
乾隆二十四年七月二十四日	骟马	125匹	8	1000
	儿骒马	33匹	6	198
乾隆二十五年十二月	头等骟马	157匹	4.9	744.8
	碎小骟马	152匹	2.7	410.4
	骒马	11匹	2.7	29.7
	儿马	59匹	2.7	159.3
乾隆二十六年正月	头等骟马	110匹	4.9	539
	中等骟马	97匹	4.6	446.2
	三等骟马	101匹	2.9	292.9
	骒马	11匹	2.9	31.9
	儿马	22匹	2.9	63.8
乾隆二十七年正月	头等骟马	320匹	4.9	1568
	二等骟马	250匹	3.6	900
	三等马	218匹	2.5	545
	内骟马	198匹	2.5	495
	儿马	8匹	2.5	20
	骒马	12匹	2.5	30
乾隆二十七年二月十三日	头等骟马	330匹	4.8	1584
	二等骟马	260匹	3.7	962
	三等骟马	283匹	2.8	792.4
	儿马	51匹	2.8	142.8
	骒马	5匹	2.8	14
乾隆二十八年九月十九日	头等骟马	73匹	4.7	343.1
	二等骟马	78匹	3.7	288.6
	三等骟马	30匹	2.68	80.4
乾隆二十九年正月初七	头等骟马	153匹	4.5	688.5
	二等骟马	145匹	3.5	507.5
	三等骟马	225匹	2.5	562.5

续表

时间	哈方商品	数量	单价（两）	总价（两）
乾隆二十九年二月初五	头等骟马	81匹	4.5	364.5
	二等骟马	102匹	3.5	357
	三等马	137匹	2.5	342.5
	内骟马	131匹	2.5	327.5
	儿马	4匹	2.5	10
	骒马	2匹	2.5	5
	牛	1头	2.8	2.8
	羊	50只	0.7	35
乾隆三十年二月二十九日	头等骟马	75匹	4.7	352.5
	二等骟马	80匹	3.6	288
	三等儿骟马	42匹	2.5	105
	骒马	6匹	2.5	15
	伯勒克马	6匹	4.59	27.54

由以上三个表格可知，清政府每年用于贸易的缎、绢、绸、绫等纺织品的价格=原价+运脚费+各项杂费银两，这种价格统计方式在清廷看来是较为合理的。如在运输丝织品的途中，为了妥善处理丝绸发霉、运送颠簸等不利因素，故在交易时向哈萨克商人收取一定的运脚费及杂费，以抵消运输成本。即便如此，同一种货物原价、脚价以及杂费的总价也各不相同，很难用统一、固定的标准来确定这些货物的价格，这就给予清廷很大的定价空间。

笔者经过一番核算，发现每年绢马贸易的兑换比例各有差别。如在乾隆二十三年（1758）九月的清哈贸易中，哈萨克商人出售骟马166匹，定价每匹8两，共计1328两，而清廷以缎布成本价加运费合算，计每匹值银5两8钱，加增银2两1钱9分。这里的加增银实为清政府采用的一种附加成本，乃为平衡绢与马的价格所定，它全部并入运脚与杂费银两中，实则超出丝绸原本的价值。如上述缎布每匹5两8钱，加上所加增银2两1钱9分，即等于每匹马8两的定价。这里暂且略去加增银，以缎布的成本计算，那么仅骟马一项，与丝绸的兑换比就达到了1.38∶1。其次，哈萨克商人另携带儿骡马53匹，每匹价银6两，计银318两，清廷以缎布的成本价加运费合算，每匹值银4两3钱5分，兑换比亦为1.38∶1。至二十四年（1759），丝价每匹4两4钱5分，与骟马兑换比为1.8∶1，儿骡马兑换比为1.8∶1。同年七月十四日，骟马兑换比为1.53∶1，儿骡马亦同。二十五年十二月，头等骟马所用缎匹成本加运费，每匹马实摊银4两9钱，兑换比为1.63∶1。这里需要注意的是，乾隆二十四年后，官方奏折中未见有关加增银一项的记录，并非不征，而是直接平摊到每匹布价中，由过去固定的加增银额数，以极为隐蔽的手法，归入原价与运脚中，这也是兑换比例明显提升的原因。待到乾隆三十年（1765），每匹摊银已达到4两7钱，兑换比提升至1.7∶1。可以看到，在绢马贸易中，丝绸与马匹的价格比每年都不相同。从结果来看，清政府在每次贸易中都获得了高额利润，可见绢马贸易无疑对清方是十分有利的。

伊犁地区的绢马贸易要较乌鲁木齐稍晚，乾隆二十五年（1760）虽已开始，然真正形成规模还要从二十七年设立伊犁将军时算起。彼时加增银已摊入成本中，如二十五年十一月清廷携带八彭闪缎10匹，成本67两3钱5分，六庹彭缎41匹，成本银198两2钱3分5厘，二者共计265两5钱8分5厘，平均每匹5两2钱。马匹方面，哈萨克携头等骟马54匹，每匹摊银4两9钱2分。另有彭闪缎十七匹，原价并运费共银114两4钱9分5厘，每匹均价6两7钱3分5厘，哈萨克有平常骟马29匹、儿马12匹，共41匹，每匹均价2两7钱9分。[①] 照此计算，清廷以绝对亏折的方式结束了此次贸易，这违背了其利益最大化的交易意图。清政府此举，应出于笼络哈萨克商队、扩大市场规模的考量。

通过观察乾隆二十七年（1762）伊犁绢马贸易中的一些细节，亦可看出端倪。这时双方贸易均已步入正轨，贸易规模也在不断扩张，清廷已无招揽之必要。正月二十日，哈萨克五个商队携带大量马匹前往伊犁交易。此次交换，清政府共动用缎匹、棉布434匹，总计1872两8钱9分5厘2

---

① 成本数据来源于《满文军机录副》，乾隆二十五年十一月十日，阿桂、伊柱等奏。转引自林永匡、王熹《清代西北民族贸易史》，中央民族学院出版社1991年版，第285—286页。

毫，平均每匹4两3钱1分5厘，哈萨克马计每匹值银4两1钱8分，这仅是优劣马匹合计下的均值。若以头等骟马为准，则清廷共耗费138匹绸缎，其原价并运费银1034两1钱9分4厘2毫，平均每匹7两4钱9分，哈萨克头等骟马共307匹，平均每匹4两9钱9分6厘，双方均价竟相差2.5两。① 长此以往，清政府必然会以亏损而告终，但从双方近百年的贸易活动来看，清方与哈萨克的绢马贸易并未停止，可见绸缎的实际价格远没有这么高。依照盈利比，清廷将加增银摊入成本中销售，是缎匹价格上升的重要原因。最终，清政府每年依靠高额的加增银换得大量哈萨克马匹，满足了马匹需求。

从上述不难看出，绢马贸易本质上是一种不平等的交易，最大获益者乃是清朝政府，加增银数便是其所获得的利润。贸易开展之初，兑换比尚处于合理区间，随着双方商贸往来愈加密切，兑换比也呈现出明显增长的态势。至乾隆三十年（1765）后，绢马的兑换比值已基本处于1∶1.5以上。应当指出的是，清廷虽获利甚多，但为保证贸易的发展与壮大，会相应地提高马价，并在贸易的时间、地点、条件以及对哈萨克商队的保护等方面均做出一定的让步与安排，以确保绢马贸易始终对哈萨克商队拥有强大的吸引力。最终，双方的贸易活动持续近百年。

需要说明的是，清政府所售绸缎虽主要由江南三织局承办，然而大部分织造缎匹来自民间，并非由官织局织作。据范金民研究，织造局因拥有较为固定的工匠数和织机数，每年织造的绸缎数额有限，加之要时常负责官员、皇室的衣物制造，因此产量无法满足新疆贸易之需。绢马贸易使用的绸缎是较为平常的丝绸品种，工艺并不复杂，质量要求也不高，因此民间有能力织造。加之道光十一年（1831）大学士长龄检查发现，杭州贸易缎匹价银不符合规定，后查明此项缎匹均从民间采买，其料工并非官局买丝织办。可见，"无论是根据档案材料，还是考察官营织局的生产规模、生产能力，以及贸易绸缎的品种，可以肯定，贸易绸缎是由官局购自民间

---

① 成本数据来源于《满文军机录副》，乾隆二十七年二月二十五日，阿桂等奏。转引自林永匡、王熹《清代西北民族贸易史》，中央民族学院出版社1991年版，第288—289页。

的"①。因此新疆的丝绸贸易，实为官方与民间合作共赢，其中由官府占有多数利润，民间则得到官府给予的工本钱。

不过，清廷往往禁止民间私贩丝绸至疆。乾隆二十五年（1760），皇帝下谕："惟不得任商贩私行携带，减价售卖。"② 这是官方反复斟酌下的结果：一、官府在绢马贸易中获取厚利，同时交换得来的马匹对稳固边疆具有重要的政治与军事意义；二、清政府要保证贸易缎匹的价格始终维持在合理区间，私商的进入会导致价格波动较大，不利于长期贸易；三、在绢马贸易之初，每年从江南地区运送的丝绸数额足够市场所需，丝绸单价也要较回布高，更利于运输和获利。因此民间与官府合作，一般只赚取丝绸的加工费用。

2. 布匹—牲畜贸易

在清政府与哈萨克的绢马贸易开展数年后，随着双方贸易量的显著上升，江南丝绸的织造效率不高、运输路途遥远等缺点也逐渐暴露，每年解运至疆的缎匹仅几千至万余匹不等，已不能满足交换所需。而布匹因制作简便、产量高，加之廉价的特点，使清廷开始考虑采用布匹来交换哈方的马匹。此后，新疆回布逐渐成为清朝在对哈贸易时提供的主要商品。

清政府用于贸易的布匹主要为南疆百姓织造的回布，这里简要介绍一下南疆的回布织造。清人祁韵士曾于《回布》一诗中赞曰："长短裁量百用宜，就中巧塔尔称奇。看他细密成非易，想见辛勤手织时。"③ 并注："回布极细者名巧塔尔。"回布即维吾尔族百姓手工织成的棉布，他们提供了伊犁、塔尔巴哈台等地在贸易时需要的大量布匹，回布的主要产区有和阗、阿克苏、叶尔羌与喀什噶尔。

布匹贸易之初是与绸缎混合贩售，棉布大多来自内地。不过，因布匹需求数额庞大、运输不便，加之南疆的回布织作工艺也已相当成熟，因此

---

① 范金民：《国计民生：明清社会经济研究》，福建人民出版社2008年版，第103页。
② 《清高宗实录》卷618，乾隆二十五年八月乙亥，中华书局1985年影印本，《清实录》第16册，第952页。
③ （清）祁韵士：《西陲竹枝词》，《清代诗文集汇编》第429册，上海古籍出版社2010年版，第720页。

在乾隆二十七年（1762），清廷开始逐步采用南疆回布代替从内地转运的白布、梭布、印花布、京庄布等。该行为不但受到哈萨克商队的欢迎，也得到了维吾尔族百姓的积极响应。据《伊江汇览》载：乾隆时仅叶尔羌、和阗、喀什噶尔三地，每年就可运输五万九千余匹回布到伊犁交易[①]，数额巨大。至道光朝，"每年喀什噶尔、叶尔羌、和阗三处回子贡布，约共九万余匹，运赴伊犁应用。至塔尔巴哈台与哈萨克贸易所需布匹，半由伊犁转运回布，半由乌鲁木齐采买布匹应用"[②]。另一方面，清政府为了实现利润最大化，在征收民间回布时，进一步压低回布的收购价格。乾隆二十七年（1762），回布的价格为每匹四十八文普尔钱，次年即被官府压低至三十三文。此后回布价格不断降低，乾隆三十年（1765）以后，回布的收购价已低至每匹十八文，最低时只有十四文。乾隆中期以后，新普尔钱的贬值，又进一步导致回布的实际价格不断降低，而官府征收回布的价格始终保持在每匹十几至二十文之间。在与哈萨克商人交易时，官方却以每匹3—4钱的高价售出。[③] 由此可见，清廷主动压低了回布收购价格，同时提高售价，通过这种方式在回布贸易中获得巨额利润。

学者们对于清哈贸易中南疆运送贸易所需的回布匹数有过多次探讨。由于相关史料记载并不集中，加之清政府在南疆实行余粮折布政策，而非直接征收，这就给数据统计带来一定麻烦。林永匡、王熹与康凤琴对此都有过详细论述。林、王二人注重分析乾隆朝的数据，康凤琴则注重乾、嘉、道三朝。不过在之后的一段时间内，随着档案资料的不断挖掘，一些学者对他们的结论也产生了疑问。

康凤琴根据清代新疆地区的档案资料，得出乾嘉道时期清方提供的布

---

① （清）格琫额：《伊江汇览》，《清代新疆稀见史料汇辑》，全国图书馆文献缩微复制中心1990年版，第28页。
② 《清宣宗实录》卷103，道光六年八月乙丑，中华书局1985年影印本，《清实录》第34册，第700页。
③ 3钱价格源自乾隆五十三年（1788）参赞大臣海禄参奏伊犁将军奎林案中的记载："向来向哈萨克贸易羊只以布易换，每布一匹作价银三钱。"（《乾隆朝上谕档》第14册，第445条，档案出版社1991年版，第150页）；4钱价格则基于林永匡等人的研究结果得来。

匹数量。之后，陈海龙对康凤琴的数据表示疑问，[1] 并提出不同观点。康估算乾隆年间征收回布的总量为251.5万匹。陈海龙并不赞同该结果，据陈统计，仅乾隆二十七年至四十一年间（1762—1776），南疆共运输回布977475匹，比康的统计结果要多。其次，他认为康利用《伊江汇览》和高朴奏折中的数字推算，得出乾隆四十年（1775）之前喀什年征收布匹量的差额有六千余匹的这一结论不妥[2]，随后又对康凤琴推算的乾隆五十一年（1786）折布21500匹的结论表示疑问。不过，由于乾隆时期部分年份的回布征收数额并无详细记录，如乾隆五十四年（1789）的回布贸易数据未见史载，这就给统计结果带来一定的变化空间。陈海龙推测该年的回布征收数为63375匹，并进一步推算出乾隆朝回布征收额共计2570704匹，这是他推算的最低数值。可见陈的统计结果要较康凤琴的统计数额稍大。

王科杰则是对林、王二人的数据遗漏加以补充。林永匡、王熹曾对乾隆二十五年至二十七年（1760—1762）伊犁地区的绢马贸易次数做过统计，共十次。但王氏从《清代新疆满文档案汇编》中发现，有三次贸易尚未被统计，其中前两次缺乏细节，无从考证。第三次则发生于乾隆二十七年十二月十二日与十三日，双方的布匹贸易总额为247.5匹。

由于贸易所需布匹数额巨大，因此除官府征收、解运大量回布外，民间商人也运输回布前往贸易地点贩卖。起初，商人在疆贩卖回布时需要接受官府查验，"一由南路来伊贸易回子携带货物，理事同知派人稽查。一由南路来伊贸易回子事竣返回，理事同知衙门转呈印房，请给路照，以便催令起程"[3]。在官府认可这一商业行为后，回布也被民商大量运往伊犁等地。有时官方征收的布匹供不应求，就只好购买民布以解燃眉之急。如乾隆四十四年（1779），官府就曾购买民商所备回布1870匹。[4] 商队大多由南疆的维吾尔族人组成，他们从叶尔羌、和阗、喀什噶尔、库车等地收购

---

[1] 陈海龙：《清朝—哈萨克汗国贸易研究（1757—1822）》，博士学位论文，陕西师范大学，2012年，第98页。
[2] 陈海龙：《清朝—哈萨克汗国贸易研究（1757—1822）》，博士学位论文，陕西师范大学，2012年，第98页。
[3] 国家图书馆：《伊犁文档汇钞》，国家图书馆文献缩微复制中心2004年版，第77页。
[4] 林永匡、王熹：《清代西北民族贸易史》，中央民族学院出版社1991年版，第397页。

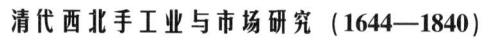

回布，运往北疆贩卖给当地百姓或者官府。

乾嘉以后，随着边疆不稳定因素增加，加之南疆百姓拒绝官府长期低价收购回布，至道光八年（1828），南疆已无法如数征收回布。为保障该年贸易所需布匹，清廷再次派要员前往陕甘等地采办：

> 上年该将军因布匹不敷，奏准由甘肃购办布六万匹，分拨伊犁及塔尔巴哈台，以备易换牲畜，本年库存布匹既属不敷，自应豫为筹备。着鄂山即查照道光七年办理章程数目，再为采买一年，即于本年春间，陆续分起解运，毋误贸易之期，所需布价，着即于调拨例饷内。①

此次采买，官方在内地共收购棉布六万多匹，以弥补清哈贸易的缺额。这些外省布匹有自百姓手中采购，也有从民商手中直接购入。

3. 皮张贸易

除马匹、牛羊外，哈萨克等族每年也将大量牲畜皮张运往新疆贩售，其中有不少硝熟加工的皮张。如乾隆三十三年（1767），塔尔巴哈台参赞大臣巴尔品上奏乾隆帝："哈萨克等贩马之便，带有熏牛皮诸物，令愿买兵弁分买等语。"② 此次哈萨克族商人共携带了二十四张熏牛皮，从中亚来疆贩售。皮张之所以要熏制，是因商队入疆贸易须长途运输，生皮极易腐坏，因此在装载前便由皮匠加工成熟皮或香熏为之，防止腐烂。除哈萨克族前往新疆贩卖皮张外，"至喀什噶尔、叶尔羌、阿克苏各城，俱有安集延贩卖珠石皮张，以为奇货"③。安集延商人也频繁贩卖皮张至疆。

4. 其他民族开展的手工业产品贸易活动

除上述清哈双方的贸易外，清政府还与土尔扈特各部在疆开展贸易活

---

① 《清宣宗实录》卷133，道光八年二月癸酉，中华书局1985年影印本，《清实录》第35册，第24页。
② 《清高宗实录》卷814，乾隆三十三年七月丁亥，中华书局1985年影印本，《清实录》第18册，第995页。
③ （清）松筠：《钦定新疆识略》卷3《南路与图》，海南出版社2000年版，第120页。

第二章 清代新疆手工业与手工业产品市场

动。双方主要于伊犁、塔尔巴哈台、精河、库尔喀喇乌苏等地交易货物，持续时间不长，规模不大，土部以驼只、金银等换取清朝的马匹、牛羊牲畜。据悉，土部还曾售与清廷毡毯等物，囿于史籍缺载，详细交易数额不详。乾隆三十八年（1773）五月，在塔尔巴哈台一带游牧的土部策伯克多尔济曾上书，请求携带骟驼、枪支、网、披甲、衣服等物，前往内蒙古等地换取骟马、乳牛、母羊牲畜，后被清廷拒绝。① 土部的请求虽未成功，然从资料中可知，彼时土部已拥有不少手工业产品。清廷与土部之间也未见有大规模手工业产品交易的记录，表明双方手工业产品交易规模较小。

浩罕是18世纪初由乌兹别克人在费尔干纳盆地建立起来的国家，辖有安集延、玛尔噶朗、那木干与浩罕四城。浩罕人会前往乌什、和阗、伊犁、阿克苏、叶尔羌、喀什噶尔等地开展贸易。由于国家较小，物产不丰，浩罕商人另辟蹊径，做起了中间商的买卖。他们善于将布鲁特人的牲畜、毛皮及中亚等地的土产贩运至疆，又把新疆及内地所产绸缎、布匹、瓷器等运抵中亚或俄国行销。乾隆二十七年（1762），乾隆帝上谕："淑宝等奏，安集延回人前来贸易，内缎匹一项，除原价及运费每匹增加银二三钱等语。贸易缎匹俱由内地远行运送，自应准照原价及运费酌量增加，视其情愿交易与否，再为通融减售。"② 可见清廷对安集延商人的贸易政策较为宽松，商品买卖也比较自由。

清朝与俄国在新疆的商业贸易时有中断。18世纪初，俄国在发展恰克图贸易时，曾试图开辟新疆市场。但在18世纪后半叶，哈萨克部在俄国的兼并扩张下日益衰落，随之而来的是清、哈贸易的衰落，一些俄商趁机前往伊犁、塔尔巴哈台等地交易货物，小部分甚至以走私获利。清政府见状，下令禁止俄国的部分产品输入。1785—1792年，清政府关闭了恰克图通商口岸，俄商则私自在新疆各地违禁贸易，他们在新疆私贩的手工业产品有呢子绸等物，种类不多，市场规模很小。乾隆帝见此，直言道："自

---

① 满文朱批奏折，《为祈清圣鉴事》，乾隆三十八年五月十三日，伊勒图奏。转引自：林永匡、王熹《清代西北民族贸易史》，中央民族学院出版社1991年版，第494页。
② 《清高宗实录》卷669，乾隆二十七年八月甲寅，中华书局1985年影印本，《清实录》第17册，第477页。

恰克图停止贸易以来，因大黄为俄罗斯必需之物，屡经严禁，乃商人等冀图厚利，知新疆伊犁、喀什噶尔等处与哈萨克、布鲁特、安集延较近，此等之人常在俄罗斯地方贸易往来。将大黄带往新疆，转售与俄罗斯，不惟可得重利，且将俄罗斯之布勒噶尔哦喀绸等物换来，又卖与伊犁、喀什噶尔等处所关紧要，已经降旨禁止。"[1] 此时，清廷严禁俄商随意入境。

乾隆五十七年（1792），清俄双方重开恰克图贸易。"互市如初，各守边圉，世相和好，数十年来毫无侵越。"[2] 俄国也加快发展同新疆各地的贸易往来。俄商已可通过官方合法途径，无须再经哈萨克人中转，直接在新疆与内地商人开展贸易，手工业产品的销售规模有所扩大。

总之，清政府在新疆同外藩的贸易是一种典型的具有官营性质的商业贸易行为。一方面，一切商业活动由官方经办，并受到官府监督；另一方面，商品的买卖按照商业规则处置，使它具有商品交换的性质。清廷以多种方式促成了与周边各国的贸易往来，同以往的准噶尔朝贡贸易已有明显区别。

（三）手工业产品行销商路

在清前期，新疆地区的商路大多与官道重合，这就给商人长途运输货物提供了安全保障。至清中叶，新疆又开拓多条商路，这些有利条件给外地商人入疆提供了很大方便。在本节，笔者会依照各地商人的来疆路线分别阐述。对于新疆内部商路，由于商人大都集中于商业发达的城镇，因此在探讨时会结合各市镇加以详述；对于外省或外国来疆的商路，笔者依然以商旅路线为中心展开论述。

1. 新疆内部交通线路

在新疆内部的商路上，首先是东疆地区的五个主要城镇：乌鲁木齐、巴里坤、哈密、吐鲁番与奇台之间的交通道路。五地中乌鲁木齐最西、哈密最东，哈密与乌鲁木齐之间主要有两条道路：一、往南取道吐鲁番；

---

[1] 《清高宗实录》卷1321，乾隆五十四年正月己卯，中华书局1985年影印本，《清实录》第25册，第865—866页。

[2] 故宫博物院：《文献丛编（全编）》，第7册，北京图书馆出版社2008年版，第283页。

第二章　清代新疆手工业与手工业产品市场

二、向北途经巴里坤。从哈密向北越过天山后，便可抵达巴里坤。对此，《西征录》中载："哈密至乌鲁木齐有二道：北道由巴里坤，南道由土鲁番。北道行雪山中，即天山，极寒，予时走南道。"① 因气候寒冷，商人取道巴里坤者较少，更多地是走哈密——吐鲁番——乌鲁木齐一线。长度方面，迪化至哈密全长 1800 里，设有 25 站。该道自巩宁至哈密，因取道天山以北，称北路；迪化经吐鲁番至哈密长 1395 里，设 17 站，沿天山南部行走，故称南路。②

乌鲁木齐至伊犁、塔尔巴哈台的交通路线比较精确，从乌鲁木齐出发，沿天山北麓向西即可抵达。沿途有官府所设罗克伦、昌吉、呼图壁台等 20 余个台地，随后到达伊犁。③ 清朝统一南北疆之初，由于自然条件的限制，该条运输线路尚未开辟。故伊犁所需的各种贸易缎匹货物，以及北疆伊犁等地屯兵的全部辎重，均须经过肃州——哈密——辟展——乌鲁木齐一线，或由运输车队直抵阿克苏，翻越天山，然后到达伊犁。这两条道路艰险异常，尤其后者要翻越高山，山上气候寒冷，风险极高。直至乌鲁木齐抵达伊犁的道路开通，该道由于风险、成本较低，因此逐渐成为两地间运送缎匹和物资的重要通道。此路也是南疆回布输往北疆伊犁的主要路线。

塔尔巴哈台与伊犁之间有两条通道：一是卡伦线，指沿途设有卡伦（即哨所）的道路；二是军台线，指沿途设置军台的交通路线。由于卡伦线的路程要短于军台线，"（塔尔巴哈台）西南距伊犁由军台二十七站，约二千余里，由卡伦十七站，约一千五百余里"④。因此物资流动基本依赖卡伦线，商队也时常行走此道。

吐鲁番是从乌鲁木齐、古城、巴里坤等地进入南疆的首站。商人若想

---

① （清）王大枢：《西征录》卷 2，中国国家图书馆藏，第 17 页。
② 新疆维吾尔自治区交通史志编纂委员会：《新疆古代道路交通史》，人民交通出版社 1992 年版，第 123 页。
③ （清）严树森等：《皇朝中外一统舆图》，清同治二年刻本，藏湖北抚署景桓楼。关于伊犁军台的具体数额与名称，可查看《伊犁事宜·军台》部分。
④ （清）汪廷楷、祁韵士：《西陲总统事略》卷 10《塔尔巴哈台事略》，中国书店 2010 年版，第 164 页。

前往阿克苏,就需一路西行,沿途经过"雅木什、布干台、托克逊台、苏巴什台、阿哈尔布拉克台、库木什阿哈玛台、乌沙克塔尔台、特博尔古台、二工、哈喇沙尔、哈勒噶阿瑾台、库尔勒台、库尔勒回庄、哈拉布拉克、车尔楚台、策特尔台、洋萨尔台、布古尔台、阿尔巴特台、托和奈台、库车、阿色尔台、赛里木台、赛里木回城、拜城、鄂依斯塔克齐克台、察尔齐克台、哈喇裕勒衮台、札木台"①等近三十个台站。商队长途运送货物,在经过上述各台站时可歇脚补充,最后抵达阿克苏。

南疆的喀什噶尔、叶尔羌、阿克苏与乌什四城是有名的商业城镇。阿克苏与乌什相邻,从阿克苏出发,途经数个台站便可抵达乌什。阿克苏到喀什噶尔之间有两条道路:"一是从乌什经巴尔昌、阿斯图阿喇图什等地抵达喀什噶尔;二是借道西南叶尔羌,经喀喇布札什台、和色尔塔克台、和色尔察木伦台、托布拉克台到英吉沙尔,再经库森塔斯浑台,最后到达喀什噶尔。"②这两条道路贯穿了南疆四城,是南疆地区的主要商路。伊犁到南疆的主要道路称为"冰岭道",此路从伊犁惠远城出发,经海努克、索果尔等台站,最后到达阿克苏。③

2. 新疆—内地商路

新疆与内地之间的商路较多,首先是内地进入新疆的主要线路。哈密、巴里坤是内地入疆之门户。哈密,"地当孔道,商民辐辏,号称殷庶"④,商业经济繁荣。甘肃肃州与两地之间皆有官道相连,是内地商民进入新疆的重要中转地之一。清代在内地广设驿、站,在新疆则设有卡伦、军台、塘等,逐渐形成了以京城为中心,通向全国的陆路交通系统。

内地入疆的道路有数条,分为北路和西路。由北路可穿越蒙古草地直

---

① (清)严树森等:《皇朝中外一统舆图》,清同治二年刻本,藏湖北抚署景桓楼。
② (清)何国宗测绘,(法)蒋友仁制版:《乾隆内府舆图》,中国图书馆文献缩微复制中心2003年版。转引自陈海龙《清朝—哈萨克汗国贸易研究(1757—1822)》,博士学位论文,陕西师范大学,2012年,第36页。
③ (清)傅恒等纂,钟兴麒、王豪、韩慧等校注:《西域图志校注》卷31《兵防·附台站卡伦》,新疆人民出版社2014年版,第595—599页。
④ (清)傅恒等纂,钟兴麒、王豪、韩慧等校注:《西域图志校注》卷9《疆域二》,新疆人民出版社2014年版,第223页。

第二章　清代新疆手工业与手工业产品市场

达阿尔泰，西路则沿河西走廊入疆。若商人运送京绸货物从京城出发，则可沿西路入疆，途经太原、西安、兰州等地，或走北线沿山、陕、甘长城沿线一直向西，到达嘉峪关。从嘉峪关继续西行约1500里，便可至天山脚下。从内地延伸而来的大道在哈密处一分为二，分别向西延伸。哈密成为连接内陆与新疆的必经之路。详细路线见下文。

从内蒙古归化城（今呼和浩特）通往新疆的商路共有三条，都需经过新疆古城。北路经乌里雅苏台、科布多至古城；中路可经阿拉善、额济纳草原至古城；南路经包头、宁夏、兰州、凉州等地抵达古城。古城为入疆之交通枢纽，自古城分道，天山以北可达伊犁，天山以南取道吐鲁番可达和阗等地。清初，归化商人赴新疆贸易前必须自北路绕行，赶赴乌里雅苏台将军衙门处领取执照，而后才可前往新疆各地交换货物，如此下来，商人途经的路程比较遥远。新疆统一后，为鼓励商人前往，乾隆于1760年准许归化城、张家口等处商民可在本地领取执照，上谕曰：

> 北路蒙古等以牲只来巴里坤、哈密、辟展贸易者，俱由乌里雅苏台，该处将军给与执照。其由张家口、归化城前往之商民及内地扎萨克蒙古等，亦须折至乌里雅苏台领照，未免纡回，是以来者甚少等语。新疆驻兵屯田，商贩流通，所关最要。着传谕直隶山西督抚及驻劄将军扎萨克等，旗民愿往新疆等处贸易，除在乌里雅苏台行走之人，仍照前办理外，其张家口、归化城等处由鄂尔多斯、阿拉善出口，或由推河、阿济行走，着各该地方官及扎萨克等，按其道里给与印照。较之转向乌里雅苏台领照，程站可省四十余日，商贩自必云集，更于新疆有益。①

归化城至新疆的贸易道路也成为山西、内蒙古商人的必经之路。《乌鲁木齐杂诗》有言："大贾皆自归化城来，土人谓之'北套客'，其路乃客

---

① 《清高宗实录》卷610，乾隆二十五年四月己卯，中华书局1985年影印本，《清实录》第16册，第856页。

贿蒙古人所开，自归化至迪化仅两月程。"① 这条商路极大地缩短了外地商人入疆的行程时间，提高了商品运输效率。

另一条是自新疆古城横贯东西的商业交通线。据《新疆政见》所述：

> 自准部用兵，分南北两道，南军由关陇，北军由蒙古台及草地，而商路亦遂因之。南商川、湖、江、豫、晋、陕，由甘肃出嘉峪关至新疆古城，北商东、奉、直、晋，由张家口、归化城专行草地，所谓山后买卖路，亦至新疆古城。②

此路一通，为晋商等商帮从南路运送货物创造了条件。此后，商人若是前往哈密、巴里坤、乌鲁木齐、伊犁、塔尔巴哈台、阿克苏、叶尔羌等地大都由此经过。

从新疆进入内地的路线与商队入疆的路线多有重合。清代新疆通往内地的路线主要有南北两条。北路自古城北出发，经乌里雅苏台至京城；南路自哈密至安西，过嘉峪关进入甘肃。

此外，通往邻省的道路还有多条：第一，从新疆至兰州。自乌鲁木齐东南行，经吐鲁番、辟展、哈密，至甘肃安西，途经嘉峪关，沿河西走廊可抵兰州。另一条自乌鲁木齐向东北方行走，在阜康东行，沿天山北麓至古城，再往东南，经木垒河、巴里坤、哈密，与第一条通道合流，继而入甘肃，最终抵达兰州。第二，由古城至归化城，该道与上述蒙古入疆之路线相反，不多赘述。第三，从新疆至西宁。自库陇勒向东南行，穿过塔里木盆地至若羌，向东翻越阿尔金山，经柴达木盆地至西宁，该段路途遥远，沿途人烟稀少，因此商旅不多。第四，由新疆至西藏地区。这条路的沿线山路狭窄，崎岖难行。另从和阗或叶城向南行至拉达克，与前道汇合，至阿里宗，是通往日喀则的交通要道之一。③

---

① （清）纪昀修，郝浚等注：《乌鲁木齐杂诗注》，新疆人民出版社1991年版，第83页。
② （清）罗迪楚：《新疆政见》，《清代边疆史料抄稿本汇编》第21册，第454页。
③ 新疆维吾尔自治区交通史志编纂委员会：《新疆古代道路交通史》，人民交通出版社1992年版，第121—122页。

值得一提的是，由江南运往新疆的丝绸运输地点和路线一般由皇帝亲自过问。乾隆二十九年（1764），乾隆帝要求新疆各处应办绸缎，均令照各项数目色样，预备制造，并"解送甘肃应用，毋得粗糙塞责，并延误干咎"①。丝绸经商人运抵兰州后，再通过甘肃入疆的官道运抵疆内。

清朝初年，自新疆入京进贡的道路一共有两条：一条为北路，又称归化城路；另一条为南路，被称为内路，又因自哈密出发，最终抵达肃州，故又称为哈密—肃州路。北路分南、中、北三条线，北线又与南路的塔尔巴哈台相连。在准噶尔统治时期，清廷开放甘州、肃州、哈密等地供往来的准部商队贸易，这些地方多位于南路线上，因此贡使与商队也多取道南路，并与内地开展商品交换活动。

3. 外藩—新疆商路

自外藩进入新疆的路线并不多。如在新疆与俄国的商路通道上，从额尔齐斯河中游的亚梅什要塞到塔尔巴哈台、伊犁等地的路线仅有两条：一是沿着额尔齐斯河逆流而上，翻越塔尔巴哈台境内的多座山，至楚占察克再向西南行，过阿拉山口后，方可抵达伊犁；另一条依旧沿额尔齐斯河而上，以水路为主，先后渡过阿亚古兹河、勒布什和喀拉塔尔等河流，最后抵达伊犁。这两条是从俄国进入新疆乃至内地的重要路线。

清朝对哈萨克、柯尔克孜、浩罕等中亚各国的入疆贸易路线的管理较为严格。西向贸易开通后，出于稳定边疆与控制商品价格的考虑，清政府将哈萨克贸易定为官办，并制定了《哈萨克贸易章程》②，分别在伊犁惠远城外和塔尔巴哈台绥靖城外建立专门用于交易的市场，名曰"贸易亭"。章程中指定了哈方商队的行走路线，规定哈萨克人自沁达兰卡伦或匡俄尔俄鸾卡伦处行走：

> 哈萨克之贸易也，每于夏秋之交，或自沁达兰，或自匡俄尔俄鸾

---

① 《清高宗实录》卷712，乾隆二十九年六月甲申，中华书局1985年影印本，《清实录》第17册，第946页。

② 关于此章程，详见《伊江汇览》,《清代新疆稀见史料汇辑》，全国图书馆文献缩微复制中心1990年版，第76—77页。

卡伦。抵境之时，卡伦侍卫查其人众、牲畜之数，先行具报，沿卡送至伊犁，满营预派官兵接至芦草沟，带至西门外之贸易亭。①

沁达兰、匡俄尔俄鸳卡伦是哈萨克商人进入新疆的必经之路，从此处到惠远城要经过芦草沟。芦草沟以北有一果子沟，"果子沟为新疆省城北通伊犁最要门户，距伊犁惠远城百二十里，在塔勒奇山之中，两山夹峙，险峻如关"，"转运饷粮驰递文报以及行旅往来，皆须由此经过"②。哈萨克人通过这几条固定的路线，最终可抵达伊犁惠远城。

浩罕、安集延等地的商人每年都要运送大量的玉器来疆贩卖，从新疆输入内地的玉器中，也有不少来自外藩。《回疆杂记》曰："贸易人多系安集延部落。玉碗佳者白如脂，薄如纸，云是痕都斯坦制也。"③椿园氏也于西行途中，观察安集延地区有玉山，且"人习技巧，金漆雕镂，制作精奇，所制玉器，薄如蝉翼"④。故清前期除南疆玉器入京外，亦有不少商人运送痕都斯坦玉器进京，"别有痕都斯坦玉器，制作精良。痕都斯坦部，居回部之南，比因化浃天方，得与阗产偕来，仰邀宸赏"⑤。乾隆皇帝的咏玉诗中，也多与痕都斯坦玉器有关。这些玉石贡物，大多由商人运至叶尔羌中转，后又运往京师。

这一时期，浩罕商人利用新疆商路把大量的商品输入内地。据 W. H. 瓦森（Wathen）在《关于中亚乌孜别克国家浩罕的回忆》中所说：当时两国间的商业往来频繁，"队商从南中国经过和田来到叶尔羌，从这里到达喀什噶尔。他们带有'粘合着的、烧不着的，和砖一样形状和硬度的加了

---

① （清）格琫额：《伊江汇览》，《清代新疆稀见史料汇辑》，全国图书馆文献缩微复制中心1990年版，第76页。
② （清）马亮、广福：《伊犁将军马亮广福奏稿》（第三册），全国图书馆文献缩微复制中心2005年版，第1367页。
③ （清）王曾翼：《回疆杂记》，《小方壶斋舆地丛钞》第2帙，杭州古籍书店1985年影印本，第83页。
④ （清）椿园七十一：《西域闻见录》卷3《外藩纪略》，《清抄本林则徐等西部纪行三种》，全国图书馆文献缩微复制中心2001年版，第90—91页。
⑤ （清）傅恒等纂，钟兴麒、王豪、韩慧等校注：《西域图志校注》卷43《土产》，新疆人民出版社2014年版，第742页。

工的茶'，丝织品、褥子、陶器和其他种种物品。但是，茶是输入的大宗。茶的消费，在整个中亚是普遍的……商品主要用马运输，一匹马的负荷量是三十到四十块砖茶。乌孜别克商人把它们从喀什噶尔运到浩罕，再从那里用骆驼把它们输出到布哈拉。回头货是披肩、西欧的物品、生丝和马匹"①。浩罕商人在从事中俄货物的转运工作时十分活跃，经常充当中间商的角色，"浩罕商人和布哈拉商人一起，组成商队，从塔什干出发，经过土尔其斯坦市，前去鄂木斯克、奥伦堡，把中国的产品——生丝、羽纱、棉线等带到俄罗斯地区，回来时携带毛皮、枪身、刀剑、熟皮子和俄罗斯的手工业品"②。这些俄国商品中有相当一部分经浩罕商人之手运抵新疆境内。

结合上述可知，中亚各国纷纷来疆开展贸易，清政府对于中亚各族来疆贸易的地点也都有明确规定。现据史籍所载制成下表 2-9，以便直观展示：

表 2-9　　　　　　　　中亚各族在新疆的贸易地点③

民族	贸易地点
浩罕	伊犁、乌什、阿克苏、叶尔羌、喀什噶尔、英吉沙尔
哈萨克	伊犁、塔尔巴哈台
巴勒提	叶尔羌
布哈拉	喀什噶尔、叶尔羌
布鲁特	乌什、叶尔羌、喀什噶尔、伊犁
巴达克山	叶尔羌、英吉沙尔
痕都斯坦	叶尔羌
克什米尔	叶尔羌

---

① ［日］佐口透著，凌颂纯译：《十八—十九世纪新疆社会史研究》，新疆人民出版社 1983 年版，第 437 页。

② ［日］佐口透著，凌颂纯译：《十八—十九世纪新疆社会史研究》，新疆人民出版社 1983 年版，第 440 页。

③ 资料来源：《清高宗实录》卷 778，乾隆三十二年二月壬戌；《清宣宗实录》卷 265，道光十五年四月丁酉；《清高宗实录》卷 620，乾隆二十五年九月癸卯；《清高宗实录》卷 691，乾隆二十八年七月癸未；《清高宗实录》卷 653，乾隆二十七年正月己未；《清高宗实录》卷 670，乾隆二十七年九月辛未；《清宣宗实录》卷 151，道光九年二月乙丑；（清）褚廷璋等纂：《西域图志》卷 46《藩属三》；（清）和宁：《回疆通志》卷 7《喀什噶尔》。

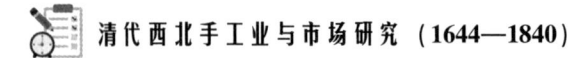

清代西北手工业与市场研究（1644—1840）

除哈萨克商人外，浩罕、布鲁特商人也经常前往伊犁交换商品，其他各族商人则主要集中在喀什、叶尔羌、乌什等地。

需要注意的是，官府为加强道路管理、防止商人走私，时常会封禁一些民间私自开辟的小路。如嘉庆年间，官方为管控民间商路：

> 新疆地方经由道路俱设有墩台营汛，稽查往来行旅，且沿途更换路照，定制綦严。此小南路系后来踹出僻径，其间三百余里，并无台汛，屡经封闭，若复任听行走，不特奸商私贩，致多偷越，即逃匪潜行，亦无从盘诘。着将由哈密至奇台之小南路永远封闭，如再有商民私由此路行走者，查获照律治罪，再有新疆大臣奏请复开或私令商民行走者，亦治以违旨之重罪，决不姑恕。①

该小南路乃是远途商人私自开辟，并未获得官府允许。嘉庆二十二年（1817）前为商人使用，后被封禁。当然，商人们为了躲避检查及逃税而私自开辟的小路甚多，小南路只是其中之一。另一方面，清政府为防止商人逃避查验，会极力维护官道在新疆经济社会中的主导地位。据统计，截至清末新疆境内共有驿运大道15条，总长18015里，沿途共设驿站、军台232个，已成为新疆主要的商品运输路线。官道也是传递军情、商旅远行的必经之路，"嘉峪关外至哈密一路军台系属新疆孔道，一切递送报函暨商旅，往来不绝"②。"自平定回部以来，内地商民经由驿路，并回人村落，彼此相安无犯。"③

清政府修建新疆各地的道路，主要是为政治、军事服务，"至如由新疆押解人犯、照料回子、护送哈萨克使人，并押送官物之官员人等，俱系

---

① 《清仁宗实录》卷331，嘉庆二十二年六月戊戌，中华书局1985年影印本，《清实录》第32册，第373—374页。
② 《清高宗实录》卷788，乾隆三十二年七月癸亥，中华书局1985年影印本，《清实录》第18册，第683页。
③ 《清高宗实录》卷656，乾隆二十七年三月甲午，中华书局1985年影印本，《清实录》第17册，第337页。

由驿站行走"①。即便是商业行为也大多用于官方的贸易活动，如外藩的贡市、互市贸易等，与哈萨克交换的商品也大多通过官道运输。以丝绸为例，江南丝绸首先由官府解运到肃州，然后从肃州再运抵新疆，若要前往乌鲁木齐则有两条道路可供选择。如陕甘总督黄廷桂曾奏："哈萨克本年七月应在乌鲁木齐等处交易缎布等项，经运赴巴里坤收贮。"② 彼时尚处于哈萨克贸易的初期，由乌鲁木齐经昌吉再到伊犁的运输路线尚未开辟，所需丝绸要从哈密、辟展再运达阿克苏，最后方可抵达伊犁③，此路线道途遥远、运输成本较高。乾隆二十五年（1760），从乌鲁木齐至伊犁的道路建设完成后，商队便不需绕道阿克苏，既缩短了运输行程，又提高了货物运输效率。

运送至塔尔巴哈台的贸易商品，亦须通过官道运输，"查本处各军台原设牛五只，车二辆，以备运送内地及乌鲁木齐、伊犁拨运本处农具、绸缎、火药、铅斤、回布等项"④。南疆棉布一般要经过冰岭道运往伊犁。道光十二年（1832），"阿克苏拨驼五百只，运送冰岭布棉硝磺，所有各城派牧兵丁作为厂兵，免其差操，各厂驼只，照伊犁特穆尔厂之例，不取孳生，亦不准倒毙"⑤。同年，"于叶尔羌、巴尔楚克共拨驼八百只，每届出厂时，以四百只分交各军台兵丁运送布棉"⑥。上文提及，回布是清哈贸易的大宗商品，而"叶尔羌等处，每年额征余粮并金子、折交回布、棉花，均陆续山台递送本处，以备购买赏需"⑦。南疆运往伊犁的回布，先集中于阿克苏，再经冰岭道运往伊犁，从而节省了运输成本。

---

① （清）崑冈等：（光绪）《钦定大清会典事例》卷99《吏部·处分例》，《续修四库全书》，第799册，第588页。

② 《清高宗实录》卷558，乾隆二十三年三月甲午，中华书局1985年影印本，《清实录》第16册，第72页。

③ 林永匡、王熹：《清代西北民族贸易史》，中央民族学院出版社1991年版，第204页。

④ （清）兴肇等：《塔尔巴哈台事宜》卷4《军台》，成文出版社1969年版，第179页。

⑤ （清）崑冈等：（光绪）《钦定大清会典事例》卷649《兵部·马政》，《续修四库全书》，第808册，第136页。

⑥ 《清宣宗实录》卷209，道光十二年四月戊子，中华书局1985年影印本，《清实录》第36册，第78页。

⑦ （清）永保：《总统伊犁事宜》，《清代新疆稀见史料汇辑》，全国图书馆文献缩微复制中心1990年版，第257页。

小　结

综上所述，清代新疆地区的手工业发展情况主要表现为以下几个方面：其一，在纺织领域，南疆地区棉纺织业规模较大，当地百姓织造的"回布"已成为清哈贸易的重要商品之一。丝绸织造的品种相较前朝有显著增长，"回回锦"等绸缎的织造工艺与内地已相差无几。毛纺织业中，产品种类的变化并不明显，质量提升较大，"栽绒毯"等产品工艺精巧，每张毛毯需耗费数月才可织成，成本较高、价格昂贵。毯匠的技艺精湛，巧夺天工。其二，矿产加工行业，铜、铁、铅、硝、硫磺等矿物在这一时期受到官方的严格管控，除清廷发布政令允许民间开采外，一般不准百姓随意采掘，官营矿场在新疆地区的发展规模较大，民间矿冶的开发水平有限；玉石的开采政策松紧不定，玉作业的发展受到一定限制；民间开采金、银矿物主要用于打制首饰，或炼化成金、银两等；煤炭采挖不受官府的过多限制，开采规模庞大，采煤业的发展也比较兴盛。其三，竹木加工方面，新疆地区造纸、木器制造等加工业的发展有了进一步提升，木匠的技艺水平有一定提高，已能够得心应手地制造大型木床、木车、木舟等产品。其四，食品加工领域，酿酒业比较发达，以葡萄酒最为著名，食盐产地的分布也较为广泛。其五，其他行业中，新疆建筑业的代表是各地筑造的土城与城内庙宇；皮革加工业发展较好，皮匠有能力制造各类靴、袍、帽等皮革制品，一部分皮匠还将皮革染色，增加皮制品的美观；各地的粮食加工行业也拥有一定规模，百姓们会依据家庭情况选择利用石磨抑或水磨加工粮食。

可以说，清代新疆地区手工业发展显著，尤其是在清廷统一新疆后，当地在农业屯田、经济作物种植及官府鼓励等一系列因素的影响下促进了手工业进一步发展，并呈现出波动上升的趋势。不过，相较内地而言，这一时期新疆地区的手工业还有很大的提升空间。一些行业还处于初级加工领域，产品的商业价值较低，至于昂贵商品如地毯、玉石的种类偏少，在工艺品加工领域还无法与内地相比。

第二章 清代新疆手工业与手工业产品市场

另一方面，纵观清代新疆民族贸易发展的历史过程，我们不难发现，其在整个清代的民族贸易史上都占有十分重要的地位。它不仅与清政府统一西北的战略决策息息相关，且相较其他地区的民族贸易而言，新疆民族贸易活动持续时间之长、内容之丰富、形式之多样、规模之大、涉及地区之广、影响之深远，在全国首屈一指。手工业产品的交换已成为新疆各族百姓的重要贸易活动之一。各省的商人可在新疆多个城镇中行销官府许可的丝绸、布匹、木器、漆器、玉石等物，促进了新疆与内地手工业的发展，城镇手工业产品市场的规模也逐步扩张。

在新疆地区开展的各项民族贸易活动中，聚居在西北的各族百姓都直接或间接地参与进来，涉及的地区也十分广泛。如在绢马贸易中，贸易丝绸的来源与转运联系着江南、山西、山东、京师、陕西、甘肃等地，最后运抵新疆。参加的民族有藏、回、蒙古、哈萨克、柯尔克孜等族。而新疆市场上贩售的手工业产品如砖茶、绸缎、布匹、针线等物，大都源于内地商民的长途贩运，其手工业产品交易市场的发育，对于内地商品经济有着强烈的依赖性，并在一定程度上受到内地商品生产及交通运输条件的制约。

清政府也在修缮入疆道路方面不遗余力，并取得显著成效，每年内地商人都通过官道将大量手工业产品源源不断地运往新疆。久之，这些商人一方面促进各地商品流通领域的扩大，使新疆手工业产品市场与内地市场之间紧密联结，经济交流得到不断加强；另一方面，道路建设也推进了城镇经济的兴起，大批内地商人来疆经商，他们在各城镇建立商铺、行会与货物中转站，同当地百姓交换商品。年深日久，围绕着这群商人，当地逐渐形成一批商业街市，为新疆城镇经济的发展与繁荣创造了条件。

丝绸贸易活动也陆续在准噶尔、哈萨克、土尔扈特等部族中开展，商业活动范围可谓十分广泛。

这种长期贸易活动，尽管有着时代的局限性和贸易政策上的某些禁例。如清初新疆尚未统一时，清政府即限制吐鲁番商人购买某些物品，"其龙凤、黄紫各色之物，及鞍、辔、弓、剑、刀不许置买"，而像犁铧、铁锅等铁器只能到兰州购买，但"亦不许买熟铁，及各项兵器"。随后在肃州地区的互市贸易中，清廷对双方的贸易时间、人数及购买种类上也有诸多限制。不过，这些限制市场贸易内容的行为亦在一定时期内起到了维护多民族国家内部团结的作用。清代新疆的手工业产品贸易活动中，除了起主导作用的官方贸易外，大量的民间贸易活动也活跃了手工业产品交易市场，并成为疆内各族群众日常生活中不可缺少的一环。通过贸易，新疆百姓获得了内地运来的丝绸、布匹、茶叶和农具等；疆内各屯田地区则得到数量可观的羊、马、牛等役畜，促进了屯田事业的发展，贸易活动使手工业与农业均实现了进步。

清政府对商业施行严格管理下的宽松治理，即官方对于商业活动的管理十分严格，但对各类商品贸易，包括边疆民族贸易、对外贸易等，都在一定范围内采取了比较宽松的政策。例如前文中官府一方面采取严厉措施打击走私商贩，另一方面对民间商人的正常经营活动并不多加限制，允许贩卖的商品种类也有很多。此外，对于民间的集市贸易，包括各族间的经济交流，一般不采取抑制政策。凡此种种，已成为新疆地区手工业产品市场发展的重要因素。

对于新疆商品贸易在促进手工业进步方面的作用如何，学者们持不同观点。殷晴提出："由于丝绸之路畅达而兴盛的西域商业，主要是长途贩运贸易，和当地生产过程结合极少，对生产力的发展，虽起过一定促进作用却并不显著。"在笔者看来，清代新疆地区的贸易活动对手工业发展而言是有促进作用的。如最具代表性的便是南疆地区的回布织造与贩售。乾隆时期，中亚各国每年都要来疆购买数万至十余万匹回布，维吾尔族织匠的棉布加工技艺也名扬西北，这在过去稀见史载。回回锦等产品质量精致，工艺进步明显，一些精品绸缎更时常上贡京师。至于市场的促进作用显著与否，还要结合当时新疆地区的政治、经济、社会环境等诸多方面详谈，不应妄加揣测。

第三章 清代甘肃手工业与手工业产品市场

清代甘肃的行政区划不但包括如今的甘肃省境，宁夏全境与青海西宁等地在此时也属甘肃管辖。故在论述相关行业时，笔者会统一阐述甘肃、宁夏、青海三地。从行业种类上看，清代甘肃地区的手工行业主要包括纺织、矿产加工、食品加工、粮食加工、竹木加工、皮革、制烟以及编织、建筑、皮革等类。各行业的产量、质量、工艺与官府政策上皆有区别，行业间的发展水平也有较大差距。

关于清代甘肃地区手工业产品市场的发展，可从手工业产品贸易的市场规模、产品种类以及产品数量等方面详细探讨。商路建设也在过去官方驿道的基础上继续延伸，并表现出多点散发的趋势。

第一节 清代甘肃的纺织业

清代甘肃地区的纺织业可分为毛纺织、棉纺织、丝纺织及麻纺织四种。其中毛纺织行业在甘肃发展显著，这与当地优质且高产的毛绒原料有关。棉纺织方面，甘肃不少地区种植棉花的时间较晚，织匠技艺水平不高，因此棉布加工除沿黄河流域有不同程度的发展外，其他地区并不发达。甘肃的麻布织造历史悠久，是非常传统的纺织业，故当地也有不少百姓织造。丝织业在宁夏、巩昌等地拥有一定规模，生产数量有限。上述四项构成了这一时期甘肃纺织业的基本格局。

一 甘肃的毛纺织业

甘肃大部分地区气候干燥，干旱、半干旱区占总面积的四分之三以上，适宜牧草生长，草原主要分布于甘南以及祁连山、阿尔金山及北部沙漠沿线一带，此处畜牧业发展条件较好。清代的甘肃仍以自然经济占主导地位，当地主要有藏、回、蒙、土、东乡、保安、撒拉、裕固等民族，他们中有的从事畜牧业，有的则是半农半牧。据《秦边纪略》载，甘肃多地适宜牧民开展放牧作业：

> 凉州盖四达之地也。祁连山起于凉南，绕甘州南面，止于肃之西南，延长千有余里。其山积雪不消，亦呼为雪山，冬暖夏凉，宜于孳牧……凡祁连之下，沙漠之间，皆夷人纵牧地。①

各族百姓纷纷往来甘、肃、凉州等地饲养牲畜。他们主要养殖羊、马、牛等家畜，以羊只的饲养数量最多，羊毛也就成为甘肃牧民从事毛纺织业的主要原料。甘肃冬季气候寒冷，而毛织品的保暖效果较好，对于蒙、藏等游牧民族而言是不可或缺的御寒用品。乾隆《庄浪县志略》载："又陇山既冷，而山阴尤甚，四七月或霜雪，地利寒薄，民恒皮裘，无它生殖，惟织羊毛绒为褐。"② 毛褐是甘肃百姓的必备衣物，一些从事农耕的家庭也可以利用农闲时间拈毛为线、织褐成衣。

清代甘肃的畜牧业在多个地方发展壮大，牧民们也大都从事毛纺织作业。如静宁州，"民性刚直，好施尚义，业农颇勤，广于孳牧，能纺毪毯"③。庄浪地区，"重冈连阜，水草特多"，人们世代耕牧于此；其南部"毛帐当路，畜马弥山"，"六族熟番，食毛践土于此"，"番之羊、马、辐

---

① （清）梁份撰，赵盛世等校注：《秦边纪略》卷2《凉州卫》，青海人民出版社1987年版，第119页。
② （清）邵陆纂，耿文光增补：(乾隆)《庄浪县志略》卷10《风俗》，《中国地方志集成·甘肃府县志辑》第18册，凤凰出版社2008年版，第264页。
③ （清）王烜：(乾隆)《静宁州志》卷3《赋役志·风俗》，成文出版社1970年版，第97页。

第三章 清代甘肃手工业与手工业产品市场

牛、牦牛充斥道途"①,牧民们饲养的牲畜数量不可胜数。康熙时,兰州府靖远县百姓"不事蚕桑,无丝棉,妇女不习纺织纴缄澌",为在冬季保暖,人不得不"捻羊毛作线,挑作毛鞿货卖"②。至道光朝,"六畜野禽、野兽亦同他处所有,而羊为最。太史公云:'千足羊,其人与千户侯等',而此地擅畜牧者百千为群,或至数千几万者"③。由此可见,在甘肃各府县中,牧民们饲养的羊只规模庞大,可提供的毛纺织原料也非常多,几乎家家从事毛织品的织造。

这一时期,甘肃的毛织品种类十分丰富。仅青海丹噶尔地区就有"毛褐,以羊毛捻线织成者,厚致温暖,亦能资以御寒","口袋,即以牛毛织成者","毛袜,以羊毛捻线织成之"④。另有氆氇、毛毯、毛裤等产品,种类颇多。玉树所产毛褐质量精细、毛质优良且结实耐用。一些名贵的毛织品织造要求较高,仅有少部分地区出产。如乾隆《循化志》记:"货则黑褐、白褐、白毡、沙毡。撒拉绒虽有名,此地实不出,出于狄道。"⑤撒拉绒的价格也比较昂贵,"撒拉绒幅狭不及尺,一袍一千五百（制钱）"。下面针对几种主要的毛纺织品种加以详述。

首先是毛褐的生产。兰州、肃州、甘州、凉州、皋兰、宁夏、西宁等地皆为绒褐的重要产区。如兰州府,"山高苦寒,盛夏不释裘褐","褐,有牛绒、羊绒、羊毛之项"。肃州,"织毛褐,勤耕牧,务本业"⑥。甘州民众会于毛褐上缝制驼毛,以加强保暖效果,"衣多裘褐,其裼毛,其上驼,其线布"⑦。在一些仅能够织造粗糙绒褐的地区,毛褐无法完全满足人们御

---

① （清）梁份撰,赵盛世等校注:《秦边纪略》卷1《庄浪近疆》,青海人民出版社1987年版,第106页。
② （清）马文麟、李一鹏等:（康熙）《重纂靖远县志》卷2《物产》,《中国地方志集成·甘肃府县志辑》第15册,凤凰出版社2008年版,第127页。
③ （清）陈之骥:（道光）《靖远县志》卷5《物产》,成文出版社1976年版,第478页。
④ （清）杨治平:《丹噶尔厅志》卷5《商务出产类》,《青海地方旧志五种》,青海人民出版社1989年版,第279页。
⑤ （清）龚景瀚:（乾隆）《循化志》卷7《物产》,青海人民出版社1981年版,第296页。
⑥ （清）许容监修,李迪等撰:（乾隆）《甘肃通志》卷21《风俗》,文渊阁《四库全书》,第557册,第566页。
⑦ （清）钟赓起:（乾隆）《甘州府志》卷6《食货·市易》,成文出版社1976年版,第624页。

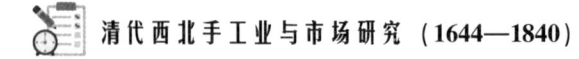

寒与美观所需，百姓一般会从商人处购买棉布。如岷县，"此中不事女红，俱易之商人，梭布为上，小布次之"①。此外，宁夏府的百姓，"衣布褐、冬羊裘"②。隆德县，"男子冬夏披羊裘，间着疏布……地饶羊亦能织褐"③。足见毛褐已广泛分布于甘肃。

关于毛褐的制作方法，《皋兰载笔》中称："（绒褐）择羊毛之细软者纺线，斜纹织之为绒；毛之粗者，亦以织之为褐也。"④ 以此观之，其制作工艺与内地的纺纱织布相似。

绒褐的品种颇多，且分类细致。康熙《金县志》载："毛褐掩体，羊裘御寒"⑤，人们依据羊毛的粗细，分辨绒褐之别。毛褐若以细毛织成，则有绒者称为姑绒，无绒者称褐尖，细而薄者是为平机绒，这几种皆属细褐，质量较好的是姑绒。除细绒外，次者为粗褐及牛毛褐等。以姑绒为例，其又称"姑姑绒"，《天工开物》中称为"孤古绒"，《皋兰载笔》中云：

> 自昔兰多比丘尼，静修余暇，采择轻柔，制成佳绩，裁服同皮裘之用，御于霜雪之辰，温厚光匀，洵为名产矣。故其尤细者，旧驰姑绒之称焉。⑥

在陈奕禧看来，"姑绒"一名与比丘尼的传说有关。无论何种溯源，姑绒质量精良、色彩艳丽，都十分符合精品绒褐"织金花之丽，五彩闪光之华""一匹价银十余两"的描述。由此可见，姑绒不但精美，价格也十

---

① （清）汪元絧、田而穟：(康熙)《岷州志》卷11《风俗》，《中国地方志集成·甘肃府县志辑》第39册，凤凰出版社2008年版，第101页。

② （清）张金城修，杨浣雨纂，陈云猷点校：(乾隆)《宁夏府志》卷4《地理·风俗》，宁夏人民出版社1992年版，第108页。

③ （清）常星景等：(康熙)《隆德县志》，成文出版社1970年版，第78—79页。

④ （清）陈奕禧：《皋兰载笔》，《小方壶斋舆地丛钞》第6帙，杭州古籍书店1985年版，第259页。

⑤ （清）耿喻修，郭殿邦等纂：(康熙)《金县志》卷2《食货志》，成文出版社1970年版，第39页。

⑥ （清）陈奕禧：《皋兰载笔》，《小方壶斋舆地丛钞》第6帙，杭州古籍书店1985年版，第259页。

第三章　清代甘肃手工业与手工业产品市场

分昂贵。除了名贵的绒褐外，当地民众更倾向于生产一种普通且廉价的毛褐，这类产品花色品种较多、价格低廉，用途也很广泛。这种倾向性也表明了清代甘肃绒褐的生产和消费方式发生了变化。陈奕禧认为：这一变化反映出"逮后趋利附货，众咸窃效，作之既多，功乃罔及，鬻供时需，名犹袭沿，服无等威，售者虽伙而值斯下矣"①。可谓十分中肯。

有一种名为"氆氇"的毛纺织品，乃是绒褐中的一种。《甘宁青史略》记有这种产品："（氆氇）西番织绒也。以西藏所产为最。其制法用最上羊绒捻成细线，以藏红花染之，色鲜而不脱。又有黄色、灰色，织成四五丈长、八九寸宽之尺头。"氆氇是藏语音译，原本是藏族生产的一种羊毛织品，青海多地有产。氆氇主要包含七个品种：谢玛、布珠、噶夏、泰尔玛或梯珠、格毪、漆孜。② 这些品种的主要区别在于毛的粗细不等，除此之外，生产工序基本相同，一般分为洗、捻、织、染四道。织成的氆氇初呈白色，可制作男式衣物。染黑后可用于衣服与鞋帽的制作，染成绿色或红色后可制成鞋帽上的装饰品。另有一部分氆氇，表面织有图案、纹饰等，可当作衣服或坐垫的面料。兰州市场上，藏区百姓生产的氆氇因坚固耐用、保暖性好与实用性强的特点，深受藏、土、蒙古等族百姓的青睐，兰州本地亦有仿制者。

除氆氇外，毛褐的品种还有很多。陈奕禧在游览甘肃时，曾记录了各类绒褐的品种、价格、工艺与规格等，现摘录如下：

今之百尺价止七千，短者递减之。大红独贵，以其梳活羊绒为之，而茜以红花，故二十尺须四千。松花、桃红、石青、油绿、杂色较素者，稍加染工，有提作方胜者，谓之"铁里锦"。左右斜纹者，谓之"麦穗子"，价亦相等。稍杂褐者，谓之"小绒"，减售，视货之精粗，以为高下。褐之最佳，二十五尺，值减千之三，绒蜕长三尺

---

① （清）陈奕禧：《皋兰载笔》，《小方壶斋舆地丛钞》第6帙，杭州古籍书店1985年版，第259页。

② 袁晓文：《中华民族文化大系·第1辑：雪域之光·藏族（上）》，上海锦绣文章出版社、上海文化出版社2017年版，第207页。

· 263 ·

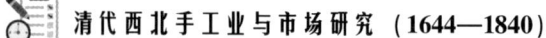

许，百钱；褐悦四十钱。更有"呀呀褐"，色稍青，杂绒所造，宽长与大绒等，百尺者三千。"撒剌绒"幅狭不及尺，一袍一千五百，二者皆番称也。雨衣之佳，莫"犏牛绒"若也，织成狭幅，尺有余寸，真者六七千，其色深赭，稍黑而带紫为上，以水沃之，经时不渗，虽遇大雨无沾濡之患，兰虽产此，求之非易也。褐衫贱者四五百钱，谓之"苏织"，苏织，河州西地名，产此褐，故遂名之也。又"氆氇"，五十尺，佳者二千，所谓"米心"者，上多细绒，如米颗，不及蜀市所卖，蜀中值五千也。"毛氆氇"似羊毳，鹰爪环脚，蒙茸若裘，殆不可辨，五十尺，贱者七八百。①

该段史料撰写于清前期，从中可知，不同的毛褐品种价格贵贱不等，颜色、花样众多，部分产品兼具保暖与防雨功效，贩售的目标群体不一。随着民间制褐技术的精进以及毛褐利润上升，已有百姓换用布机纺织羊毛，从事生产的工匠，往往"一褐之不得其价，则一家之不得其养"②，依靠毛纺织业为生。

这里需要针对宁夏地区的毛纺织业阐述一番。早在元朝，《马可·波罗行纪》中称银川城中有工匠擅以驼毛制毡，亦有用白骆驼之毛制成，是为白毡，"所制甚多，商人以之运售契丹（即中国）及世界各地"③。明代，宁夏作为边疆重镇，手工制造业的军事色彩浓厚，民营手工业发展落后，毛纺织品的生产数量少，已难以寻觅到传统的"毛织品"④，可见明代宁夏制毡业的发展不如元朝。清代宁夏地区的畜牧生产得到恢复和发展，牧民饲养的羊群数量增多，毛织品行业日渐进步。当地百姓主要生产绒褐，它以软细的羊毛为料，以斜纹技法织绒，产品质地优良。长此以往，

---

① （清）陈奕禧:《皋兰载笔》,《小方壶斋舆地丛钞》第6帙，杭州古籍书店1985年版，第259页。

② （清）呼延华国修，吴镇纂:（乾隆）《狄道州志》卷13《艺文中》，成文出版社1970年版，第836页。

③ ［意］马可·波罗著，冯承钧译:《马可·波罗行纪》，上海书店出版社2001年版，第164页。

④ 徐安伦、杨旭东:《宁夏经济史》，宁夏人民出版社1998年版，第118页。

宁夏毛褐的产量不断提升，百姓也时常贩售毛褐至外地，"驼毛褐，县册，出口外；羊毛褐，县册，出石嘴子山"①。

宁夏府的织匠也擅长织造毛毯。如当地所织栽绒毯闻名遐迩，原料乃是采用本地出产的滩羊毛，这种毛细长均匀、底绒丰厚、光泽鲜亮。而用滩羊毛制成的其他毛毯品种也广受欢迎，并作为贡物大量运送至京师与寺庙中。史载：宁夏百姓，"善织栽绒床毯、椅褥等物，粗细不一。其精者花样颜色，各种俱备。画图与之，亦能照图细织，价以尺计，亦甚昂"②。栽绒毯的做工精细、色彩鲜亮、质地优良，花纹精美华丽，价格虽昂，市场却十分广阔。

清人杨芳灿撰有《栽绒毯》一诗，道出了该毯的制作工艺："朔方有栽绒，毯中最珍异；吾尝稽其法，乃古氍毹制；工欲操奇赢，增妍出新意；经以臾脆旆，纬之木绵縩；或又朱其组，杭产乃最贵；屈蟠龙凤文，花样四时媚。"③栽绒毯之华丽，由此可见一斑。为了满足普通民众对宁夏毛毯的需求，工匠也会织作一些粗糙的毛毯，这种地毯的制作难度较小，"普通家庭妇女均可为之"④，粗毯可以御寒，细工多孔，可以御暑。⑤毛毯制成后，商人会收购并行销至省外。如黄河两岸的毯匠，他们所织毛毯，"大多由黄河水路运往蒙古和华北，直转至京津"⑥。此外，宁夏地区也有不少的回族家庭，他们"专门从事皮毛加工生产，主要是纺毛线、织毛口袋、织毛毯、擀毡或进行羊毛绒加工等，从业人数很多，技艺精湛，形成了收购、贩运、加工、销售的经营体系"⑦。可以说回族工匠在促进宁夏毛纺织业的发展上厥功至伟。此外，文县、礼县也都有规模不等的毛毯

---

① （清）徐保字：（道光）《平罗纪略》卷3《货属》，《西北稀见方志文献》第51卷，兰州古籍出版社1990年版，第289页。
② （清）汪绎辰：（乾隆）《银川小志》，《西北稀见方志文献》第51卷，兰州古籍出版社1990年版，第154—155页。
③ （清）慕少堂：《甘宁青史略副编》卷5，俊华印书馆1936年版，第37页。
④ 黄正林：《农村经济史研究：以近代黄河上游区域为中心》，商务印书馆2015年版，第359页。
⑤ 蒋乃镛：《中国纺织染业概论》，中华书局1946年版，第220页。
⑥ 钟侃、陈明猷：《宁夏通史：古代卷》，宁夏人民出版社1993年版，第313页。
⑦ 杨继国、马青：《宁夏民俗》，甘肃人民出版社2004年版，第26页。

加工行业。

综上所述，清代甘肃百姓既可织造出质量一般的毛织品，亦有能力生产出质地优良的毛纺织品。这些优秀的产品也深受朝廷喜爱。据载，明清时期，青海地区每年都要向中央上贡毛织品，万历二十九年（1601），陕西"岁供羊绒四千匹"[1]，仅西宁卫上供的羊绒便占三分之一。到了清朝，西宁府所需上贡的毛织品数额与种类有了进一步提高，宁夏地毯也在很长一段时间内都作为上贡珍品运抵京师。在故宫博物院收藏的八百余块地毯中，宁夏地毯占有半数，且有相当一部分为明末与清前期时织造。

二 甘肃的棉纺织业

清前期甘肃属黄河流域的州县，它们种植棉花的规模有限。民众所需棉衣主要靠山陕商人从陕西、河南、四川以及湖北等地转运而来。如顺治初，灵台百姓所需"衣服，丝绵布匹俱出别境，灵民以粟易之，制之甚难"[2]。西和县，"富者或衣褐帛，次者衣细布，然皆来自商贩，非本地所织"[3]。甘州，"布絮，其来自中州。帛，其来自荆、扬，其值昂……甘人用线皆市买，不自绩"[4]。上文也有提及，乾隆时岷县百姓多不事女红，大都从商人处购买服物。

不过，仍有一些地区受邻近省份的影响，从事棉纺织作业。如陇东及陇南一带民众受关中与陕南棉区的影响，会使用中棉纺织。乾隆《阶州志·物产》记载此地货属中已有棉布，伏羌县亦产有"白布、种棉"，秦安更是重要的白布产区。地处甘肃西北的敦煌，当地百姓多植棉纺纱，"地多种棉，妇女能纺织，自衣其夫"[5]。吴之斑《陇西竹枝词》有云：

---

[1] （清）谷应泰：《明史纪事本末》卷65《矿税之弊》，中华书局1977年版，第1017页。
[2] （清）黄居中修，杨淳纂：(顺治)《灵台志》卷1《方舆汇·风俗》，清顺治十五年刻本，第8页。
[3] （清）邱大英等：(乾隆)《西和县志》卷4《风俗》，成文出版社1970年版，第211—212页。
[4] （清）钟赓起：(乾隆)《甘州府志》卷6《食货·市易》，成文出版社1976年版，第624页。
[5] （清）苏履吉、曾诚：(道光)《敦煌县志》卷7《杂类志·风俗》，成文出版社1970年版，第349页。

"殷勤最是南河女，不踏秋千踏线车。"这足以表明甘肃各地不事棉织的传统已然发生改变。

三 甘肃的丝织业

清代甘肃地区以宁夏府的丝织业发展颇具代表性，当地百姓时常养蚕缫丝，缎匹的织作亦有迹可循。道光《中卫县志》记有一则《附蚕桑考》，文章打破"西北风土不宜于蚕"的传统思维，记录了宁夏"乡园近城见桑生殊茂，其叶肥大有如鲁产者"①的现象。经考证，"西南乡、宁安、枣园、广武等堡皆有养蚕成效，曾岁获蚕丝已织成茧绸、绵绸者或纺丝绳及织成幅巾"②，人们已懂得如何织造丝绸，并且针织活动也逐渐成为当地的一种习俗。例如在"七夕，闺人亦有以针工、茗果作乞巧会者"③。男女成亲时，亦须"新妇三日拜见舅姑，赟以针工"④，由此可见，能否熟练掌握纺纱针织技巧，已成为婆家认可新娘的重要标准之一。

乾隆时期，巩昌府产蚕，百姓可织作绢⑤，证实此处已有养蚕缫丝业，织匠们也具备一定的丝绸生产能力。此外，阶州、秦州地区也有蚕丝的生产，规模大小不知。除上述外，甘肃其他地区的丝绸织造并不出名，规模也很小。

四 甘肃的麻纺织业

麻在甘肃民间的应用较为广泛，可用于捻麻线、织麻布、做麻绳、制

---

① （清）黄恩锡：(乾隆)《中卫县志》卷1《地理考》，成文出版社1968年版，第89页。
② （清）黄恩锡：(乾隆)《中卫县志》卷1《地理考》，成文出版社1968年版，第89—90页。
③ （清）张金城修，杨浣雨纂，陈云猷点校：(乾隆)《宁夏府志》卷4《地理·风俗》，宁夏人民出版社1992年版，第109页。
④ （清）张金城修，杨浣雨纂，陈云猷点校：(乾隆)《宁夏府志》卷4《地理·风俗》，宁夏人民出版社1992年版，第110—111页。
⑤ （清）许容监修，李迪等撰：(乾隆)《甘肃通志》卷20《物产》，文渊阁《四库全书》，第557册，第558页。

麻鞋等，在黄河上游流域普遍种植。如武山、伏羌植"大麻"①，大麻一般用于织布。西和县也产麻，平凉府产麻布，庆阳府有"麻子，大、小、华、胡、凡四种"②，品种较多。肃州产三种麻："子麻，收麻子可为曲。线麻、野麻，野地蔓生，麻色红，可作绳。"③ 以麻为原料的纺织工艺在洮河流域及陇南各县较为发达。

第二节 清代甘肃的矿产加工业

清代是甘肃矿业开发的重要时期，境内金、银、铜、铁、铅等金属矿产以及煤、盐、朱砂、水银、瓷土、石膏等非金属矿产均有分布。清政府出于军需与民用之目的，大力开发甘肃地区的矿产资源，使这一时期甘肃的矿产加工业得到了很大发展。民间也利用铁、铜、煤炭等资源生产农具、盛器等日用之物，生产的数量、规模不一。

一 金属矿产加工业

清代甘肃境内金、银、铜、铁、铅等金属矿产资源的开发，主要集中于岷州、西宁府及敦煌等地。乾隆时期官方曾在上述地区广设矿场、开采冶炼。据康熙《岷州志》载："金，出城东百里滚滩，延川子，明时设金厂；银，一出良恭镇，一出宕昌驿木征城下；铜，一出良恭，一出城东一百五十里瞻坡下；铁，一出西固，一出闾井，形如竹节，得之不偶；锡，俗名白铁，出马坞镇。"④ 岷州地区贮藏的矿产种类丰富，惜产量不高，采掘活动多为百姓农闲时之副业。西宁府大通县的扎马图金矿在清代比较有

---

① （清）周铣修，叶芝纂：（乾隆）《伏羌县志》卷5《物产》，成文出版社1976年版，第144页。
② （清）赵本植：（乾隆）《庆阳府志》卷13《物产》，《中国地方志集成·甘肃府县志辑》第22册，凤凰出版社2008年版，第271页。
③ （清）黄文炜、沈青崖：（乾隆）《重修肃州新志》第6册《物产》，《中国地方志集成·甘肃府县志辑》第48册，凤凰出版社2008年版，第194页。
④ （清）汪元絅、田而穟：（康熙）《岷州志》卷2《舆地上·物产》，《中国地方志集成·甘肃府县志辑》第39册，凤凰出版社2008年版，第31页。

名，开采的金砂数量较多。敦煌也有沙州金场一处，产金不少。

(一) 金矿的开发

历史上甘肃地区的金矿开采时间较早。唐朝时期循化县已土贡麸金，及至宋，《宋史·五行志》载：政和四年（1114）十一月，"湟州丁羊谷金坑仅千余眼得矿，成金共四等，计一百三十四两有奇"[①]。金矿的开采量已较为可观。明朝初年，祁连野牛沟与门源天桥沟也都有开采砂金的记录，产量不详。

清代甘肃地区的金矿资源被官府牢牢掌控，禁止民间随意开采。至嘉庆年间，时任陕甘总督的那彦成上奏："奸民多在甘州之边境野马川一带结党盘踞，该处毗连甘、凉、肃三府州，南与西宁之大通接壤，环山面河，东西长径四五千里，向西甘州、肃州两营马厂，地方辽阔。其中之野牛沟、八宝山等处有金砂，虽经查禁，而利之所在，奸民潜行偷挖，纠合动辄数百，聚散无常，竟成盗薮。"[②] 可见民间私采金矿成风，官府对此也屡加禁绝。

据学者们研究发现，青海金矿贮藏地众多。若以县为单位，则有湟中、民和、乐都、互助、湟源、贵德、化隆、门源、祁连、同德、循化、兴海、共和、玉树以及海西夏力哈锦、哇燕河、阿哈图、哈尔腾河流域、哈吉尔、塔尔丁等地。[③] 这些金矿储地大多为清政府所掌控。

在官方掌握金矿资源后，便开始试图开办金场，并不断加大开采规模，以获取更多金料。乾隆四十年（1775），陕甘总督勒尔谨奏明乾隆帝，言大通县扎马图地方产有金砂，并已下令试采：

> 去岁经臣勘明，委员带夫一百五十名试采有效，奏准照依哈布塔海哈拉山之例抽收课金，并声明人夫总以二千名为止，以免人多滋

---

① （元）脱脱等：《宋史》卷66《五行四》，中华书局1977年版，第1437页。
② （清）那彦成著，宋挺生校注：《那彦成青海奏议》卷6，青海人民出版社1997年版，第163—164页。
③ 《青海地质矿产志》编辑部：《青海地质矿产志》，青海人民出版社1991年版，第29—30页。

事。嗣因该处气候早寒,九月初十前后,地土凝结,即难施工,随于九月初六日停工,亦经臣奏明在案。兹据该府县具报,现在招募商人张大有等五名,共雇夫五百名,似应先行开采,此后续招有人,另行具报等情。臣随派委员弁带领商夫,于四月初十日起开采金砂,仍令按五日一报,并饬该管道府往来稽查,毋使商人夫役稍滋弊窦。除再饬该府县出示招募,俟续充有人,随时增添外。①

这是扎马图金矿一次有记录的开采。此次采挖主要有以下几个特征:一、采用"官督商办"的形式招商采掘,由西宁地方官吏操办。官府规定:每日每工需缴"正课"金五厘;正课之外,所采矿金每两需缴"外撒金"三分,每逢年关,按人数收取课金。如文献中所记,金场起初雇用矿工500人,并对个人征税,如此一来,便可减轻官府的开采成本。二、管理严格,采取五日一报的标准,防止偷奸耍滑之人私藏金矿。随后,乾隆帝应允勒尔谨的请求。此后数年,扎马图金矿一直扩大开采规模。后因矿藏储量减少,金矿开采规模也渐呈下降趋势。截至乾隆四十五年(1780),金场雇工人数已减少为350人。五十二年(1787),陕甘总督福康安上书:

每于开采之初,以该厂金砂虽岁久微弱,但厂地绵亘百十余里,实为宽阔,若仅令额夫三百五十名进厂,诚恐人力未周,地有余利,反启奸徒夹带砂夫私行透漏之弊,节经札饬藩司酌看情形,以次加夫添采,以裕课金。②

他提出扎马图金场附近应当还有不少金矿资源未被发掘,请求增加金场的开采规模,金场雇工遂又增至400人,是年抽正、撒课银220余两,维持了扎马图金场的短暂繁荣。可好景不长,嘉庆七年(1802)三月,督

---

① 中国人民大学清史研究所、档案系中国政治制度史教研室:《清代的矿业》,中华书局1983年版,第548页。
② 中国人民大学清史研究所、档案系中国政治制度史教研室:《清代的矿业》,中华书局1983年版,第550页。

第三章　清代甘肃手工业与手工业产品市场

臣惠龄上奏，直言乾隆五十二年（1787）时福康安招工四百名，每年收课金二百余两已是较高水平，而在"嘉庆六年，据大通县知县周映紫禀报，本年仅收课金八十余两，较核上年所收短绌更甚"。扎马图金矿的开采量不断下降，已无更多金矿可供采掘，故请求减员二百，仅留一半，至于是否关闭此场，还要等适宜时机。

最终，道光三年（1823）那彦成上奏皇帝：他深感扎马图金矿"日形短绌，每年止纳正撒课金二十八两九钱零，为数甚微，殊于国课无甚裨益，而藏匿奸宄，为害甚大，权衡轻重，自应一体封禁"。加之"甘州之野牛沟、肃州之赤金湖等处素产金砂为汉奸盘踞之所，以挖金砂为名乘隙抢劫。先经臣等檄饬该管文武将野牛沟、赤金湖地方严行封禁，并将偷挖金砂之汉奸按名拿究"①。在他看来，扎马图金矿开采规模小，管理混乱，加之当地匪人时常占据金矿产地，因而建议关闭。同年四月，道光皇帝谕旨："惟大通县属之扎马图官金厂，该匪徒等难保不乘间潜往开采，着即严行封闭。"② 自此，开采近五十年的扎马图金矿暂时封闭。至清末，又曾开采过一段时间，不过规模很小。

除大通县扎马图金矿外，敦煌地方也曾奏明开设金场，议定祁连南北两山，额设工人两千名，年收课金三百九十两。至乾隆后期，敦煌的沙州金矿也得到了开发。为防止民间盗挖，当地官府招募矿丁开采。据史载：

> 乾隆五十一年详请试采，乾隆五十二年议定南北二山额夫二千名，每夫每月应纳课金三分三厘，每年三月初十日开厂，九月初九日封厂，计收课金三百九十六两。嘉庆十四年，详请减夫六百名；道光八年，详请减夫四百名。现在南山金厂尚按年收课金一百九十八两，北山自嘉庆五年封闭。③

---

① （清）那彦成著，宋挺生校注：《那彦成青海奏议》卷7，青海人民出版社1997年版，第222页。
② 《清宣宗实录》卷50，道光三年三月壬午朔，中华书局1985年影印本，《清实录》第33册，第884页。
③ （清）苏履吉、曾诚：（道光）《敦煌县志》卷2《地理志·金厂》，成文出版社1970年版，第125—126页。

沙州金场的规模较大，每年采挖人数一千至两千人不等，可采金三百两左右，自乾隆五十一年至嘉庆五年（1786—1800）间，共采金约四、五千两。后因矿苗不旺，遂停止开采。关于该场的组织结构，《续清文献通考》卷四十三记有：

> 乾隆五十一年，奏准甘肃敦煌县沙州南北两山出产金砂，采金人夫以两千名为率，如有多带，照例治罪。每五十名设夫头一名，夫头给与照票，散夫给与腰牌。照票由安西州填号钤印，送厂员给发，腰牌即由厂员制造，逐日课金，责成夫头收缴，按夫抽取，每夫缴纳课金三分，于正课之外，另抽撒散金三厘，即有风雪不能采挖之日，亦不准扣除。所收课金，逐月交贮安西州库，统俟秋杪停厂，倾熔成锭，遇有便员解交内务部查收。①

可以看出，清廷对沙州金场的工人数量、管理责任、人员构成、课税数额以及解运查验等方面有着明确规定，权责清晰，这有利于提高采金效率。

关于金矿的开采工艺，笔者在此简要介绍一番。扎马图金矿所产主要是一种砂金，矿工可在河谷、河床、河滩与阶地处采挖。采挖之法有二：一为天井法，是指先于金矿储地附近挖井，随后挖洞取砂，获取金砂后，备用淘金；二是明窝法，此法更加简易，工人在河滩或阶地上直接取砂即可。矿工将金砂运至河边，用木床洗砂取金。冬季因封河无法取砂，工人就在山脚处开洞取砂，待来年春季河流解冻后借助河水水流冲刷，以节省淘洗时间。

地方采得的金矿可冶炼成金子或首饰上贡清廷，也可将金子售与民间。在民间流通的金子经工匠之手制成饰品。如西北蒙、藏族人喜爱佩戴金银饰物，他们经常请求工匠打制首饰。金首饰一般体型较小，便于佩戴，加之其美观、精致的外表，使产品往往供不应求，市场需求广泛。价

---

① （清）刘锦藻：《清朝续文献通考》卷43《征榷十五》，商务印书馆1955年版，考7973。

格上，一件银饰可值银十余两，金饰的价格会更高。

（二）铜矿的开发

甘肃的铜矿产量有限，未见有大规模开采记录。不过，清代甘肃地区设立了铸钱局，表明官府注重此地的铜矿采掘与加工，故有必要提及一番。乾隆五十一年（1786），福康安奏报：位于巩昌府西和县的中山嘴产有铜矿，当地知县允许民众私采。① 可见巩昌府有铜矿储藏，且清代有名的铸币局——巩昌局即在此设立。巩昌局的设立较为曲折，据《清朝文献通考》载：

> （康熙）六年复开各省镇鼓铸，增置湖南、江苏、甘肃省局……经户部议准，除见存之江宁局外，其余各省、镇依顺治十七年之例，通行开局，照式铸地名满汉文，并增置湖南等局，其钱幕湖南长沙府铸南字，江苏苏州府局铸苏字，甘肃巩昌府局铸巩字……康熙二年移右布政使，治巩昌府。五年改为甘肃布政使司。是年，以三处分省伊始，故特增铸局。②

康熙六年（1667）始设巩昌钱局，然次年即令停办，原因未见史载，据推测应与铜矿的开采条件不足有关，加之当时并未探明巩昌府的铜矿储量及分布，钱局铜料短缺，进而影响鼓铸。终康熙一朝，巩昌钱局也仅铸造了不足两年时间。雍正四年（1726）九月十二日，甘肃巡抚石文焯奏请暂开鼓铸，使巩昌钱局重现生机。次年四月二十日，甘肃获准沿用"宝巩局"一名在兰州设局，并"收买各属户、工一厘字小钱及古旧钱、废铁，开局于兰州省城，设炉十二座，钱幕满文，铸'宝巩'二字"③，钱局的开办步入正轨。然而好景不长，官府虽用银两收购民间小钱，以鼓铸巩昌新

---

① 中国人民大学清史研究所、档案系中国政治制度史教研室：《清代的矿业》，中华书局1983年版，第300页。
② （清）张廷玉等：《清朝文献通考》卷14《钱币二》，商务印书馆1936年版，考4971。
③ （民国）刘郁芬：《甘肃通志稿》卷42《财赋七·货币》，《西北稀见方志文献》第28卷，兰州古籍书店1990年版，第212页。

钱，但问题在于民间小钱 2000 文才可铸新钱 1100 文，去除 100 文的成本，达到了 2∶1 的兑换比率。为了削减成本，官府直接按斤收购，结果导致百姓损失惨重，民怨沸腾。最终，雍正六年（1728）十二月，甘肃巡抚张廷栋上奏暂停巩昌局铸币，石文焯"交部议处"①，次年停止鼓铸。直至咸丰初年，为缓解因镇压太平天国起义带来的财政问题，巩昌局方才重新铸钱，却也仅是短暂的繁荣。巩昌钱局的开办颇为不顺，足见巩昌府境内虽开采铜矿，然冶铜数量较少，根本不足以支撑鼓铸铜币。钱局移至兰州后，官府又大量收购当地百姓的小钱改铸新钱，这些措施与甘肃铜矿资源的不足有很大关系。

此外，丹噶尔地区的加里科、乐都老鸦峡、民和七里寺、董家大山、大小柴达、荒草坡、太阳沟、杏儿沟、药水滩、蒙冈山、海北等地也有铜矿的分布，惜开采时间较迟，至清末方才形成一定的开采规模。

甘肃民间也有一些小规模的冶铜作坊。据《陇西县志》记载，乾隆时陇西有李德、李福兄弟，他们"开设德福铜器铺，制造锣钹器皿，后代李应铸造农业生产用的犁铧"②。岷县亦有铜矿贮藏，明朝时当地已有开采记录，清末因战乱废止。

（三）铁矿的开发

甘肃地区的铁矿资源分布广泛，清代甘肃方志中有关铁的记载比比皆是。如乾隆《甘肃通志》中记有：安化县，"横岭，在县北十八里，产铁，形如蛴螬，制为小刀，极锋利"。岷州，"铁一出西固，一出闾井，形成竹节，得之不偶"③。伏羌县，"太阳山……产铁，旧置铁冶于此"。靖远县，"宝积山在县东北一百一十里，下有泉水，出石炭，产铁"。秦州，"铁堂山……上有铁炉坡"④。由此可以看出，甘肃的铁矿分布较广、产地分散。

---

① （清）蒋良骐：《东华录》卷 29，中华书局 1980 年版，第 487—488 页。
② 曹宗周主编，陇西县志编纂委员会：《陇西县志》，甘肃人民出版社 1990 年版，第 231 页。
③ （清）汪元絅、田而穖：（康熙）《岷州志》卷 2《舆地上·物产》，《中国地方志集成·甘肃府县志辑》第 39 册，凤凰出版社 2008 年版，第 31 页。
④ （清）许容监修，李迪等撰：（乾隆）《甘肃通志》卷 5《山川》，文渊阁《四库全书》，第 557 册，第 183、186、242 页。

此外，皋兰、天水、两当、徽县、成县、西固等地皆有土法炼铁的记录，表明这些地区也都有铁矿产出。

清朝时陇南所属徽县、两当、西固等地的铁矿冶炼之法应与陕南略阳等地较为相似。原因在于陇南铁场与邻近的陕南略阳、留坝、宁羌等地属于同一矿区，生产条件大体相同，技术水平也无明显悬殊。因此关于略阳等地采矿及炉冶的记载情况，亦可反映出徽县、两当地区冶铁的大体情形。

西宁府境内铁矿分布较广，但贫矿较多，因此开采量不大。明朝时曾于西宁北山建有铁场："置官厅六楹，铁炉二座，营舍五十间。"[①] 表明此地曾有铁矿产出，自刘敏宽设场之后，"省役夫之劳，而铁倍其用，大称便利"。此外，在郭密、柴达木、乌兰代克山等处也探明有铁矿贮藏。

清代甘肃民间有规模不等的铁矿加工业，可生产各类铁器。农业生产领域，铁匠可打制耙、铧、锹、锄、铲、耙、镰刀、铁锨、镢头之类。屠宰行业中，小刀等器具的铸造比较有名，屠夫可利用小刀宰割牛羊。锅叉一般用于烧火做饭，马镫乃骑马必备，刀、锥、斧、凿等铁器也都有生产。

官府一般打制军用铁器。据顺治《西宁志》载，明代西宁卫制造的武器装备有："每岁按季额造盔一百六十顶，甲一百六十副，弓一百六十张，弦三百六十条，撒袋一百六十副，箭四千八百支。"[②] 因缺乏产品原料，故七分材料由凤翔府供给，三分由西宁卫自行采办。清代随着边疆地区和平稳定，西宁工匠生产的兵器如马刀、长矛等已可销售于蒙、藏等游牧民族地区。铁器制造业虽未中断，然所需铁矿并非采自本地，一般从陕西汉中运来。由此可见，西宁虽有铁矿分布，但储量并不多，这就导致本地铁器制造业的发展受到很大限制。

宁夏地区的金属矿产资源较少，"贺兰山出铅、矾，麦垛山出铁，今皆

[①]（清）杨应琚:（乾隆）《西宁府新志》卷35《艺文·北山铁厂碑记》，青海人民出版社1988年版，第939页。

[②]（清）苏铣:（顺治）《西宁志》卷4《兵防志·戎器》，《西北稀见方志文献》第55卷，兰州古籍书店1990年版，第34页。

不开采"①。然而明代宁夏卫的武器制造业比较发达②，这是因为此时宁夏地区为九边重镇之一，为抵御北虏南下而大力发展兵器制造技术。清代的宁夏已非边境，武器制造趋于没落，铜、铁等矿物一般打造成农具或常用工具。

（四）其他金属矿产的开发

甘肃地区还有铅矿、银矿的分布，因史料相对较少，故在此整合论述。甘肃铅矿的分布地点众多，安西、河州、徽县、皋兰等地均有铅矿储存的记载。清朝时，各地铅矿的开采已相当频繁。铅属于生产火器的重要原料，故清政府禁止民间开采。官府一般采取官督商办的形式采挖铅矿，并严格管理开采过程。早在乾隆九年（1744），甘肃巡抚黄廷桂即上奏："河州、徽县、兰州出铅处所，招商试采，以备提镇营标赴厂买用。"③乾隆五十一年（1786），查明安西境内的英俄峡、普城山产铅矿，清廷遂派商人前往办场开采：

> 英俄峡铅斤令商人运交安西州库，普城山铅斤，照前年采买磺斤例，径由厂所运赴肃州，俾领买各就其便。价值照三十六年每斤银六分例办理。再口外山厂，不便久开。俟两厂采足四十万斤之数，即行停止。④

官府要求商人运送铅矿至指定地点，并遵循指导价格、限制开采数量，层层管理，防止百姓私挖。除英俄峡、普城山两地外，皋兰县石梯子也产铅矿，"议令县民张应瑞自备工本开采，系请照从前骚狐泉采黄之例，交官给价收买，卖给各营应用"⑤。采得的铅矿仅为军用，不卖予民间。乾

---

① （清）张金城修，杨浣雨纂，陈云猷点校：（乾隆）《宁夏府志》卷4《地理·物产》，宁夏人民出版社1992年版，第112页。

② 见刘佩《明代宁夏地区手工业军事化探究》，《宁夏大学学报（人文社会科学版）》2021年第1期。

③ 中国人民大学清史研究所、档案系中国政治制度史教研室：《清代的矿业》，中华书局1983年版，第379页。

④ 《清高宗实录》卷1257，乾隆五十一年六月甲午，中华书局1985年影印本，《清实录》第24册，第894页。

⑤ 中国人民大学清史研究所、档案系中国政治制度史教研室：《清代的矿业》，中华书局1983年版，第381页。

隆五十七年（1792），官方继续招商采挖安西铅矿，"安西州属普城山厂，铅苗旺盛，开采有效。请令采办四十万斤，分贮安西、肃州，以备各营构运"①。足见此处的铅矿储量非常丰富。

青海铅矿主要分布于循化、贵德、湟源、碾伯等地。因这些地区的铅矿资源易于熔炼，且能用于制币、军事等方面，故采挖较多。19世纪初，有当地百姓在柴达木地区私自开采铅矿。随着需求量的增加，各地探明的铅矿储量也不断增多。如湟源的铅矿分布于梧桐沟和五龙沟，循化境内的沙布楞西山有铅矿储藏，贵德铅矿在古哇寺附近山中，碾伯铅矿贮藏于中西沟。

唐代甘肃地区已有采挖白银的记录，宋时秦、陇、兴三州设有银业。明末《天工开物》曰："凡银中国所出……四川会川弥勒山、甘肃大黄山等，皆称美矿。"② 清朝时期，岷县的恭良镇、伏羌县银观峪等都是重要的银矿产地。然因史籍缺载，未能知晓详细的开采规模与数量。值得注意的是，青海的银矿分布地也往往伴随有铜、铅的贮藏。

二　非金属矿产加工业

甘肃幅员广袤，境内非金属矿产资源蕴藏丰富。据方志记载，甘肃地区的非金属矿有煤炭、盐矿、硫磺、石膏、瓷土、玉石、硝等。种类如此之多，这也使得非金属矿产采掘业成为清代甘肃地区重要的手工行业。囿于篇幅，笔者在此节主要阐述甘肃的煤、硫、盐矿以及玉石等几种主要矿产行业的开采。

（一）煤炭的开采

甘肃地区的煤炭资源储量丰富，大多数地区都有开采煤炭的记录。乾隆五年（1740），甘肃巡抚元展成奏言：

---

① 《清高宗实录》卷1410，乾隆五十七年八月庚午，中华书局1985年影印本，《清实录》第26册，第955页。
② （明）宋应星撰，钟广言注释：《天工开物》下卷《五金》，中华书局1978年版，第343—344页。

兰州府属之皋兰、靖远二县，平凉府属之华亭县、固原州，甘州府属之张掖、山丹二县凉州府属之武威、永昌、古浪三县，宁夏府属之灵州及中卫、平罗二县，西宁府属之西宁县、大通卫，俱旧有煤洞，历来听民采取，以资日用。……今查勘得庆阳属之宁州，兰州属之狄道州，宁夏属之宁朔县，西宁属之碾伯县，直隶肃州并所属之高台县，安西厅属之沙州卫，共七州县卫亦俱有煤产处所，并无违碍，应听附近居民试采，并令地方官留心稽查，勿滋扰害，亦不许豪强霸占，地棍阻挠，于民生大有裨益。①

从该段史料可知，兰州、凉州、肃州、安西等地有不少百姓从事煤炭开采行业。乾隆中期，皋兰县的煤炭资源得到进一步开发，"阿干镇山，县南山后四十里俗名煤炭山，环山出煤炭，县人资取利赖无穷"②。狄道州亦有煤炭产出，据乾隆《甘肃通志》载："煤山，在州南八十里，明杨继盛始开，居民赖之。"③ 后间有开采，直至宣统朝方才废止，"（狄道）州属矿产，以锁林峡煤矿为著，系前明典吏杨椒山（杨继盛）所开，产煤尚富，今废"④。狄道的煤山开发跨越明清两代，虽因史料缺乏，无法得知煤矿的具体规模，但应当是比较大的。

诚如前文所述，煤炭不仅是百姓烧火取暖的重要原料，同时也作为冶铁、炼铜、制瓷之必备燃料。《重修肃州新志》载："石炭，产州城西南山中，赤靖俱有……可为熔铁者用。"⑤ 因煤在军事上的重要意义不如铅矿明显，故清政府实行"听民采取"的政策。为鼓励煤矿开采，官府在税收方

---

① 中国人民大学清史研究所、档案系中国政治制度史教研室：《清代的矿业》，中华书局1983年版，第481页。
② （清）吴鼎新、黄建中：(乾隆)《皋兰县志》卷5《山川》，《中国地方志集成·甘肃府县志辑》第3册，凤凰出版社2008年版，第58页。
③ （清）许容监修，李迪等撰：(乾隆)《甘肃通志》卷5《山川》，文渊阁《四库全书》，第557册，第160页。
④ （清）联英、李镜清、陈希世：(宣统)《狄道州续志》卷3《建置志·实业》，《中国地方志集成·甘肃府县志辑》第12册，凤凰出版社2008年版，第363页。
⑤ （清）黄文炜、沈青崖：(乾隆)《重修肃州新志》第6册《物产》，《中国地方志集成·甘肃府县志辑》第48册，凤凰出版社2008年版，第189页。

第三章　清代甘肃手工业与手工业产品市场

面也给予一定优惠，减少民间开采成本，以扩大开采规模。如乾隆二十四年（1759），陕甘总督杨应琚奏曰：

> 煤炭为生民日用所必须，且现值柴薪价昂之时，有此天地自然之利，自应亟筹开采，以济民用。合无仰恳圣恩，俯准于军需平余银内，酌借工本银二千两，给发肃州知州招商开采。仍俟采获石炭，售卖得价，分年扣还，实于边民大有裨益。[①]

乾隆帝应允，下令酌肃州知州暂借白银一千两为工本，督商开采。该行为获得了良好的社会效益："本年入春以来，该处所出石炭甚旺，煤亦渐多，商民售卖得价，即可源源采运，无须再借工本，因之煤炭价值亦日渐平减。"[②] 清廷颁布的减税措施也进一步鼓励了民众开采煤炭。

青海大通县的煤炭分布较广，且采集较为频繁。康熙年间，当地地主霸占煤山，雇工开采，采掘规模也不断扩大。若按质量划分，大通县东南的樵渔堡煤矿产有大煤、渣煤与散煤三种煤炭。当地工人挖煤时，一般是在地表发现煤矿后，以铁锹、镢头挖取。至一定深度时，由工人挖成煤洞，随后利用油灯照明煤井。矿工嘴含油灯、侧身采挖、背斗装煤，再由体型瘦弱的童工背于背部，爬行拖出。最后，工人将煤拉出煤山，运往外地销售。除大通县外，西宁、乐都、湟源、玉树等地也都有煤炭分布。

宁夏府的煤炭分布也比较广泛。上文已述，甘肃巡抚元展成在上奏乾隆皇帝的奏章中已提到宁夏府属之灵州及中卫、平罗二县有煤洞，宁朔县亦有煤炭产地。可见宁夏府属各县多储藏有煤炭资源。又有乾隆《宁夏府志》载：

> 在邑之西南，近河，山产石炭。城堡几万家，朝爨暮炊，障日笼

[①] 中国人民大学清史研究所、档案系中国政治制度史教研室：《清代的矿业》，中华书局1983年版，第482页。
[②] 中国人民大学清史研究所、档案系中国政治制度史教研室：《清代的矿业》，中华书局1983年版，第482页。

雾。至冬春，则数里外不见城廓。所烧炭，皆取给于此山。近西一带有火，历年不息，未知燃自何时。第见日吐霏烟，至夜则光焰炳然，烧云绚霞，照水烛空，俗呼为"火焰山"。其燃处气蒸凝结，土人取以熬矾，较胜他产，亦一奇也。①

由此可知，这一时期宁夏府的煤炭开采规模很大。此外，宁夏的煤炭种类也有很多。例如灵州产有一种长焰煤，该煤俗称"碴子"，此煤易燃，燃烧后仅留有少量白色灰烬，利用率高，不易熄灭，是一种优质煤炭。另有不少品质一般的煤炭，燃烧后遗留的残渣较多。

（二）硫矿的开发

甘肃的硫磺矿苗主要分布在河西走廊地区，一般产自山中，"硫磺，出肃州硫磺山内"②。其中以肃州地区的硫矿储量较为丰富，据《清朝文献通考》记载，雍正十年（1732），陕甘经略军务鄂尔泰上疏：

> 肃州嘉峪关、金佛寺堡之所管汛地内，南山隘口，抵朱鲁郭迤逦而西，有硫磺山一座，周围四五十里，遍产硫磺。环山远近，并无番夷住牧。若委员开采，依法煎熬，合算人工运费，每净磺一斤，值不过五分，而出产甚多，用之不竭，不独便利军需，亦足接济陕甘两省标营需用。③

雍正权衡利弊后，采纳其建议，派遣专人负责肃州硫矿的开采，以供应军需。

硫磺同样是制造火器的重要原料，因此清政府严格监管硫矿产地，禁止民间随意开采，官府则加大开采力度，提高硫磺产量。如《重修肃州新

---

① （清）张金城修，杨浣雨纂，陈云猷点校：（乾隆）《宁夏府志》卷3《地理·名胜》，宁夏人民出版社1992年版，第106页。
② （清）黄文炜、沈青崖：（乾隆）《重修肃州新志》第6册《物产》，《中国地方志集成·甘肃府县志辑》第48册，凤凰出版社2008年版，第189页。
③ 《清世宗实录》卷125，雍正十年十一月庚子，中华书局1985年影印本，《清实录》第8册，第646页。

第三章 清代甘肃手工业与手工业产品市场

志》中记有:"先年有取之者,地下掘出如砖块,以油炼汁为硫磺,可作火器。雍正初,经略鄂相国(鄂尔泰)巡边,奏准开采三十余万斤,建库贮之,十三年冬封闭。"①可见清廷开采甘肃硫磺的时间较早,采挖的数量也比较多。雍正十年(1732),清政府着手采掘肃州嘉峪关地区的硫矿。彼时正值西北用兵之际,官方为防止民间私自盗挖,故开采时十分谨慎,"开采硫磺固于军需有益,但行之日久,不无私贩盗卖之弊。着署督刘于义饬令总兵沈力学派兵防护,实力稽查,俟开采足用后,奏闻请旨"②。这是雍正时甘肃地区一次规模较大的硫矿开采活动。值得一提的是,硫磺在加工时会有一定的损耗。据悉,开采的硫矿一般要煎熬加工,煎硫方法是将硫矿投入滚烫的油锅中熬制,一段时间后即可得到较为纯净的硫磺。每百斤硫矿可煎硫磺50—80斤,因此炼制加工后得到的成品才是官府制造火药时使用的硫磺。

除肃州外,皋兰县有"骚狐泉一隅,处在腹里,产有磺矿"③。乾隆时期,皋兰县骚狐泉的硫磺共计开采三次。第一次采于乾隆十一年(1746),甘肃巡抚黄廷桂得知骚狐泉产有磺矿,随即上奏乾隆帝,请求试采。帝许之,并下令:

> 派令佐杂千把二员亲身督采,逐日将所获磺斤秤准登簿,每五日具文报查,仍委兰州府知府就近管理,俟将来采有定数,移行各提镇标营,凡有需磺之处,一面先用印文知会兰州府知府查照,俟弁兵到日,银磺兑交清楚。该府亦将兑交磺斤及收过价银各数目,备文移覆各营知照,并给解磺弁兵印信引票,载明硫磺斤两,随磺行走,通饬各关隘口,验票然后放行,以杜奸徒借名影射私贩夹带之弊。其卖过价银,照

---

① (清)黄文炜、沈青崖:(乾隆)《重修肃州新志》第6册《物产》,《中国地方志集成·甘肃府县志辑》第48册,凤凰出版社2008年版,第189页。
② 《清世宗实录》卷125,雍正十年十一月庚子,中华书局1985年影印本,《清实录》第8册,第646页。
③ 中国人民大学清史研究所、档案系中国政治制度史教研室:《清代的矿业》,中华书局1983年版,第632页。

数归还司库,岁底将采获磺斤,卖过银两数目,造册报部等情。①

此次开采硫矿的时间长达两年。在此期间,官府严格把控过秤、领用以及押运硫矿的过程,最终采得硫矿21万余斤,交由兰州府衙门贮存。

乾隆二十六年(1761),官方计划对骚狐泉硫矿开展第二次开采活动。该年,陕甘总督杨应琚奏请:"皋兰县属骚狐泉之磺厂,久经封闭,现在各标营火药不敷,查该厂磺砂旺盛,仍请招商开采"②,清廷随即批准。此次开采前后共计六年,采得硫矿21万斤,效率较第一次有所下降,表明骚狐泉的硫矿储量逐渐减少。第三次采挖是在乾隆四十五年(1780),因官府对硫磺的需求量增加,不得已,陕甘总督勒尔谨上奏乾隆请求再次开采。第三次的采掘数额未见史载,不过,据乾隆四十九年(1784)陕甘总督李侍尧所奏:

岁需磺斤应宽为备贮,向于皋兰县骚狐泉地方开采,现查磺苗已衰,不敷供用。查玉门县牛尾山,前经奏明开采,分贮肃州、玉门二处,拟将肃州磺斤拨运三十万存贮兰州,如骚狐泉采磺不敷,即于此内售给。至肃州运缺磺斤,即令在牛尾山招商采买。③

由此可见,骚狐泉矿苗衰竭,已无法大量供应军需。清廷遂转向开采肃州富矿,以供军用。此外,玉门地区也成为官府开采硫矿的新地点,这些地区的硫矿开采数量可满足当地制造火药之需。

(三)玉石的开采加工

清朝时,甘肃的玉石加工业十分出名,尤以肃州所产玉石名气最大。乾隆《重修肃州新志》中记有肃州的玉石品种主要有:

---

① 中国人民大学清史研究所、档案系中国政治制度史教研室:《清代的矿业》,中华书局1983年版,第633页。
② 《清高宗实录》卷637,乾隆二十六年五月乙卯,中华书局1985年影印本,《清实录》第17册,第111页。
③ 《清高宗实录》卷1196,乾隆四十九年正月癸巳,中华书局1985年影印本,《清实录》第24册,第3页。

第三章　清代甘肃手工业与手工业产品市场

> 玉石，一名噶巴石，出红水坝河内，乃石之似玉者，有菜色，有白色，深碧浅绿，俱可琢器，治之者，取山丹回回砂磨之。……代赭石，出肃州南山，高台者细红。嘉峪石，出嘉峪关山，可作砚。①

噶巴石有黑水石、茵板石、五岭石、老窝子石等多个种类，这些石料色彩斑斓、质地优良，非常适宜制作各种器皿。《重修肃州新志》作者沈青崖在《噶巴石歌》中形容噶巴石为："雪山西峙万里余，于阗秀结葱岭起，绿玉白玉分两河，迤逦钟灵鸳鸯玉雕酒泉止。红水坝前溪水清，邻邻石卵排牙齿，嫩黄深碧间松花，性质坚凝莹肌理。"② 高度赞扬了肃州噶巴石。

甘肃地区的玉石多藏于山中，因山中有寒冰阻隔，故矿工一般在六月三伏闷热潮湿之际开采，这样便于融化冰冻，以提高开采效率。开采前，工人要深入山中，用火把熔化石壁上的冰冻，随后以铁锤、铁镢击破石壁，并将石块运到肃州切割、打磨。工匠在制作时需经过钻坯、挖空、冲碾、磨光、烫蜡、揩擦、配付、包装等多道工序③，完工后的肃州玉石杯纹理自然、晶莹剔透，外表薄如蛋壳、造型雅致，长期使用也不易爆裂，且耐高温。玉石杯有绿、黄、黄绿、墨绿、羊脂白等多种颜色，丰富至极。肃州玉石杯没有专门的字号，工匠一般会于产品表面冠以作坊主的姓氏或籍贯，并加"作坊"两字，如"兰州作坊"等。

清代甘肃地区的另一石制名品是洮砚。洮砚又称洮河砚、洮石砚，因产自洮州一带而得名。甘肃洮砚是与安徽歙砚、广东端砚齐名的中国的三大石砚之一。洮州产石，据乾隆《甘肃通志》载："柳林沟，在县北五十里，内产碧色洮石，可作砚"④，可见书中已明确记载了洮州石的开采位置。

清人对洮砚欣赏有加，文人墨客更是喜爱不已。如清初文人孙承泽曾

---

① （清）黄文炜、沈青崖：（乾隆）《重修肃州新志》第6册《物产》，《中国地方志集成·甘肃府县志辑》第48册，凤凰出版社2008年版，第188页。
② （清）黄文炜、沈青崖：（乾隆）《重修肃州新志》第14册《噶巴石歌》，《中国地方志集成·甘肃府县志辑》第48册，凤凰出版社2008年版，第274页。
③ 武沐：《甘肃通史·明清卷》，甘肃人民出版社2009年版，第324页。
④ （清）许容监修，李迪等撰：（乾隆）《甘肃通志》卷5《山川》，文渊阁《四库全书》，第557册，第164页。

获得一块质地优良的洮砚，他在《砚山斋杂记》中有云："洮石砚乃砚之佳品，余所深赏，以为在端溪之上，而古今论者绝少，惟冯内翰延登、雷御史渊二诗颇尽洮砚之妙……观二诗则洮砚之足珍信夫。"① 同时期的思想家黄宗羲也曾获史滨若所赠洮石砚，并于康熙十三年（1674）写下《史滨若惠洮石砚》一文，成为洮砚史上的一段佳话。乾隆时，文人沈青崖甚至视洮砚为终生陪伴："洮水来西倾，钟灵产绿沉。孰云用武国，偏有右文心。湍濑疑浮磬，荣光类耀金。肌如蕉叶嫩，色比栗亭深。麟迹传骊窟，波纹宝墨林。从今怀寸璧，助我老来吟。"② 可见当时有不少文人十分钟爱洮砚。

清代甘肃洮砚的制作工艺已相当纯熟，砚匠们要经过选料、出胚、下膛、取盖、合口、落图、打磨、上光等十多道步骤方可完成一块石砚的制作。首先是选料。工匠在挑选洮砚石料时第一是看颜色，最上品为绿漪石，俗称"鸭头绿"，次为"鹦哥绿"，另外还有"紫石""鹧鸪血"与"羊肝红"等多种色泽的玉石。第二是观察石料上的纹路是否顺畅，肌理滑润与否，光洁程度如何。选定石材后即可打制。其次，石匠在打制时，要按照石料质地的完好程度分出等级，并依照图案设计制成模胚。下膛是指将研磨的磨池和水池提前刻制出。取盖有"取"和"配"两种方式，砚盖与模胚为同一石料者即为"取"，否则是为"配"。合口是将砚底与砚盖紧密扣合的一道工序，一般要求严丝合缝。落图是指在石砚的表面刻绘图案，这道步骤最考验工匠的技艺水平，有透雕及浮雕两种技法。透雕一般有钻、凿、铲三个过程，雕刻时要使用刀、锯、锤、铲、錾、铁笔、水沙等，绘制出的图案要求立体感很强。浮雕即在平面上雕刻突起的形象，分为高、浅两种。雕刻结束后，砚匠用砂纸打磨抛光，使砚的纹理更加清晰、光滑，提升美感。最后于石砚表面涂抹一层油，以延长石砚的使用时间，自此一块洮砚便制作完成。若有文人雅士喜爱题词，可在砚台制成后，于砚盖或砚周铭文、刻字，最后覆盖颜料，令刻字醒目，以增加石砚的文化内涵。

另外，宁夏府的贺兰砚也很是出名。宁夏诸山产石，工匠可用石制成

---

① （清）孙承泽：《砚山斋杂记》卷3，文渊阁《四库全书》，第872册，第181页。
② （清）呼延华国修，吴镇纂：(乾隆)《狄道州志》卷14《艺文下》，成文出版社1970年版，第894页。

石砚。贺兰砚的石料产于贺兰、宁朔、永宁山，此外还有"笔架山，在贺兰山小滚钟口。三峰矗立，宛如笔架。下出紫石，可为砚，俗呼'贺兰端'"①。这些地区"产砚材，石质美恶不一，青黄色。亦有鸲鹆眼，细润者颇发墨……石价甚践，而琢工颇贵"②。石料的价格不高，但经过精雕细琢后的贺兰砚名满天下，且价格昂贵，这主要得益于石匠们的高超技艺。经工匠之手雕刻后的贺兰砚有庞大的消费群体，特别是"清代京师一带文人颇为珍视"③。乾隆年间，贺兰砚成为朝廷贡品，当时已有"一端二歙三贺兰"④ 的说法，也因此宁夏优质的石砚制品吸引了各地商人来此采购。

（四）其他非金属矿产的开发

除上述非金属矿产资源外，甘肃地区还有各种石料，如碑碣石、水晶石、白云石、花岗石等，这些石材或用于雕刻或用于建筑行业。另有砷、白矾、胆矾、石灰、硝石、石膏等矿产，品种繁多，方志中均有大量记载。如陇西有硼砂、矽砂、云母石、石膏等。⑤ 肃州除玉石的生产外，亦有"寒水石，一名凝水石，出肃州南山，取烧熟如细面，可以塑绘，亦作药……石灰，近南山，取白石烧成……皮硝，出临水东碱滩内，取以熟皮"⑥。武威县有"玉、铅、池盐、碱、皮硝、石炭、蓬灰、煤、石灰、焰硝、瓷器"⑦。永昌有"菜花石、白盐、紫英石、石炭、石灰、石燕子、羚羊角、青盐"⑧。会宁地区则产有寒水石、坩泥、白矾、皂矾、白垩、硝等

---

① （清）张金城修，杨浣雨纂，陈云猷点校：(乾隆)《宁夏府志》卷3《地理·山川》，宁夏人民出版社1992年版，第87页。

② （清）汪绎辰：(乾隆)《银川小志》，《西北稀见方志文献》第51卷，兰州古籍书店1990年版，第154页。

③ 王致中、魏丽英：《明清西北社会经济史研究》，三秦出版社1996年版，第291页。

④ 范宗兴、吴晓红、霍丽娜：《方志与宁夏》，宁夏人民出版社2008年版，第229页。

⑤ （清）杨恩：(康熙)《巩昌府志》卷8《物产》，《中国地方志集成·甘肃府县志辑》第2册，凤凰出版社2008年版，第307页。

⑥ （清）黄文炜、沈青崖：(乾隆)《重修肃州新志》第6册《物产》，《中国地方志集成·甘肃府县志辑》第48册，凤凰出版社2008年版，第188—189页。

⑦ （清）张玿美、曾钧、苏暻：(乾隆)《武威县志》卷1《地理志·物产》，《中国地方志集成·甘肃府县志辑》第39册，凤凰出版社2008年版，第378页。

⑧ （清）张玿美、沈绍祖、谢谨：(乾隆)《永昌县志》卷1《地理志·物产》，《中国地方志集成·甘肃府县志辑》第38册，凤凰出版社2008年版，第496页。

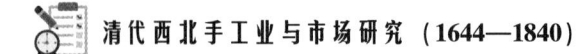

矿产资源。① 石油也于肃州等地探明，据《重修肃州新志·赤金所》记载："在玉门县东一百八十里，泉中有苔如肥肉，燃之极明。周武帝宣政中，突厥围酒泉，取此脂燃火，焚其攻具，得水愈明，酒泉赖以获济"，"石油出肃州南山"②。当地人对石油资源已有一定地认识，知其有燃灯之功效。

青海地区产有硼砂，这是一种硼酸盐矿物，可用作中药。青海硼砂主要产于柴达木盆地，世代居住于此的蒙、汉族人很早就了解这种矿产并加以采挖与熬炼。

石制品在甘肃百姓的生产生活中不可或缺，石料加工也是当地重要的手工行业。石匠们制有石磨、碌碡、石臼、石条、石柱、石墩、碑碣等多种产品。例如《丹噶尔厅志》中即记载了当地生产的多项石制品：

> 磨扇，分大、小三等：最大者，轮径三、四尺许，厚七、八寸，专资水磨磨面之用；其次轮小而薄，以骡马及驴推转之，资以磨制豆粉、豆腐之用；最小者径尺许，以一人手力转运之，专磨炒面之用，蒙、番用者极多，几乎无帐不有，汉民亦有用者。碌碡，长二、三尺，径七、八寸。两端凿孔、楔木，驾于牛马，以碾禾稼取粟之具也，有八面棱体等形式。石臼，亦有大小数等，惟药室用者稍大，小者人家所用，以捣调料、盐、茶，俗呼茶窝……石墩，作立方形，庙宇用以为墙角基，富豪之家亦用之。以上各件，皆用最粗之石，地学家称为花岗石者近是。碑碣，其石质细致色碧，俗呼菜绿石。可雕刻兽类、花卉、镌成大小字形，年久而不致侵蚀剥落，远胜砂石，因公刊石及墓碣皆用之。其石亦可作砚。③

这条史料虽记载于晚清时期，然而相关产品的制作在清前期便已有

---

① （清）毕光尧：（道光）《会宁县志》卷4《风土·物产》，《中国地方志集成·甘肃府县志辑》第8册，凤凰出版社2008年版，第101页。
② （清）许容监修，李迪等撰：（乾隆）《甘肃通志》卷6《山川》，文渊阁《四库全书》，第557册，第268页。
③ （清）杨治平：《丹噶尔厅志》卷4《矿物》，《青海地方旧志五种》，青海人民出版社1989年版，第271—272页。

之，故可作为参考。此处提及的碌碡是一种传统的大型畜力农具，形状类似于圆柱体，中间大，两端小，围绕转轴旋转，可碾轧谷物。此外石条、石柱、石墩、碑碣等石制品的制造工艺也比较成熟。富人喜爱用昂贵的石料雕刻成工艺品，成品质量极佳，久置不坏。

上述提及的矿产资源，有相当一部分是由民间开采，并运至作坊处加工。如陶瓷土矿可以烧制瓷器，硝可用于熟皮。清代甘肃的瓷器生产主要集中于兰州、山丹一带，每岁可制造罐、碗、盏、缸、锅等陶瓷品上百万件。阿甘镇所制砂锅是当地著名的陶制品，"阿甘镇地，其土宜于陶，经火不裂，故多陶器"①。产品经济实惠，颇受百姓欢迎。同时，阿甘镇陶瓷也是甘肃上贡京师的"八宝珍品"之一。

矿盐是一种特殊的非金属矿产，它是以矿石的形式存在于自然界中的食盐。甘肃产有一种中崖盐，生长于悬崖处。明末宋应星在《天工开物》中记录该盐："凡西省阶、凤等州邑，海井交穷，其岩穴自生盐，色如红土，恣人刮取，不假煎炼。"② 这种石盐多产于皋兰东北，人工煎熬时，可直接取咸土煎制成盐，较为方便。循化县也有一些矿盐生产，当地人取土以水泡之，经夜去土，将水倒入锅中煮沸，熬煮成盐，然而杂质较多、口感差，质量较次。

第三节　清代甘肃的食品加工业

清代甘肃地区的食品加工行业主要包括酿酒、制盐、酿醋与榨油。大体上，甘肃可用于酿酒的原料较多，酒的种类也比较丰富。制盐领域，以宁夏府的池盐较为出名，当地的食盐产量高、质量好，时常销售邻省。榨油业的分布范围较广，各地百姓利用种植的菜籽、麻等油类作物，榨出可供食用或燃灯的油。酿醋业在湟源等地较为有名，此外还有部分牧民从事

---

① （清）吴鼎新、黄建中：（乾隆）《皋兰县志》卷5《山川》，《中国地方志集成·甘肃府县志辑》第3册，凤凰出版社2008年版，第59页。

② （明）宋应星撰，钟广言注释：《天工开物》上卷《作咸》，中华书局1978年版，第159页。

乳制品的制作。

一 酿酒业

清代甘肃地区的酿酒业较为发达，当地百姓从事酿酒行业十分普遍，各地酿酒之风也相当盛行。人们经常利用大麦、高粱、青稞、糜子等作物酿酒，这些农作物在甘肃地区的种植规模较广，为酿酒行业提供了充足的原料。

康熙时，靖远县百姓酿酒，"日用多稷米，而黍米差少，酿酒以粟米，未不用秫糯"[1]。肃州高台县有一种名为"京大麦"的原料，"连皮碾去，可作酒"[2]。金县、秦安百姓常用黄糜子、红糜子、黑糜子、黏糜子酿酒。另《岷州竹枝词》有云："西川禾老村村酿，间井鱼肥处处筌。"[3] 西川，是指岷州西路的洮河流域，当青禾成熟时，西川各村百姓有使用糜子酿酒的习俗。每有婚嫁、丧葬之事，百姓时常以酒宴请宾客。例如岷县，"将逢佳节及婚嫁、丧葬飨宾诸事，始作酒；煮青稞拌曲为之，三四日可熟"[4]。酒已经成为甘肃百姓日常饮食、款待客人的必备饮品。

甘肃地区酒的种类有很多。如成县产有"羊酒、西瓜果酒、火酒"[5]。甘州地区，"酒有数种：酒肆煮米和曲，酿成者曰黄酒；以稞、麦、糜、谷和曲，酿成者曰汾酒；以糯、稻和曲，内入汾酒，酿成者即绍兴、玉兰、金盘、三白诸色酒。又有缸子酒者，煮大麦和曲酿成，装坛内，入黄酒鸡汤，截芦为筒，各吸饮之，杜工部所谓芦酒是也"[6]。凉州的葡萄酒也

---

[1] （清）马文麟、李一鹏等：（康熙）《重纂靖远县志》卷2《物产》，《中国地方志集成·甘肃府县志辑》第15册，凤凰出版社2008年版，第124页。

[2] （清）黄文炜、沈青崖：（乾隆）《重修肃州新志》第6册《物产》，《中国地方志集成·甘肃府县志辑》第48册，凤凰出版社2008年版，第187页。

[3] （清）汪元絅、田而穟：（康熙）《岷州志》卷19《艺文下》，《中国地方志集成·甘肃府县志辑》第39册，凤凰出版社2008年版，第187页。

[4] （清）汪元絅、田而穟：（康熙）《岷州志》卷11《风俗》，《中国地方志集成·甘肃府县志辑》第39册，凤凰出版社2008年版，第101页。

[5] （清）黄泳弟：（乾隆）《成县新志》卷2《风俗》，成文出版社1970年版，第207页；卷3《物产》，第357页。

[6] （清）钟赓起：（乾隆）《甘州府志》卷4《地理·风俗》，成文出版社1976年版，第463—464页。

第三章　清代甘肃手工业与手工业产品市场

非常有名，清代文人张澍作诗《凉州葡萄美酒》云："凉州美酒说葡萄，过客倾囊质宝刀。不愿封侯县斗印，聊拼一醉卧庭皋。"①另有徽县之烧酒，明代徽地已有酒坊，当地多产烧酒，酿酒师以大麦、高粱、豌豆为原料，仿汾酒、西凤酒的制法酿造而成，所酿烧酒味道浓烈、醇香，有"徽凤酒"之名，多运销本省及邻近省份。清初徽县烧酒的生产规模较小，咸丰以后规模逐渐扩大，至清末年产可达数万斤。

青海地区流行的是一种颇具特色的茗流酒，它以制法简易、价格低廉而广受好评。这种酒"以大麦制者最佳，能制胃疾。大半用青稞制成，土人谓之茗流酒，味力亚于烧酒"。原料是青稞，酒曲中又加入药草，经蒸煮、发酵、烧制等工序制成，度数不高，口味香甜微辣，有顺气、活血之功效。另据《西陲要略》所记，当地产有一种马乳酒，牧民们钟爱此酒，"其酒，缝皮为袋，中盛牲乳，束其口，久而酿成，味微醋，谓之捆酒。每岁四月，马湩新得时，置筵酬神，诈马为庆，谓之玉醴"②。

宁夏府的酿酒业以中卫地区最为有名。清代举人李孝洋曾撰诗曰："千顷波澄慰渴人，双樽稠迭拜芳醇。从今识得鸣沙味，吸尽葫芦满腹春。"③诗中对中卫美酒赞不绝口。据道光《中卫县志》载："酒，惟县城内各井取水酿之味佳，至城外之水即不足。"④中卫百姓在酿酒时对水质的要求很高，要求水中几乎无杂质，且制作工艺非常考究，"季夏六日，储水造曲，水经月不腐"⑤。酿成的酒味道极佳，故中卫酒畅销宁夏各地。另有一种玫瑰酒，产于宁夏，名气颇高，市场销路好。《陇右纪实录》中记有："玫瑰酒，宁夏产，销本省间运山陕，（值）万余两。"⑥

另外，宁夏地区产有一种名为"羊羔酒"的酒种。该酒传承久远，宋代《北山酒经》中即有其制作工艺："腊月取绝肥嫩羯羊肉三十斤，连骨

---

① 王秉钧：《历代咏陇诗选》，甘肃人民出版社1981年版，第237页。
② （清）祁韵士：《西陲要略》卷4《厄鲁特旧俗纪闻》，清道光十七年刻本，第14页。
③ （清）黄恩锡编，郑元吉修：（道光）《中卫县志》卷10《艺文》，宁夏人民出版社1990年版，第380页。
④ （清）黄恩锡编，郑元吉修：（道光）《中卫县志》卷3《物产》，宁夏人民出版社1990年版，第118页。
⑤ （清）黄恩锡：（乾隆）《中卫县志》卷1《地理考》，成文出版社1968年版，第79页。
⑥ （清）彭英甲：《陇右纪实录》，文海出版社1988年版，第320页。

使水六斗已来，入锅煮，肉令极软，漉出骨，将肉丝擘碎，留着肉汁。炊蒸酒饭时，匀撒脂肉于饭上，蒸令软，依常盘搅，使尽肉汁六斗。泼馈了，再蒸良久，卸案上，摊令温冷得所。拣好脚醅，依前法酘拌，更使肉汁二升以来。收拾案上及充压面水，依寻常大酒法日数，但曲尽于酴米中用尔。"① 至清朝，宁夏百姓改进了羊羔酒的做法，以本地灵武羊羔肉为原料，辅以枸杞、红枣、甘草等配料，自然发酵而成。这种酒深受当地百姓喜爱，雍正帝亦对该酒赞不绝口，曾秘令年羹尧前往宁夏找寻此酒，相关记载如下："宁夏出一种羊羔酒，当年有人进过，今有二十年停其不进了，朕甚爱饮他，寻些送来，不必多进，不足用时再发旨意"②，足见宁夏羊羔酒之味美，以至于声名远达京师。

酒的储存方面，在一些乡镇地区，由于酒的存储条件不足，"土人先一夕作水黄酒，次早酷卖，过午即酸不可饮"③，鬻酒者会及时更换储存时间较长的酒，防止腐坏。

二 制盐业

为保证食盐正常摄取，凡有盐根、盐苗之地，百姓均会尝试生产食盐，以供食用。清代甘肃境内的盐业生产可分为三种：一是池盐，二是井盐，三是矿盐，矿盐已于上文论述，此处不再提及。池盐在甘肃食盐生产领域中规模最大，分布范围也最广，是甘肃食盐的重要来源之一。井盐的规模相对较小，产量也不高。

首先是池盐方面。清代甘肃地区的池盐可从咸水湖中采取，成分与海盐相同，盐池分布于敦煌、肃州、高台、民勤、临夏、海原、永登、景泰、花马池等地。如镇番县境内的盐池数量较多，且每个盐池都有百姓生产食盐，"新中沙白盐池，县东五十里，周围三里……鸳鸯白盐池，县东

---

① （宋）朱肱：《北山酒经》，《宋元谱录丛编·北山酒经（外十种）》，上海书店出版社2016年版，第36—37页。
② 中国第一历史档案馆：《雍正朝汉文朱批奏折汇编》第1册，雍正元年八月十三日，江苏古籍出版社1989年版，第832页。
③ 佚名：《兰州风土记》，《小方壶斋舆地丛钞》第6帙，杭州古籍书店1985年版，第262页。

南五十里，出盐，居民藉以食用……三坝白盐池，县南三十里，周围二里出盐，居民藉以食用……摆鸭湖，县西北二百里，出青盐，土人间藉以为利。小白盐池，县西北二百二十里"①。乾隆时期，肃州"城东一百四十里有盐池堡，离堡二里余，东北上有盐池一处，系高台县所属，不须人工，自生白盐，为甘、肃人民食用"②。由此可见，池盐一般为天然生成，由人工采捞，或取卤晾晒，制成食盐。如敦煌，"县东南四十七里，池中盐常自生，百姓仰给"。采挖池盐已是当地常见的食盐获取手段。

青海地区则有茶卡盐池、柯柯盐池、达布逊盐池、赛什克盐池、哈姜盐池等多处。③ 池盐有不同的品种，以红盐、青盐质量为佳，例如丹噶尔地区所产青盐乃是自然形成，百姓即采即食，较为方便。

宁夏盐池多位于灵州、花马池地区。另外有花马小池在灵州惠安堡附近，东部有花马大池，即花马池、烂泥池和莲花池等。④ 当地池盐的制作方式简易，"每年二月间，于池内开治坝畦，引水入池灌畦，风起波生，日晒成盐，用力极易。惟天旱水少，或雨水过溢，所产差少"⑤，人们在采挖时也比较方便。除灵州、花马池外，宁夏其他地区的优质盐池也有不少，所采池盐无需煎熬即可食用。例如据史籍记载：宁夏南部有一灰盐堡，产井盐，"井中出盐，筑地为池，方一二丈，筑而平之。四围筑土为小堤，挽井水灌池中，经夜放去碱水，池中盐皆成白牙，有盈尺者，味佳美，不待煎也"⑥。

再来看池盐的生产与销售。宁夏是重要的池盐产地，其产销受到历代官府的严格掌控。明朝时期，官方大力产盐以资边军，"宁夏小盐池，乃

---

① （清）张玿美等：（乾隆）《镇番县志》卷2《地理志·山川》，《中国地方志集成·甘肃府县志辑》第43册，凤凰出版社2008年版，第22页。
② （清）黄文炜、沈青崖：（乾隆）《重修肃州新志》第3册《杂税》，《中国地方志集成·甘肃府县志辑》第48册，凤凰出版社2008年版，第158—159页。
③ 《青海地质矿产志》编辑部：《青海地质矿产志》，青海人民出版社1991年版，第21页。
④ 陈育宁：《宁夏通史》，宁夏人民出版社2008年版，第264页。
⑤ （民国）马福祥等：（民国）《朔方道志》卷9《贡赋下·盐法》，成文出版社1968年，第469页。
⑥ （清）刘献廷撰，汪北平、夏志和点校：《广阳杂记》卷1，中华书局1957年版，第50页。

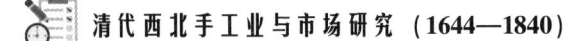

天生自然之利，资穷边军需之用"①。同时，政府陆续制定了开中法、纲运法，希冀借商人之手行销盐引，以保证食盐的正常产销。嘉靖九年（1530）始，官府每年于大池增课三万余引，小池增课两万余引，每引纳银二钱五分，共增近两万余两，"解送平凉府官库收贮"②。根据上述记载可知，明代宁夏池盐的生产主要用于军事。及至清，官府继续加大食盐生产力度。清廷专于宁夏府设盐捕厅，并于灵州惠安堡置盐捕通判一员，管理花马池食盐的生产与贩卖。为鼓励食盐生产和盐引销售，清廷将每引征银降为一钱一分五厘五毫。至雍正年间，宁夏"额产盐六万七千四百四十石，在于平、庆两府各厅、州、县，并宁夏河东各营、堡行销"③，食盐的生产数额已超越明代，销售范围也更加广阔。至乾隆朝，因池盐的开采与市场均形成较大规模，官方着手提高盐引征银，将每引升至二钱一分一厘一毫，"共计征银一万四千五百三十三两三钱二分，按年解布政司奏销"④。根据上述数据可估算得知，宁夏花马池食盐年产量当在1380余万斤。利用食盐，官府赚取了厚利，商人获得差价，宁夏食盐也行销甚远。

特别值得一提的是，对于一些规模较小的盐池，官府则不加多问，允许百姓开采、销售，也不征收盐税。如《银川小志》中曾提及，在怀远县城南、城北各三十里的地区，有一处小型盐池，由于"其产不多，官亦不禁"⑤。这一现象与食盐的统筹开采和销售有关。清代虽设盐捕通判一职专责食盐采销，然而一些小型盐池难以规模化生产，销售成本过高，且偏远地区路途不便、运输困难，故而放弃。文献中也有不少类似的记录，如"河东边外有花马、红柳、锅底三池，以边外弃"⑥，官府放弃这些盐池后，

---

① （明）胡汝砺纂修、管律重修，陈明猷校勘：（嘉靖）《宁夏新志》卷3《所属各地》，宁夏人民出版社1982年版，第199页。
② （明）梁材：《梁端肃公奏议四》，《明经世文编》，中华书局1962年版，第943页。
③ （清）张金城修，杨浣雨纂，陈云猷点校：（乾隆）《宁夏府志》卷7《田赋·盐法》，宁夏人民出版社1992年版，第231页。
④ （清）张金城修，杨浣雨纂，陈云猷点校：（乾隆）《宁夏府志》卷7《田赋·盐法》，宁夏人民出版社1992年版，第231页。
⑤ （清）汪绎辰：（乾隆）《银川小志》，《西北稀见方志文献》第51卷，兰州古籍出版社1990年版，第156页。
⑥ （清）张金城修，杨浣雨纂，陈云猷点校：（乾隆）《宁夏府志》卷7《田赋·盐法》，宁夏人民出版社1992年版，第237页。

由当地百姓负责开采。道光时，中卫"县北边外三十里有地产盐，白而味好。其石空边外有红盐池，皆蒙古之利，河北各堡民皆贩卖为食"①。百姓采盐自销，虽不至发家致富，却可饱腹。这类食盐的销售范围较小，多位于县城之内。这种盐池开采方法既可使清廷专注大盐池的生产销售，又避免了小盐池的浪费，是宁夏池盐产销的成功典范，对宁夏食盐的生产加工与市场扩张极为有益。

其次是甘肃地区的井盐。清代甘肃之井盐，"制造用柴火煎熬，性质干燥者为火盐，制成砖湿者为水盐，制成大块名牛头盐，均灰白色。然成本较晒盐为费"②。产地不多，以西和、漳县最为著名，官府亦主要控制这两处井盐产地。另外，清初宁夏灵州、花马池两地共有盐井二百，岁产食盐1440石。雍正八年（1728），又新增二百余口盐井。如同池盐般，井盐除官引外，也有部分百姓尝试私自采掘、加工。例如阶州地区有"盐井在县东北六十里，煮水成盐，民资其利"③，当地民众借助井盐维持生计。玉树地区也有井盐，人们前往自然形成的盐泉附近，取得外喷卤水，倾倒盐田之中，风吹日晒后即成盐粒，盐呈现灰色或红色。

随着食盐种类的增多，人们对于食盐的质量也有了明确区分。如清代甘州食盐市场上，"白盐贱值，红盐、青盐倍值"④。白盐产量高，百姓经常以此为食。红盐也是食盐的一种，价格较高。据学者们研究发现，红盐富含数十种矿物质和微量元素，各地储量很少、开采难度大、药用价值高。例如山丹县的红盐，"色味俱佳……色如丹，坚如石，以作器，拟琥珀"⑤，因此颇为珍贵。青盐分布稍广，皋兰、镇番、永昌等地有产。

---

① （清）黄恩锡编，郑元吉修：(道光)《中卫县志》卷3《贡赋考》，宁夏人民出版社1990年版，第118页。

② （民国）刘郁芬：《甘肃通志稿》卷28《民族八·实业》，《西北稀见方志文献》第27卷，兰州古籍书店1990年版，第594页。

③ （清）许容监修，李迪等撰：(乾隆)《甘肃通志》卷5《山川》，文渊阁《四库全书》，第557册，第185页。

④ （清）钟赓起：(乾隆)《甘州府志》卷6《食货·市易》，成文出版社1976年版，第625页。

⑤ （清）钟赓起：(乾隆)《甘州府志》卷16《杂纂》，成文出版社1976年版，第1897页。

三 其他食品加工业

除去酿酒与制盐，清代甘肃各地还有一定规模的榨油、酿醋与乳制品的制作。

榨油方面，西宁府的榨油业比较发达，各地建有大量的油坊。油坊的榨油方法是工人将胡麻、芥子、菜籽等油料蒸熟，用草包裹住，随后用重物压之，草包经受重压，缓慢出油，工艺与陕西的榨油业相差不大，所使用的重物主要是油梁。油梁是由一根粗大的长榆木捆绑而成。我们可以从方志中油梁数的相关记载，一窥清代西宁府榨油业的发展情况。以现存史料来看，乾隆初期，西宁县，"油梁原额一百八十九条"，新增"油梁一百五一十二条"。碾伯县，"大油梁原额五十三条，每条征银三钱。新增小油梁六十条，每条征银一钱五分"。大通卫，"油梁原额三十七条，每条征银二钱五分。雍正十三年，新增油梁十二条。乾隆三年，又新增油梁四条，共征银一十三两二钱五分"[1]。由此可见，乾隆时期西宁府共计有大、小油梁507条，规模不小。嘉道年间，西宁地区的油梁数有了进一步增长，榨油业也维持着较大规模。

酿醋行业中，甘肃成县以"采药草合曲以酿醋"[2]，镇番县采用青稞酿醋[3]，湟源地区的百姓则以麦麸酿醋。据刘景华考证，湟源陈醋的酿造约始于清雍乾年间[4]，因蒙藏牧民多食肉类，需用食醋调味，因此需求量应该不少。

乳制品主要由甘肃各地的牧民制造。清代甘肃地区畜牧业比较发达，牛羊牲畜的饲养数量多，一些食品可由牛、羊奶制成。如青海地区，当地牧民可利用牛奶、羊奶制成酥油、奶饼等乳制品，这是他们日常食用的食物，也可以制成寺院使用的酥油花。如丹噶尔便产有"酥油，以牛羊乳制

---

[1] （清）杨应琚：(乾隆)《西宁府新志》卷16《田赋·岁榷》，青海人民出版社1988年版，第414—416页。

[2] （清）黄泳弟：(乾隆)《成县新志》卷2《风俗》，成文出版社1970年版，第206页。

[3] （清）张玿美修，曾钧等纂：(乾隆)《五凉考治六德集全志》卷2《镇番县志·物产》，成文出版社1976年版，第233页。

[4] 刘景华：《清代青海的手工业》，《青海社会科学》1997年第6期。

第三章 清代甘肃手工业与手工业产品市场

成之，即乳油也，用以和茶。番僧寺院每岁元宵，以酥油制成庙宇、宫殿、人物、花卉，惟妙惟肖，色泽光润，兼然灯万千，灯辉相映，名曰花灯"①。大通、玉树等地也有酥油和奶饼的制作。

第四节 清代甘肃的粮食加工业

清代甘肃地区的粮食加工业发展显著。当地百姓使用水磨和旱磨加工主粮、菜籽等，以磨成面粉或者榨成油。这些加工后的产品满足了各地民众日用所需。

首先是水磨的使用。清代甘肃地区的水磨数量较多。清朝初年，金县水磨40轮、渭源县有水磨75轮、兰州493轮、河州水磨1300轮，总计1908轮，超越同时期新疆的水磨数量。后随着社会经济得到进一步发展，水磨数的增长也愈加明显。狄道的水磨在康熙时有400轮，乾隆二十八年（1763）增至532轮，若加上"接管临洮卫归并水磨一百六十九轮，接管岷州卫归并水磨二百三十一轮，接管兰厅水磨二十六轮"②，共计916轮。而河州地区在康熙二十六年（1687）时已有1300轮水磨，至康熙四十六年（1707），《河州志》记录当地有水磨1800轮，增长速度较快。水磨增长如此之快，与当地的磨课税较轻有关，"嘉靖己未边备副使马纪奏革山川轮，俱征银一钱九分，军民利焉，至今为常制"③。因此百姓常以水磨加工粮食。

这一时期，西宁府的水磨增长更加迅速。据乾隆《西宁府新志》载，仅雍正时期，西宁府属二县一卫已有山水磨1887盘。至乾隆朝，西宁县"山水磨原额一千二百八十一盘。……新增山水磨二百八十八盘"，共计1568盘。碾伯县，"水磨原额四百三十一盘，每盘征银三钱。新增旱磨八百七十五盘，每盘征银一钱五分。又新增水磨一盘"，共计1307盘。大通

---

① 王昱：《青海方志资料类编（上）》，青海人民出版社1988年版，第232页。
② （清）呼延华国修，吴镇纂：(乾隆)《狄道州志》卷6《水利》，成文出版社1970年版，第432页。
③ （清）王全臣：(康熙)《河州志》卷2《水利》，《中国地方志集成·甘肃府县志辑》第40册，凤凰出版社2008年版，第154页。

· 295 ·

卫，"山水磨原额一百九十三盘，每盘征银二钱五分。旱磨六十三盘，每盘征银一钱二分。雍正十二年，新增旱磨四盘，每盘征银一钱二分五厘。十三年，新增山水磨二十三盘，旱磨一十四盘。乾隆二年，新增山水磨一盘，旱磨两盘。三年又新增山水磨六盘，旱磨一十四盘，共征银七十六两五钱六分"①，合计水、旱磨322盘。通过上述史料可知，乾隆十二年（1747）西宁府共有水旱磨3195盘。这时西宁府属县、卫共有在册人口十五万，平均每46人拥有1盘水旱磨。同期每年经征的磨、油税课银合计达930余两②，规模相当庞大。至道光朝，西宁府属西宁、碾伯、大通三县和丹噶尔厅分别有大小山水磨1897、1246、414、107盘，共计3664盘，较乾隆时新增磨盘469个，共征磨、油税银585两余。③ 磨盘税课有了显著降低，表明当地的水磨加工市场在逐渐扩张，特别是蒙、藏等族每年需要大量的糌粑等食物，这些主要依靠西宁府农业区的供给，可见磨盘的增加推动了粮食加工业的进一步发展。水磨加工粮食已成为西宁百姓一项重要的手工行业，官府所征水磨税银数亦在诸课税中属较高。

岷州地处洮河上游，水力资源丰富，十分适宜发展水磨加工业。据康熙《岷州志》记载，岷州水磨不但用于碾粮、榨油，亦可用于制香，并记有详细的工艺流程：

> 油房须四、五间，内设锅灶及木槽等器，水磨则跨水渠盖房一间，于阁板之中置磨盘二，下置磨轮一，贯之以轴，与下盘相连，轮当渠水之冲，水势激轮，轮与下盘旋转如飞，昼夜不息。居民以菜子作油则就油房，房主所获，每石一升，有奇为蒸榨之费。碾粮食者就水磨，磨主所获每斗一升，日碾一石，可得一斗，碾菜子者亦如之。若小东路屯民多从擂鼓等山伐取栢木，就水磨碾为末，制饼如镜大，每数饼为一串，为临兰造香者所必需，每串可得二百文，颇资日用，

---

① （清）杨应琚：(乾隆)《西宁府新志》卷16《田赋·岁榷》，青海人民出版社1988年版，第414—416页。
② 王昱：《青海方志资料类编（上）》，青海人民出版社1988年版，第365—373页。
③ （清）邓承伟：(光绪)《西宁府续志》卷4《岁榷》，《中国地方志集成·青海府县志辑》第2册，凤凰出版社2008年版，第100—103页。

其地曰黄香沟，盖由于此。①

油房用水磨榨油，当地民众时常携带菜籽等原料前往油房榨油，粮食加工也大致如此。在磨成面粉等成品后，磨坊主从中抽取十分之一作为加工费。一些木材也可经过水磨磨制后制成香。

岷州的水磨依据水力来源可分为川水磨、山水磨与天水磨三种，它们的数量、税收各不相同："川水磨一千三十三轮，每轮征银一钱五分，共征银一百五十四两九钱五分；山水磨一百一轮，每轮征银一钱二分，共征银一十二两一钱二分；天水磨二十轮，每轮征银一钱一分五厘，共征银二两三钱。"② 依据史料记载，上述岷州水磨共计1154轮，仅次于河州。税收方面，以川水磨的单个征税额最高，山水磨次之，天水磨最低，不过每轮水磨的税额差距并不大。

礼县位于甘肃东南，地处西汉水上游，水利条件优越。当地官府依据加工能力将水磨分为上、中、下三等，"原额上磨九十轮，中磨八十轮，下磨一百轮，共三等二百七十轮"。"首报上磨十轮，中磨九十轮，下磨四百轮，共三等五百轮"。③ 水磨数量可观。

有些州县虽未记载水磨数量，但却有磨课额的征收，这足以表明此地是有水磨加工行业的。如甘州府，"水磨一盘课银全者五钱，半二钱"④。永昌，"油磨税租银一百七十七两四钱四分零"⑤。庄浪，"水磨岁课额银二两二钱，遇润加银一钱八分"⑥。除水磨外，一些州县并未明确标明水磨或

---

① （清）汪元絅、田而穟：(康熙)《岷州志》卷11《风俗·贸易》，《中国地方志集成·甘肃府县志辑》第39册，凤凰出版社2008年版，第104页。
② （清）汪元絅、田而穟：(康熙)《岷州志》卷8《田赋上·杂税》，《中国地方志集成·甘肃府县志辑》第39册，凤凰出版社2008年版，第82页。
③ （清）方嘉发：(乾隆)《礼县志略》卷8《赋役》，《中国地方志集成·甘肃府县志辑》第22册，凤凰出版社2008年版，第24—25页。
④ （清）钟赓起：(乾隆)《甘州府志》卷6《食货·赋役》，成文出版社1976年版，第580页。
⑤ （清）张玿美、沈绍祖、谢瑾：(乾隆)《永昌县志》卷1《地理志·赋则》，《中国地方志集成·甘肃府县志辑》第38册，凤凰出版社2008年版，第494页。
⑥ （清）王仲鸣：(康熙)《庄浪县志》卷3《财赋门·税课》，《中国地方志集成·甘肃府县志辑》第18册，凤凰出版社2008年版，第59页。

石磨，但也有不少磨课税。例如肃州地区的磨既征赋也征税，仅高台县，"磨课粮六十二石。新增磨课粮八斗"，杂税"油梁磨税五两五钱"[1]。乾隆时期，皋兰县，"磨课税银七两二钱"[2]，发展至道光朝，皋兰的磨课税额增加为"三十八两一钱六分，遇闰加银三两一钱八分"[3]，增长了四倍有余。由此可见，乾嘉时期皋兰县人口增长迅速，对粮食加工需求巨大，也使得磨课税增长较快。

除州城与县城外，不少乡镇地区也设有水磨，用于加工主粮、菜籽。例如静宁州下辖乡镇，"州境水磨，朱清寨水磨八轮，韩家店五轮，治平川一轮，威戎镇四轮，乾碾镇十七轮，下峡口二轮，上峡口五轮，贝河子四轮，曹务镇十三轮，计都镇十四轮，底店镇十四轮，通边镇二十六轮，野照店五十轮，章麻林三十八轮，良野店五十六轮，下张节三轮，人当川十二轮，焦韩店九十八轮，水洛城八十四轮，朱家店七十八轮，以上水磨共四百八十座"[4]。这仅是静宁一州所属乡镇的水磨数，若是将甘肃各州县下辖乡镇地区所拥有的水磨数全部加以统计，恐早已高达数千轮。如此广泛地使用水磨，以致在甘肃部分地区出现了以水磨命名地理位置的现象。例如礼县有一地名曰"水磨川"，"水磨川在县东南三十里，地有水磨，故名。今新置有店铺，乃蜀陇孔道"[5]。兰州也有"磨沟船"等地名。

由于民间用磨数额较多，因此与磨相关的制造与修理在甘肃也就成为一项不可或缺的手工业。据乾隆《肃州新志》所述，肃州西南南山内产有沙石，坚硬可做磨盘。回民聚居区内制有水、旱磨二百零六盘。水磨的制造，需要石工、木工及铁工的通力协作方可完成。石工制磨盘、木工造转轴、铁工炼支架，每个零件都要完美匹配，不能有疏漏，制造完工后的水

---

[1]（清）黄文炜、沈青崖：(乾隆)《重修肃州新志》第3册《杂税》，《中国地方志集成·甘肃府县志辑》第48册，凤凰出版社2008年版，第162页。

[2]（清）吴鼎新、黄建中：(乾隆)《皋兰县志》卷9《赋额》，《中国地方志集成·甘肃府县志辑》第3册，凤凰出版社2008年版，第85页。

[3]（清）陈士桢：(道光)《兰州府志》卷5《田赋志·杂税》，成文出版社1976年版，第328页。

[4]（清）王烜：(乾隆)《静宁州志》卷3《赋役》，成文出版社1970年版，第90—91页。

[5]（清）方嘉发：(乾隆)《礼县志略》卷7《川裕》，《中国地方志集成·甘肃府县志辑》第22册，凤凰出版社2008年版，第14页。

磨一般放置于水流湍急处。此外,工匠还需定期检查修理,以保证水磨的正常运转。

关于水磨的制作方法,明末徐光启的《农政全书》中详细记载了水磨制法,此书虽撰于明末,但在清代水磨制造没有根本性变革的情况下,书中留下的水磨制造方法仍有较深的指导意义。据书中所载:

> 凡欲置此磨,必当选择用水地所,先尽并岸擗水激转。或别引沟渠,掘地栈木,栈上置磨,以轴转磨,中下彻栈底,就作卧轮,以水激之,磨随轮转。比之陆磨,功力数倍,此"卧轮磨"也。又有引水置闸,甃为峻槽,槽上两傍植木架,以承水激轮轴。轴要别作竖轮,用击在上卧轮一磨。其轴末一轮,傍拨周围木齿一磨。既引水注槽,激动水轮,则上傍二磨随轮俱转。此水机巧异,又胜独磨。此立轮连二磨也。复有两船相傍,上立四楹,以茅竹为屋,各置一磨,用索缆于水急中流,船头仍斜插板木凑水,抛以铁爪,使不横斜。水激立轮,其轮轴通长,旁拨二磨。或遇泛涨,则迁之近岸,可许移借,比他所又为"活法磨"。庶兴利者度而用之。[①]

从该段史料中可知,制作一轮水磨需要石料、木料与铁器的综合利用,水磨中又可分为"卧轮磨"与"活法磨"两种。就体型而言,水磨可谓是一件大型手工产品,工匠们在制造水磨时须紧密配合,这对工匠的技艺水平要求很高。

旱磨也有不少地方使用。在水力不足的地方,百姓要经常利用旱磨磨制面粉。史籍中旱磨的数量多与水磨数合计记录,故难以知晓具体数额。另一方面,旱磨也有独特的替代作用,即每年冬季的冰封期,甘肃部分地区的水磨无法运转,旱磨便成为水磨的替代品,以便及时加工粮食等作物。

[①] (明)徐光启:《农政全书》卷18《水利》,上海古籍出版社1979年版,第456页。

第五节 清代甘肃的竹木加工业

　　甘肃由于地处西北，加之地貌复杂、气候多样，夏季温度不高，冬季比较寒冷，因此多种植耐干冷的树木。当地常见的树种有枣、柳、杨、榆，柳树又可分为蒲柳、赤柳、柔柳等数种。此处还有部分地区种植沙竹。丰富的竹木资源，为甘肃竹木加工业的多样化发展提供了原料保障。

　　清代甘肃各地的竹木加工行业非常盛行。就生产方式而言，有属于家庭副业式生产，也有作坊式生产；就产品而言，工艺品与日用品皆有。例如肃州木匠主要为百姓提供日常所需木器，"榆，可做车材"，"柳，有三种……可做梧棬"①。甘州的木材加工也以制造日用品为主，"木之美，沙枣以为器，其次柳杨，其饰以鬏……其车，上榆。凡得榆木以为车毂辐及轴，无者柳次之，杨又次之"②。《甘肃新通志》中将甘肃地区主要的竹木品种逐一罗列，并附有可制成的木器种类，有以下几类："松，西宁、甘、凉、洮、岷、俱出……作屋材枋板；榆，木可为车、车轱辐及轴；桐，木质甚轻，作板箱柜；槐，质坚重，可为器具；桦，可为车头、农器、驼鞍之类；橡，皮与壳皆属染料；竹，木竹可作帚，编织席筐；杉，可作棺材。"木匠也会根据不同的产品所需，选择相应的木料加以制作。如雕刻木制工艺品时，采用"柏，可为枋，亦可雕刻"，"椵，为板……任雕刻"，"杜梨，木坚而细，可任雕刻"③。西宁府还有木匠用桦、柳等木材制成木碗、木盒，上色后售与蒙、藏族人。

　　此外，甘肃百姓还会将木材加工成木板，利用木板搭建房屋。自秦汉时期，陇右百姓即以板屋为居，延续至明代，板屋建筑已扩散到临洮、河州、洮州、岷州、兰州等地。例如临洮地区，"忌脂韦，板屋、韦服，乐

---

①（清）黄文炜、沈青崖：（乾隆）《重修肃州新志》第6册《物产》，《中国地方志集成·甘肃府县志辑》第48册，凤凰出版社2008年版，第189页。
②（清）钟赓起：（乾隆）《甘州府志》卷6《食货·市场》，成文出版社1976年版，第625页。
③（清）昇允、长庚：（光绪）《甘肃新通志》卷12《舆地志·物产》，清宣统元年刻本，第4页。

第三章　清代甘肃手工业与手工业产品市场

与俗同"①。至清康熙朝，《岷州志》记有：

> 岷州货殖之利，惟林木为最广，如番人板藏萝卜等族，厥木甚茂，而汉地亦多有之。远近商贾有入山购买，自洮、岷、临洮直达宝鸡、咸阳者；有自岷短贩至新寺镇者；有自新寺收买转贩至临洮、宝鸡、咸阳者。惟岷至新寺运以车，余则作筏由水，其利或数倍或五六倍不等。次则以椽木、枋板、撻板为利。岷人于种植外，即赍粮入山，伐取磁松或白松或扁叶松，各量其材而为之，细者为椽，稍阔者为枋，皆长数尺，择材大而理顺者为撻板，截成条段，长三尺许。次熏以火，次斯以刀，用刀之法，随手斯之，疾如风雨，一木或成千余片，皆匀薄如纸，无有异者。临（洮）、巩（昌）二郡时需此以盖屋，每千片可得五百文，较诸椽与枋为利加广以。②

可以说，在长期以板屋为居的生活方式下，林木砍伐早已成为甘肃民众重要的经济来源之一。工匠将采伐的木材加工成木板，商人将木板装车并对外销售。乾隆《甘肃通志》亦有载：甘肃地区，"山多林木，民以板为屋"③。岷州，"其人劲悍而质木，好习弓马，以田猎为生，高尚气力，山居板屋"④。至清中叶以后，《皋兰载笔》有云："会宁以西，民间多以板为瓦，上压乱石。板西出岷州山中，长二三尺，锯松木，用利刃劈之，薄二分许，鳞次覆屋，亦可不漏。彼中言，夷人之近塞者，所居悉用板为之，其远者则浮居沙漠，穷庐毡帐也。"⑤ 由此得知，自乾隆至道光朝的百

---

① （清）许容监修，李迪等撰：（乾隆）《甘肃通志》卷21《风俗》，文渊阁《四库全书》，第557册，第562页。
② （清）汪元䋲、田而穟：（康熙）《岷州志》卷11《风俗·贸易》，《中国地方志集成·甘肃府县志辑》，第39册，凤凰出版社2008年版，第103页。
③ （清）许容监修，李迪等撰：（乾隆）《甘肃通志》卷21《风俗》，文渊阁《四库全书》，第557册，第562页。
④ （清）许容监修，李迪等撰：（乾隆）《甘肃通志》卷21《风俗》，文渊阁《四库全书》，第557册，第563页。
⑤ （清）陈奕禧：《皋兰载笔》，《小方壶斋舆地丛钞》第6帙，杭州古籍书店1985年版，第258页。

余年内，岷州的木板加工业并未衰落，且发展较为稳定。

在制作木板时，工匠会选择细、阔、大的松木为料，并制成承托屋面所用的椽子、梁柱之间的穿插构件枋以及泄水所需的檐板，这些承担房屋连接作用的木制品十分重要，是构建房屋框架必不可少的木器。随后木匠开始加工制造木板。他们一般将原木用火熏干，再将干原木劈成长约1.5米至2米，宽15厘米，厚约2厘米的木板，使用时仅需"惟是覆屋止用松板，以乱石镇之，遂毕营室之事"。搭建房屋时比较简单，木板可直接平铺于屋顶上，用石头压住木板，保证质量坚固。在当时，百姓很少使用油漆涂板，大多数仅是原木搭筑，不添加防腐措施。长此以往，即便是在干旱地区，木板三五年即需更换一次，若遇到多雨季节，须一年一换。有学者估算，仅一间普通板房，要用到一千五百张木板，成本不低，折耗较高。康熙《岷州志》载："二年间，必重加修整，否则床头风雨，所时有也。诗云：'在其板屋，乱我心曲！'其是之谓欤。"[1] 木材消耗十分惊人。

此外，甘肃一些地区还有生漆的生产与使用。生漆一般是割漆匠从漆树中采集，主要用于涂抹在木制品表面，这样既增加物品的美观，同时还能起到防腐、防潮和防虫的保护作用。生漆主要产于甘肃巩昌府的两当、成县、西固等地，规模较小。树漆可用于制作漆器，清代甘肃地区的漆器很是出名，著名的漆器品种有秦州漆器、雕漆和狄道油器等。其中，秦州漆器是一种十分精美的工艺品，一般使用上等核桃木制成，所髹之漆质量很高。它首先要脱胎，然后再经过涂漆、打磨、抛光、装饰等多道工艺，最终制成。成品有碗、盒、桌案、屏风等，其表面绘制的图案生动、美观大方，是上层社会的奢侈品。1969年，天水市郊王家磨村出土了清代雕花漆棺和殉葬的漆盘、漆盒、漆碗等随葬品[2]，表明清代秦州的漆器工艺发展到了较高水平。

还有一种被称为秦州雕漆的产品，它拥有两千余年的悠久历史，在漆器领域占有重要地位。该雕漆工艺特色鲜明，产品从雕塑、绘画中汲取精

---

[1]（清）汪元絅、田而穟：(康熙)《岷州志》卷11《风俗·居室》，《中国地方志集成·甘肃府县志辑》，第39册，凤凰出版社2008年版，第101页。

[2] 武沐：《甘肃通史：明清卷》，甘肃人民出版社2009年版，第325页。

华，富有艺术气息。工匠在制作前严格选料，制成后成品表面黑亮，漆底整洁，不畏烧、酸、碱、腐蚀，具有西北地区浑厚的风格。清代秦州雕漆以"罩金漆器"为主，即在器物表面，以石膏混合胶水堆成浮雕图案，然后涂染石黄，再用配比后的漆、油涂刷数次。装饰时采用有色石料及象牙、玉石等贵重物品涂抹装配，进而形成山水人物、花鸟鱼虫等造型。每件产品都要经过木匠、漆匠、石匠、镶工、描金工的精心制作。例如一件屏风，须经过一百多道工序方可制成，雕漆台面要反复刷漆三、四十遍，仅漆层便可有数毫米之厚。秦州雕漆的生产周期较长，一件产品需要数月乃至一年的制作时间。清前期甘肃的雕漆做工比较单一，清中期以后方才愈加丰富。

竹子的使用也于这一时期日渐兴盛。甘肃地区的编织手工业多以竹为原料，兰州、临夏、榆中等地产有毛竹，附近农户利用农闲时间砍竹编制，制成各种器皿和日用品，如竹筐、竹笼、油篓、酒篓、竹扫帚以及各种竹制农具。

甘肃的木刻版印刷业也在这一时期呈现出发展态势。木刻板印刷是用尖利的工具在木头或其他材料上进行雕刻，让图案或字体凸显于木板表面，然后用油墨涂抹，并在上方覆盖一张纸、布或皮纸。工匠通过按压，使油墨转于纸上，从而实现印刷。清代甘肃就曾利用此法刻印了《狄道州志》《安定县志》《巩昌府志》《渭源县新志》《松花庵全集》等书籍，刻印的书籍种类、数量众多，可见当地木刻板印刷业的发展比较显著。

第六节 清代甘肃的制烟业

清代甘肃有不少地区种植烟叶，工人待烟叶成熟后即大量采摘，随后工匠将采集到的烟叶加工成各种产品，有名的当属兰州水烟。兰州水烟产于兰州府及附近各县，工匠以当地种植的黄花为原料，将花晒干后刨切成丝，杂以槐树籽、姜黄粉等配料，压制成块，多用于水烟袋，因此也称之为水烟。从外观上看，兰州水烟所用烟叶丝条整齐、色泽鲜亮，闻之气味芳香，人们总结该水烟的特点时，称之为"丝、色、味"三绝。此烟颇受贵族喜爱，豪绅们嗜好水烟，并渐成时尚，对水烟的需求也与日俱增。随着烟叶的广泛种植，以及甘肃水烟加工业的逐渐兴起，越来越多的商人从事水烟的产销活动。清中期以后，除销售本省外，兰州水烟还销往邻近省份及江南地区。

目前，笔者发现关于清代兰州水烟制作的较早记载，是文人黄钧宰于《金壶七墨》中所述："乾隆中兰州别产烟种，范铜为管，贮水而吸之。"[1]据此推断，兰州水烟的外形应是以铜为烟管，内部储水，这种铜烟具一般叫水烟袋，史籍所记是兰州水烟早期的形状与使用方法。同时，水烟也能起到消瘴耐寒、防御蚊虫的作用。清代医学家赵学敏在《本草纲目拾遗》中，指出了兰州水烟的医疗效果："近兰州出一种烟名水烟，以水注筒而吸之，令烟从水过以绝火毒，其烟味亦减"，"水烟真者出兰州五泉山，食之性尤峻削，豁痰消食，开膈降气"[2]。肯定了水烟的治疗功效。

水烟的利润很高。关于这一点，乾隆时期已有相关记载："西人嗜水烟，游手者多挈烟箱，执火筒，逢人与吸，不即取值，朔望乃登门敛资。火神庙计费千余金，乃鬻水烟者所酿，则人众可知矣。"[3] 西北地区水烟市场广阔，乾隆时已有不少百姓闲来吸之。清中叶以后，兰州水烟的生产规模进一步扩大，致使当地推刨烟叶的工具已不能满足日常加工所需，商人们为尽快扩张生产规模，又从陕西富平大量购入推刨器具，客观上推动了富平推刨制造业的进步。随着水烟市场不断向外扩张，促使兰州当地又催生出了各种烟帮。烟帮主要负责烟叶的加工与运输，兰州当地有申帮和兰帮，申帮多为陕西同州、朝邑人，兰帮为本地人。有学者据此推断："兰州水烟的制作，很可能于清初传自陕西。"[4]

据学者研究，清代兰州水烟的加工可分为五个步骤[5]：第一是选料。

---

[1] （清）黄钧宰：《金壶七墨》卷1《烟草》，《续修四库全书》，第1183册，第17页。
[2] （清）赵学敏：《本草纲目拾遗》卷2《火部》，人民卫生出版社1963年版，第30页。
[3] （清）纪昀：《乌鲁木齐杂记》，《小方壶斋舆地丛钞》第2帙，杭州古籍书店1985年版，第121页。
[4] 王致中、魏丽英：《明清西北社会经济史研究》，三秦出版社1996年版，第284页。
[5] 金闻博、刘祥春：《烟草工业史略》，中国轻工业出版社1993年版，第167页。

兰州工匠利用烟叶可制成绿、黄两种色泽的水烟，他们一般多选用宽大肥厚的翠绿烟叶制造。第二，去筋。烟商将烟叶送至作坊，工匠把烟叶置于屋顶暴晒晾干，堆放备用，由学徒抽去烟筋及烟脉。第三，加入配料并进一步加工。不同烟叶品种的加工方法也各有区别。黄烟加工时，喷水于叶上，不停搅拌，使之柔软，紧接着加入胡麻油，撒入姜黄末、食盐，再加入当归、香草、薄荷、川芎、苍术、冰片、麝香等各种辅料。制绿烟时，要将绿色烟叶与槐花、紫花、白矾、石膏等原料一起蒸煮，待煮成绿色块状后捞出，将绿块碾碎，再投入热油中，紧接着洒油于烟叶上，制成绿烟。第四步，打捆。烟叶施放药料后，须立即打成捆，分层以重木杆压榨，用木板夹好，历经数日，烟捆坚硬如石，切齐后转入最后一道工序。第五步，制烟丝与装包。烟块推刨，需要两名工匠一推一拉，保证烟丝的宽度与厚度，切成丝后装入盒。出盒的烟丝块放置晾干，装入木盒后便可经商人之手辗转售卖。

不过，大规模种植烟草亦给兰州农业经济的发展带来了负面影响。嘉庆年间，文人舒铁云曾于《兰州水烟》一诗中写道：

> 兰州水烟天下无，五泉所产尤绝殊。居民业此利三倍，耕烟绝胜耕田夫。有时官禁不能止，贾舶捆载行江湖，盐官酒胡各有税，此独无吏来摧租。南人食烟别其品，风味乃出淡巴菰，迩来兼得供宾客，千钱争买青铜壶。贮以清水及扶寸，有声隐隐相吸呼，不知嗜者作何味，酸碱之外云模糊。吁嗟世人溺所好，宁食无肉此不疏。青霞一口吐深夜，那知屋底炊烟孤。且勿呼龙耕瑶草，转缘南亩勤春锄。①

舒铁云在诗中略带讽刺之意，并在结尾处表达了希望百姓依然从事农耕而非种植烟叶之愿景。在他看来，烟草虽可获取短期利润，但它带来的社会不良现象并不利于农业经济的长期发展。

---

① （清）徐珂：《清稗类钞》第十三册《饮食类·舒铁云吸水烟》，中华书局1984年版，第6356页。

第七节　清代甘肃的其他手工业

除上述六种手工行业外，清代甘肃地区另有建筑、皮革制造、草类加工等诸多行业，它们分别从居住、衣物以及纸笔等方面满足了甘肃百姓的日常所需。

首先是建筑领域。一些大型工程的建造在河西等地发展较快，例如武威地区，"艺各有师承。凡城乡大兴造，总揽者估计工料，董其众，获利为独丰，众工分利，酌其巧拙勤惰以为差。其公举座头，轮年任事，凡遇公句，则纠众工往应，弗敢后"[1]。可见当时甘肃建筑行业的管理措施相当完备，并且出现类似于包工头的管理人员，许多大型建筑也由以前的土木结构，改为用砖、瓦、灰等原料搭建，这是砖瓦烧造工艺的一大进步。

肃州南山处产有石灰，它是一种高级建筑材料，取白土烧成，"然非工作，不轻烧窑，军兴时，以斗麦易斗灰，不得也"[2]。敦煌也有不少工匠从事建筑行业，"工人凡习一艺者，如造室宇筑垣墙、烧砖瓦、制器具各资其值，足以养家"[3]。

其次，草类植物的加工方面。甘州人一般会将草植加工制成纸张或其他产品。如马兰草，"甘人以为粗纸"[4]。巩昌府百姓会采用一种被称为"龙须草"的植物编织"龙须席"。[5] 此外，甘肃各地还有其他草类植物的加工。如"萁蓆，可作帘箔、盖房屋、织荐席、为绳索兼可；白茅，织

---

[1] （清）张珌美、曾钧、苏曎：(乾隆)《武威县志》卷1《风俗志·工》，《中国地方志集成·甘肃府县志辑》第39册，凤凰出版社2008年版，第402页。

[2] （清）黄文炜、沈青崖：(乾隆)《重修肃州新志》第6册《物产》，《中国地方志集成·甘肃府县志辑》第48册，凤凰出版社2008年版，第188页。

[3] （清）苏履吉、曾诚：(道光)《敦煌县志》卷7《杂类志·风俗》，成文出版社1970年版，第347页。

[4] （清）钟赓起：(乾隆)《甘州府志》卷6《食货·物产》，成文出版社1976年版，第632页。

[5] （清）许容监修，李迪等撰：(乾隆)《甘肃通志》卷20《物产》，文渊阁《四库全书》，第557册，第558页。

第三章　清代甘肃手工业与手工业产品市场

席；藉藉，亦曰'芨芨'，编帘"①。靖远县，"席吉草……可作绳，亦可编笠织席"②。镇原县，"龙须，以其丝坚，多取以为索；蒲，可为席；苇，可为席覆屋；荻，白根可为簸笼，诸具农用尤夥；苹，可为索；茅，老可为索绹；芒，可为绳箔草履诸具，其茎穗可为扫帚；蒯，可为扫帚；竿，可为扫帚；蓆具，可为草帽覆屋"③，种类十分丰富，主要编织成各种日用品。

人们有时也会使用作物根茎及野草编制手工品。乾隆时期，甘州就已有民众采用芨芨草编织器具："其筐、筥、畚、帚以藉藉，其值廉。"④ 道光《永昌县志》曰："草推箕筊，可为筐、席，近织凉冠，亦可戴。"⑤ 至清中叶，编织器物已成为甘肃农村地区重要的家庭手工业。

再次，皮革加工业也取得了一定进步。甘肃的皮革原料种类十分丰富，主要有家庭饲养的牛、羊、马以及野生的鹿、熊、狼、獭、狐、豹、黄羊、猞猁等动物皮。例如凉州府，"野马，皮可为裘"⑥。甘州，"衣服地寒产羊裘，富者白羔裘，尤重黑羔，至狐、狢、狼、豹、银貂诸裘世家通用"⑦。宁夏府的"贺兰山后产黄羊，皮色形状如小鹿，角如羚羊，肉粗，味如麂，皮可作坐褥"⑧。水獭皮可以装饰衣领、衣袖，熊皮可为褥。野牛皮厚，可取之作靴。皮匠们制作皮革制品时，需要经过硝熟、清洗、染色、缝制等工序。硝制皮革所需的硝和小米粉等材料在当地也都有生产。

凉州等地的裘服大多以柔软的动物皮制成，一般采用家养羔羊皮或野

---

① （清）昇允、长庚：（光绪）《甘肃新通志》卷12《舆地志·物产》，清宣统元年刻本，第4—5页。
② （清）陈之骥：（道光）《靖远县志》卷5《物产》，成文出版社1976年版，第477页。
③ （清）张辉祖：（道光）《镇原县志》卷11《食货志·物产》，《中国地方志集成·甘肃府县志辑》第25册，凤凰出版社2008年版，第170—171页。
④ （清）钟赓起：（乾隆）《甘州府志》卷6《食货·市易》，成文出版社1976年版，第626页。
⑤ （清）南济汉：（道光）《永昌县志》卷1《方产》，清道光元年刻本，第11页。
⑥ （清）许容监修，李迪等撰：（乾隆）《甘肃通志》卷20《物产》，文渊阁《四库全书》，第557册，第559页。
⑦ （清）钟赓起：（乾隆）《甘州府志》卷4《地理·风俗》，成文出版社1976年版，第463页。
⑧ （清）汪绎辰：（乾隆）《银川小志》，《西北稀见方志文献》第51卷，兰州古籍书店1990年版，第154页。

生动物皮。裘服主要有衫、袄、袍、裤、帽、大衣、披肩、斗篷、围巾、背心等产品。裘服可抵挡风寒,因而保暖性能好,是理想的冬季防寒衣物,加之裘服外观华丽,价格也相当不菲,因此成为不少贵族喜爱的服物。皮靴多用硝熟的牛皮揉制而成,有时染以皂色,行走沼泽地时格外方便。至于暖靴、暖鞋等产品,皮匠们一般使用硝熟的鹿皮及山羊皮,揉软塑形,然后内部贴粘制成,具有良好的防寒作用。此外还有皮绳、皮胶、皮褥等产品,均采用牲畜皮毛制成。

一些优秀的动物皮也会上贡朝廷。据载,仅西宁一地,岁贡"青白狱皮一千张,狐嗉皮一千张,天马皮一千张"[①]。提高了西宁府的皮业知名度,也为清中期以后甘肃皮毛的外销创造了条件。

最后,笔筒、图章、扇坠、蜡烛等小型手工品在甘肃也都有记录,这四项在丹噶尔皆有生产,庆阳府等地则产蜡。染色上,灵州、临洮产蓝靛,清水县用靛色染漆。西宁府、宁夏府产红花,可染红色,礼县产有红花、蓝叶。中卫县生产一种沙蒿,"布商贩以助染梭"[②],是一种重要的染色工具。

第八节　清代甘肃的手工业产品市场

清代甘肃的商业贸易相较前朝有了显著进步。随着人口的迅速增长,更多百姓被卷入商品市场的漩涡中,商品需求量较过去有了空前增加。具体表现为商品种类的增长,商品交换也更为活跃。其中,手工品市场的发展十分明显,这得益于手工业生产规模的扩大,产品的种类、数量增长较快,商品生产的专业化程度也有一定增强。在清代,甘肃仍旧是传统的家庭作坊占有主要生产地位,商品交换被抑制,行业分工不明显,市场与分工之间形成一种此消彼长的拉锯过程。但就总体而言,甘肃手工业产品市场仍旧是向前发展的。

---

① (清)吴振棫:《养吉斋丛录》卷24,北京古籍出版社1983年版,第259页。
② (清)黄恩锡:(乾隆)《中卫县志》卷1《地理考》,成文出版社1968年版,第86页。

第三章 清代甘肃手工业与手工业产品市场

一 兰州的手工业产品市场

作为省府级城市，兰州的政治与经济地位在甘肃十分重要。兰州位于甘肃中部，是西北地区的交通枢纽，同时也是甘肃与内地以及中亚等地开展商品贸易的交通孔道。这为兰州成为甘肃地区重要的手工业产品市场提供了便利条件。

清朝时期，西北城镇的商业发展大多要依靠其政治地位的提高。如兰州商业贸易的发展便与政治地位的提升有着莫大关联。顺治五年（1648），甘肃巡抚移治兰州。随后，康熙八年（1669）清廷移巩昌布政司至兰州，改名甘肃布政司，又将凉州的甘肃巡抚署同陕甘总督署一并迁至兰州。至此，兰州一跃成为甘肃的政治中心。加之兰州本处于河陇中心地，四方商品皆聚集于此，故此地逐渐发展为西北贸易重镇。

清初兰州是西域少数民族朝贡贸易的中转地。顺治初年，吐鲁番部遣使入贡，每次吐部使团约有百余人，其中半数进京，余者留在兰州，入京团队返回时则会在兰州开展贸易，同时购买大量商品。据《清朝文献通考》载：

> 吐鲁番国进贡来使于京师置买器物，额数每人茶五十斤，瓷碗碟五十双，铜锡壶五执，各色纱罗及缎共十五匹，绢三十匹，青白布三十匹，夏布三十匹，棉花三十斤，花毯二条，纸马并各色纸共三百张，各色颜料五斤，糖果姜每样三十斤，药材三十斤，乌梅三十斤，黑白矾共十斤。[①]

清廷规定了吐鲁番商队允许在京购买的商品种类与数量，从中可以看出，大多数为手工产品。待入京贡使返回兰州时，再次开展贸易活动，出售羊、牛等牲畜，并购买犁铧、铁锅等物件，随后与滞留使团一并出关。清初的兰州，已是一个规模不小的手工业产品交易市场。

[①] （清）张廷玉等：《清朝文献通考》卷33《市籴二》，商务印书馆1936年版，考5153。

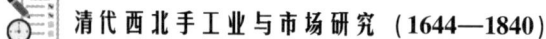

随着康雍乾时期西北社会经济与人口的较快发展，商品需求也日益增加，兰州的商业贸易在此背景下发展壮大。清前期，兰州城内就已出现专业化的商品市场，有骡马市、灰盐市、钱市等常市。乾隆时，兰州"治山环河绕，炊烟出屋瓦者万家，廛居鳞次，商民辐辏，扼敦煌、酒泉诸郡，此则总其枢纽，成一大都会而据其形胜者也"①，市场呈现出一片繁荣景象。

关于清代兰州市场上销售的手工品种类，史籍记载最多的大宗商品当属绒褐、砖茶与水烟。《皋兰县续志》记有：道光初年，"客商来兰州收绒褐者岁数万金"②，彼时在兰州南门至南关一带，"布商林立""商旅之货萃焉"，这里也就成为毛褐交易的主要场所。砖茶一般送至陕西加工，而后运抵甘肃销售。当时以兰州"道理其事，分西、庄、甘三司，兰州属甘司额引九千九百八十二，每引一税茶，十封以一封交茶，九封折银"③。规定每封茶缴纳 3 钱税银，每引折银 2 两 7 钱，以额引 9982 封计算，共银 26951 两，数额较大，这使兰州一跃成为西北茶叶的集散地兼砖茶销售重心。另据陕甘总督杨应琚统计，从乾隆七年（1742）至二十四年（1759）间，这里库存约 150 余万封茶④，庞大的储存数额也是兰州砖茶市场繁荣的有力证明。水烟在上文已有涉及，此处不多赘述。除了这三种手工业产品外，水磨、烧酒、棉布、玉器等各类手工业产品在兰州市场中也有售卖。

兰州手工业产品市场的兴盛，自然吸引了不少来自外地的豪商巨贾。他们云集兰州，并在兰州组建起各自的商帮、会馆，从事商品贩售。如京津商客多在此经营丝绸、布匹，山陕商人多经营山货、皮草。清代兰州地区的会馆数量有很多，且大多设立在繁华的城区城关以内。如康熙初年的"山陕会馆"即由山陕商人联合创办。乾隆时期，又有江西商人设立了

---

① （清）吴鼎新、黄建中：（乾隆）《皋兰县志》卷 18《艺文》，《中国地方志集成·甘肃府县志辑》第 3 册，凤凰出版社 2008 年版，第 186 页。

② （清）黄璟：（道光）《皋兰县续志》卷 4《土产》，清道光二十七年刻本，第 34 页。

③ （清）陈士桢：（道光）《兰州府志》卷 5《田赋志·杂税》，成文出版社 1976 年版，第 330 页。

④ （民国）赵尔巽：《清史稿》卷 124《食货五》，中华书局 1977 年版，第 3657—3658 页。

第三章 清代甘肃手工业与手工业产品市场

"江西会馆",以及道光朝陆续建立的浙江会馆、陕西会馆等。各地商帮竞相在兰州从事商品贸易,扩大了兰州手工业产品交易市场在西北地区乃至全国的影响力。

二 地方手工业产品市场的壮大

清代甘肃的地方手工业产品市场是指除兰州这一中心城镇外,甘肃各府州县镇一级的市场。该层级的市场数量较多,市场内销售的手工品种类也较为丰富。笔者在本节以府、州、县镇三级行政区划为线索,逐一开展论述。

在甘肃府一级的商品市场中,清代的甘州府是一个"四面番回""华夷交会"[1]的重要地级市场,民族贸易十分活跃。当地既有钱物交易,也有谷物、牲畜、毡毛等产品的物物交换。

西宁府的手工业产品市场比较繁荣,贩卖的手工品种类有很多。史载:"西宁卫万山环抱,三硖重围,红崖峙其左,青海潴于右,首峙昆仑,背倚黄河,其隘则水包西北,其险则山阻东南。"[2] 优越的地理位置是西宁成为甘肃商贸重心的重要因素之一。《秦边纪略》记有康熙二十年(1681)西宁卫城的商业景象:

> 卫之辐辏殷繁,不但河西莫及,虽秦塞犹多让焉。自汉人、土人而外,有黑番、有回回、有西夷、有黄衣僧,而番回特众,岂非互市之故哉?城之中牝牡骊黄,伏枥常以万计,四方之至,四境之牧不与焉。羽毛齿革、珠玉布帛、茗烟麦豆之属,负提辇载,交错于道路。[3]

据梁份所见,当时的西宁市场上有各族商人往来贸易,以毛皮制品、

---

[1] (清)钟赓起:(乾隆)《甘州府志》卷3《国朝辑略》,成文出版社1976年版,第277页。

[2] (清)苏铣:(顺治)《西宁志》卷1《地理志·山川》,《西北稀见方志文献》第55卷,兰州古籍书店1990年版,第4页。

[3] (清)梁份撰,赵盛世等校注:《秦边纪略》卷1《西宁边堡》,青海人民出版社1987年版,第63页。

布帛、茶叶等为大宗商品，所贩珠宝、玉石、烟酒等各种产品的数量也非常多，表明清初西宁的手工业产品交易市场已颇具规模。在他看来，西宁地区的商业繁盛程度不但超过了当时河西的甘、凉、肃等州，即使在整个陇右地区，西宁的商业发展水平也是十分突出的。至清中叶，西宁手工业产品市场得到进一步发展，突出表现为固定、专业化程度较高的市场出现。据《西宁府新志》载：乾隆时，西宁城中贩售石煤的市场在大什字土地祠前与小街口东，石炭市在驿街口与小街口西，缨毛市在祁家牌坊西，① 市场的专业化程度较高。而从外地输入的商品种类来看，更能体现出西宁手工品贸易市场的繁荣。清中期以后，丹噶尔、大通等地每年向西宁输送"书籍、图画、笔墨、香表、鞭炮、棉花、针线、头绳、丝线、篦梳、纽扣、首帕……绸缎、故衣、璃器器具、白铜镂花饰具及一切花钿、珠翠……竹笼、箕筛、蒸笼、帽缨、雨盖、花边、脂粉、雕刻木器"②，细数下来，大约有几十种手工业产品。除洋货外，其他商品在西北各地皆有生产，故这些手工品最迟应于嘉道年间就已行销西宁。西宁城手工业产品市场规模的进一步扩张，又促使相关手工行业扩大生产，从而提供更多的商品。与此同时，市场中手工品供给的增长，也推动了销售数量与种类的增加，这是一个相互获利的过程。

宁夏府手工业产品市场的发展颇具时代特色。明朝时，宁夏是防御北方游牧民族的"九边重镇"之一，军事色彩浓厚，手工生产带有浓厚的军事特征，镇内设有"杂造局、兵车场、工正所"③ 等，不一而足，民营市场萎缩严重。有清一代，随着西北政局稳定，宁夏市场得到了恢复与发展。清初仅宁夏城关内，便有骡、马、牛、羊四市，布店九座、山货店五座。④ 乾隆时期，宁夏市场的活跃程度进一步提高，史称："宁夏府城，人

---

① （清）杨应琚：(乾隆)《西宁府新志》卷9《建置·城池》，青海人民出版社1988年版，第274—275页。
② （清）杨治平：《丹噶尔厅志》卷5《商务出产类》，《青海地方旧志五种》，青海人民出版社1989年版，第283—284页。
③ 参见刘佩《明代宁夏地区手工业军事化探究》，《宁夏大学学报（人文社会科学版）》2021年第1期。
④ （清）张金城修，杨浣雨纂，陈云龡点校：(乾隆)《宁夏府志》卷7《田赋·杂税》，宁夏人民出版社1992年版，第239页。

烟辐凑，商贾并集，四衢分列，阛阓南北，蕃夷诸货并有，久称西边一都会矣。"①乾隆三年（1738），宁夏府地震，市镇破坏严重，清廷着手恢复宁夏城。不久，恢复后的宁夏府城繁华依旧，"城中大街四牌坊……此为城心中街，自东至西，市肆稠密，百货俱集"②。此时宁夏市场的商品种类繁多，"城中市地则有米市、柴炭市、骡马市、猪市、鸡市、羊市、菜市、煤市、碴市、蓝石炭市、木市、故衣市，俱散列各街"③。商人贩售的手工品种类也比较丰富。有学者认为，当时宁夏街市的繁荣程度甚至超过兰州和西宁。④

同时，宁夏府的民族贸易活动也在这一时期有序开展。清廷在宁夏长城段上陆续设置了花马池、横城堡和石嘴子三个蒙汉交易市口，每月开市三次，便于民间互市交易。这三个互市地点中，"惟石嘴通蒙古最多，哈尔哈、土尔古忒、乌拉忒等部，皆赴口通市"⑤。另一方面，官府陆续开通了若干贺兰山口，以促进蒙汉间的经济交往。至于双方交易的货物种类，乾隆《宁夏府志》中有载："阿拉善蒙古曾经议给腰牌三十面，各准十人以下随时进赤木、黄峡、宿嵬三口，与宁夏城内人民交易。以羊只、毛毡、皮张、大盐，易其布匹、米粮"⑥，可见这几处互市地点已逐渐形成了规模不小的手工品贸易市场。因游牧区产粮不多，故蒙古人经常以土产换取宁夏百姓的米粮，以实现互通有无。当然，必要的规则亦不可少，"硝磺、钢铁、军器、白米、白面、豌豆，奉文禁止出口售卖"⑦。后因市场规

---

① （清）张金城修，杨浣雨纂，陈云猷点校：(乾隆)《宁夏府志》卷6《建置·坊市》，宁夏人民出版社1992年版，第202页。
② （清）汪绎辰：(乾隆)《银川小志》，《西北稀见方志文献》第51卷，兰州古籍书店1990年版，第155—156页。
③ （清）汪绎辰：(乾隆)《银川小志》，《西北稀见方志文献》第51卷，兰州古籍书店1990年版，第156页。
④ 汪公亮：《西北地理》，正中书局1936年版，第221页。
⑤ （清）张金城修，杨浣雨纂，陈云猷点校：(乾隆)《宁夏府志》卷2《地理·边界》，宁夏人民出版社1992年版，第69页。
⑥ （清）张金城修，杨浣雨纂，陈云猷点校：(乾隆)《宁夏府志》卷2《地理·边界》，宁夏人民出版社1992年版，第69页。
⑦ （清）张金城修，杨浣雨纂，陈云猷点校：(乾隆)《宁夏府志》卷2《地理·边界》，宁夏人民出版社1992年版，第69页。

模扩大，加之边境安宁，原有的违禁品也逐渐放开，蒙人可购买米面等部分产品。乾隆二十五年（1760），石嘴子街中立有一石碑，上刻："蒙古一二月出卖皮张，三四月卖绒毛，五六月羊，七八月马牛，九月茶马毕，岁以为常。"① 至此，石嘴子成为宁夏地区重要的民族交易市场，手工业产品的贸易规模也有所扩大。

关于清代宁夏府所产食盐、布匹与毛织品的主要行销地区，笔者简要提及一番。其一是食盐的贩售地点。魏源曾记载了部分宁夏池盐的行销地区："初，河套有花马盐池，鄂尔多斯部据之，套西有吉兰盐池，阿拉善王据之。其法皆于两池置官收税，听蒙古、汉人转运不问，所之暗符刘晏之法。而套内之盐不如套西咸洁，故甘肃民食花马小池盐者十之三，食阿拉善池盐者十之六。"② 可见清初时，甘肃有不少百姓食用花马池所产食盐，然占比不高。《中卫县志》记有县内百姓在生产食盐后，"今河东盐引，食指增多，销售途广，远达西安"③，行销陕西等地。

宁夏食盐运销陕西的数额巨大。如顺治五年（1648），花马池地区盐课银定额35000引（每引100斤），仅运往陕南汉中府境内的便有25000引。顺治十二年（1655）又增至39400引。乾隆五十九年（1794），朝廷再次核准花马大池盐课数不变，运销地点为陕西延安府、榆林府、汉中府三处。清中叶，宁夏盐引行销陕西的地区包括：邠州，凤翔府所属之凤翔、陇州、汧阳、岐山、郿县、扶风、麟游等地，陕南兴安府所属之安康、汉阴、洵阳、白河、紫阳、石泉、平利等7地，陕北延安府、榆林府所属之延安、靖边、清涧、延长、府谷、神木、葭州、米脂、绥德、怀远等诸县。④ 此后，宁夏食盐运往西北各地，成为官方主导下宁夏对外销售的大宗手工产品。

其二是布匹、丝绸的销售，这里可从各行业缴纳的商税额中了解相关

---

① （民国）林竞：《西北丛编》，黑龙江教育出版社2015年版，第101页。
② （清）魏源：《绥服厄鲁特蒙古记》，《小方壶斋舆地丛钞》第2帙，杭州古籍书店1985年版，第18页。
③ （清）黄恩锡编，郑元吉修：（道光）《中卫县志》卷3《盐法》，宁夏人民出版社1990年版，第113页。
④ 张进海、鲁人勇：《宁夏交通史话》，宁夏人民出版社2013年版，第236页。

第三章 清代甘肃手工业与手工业产品市场

情况。据乾隆《宁夏府志》记："宁夏县布店九座，每座收税银一两六钱"①，宁朔县有"布店三座，每座收税银一两六钱"②。雍正八年（1730），又有"奉文设花布、山货、烟、油、斗牙行，共牙帖十五张，每年纳税银一十一两八钱"③。中卫县，"县城，花布店，牙贴一张"④。另有"额设商税：凡商旅贸易缎绢、绫绸、纱罗、梭布、花绵、绒褐、巾帕、履袜……照例收课"⑤。由此不难看出，乾隆时宁夏各城镇的布帛贸易已拥有一定规模，布店开设的范围广，且宁夏县的绸布店数量相较府内其他县更多，这与该县较大的市场规模和优良的交通条件密切相关。另一方面，官府税收的日益规范化。由上述可知，各家布店的店面大小并不完全相同，但税收数额却相等，固定税收一两六钱，表明当地的布帛贸易与税收日渐规范。作为对比，宁夏府城内的棉花店"（有）二座，每岁额定房租银一十两"⑥，税收数额较高，除店面大小的因素外，生产数量多寡也是官府定额的依据。从店铺的税收数额、规模大小中可见，宁夏布匹、丝绸行业尚不发达，仍处于发展阶段。笔者并未见到这一时期宁夏布帛数额的相关记载，因此布帛的生产数量并不清晰。

由于清前期宁夏毛制品的市场销售情况暂缺史载，故此处采用清末《陇右纪实录》中的数据加以论述。据载："栽绒毯，宁夏产，销本省及外省，（值）数千金……毛毡，宁夏，庆阳、平番产者多，销本省、陕西，（值）数万金；毛口袋，宁夏、秦安、甘州、巴燕戎格产，销本省、陕西，

---

① （清）张金城修，杨浣雨纂，陈云猷点校：(乾隆)《宁夏府志》卷7《田赋·杂税》，宁夏人民出版社1992年版，第239页。
② （清）张金城修，杨浣雨纂，陈云猷点校：(乾隆)《宁夏府志》卷7《田赋·杂税》，宁夏人民出版社1992年版，第239页。
③ （清）张金城修，杨浣雨纂，陈云猷点校：(乾隆)《宁夏府志》卷7《田赋·杂税》，宁夏人民出版社1992年版，第241页。
④ （清）黄恩锡编，郑元吉修：(道光)《中卫县志》卷3《税课》，宁夏人民出版社1990年版，第111页。
⑤ （清）汪绎辰：(乾隆)《银川小志》，《西北稀见方志文献》第51卷，兰州古籍书店1990年版，第157页。
⑥ （清）张金城修，杨浣雨纂，陈云猷点校：(乾隆)《宁夏府志》卷7《田赋·杂税》，宁夏人民出版社1992年版，第239页。

（值）四万余金。"① 手工业产品销量的增长是商品长期对外贩售的结果，故这些数据仍有一定的借鉴意义。不难看出，宁夏的毛毡、栽绒毯等货物价值不菲，一部分销售本省，余下大多数行销陕西等省。这些手工业产品在提升产量的同时价格也有所上涨，为宁夏手工业产品交易市场的进一步发展提供了契机。

州县一级的手工品交易市场方面。在河西一带，以凉州为该地区重要的商品贸易市场之一。乾隆时，"河以西之商货，凉庄为大，往者捷买资甘、肃，今更运诸安西、沙、瓜等，以利塞外，民用所赖以通泉货者重矣。贾拥高资者寡，而开张稠密，四街坐卖无隙地，凡物精粗美恶不尽同，鲜有以伪乱真者"②。可见凉州市场上销售的商品种类繁多。诗人沈翔对此也称赞道："市廛人语殊方杂，道路车声百货稠。塞北江南称此地，河西千里尽荒陬。"③ 足见其市场发展水平并不低。陇东庆阳府，乾隆时当地有不少间歇性集市。府治庆阳城中有"府前市，每月六市；司卫前市，每月六市；十字街市，每月六市；北门市，每月六市；北关市，每月六市"④，这些集市不失为当地重要的商品市场，最繁盛之处为"城南晚市"，地处"府南关，昔经兵革，居民廖落，今则廛舍鳞栉，物货充牣，至晚则归鸟鸣烟，疏枝挂月，可入绘图"⑤。货物充足，应当有不少手工业产品的交易活动。

甘州府下辖的张掖县城有米粮市、炭市、菜市、木头市、房笆市、油市、麻渣市、苇席市、骡马市等诸多市集。此外，还有鳞次栉比的店铺，各店售有布、裘、褐、毡、絮、毛、皮、铜、铁、锡器等产品。山丹县市场多以商品混合的形式存在，贩卖梭布、棉布、水烟、纸张等货物，并无

---

① （清）彭英甲：《陇右纪实录》，文海出版社1988年版，第320页。
② （清）张玿美、曾钧、苏暻：(乾隆)《武威县志》卷1《风俗志·商贾》，《中国地方志集成·甘肃府县志辑》第39册，凤凰出版社2008年版，第402页。
③ （清）张玿美、曾钧、苏暻：(乾隆)《武威县志》卷1《文艺志·凉州怀古十首》，《中国地方志集成·甘肃府县志辑》第39册，凤凰出版社2008年版，第537—538页。
④ （清）赵本植：(乾隆)《庆阳府志》卷5《城池附市集》，《中国地方志集成·甘肃府县志辑》第22册，凤凰出版社2008年版，第227页。
⑤ （清）赵本植：(乾隆)《庆阳府志》卷10《胜景》，《中国地方志集成·甘肃府县志辑》第22册，凤凰出版社2008年版，第257页。

专市。

直隶秦州地区，有"铜盐金铁之产，丝枲林木之饶"①，下辖的徽州地区，"寒燠得中，物产略备，又为水陆通道，商贾辐辏，故四民乐业，百务俱兴"，当是陇南地区重要的手工业产品市场。甘肃的地方市场，尤其是各州市集，它们大多经营本地土产，货物流通也较为频繁。凉州、秦州等地尚且不论，即便是地处偏僻的甘南、岷州，也有不少商人从事长途贩运活动，并将产品运至省外。如岷州，"货殖之利，惟材木为最，……远近商贾，有入山购买，自洮、岷、临洮直达宝鸡、咸阳者，有自岷短贩至新寺镇者，有自新寺镇收买转贩至临洮、宝鸡、咸阳者。惟岷至新寺镇运以车，余则作筏"，当地砍伐大量的木材，运至各处加工成木制品，或直接由当地木匠制成木筏等物，以便水运。岷州多山林，可生产木炭。工人制成的木炭可存放于竹筐中，而后运至"临巩，每百斤可得百文至七八十文不等"。当地百姓经常贩卖木炭，以赚取薄利、补贴家用。当然，油房、水磨加工业也有不少，"至若临巩需油，多从岷人贸易"，"其不事跋涉利可坐致者，则惟油房水磨"②。由此可见，岷州地区油房、水磨的加工也很普遍，并拥有一定的市场规模。河西镇番等地，本地市场狭小，人们习惯利用骆驼运输货物，张澍曾对作为运输工具的骆驼大加赞扬："草豆为刍又食盐，镇番人惯走趁赶，载来纸布茶棉货，卸到泾阳又肃甘。"③这是甘肃商人长途贩运货物的真实写照，可见甘肃商民常用骆驼运送纸、布、茶、棉等手工品到各地。

河西地区具有代表性的地方市场应首推肃州。明末时，肃州已是西北地区重要的民族贸易市场之一。17世纪初，利玛窦记录了肃州城内各族百姓的居住与经商情况："肃州城分两部：一部为支那人所居，回教徒称之为契丹人，他部为回教徒所居，其人皆来自西域喀什噶尔等地，专为经

---

① （清）费廷珍：(乾隆)《直隶秦州新志》卷6《风俗》，成文出版社1976年版，第522、526页。

② （清）汪元絅、田而穟：(康熙)《岷州志》卷11《风俗·贸易》，《中国地方志集成·甘肃府县志辑》，第39册，凤凰出版社2008年版，第103—104页。

③ （清）张澍：《橐驼曲》，《清代诗文集汇编》第536册，上海古籍出版社2010年版，第56页。

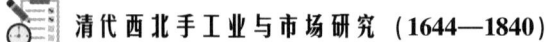

商","肃州城为西方商贾荟萃之地"①。当时已有大批的西部客商云集于此。清代肃州民族贸易市场的地位得到进一步提高,并成为清前期准噶尔部与清朝贸易的重要地点。准部百姓所需的日用品,除一部分由南疆回部市场供应外,也有不少是从肃州市场购买得来。肃州市场上销售的手工业产品包括陕西的布匹、纸张,新疆的棉布,京师的火柴、器皿,青海的皮毛以及从俄国等地运来的商品。②乾隆十一年(1746),乾隆帝在回复关于准噶尔在肃州贸易一事时说道:"至今岁货物,欲于肃州随便贸易,此可行之事,准尔所请,交与该地方官,照看贸易。"③随后双方在贸易的商品种类与数量上有了进一步增长。乾隆十五年(1750),肃州民族贸易中准方提供的货物量与价值都达到新高。准部商队三百人,共携带价值十八万六千二百两白银的牲畜、皮毛,换取内地的茶叶、绸缎、布匹、线等商品共计十六万七千三百两。因价值不等,清廷又补差额一万八千八百两。此次商品交换是为清前期肃州地区最大的一次民族贸易活动,彰显了肃州手工业产品市场的重要地位。

丹噶尔地区的手工业产品市场规模也比较大。丹噶尔城建于雍正五年(1727),据史籍记载,该城"周围长七百七十四丈,产,高二丈二尺,根厚二丈四尺,顶厚一丈三尺,设东西二门。城楼二、腰楼二、角楼四、月城楼二、炮台八,壕宽二丈,深五尺"④。城池建立之初是作为军事重镇把守该地。因通往丹噶尔的交通条件良好,因此时人称此处为:"海藏恃为咽喉,湟中资为锁钥……有金汤之险,砺带之长。"⑤它北连新疆,西通西藏,东临西宁、兰州,是四方交通之"咽喉",亦是内地通往新疆、西藏之门户,地理优势显著。丹噶尔因此成为西北交通之枢纽,各族商人也时

---

① [意]利玛窦:《鄂本笃访契丹记》,《中西交通史料汇编》第1册,中华书局1977年版,第435—436页。

② 关于双方贸易的具体货物,详见本书第二章。

③ 《清高宗实录》卷261,乾隆十一年三月甲申,中华书局1985年影印本,《清实录》第12册,第378页。

④ (清)杨治平:《丹噶尔厅志》卷3《地理》,《青海地方旧志五种》,青海人民出版社1989年版,第223页。

⑤ (清)杨治平:《丹噶尔厅志》卷3《地理》,《青海地方旧志五种》,青海人民出版社1989年版,第234页。

第三章 清代甘肃手工业与手工业产品市场

常在丹噶尔城中开展互市贸易，推动丹城的市场规模愈加庞大。丹噶尔市场上，首先以茶叶制品为大宗手工货物，史称："蒙番凤牲，肉食为粮，牲畜藩（繁）滋，取资甚便。然不饮茶则膨滞生疾，又必馋食炒面始能果腹，是粮茶二物为蒙番仰给内地要需。"① 为了方便运输与销售，茶叶一般要在陕西泾阳加工成砖茶，而后运至丹噶尔。其次为布匹，因棉布向为民族贸易的大宗商品，故在内地输入丹噶尔的货物中，布匹数额仅次于砖茶。第三为食盐，以青盐为主。雍乾时期，"蒙古用铁勺捞取（盐），贩至市口（丹噶尔）贸易，郡民赖之"②。嘉道之际，丹噶尔商业日渐繁盛。据载："青海、西藏、番货云集，内地各省商客辐辏，每年进口货价至百二十万两之多。"③ 其中不乏有很多手工商品。由上述可见，手工业产品交易市场已成为丹噶尔商业市场的重要组成部分之一。

碾伯县城也是一处重要的手工品交易市场。碾伯地理位置优越，"东接老鸦，西连威远，南通南林，北抵胜番、剩防，可谓八达矣"④，"湟水抱城而流，雪峰环绕以峙，周道中通若线，峡关分锁如门"⑤。碾伯城中开设集市的时间较为固定，按旧每旬一、五两集，月凡六集。自康熙十三年（1674）五月起，改为每旬三、六、九集，月凡九集。⑥ 缨毛市与铺陈市在鼓楼十字街，铺陈是贩卖被褥等床上用品的店铺，彼时已有专市。除碾伯外，大通城得益于"大河绕其外，高山介于中，联络甘凉，隔阂羌狄"⑦的重要地理位置，往来客商云集，故城中除东大街、西大街等常见集市

---

① 吴丰培：《豫师青海奏稿》，青海人民出版社1981年版，第161页。
② （清）杨应琚：（乾隆）《西宁府新志》卷4《地理·山川》，青海人民出版社1988年版，第150页。
③ （清）杨治平：《丹噶尔厅志》卷5《商务出产类》，《青海地方旧志五种》，青海人民出版社1989年版，第284页。
④ （清）梁份撰，赵盛世等校注：《秦边纪略》卷1《西宁边堡》，青海人民出版社1987年版，第62页。
⑤ （清）杨应琚：（乾隆）《西宁府新志》卷3《地理·沿革》，青海人民出版社1988年版，第123页。
⑥ （清）李天样：《碾伯所志》，《青海地方旧志五种》，青海人民出版社1989年版，第99—100页。
⑦ （民国）刘运新等：（民国）《大通县志》卷1《地理志》，《青海地方旧志五种》，青海人民出版社1989年版，第441页。

· 319 ·

外，还于西关厢吊桥西设有集市，称"口市"。乾隆时，乐都县集市上除棉布、粟、蔬、薪柴外，别无长物。当地市场并不发达，手工业产品种类稀少。

另有一批市镇，它们至清代方才设立，发展较晚。如贵德"所治向无市集，不使银钱，军民商贾，咸称不便。经金事杨应琚、知府刘弘绪、所千总彭馧创设，每旬以三、八为期，一月六集，青蚨白选，始有识者"①。清政府于扼要之地设立了贵德厅、循化厅、巴燕戎厅三处为县厅行政中心，是为了更好地管理地方事务，但不能否认该做法带来的经济发展效应。市场的进一步扩大，促使毛皮、青盐、茶叶等源源不断地从四方运来此处。

最后，甘肃地区还有一批规模较小的乡镇市场。乡镇市场一般起到地级市场的补充作用。它胜在数量较多，能够弥补上级市场难以辐射的区域。如庆阳府属宁州，清时州城辖有政平、早社、新庄、焦村、广城、太昌、石家店、宫河等二十三村市。据载，宁州"街必有市，日轮其一；镇必有集，月举其六。皆以粟谷易布、花、器械"②，可见当时宁州地区的乡镇手工业产品交易市场发展显著。

从各县方志中的记载来看，乡镇市场一般开市间隔时间长、市场规模小。如清初的河州"宁河镇市，州南六十里，居民五百余家，明弘治乙卯立市，三日一聚。定羌镇市，州南百二十里，居民五百余家，明弘治乙卯立市，三日一聚"③。当地仅有居民数百家，三日一市的开市传统，即可满足百姓买卖日用品所需。不过至乾隆朝，随着人口增长，货物需求量增加，成县"（四月）十八日，传系城隍受封日，邑人争持羊、酒祝庆，四方商贾以百货贸易，经十余日"④。一些大型的庙会已可持续十余日，衣

---

① （清）杨应琚：（乾隆）《西宁府新志》卷9《建置·城池》，青海人民出版社1981年版，第276页。
② （清）晋显卿、王星麟：（康熙）《宁州志》卷2《街市》，《中国地方志集成·甘肃府县志辑》第24册，凤凰出版社2008年版，第195页。
③ （清）王全臣：（康熙）《河州志》卷1《城池·市厘附》，《中国地方志集成·甘肃府县志辑》第40册，凤凰出版社2008年版，第131页。
④ （清）黄泳弟：（乾隆）《成县新志》卷2《风俗》，成文出版社1970年版，第206页。

第三章　清代甘肃手工业与手工业产品市场

物、农具等各类货品皆有售卖，是乡镇市场进一步发展的表现。此外，在合水县也有镇市六处：

> 东华池镇，距县城一百里；西华池镇，距县城七十里；固城镇，距县城六十里；太白镇，距县城一百二十里；打火店，距县城五十里；汉城集，距县城九十里。每隔三日一集，每处设立牲畜行、斗级行各一名，每年共纳牙帖银七两五钱，惟汉城牲畜行纳帖银一两五钱，斗行纳银一两，余俱各纳五钱。①

以该县集镇情况观之，三日一集期在县辖各镇中已非常普遍。与集镇的稳定周期相对应，本地区集镇地点也相对集中。以上述为例，在河州与合水共计八处集镇中，距州、县城皆不远，而成县集镇也分布在县城内，表明清代甘肃集镇的分布特点是以州、县城为依托，集中分布在城镇四周。在方志记载中这种情况较为常见，已成为一种普遍现象。

王致中曾对甘肃各级市场给予了准确、全面的梳理②，按其划分，甘肃市场主要有以下几类：

表 3-1　　　　　　　清代甘肃地区主要市场及其类型一览

市场类型	主要市场
地方贸易市场	兰州、宁夏、河州、凉州、庆阳、宁州、秦州等
民族贸易市场	肃州、甘州、丹噶尔、花马池、横城、平罗等
国内贸易市场	徽县、阶州、泾州、秦州、肃州、宁夏、西宁、丹噶尔等
外贸市场	肃州、河州、靖远、中卫、西宁、安宁堡、张家川等

从表中不难看出，肃州不仅是甘肃地区重要的民族贸易市场，还是国内、国外的重要商品贸易点之一。至于地方贸易市场，应不仅仅包括表格中所列，可以说甘肃下辖各州都应作为地方市场，只是限于篇幅，并未全

---

① （清）陶奕曾：(乾隆)《合水县志》上卷《关市》，成文出版社 1970 年版，第 67—68 页。
② 王致中：《清代甘宁青市场地理考》，《西北史地》1986 年第 2 期。

部列出。民族贸易市场挑选了具有代表性的几个州县，这些地方的民族贸易规模较大。当然，其他地区也有一定规模的民族贸易，囿于市场发展水平不高，暂未列出。兰州虽仅在地方市场中占有一席之地，但规模是其他州县无法媲美的。

三 手工产品行销商路

清代甘肃地区交通运输业的发展是当地社会经济进步与市场扩张的重要表现，大量手工产品通过官、私通道行销省内外，并促使这些道路成为西北市场网络中的重要一环。具体而言，由于甘肃境内地理环境差异较大，主要包括陇南山地、陇中黄土高原与岭谷、北山与阿拉善高原以及河西走廊平地和祁连山地，再如青海地区的地貌为西高东低、南北高中部低，西部海拔高峻，向东倾斜，呈阶梯型，东部地区为青藏高原向黄土高原过渡地带，地形复杂、地貌多样，有沙漠、河流、盆地等各类地形。因此甘肃的陆路通道多沿地形走势而建，运输时依赖驼、马、驴、骡、牦牛等各种畜力，沙漠地带如柴达木沙漠区主要以骆驼为运输工具。若走湟水、白龙江、嘉陵江等水路，皮筏是最主要的交通工具，至于黄河流域，则以载量大的木船为主。可见甘肃的道路建设尤为不易，可供选择的产品行销商路也比较有限，下面详细阐述。

（一）甘肃省内商路

这一时期，甘肃境内的商旅干道与官方驿道高度重合。驿站的建设，可体现出各州县间的交通地位。《清史稿》中记录了甘肃官道沿线上的驿站名称与数量，据载：

> 兰州府皋兰县有驿三：兰泉、沙井、摩云；狄道州驿四：沙泥、洮阳、窑店、庆平；渭源驿一：庆平；河州有驿五：长安、凤林、银川、和政、定羌；平凉府有驿三：瓦亭、泾阳、隆城；巩昌府有驿：通远、三岔、延寿、通安、西巩、秤沟、保安、乾沟、郭城、青家等；庆阳府有驿：驿马关、华池、邠庆、宋庄、灵武、灵佑、曲羊、

焦村、彭原等；凉州府有驿：武威、怀安、大河、永昌、水泉、占浪、黑松；甘州府有驿：时泉、仁寿、山丹、东乐、新河、峡口、抚彝；泾州直隶州有驿：安定、白水；阶州直隶州有驿：阶州、官城、杀贼桥、小川等；秦州直隶州有驿：长宁、广乡、两当等；肃州直隶州有驿：双井、深沟、黑泉、盐池；安西直隶州有驿：赤金湖、赤金峡等。①

从中不难看出，巩昌、庆阳、凉州、甘州四地驿站数量较多，表明此处驿道建设较为完善。除驿站外，甘肃各府州与县间另设铺。铺乃为省内各级驻军递交公文、军情而设。各铺之间的道路称铺路，铺路是各地间以县为单位，连接周边各县的陆路交通通道。

清代甘肃驿道以皋兰县的兰泉驿为中心，分为东、西、南三条主线。东路自皋兰经金县至平凉，继续由平凉折向镇原方向，从而抵达陕西长武，而后再由此往北至崇信，长约1940里。西路又可分成三条支线：一起自皋兰，经永登、古浪、武威、永昌、山丹、张掖、高台、酒泉、出嘉峪关，最终到达布隆吉；二出永登，经大通驿、水沟驿、平戎驿至西宁，并延伸出一条支线抵达民和；第三条由宁夏固原，与东线华亭县属瓦亭驿衔接。三条线全长约5500里。南路亦起自皋兰，经沙泥、陇西而至长宁驿，另有路线可通河州、安定、漳县、文县等地，全长约2140里。② 若要前往藏区，须由兰州出发，经西宁、丹噶尔厅，最终通往西藏与青海藏区。③

西宁的商贸路线走向也与官方驿路基本重叠，较为重要的有以下三条道路：

第一条是自西宁向西北延伸的道路，名曰"大通路"。史载："西宁西北三十里后子河，八十里毛伯胜，正北九十里大通。"④ 地处祁连山区，"祁连间道，东起湟中，西达塞外，南通星海，其北只逾一岭，即能扰四

---

① （民国）赵尔巽：《清史稿》卷64《地理十一》，中华书局1977年版，第2111—2126页。
② 甘肃省公路交通史编写委员会办公室：《甘肃省公路交通史资料选编·第6辑》，1983年版，第29—30页。
③ 武沐：《甘肃通史：明清卷》，甘肃人民出版社2009年版，第301页。
④ 王昱：《青海方志资料类编（上）》，青海人民出版社1988年版，第292页。

郡堂奥"①。途径大通、俄博等市镇。由于商贸往来频繁，使大通县白塔儿地区汇集了各地运来的皮货，"皆至自西域，非白塔儿所产，但聚于斯耳"，货物有"镔铁、金钢钻、球琳、琅玕、琐幅、五花毯、撒黑剌、阿魏、哈剌、苦术、绿葡萄、琐幅葡萄"②，足见商人运输的手工品种类繁多。西域各国经河西走廊运往西宁的商品有一部分贩卖于白塔儿，外藩客商在此与附近的蒙、藏、汉、回等族百姓开展商业交易，使该地逐步形成一处重要的商品集散地。

第二条，以西宁为中心向西南方向发展，途径丹噶尔、结古。西宁向西南至丹噶尔经由海北抵达结古，全长3145里，此路沿线有蒙、藏的一些重要旗、族，沿途水草丰饶，牲畜较多，毛皮产量高，结古镇至丹噶尔的驼队多由此通行。渐渐地，丹噶尔与结古两座商业城镇便发展起来。

第三条，自西宁向东南道路延伸至循化、贵德。据康熙《河州志》载："河州至归德，明初设站者六，曰三岔、弯沟、讨来、保安、边多、清水。每站设番官一员，如内地驿丞例，各给印信、站马，应付往来公使。"③ 清廷在此基础上修缮了道路，并设置驿站。乾隆三年（1738），贵德所改隶西宁府，后又设置贵德驿等驿站，由此可北通西宁，沿途的商贸往来也愈加频繁。

从西宁至高原牧业区的商贸路线又有五条：一、从西宁至湟源，翻越日月山后环青海湖北岸而行，最终进入柴达木盆地；二、沿第一条通道行走，而后顺青海湖南岸行进，亦可抵柴达木盆地；三、自西宁到湟中，转贵德、贵南，抵兴海、果洛，到达玉树藏区；四、自西宁出发，至平安驿后，前往化隆、循化，最后抵达果洛牧区；五、西宁经大通、门源，最后抵达海北地区。

另外，柴达木盆地也是驿站建设的重要地区。清康雍年间，为防止游

---

① （清）陶保廉：《辛卯侍行记》卷4，甘肃人民出版社2000年版，第279页。
② （清）梁份著，赵盛世等校注：《秦边纪略》卷1《西宁近边》，青海人民出版社1987年版，第78页。
③ （清）王全臣：（康熙）《河州志》卷4《彝情》，《中国地方志集成·甘肃府县志辑》第40册，凤凰出版社2008年版，第235页。

第三章 清代甘肃手工业与手工业产品市场

牧民族入侵,清廷在柴达木盆地广设卡伦、台站,并派兵驻守。也因此柴达木地区的交通线路被频繁使用,以满足传达军令、运送辎重、朝贡贸易等各项需求。柴达木盆地的交通四通八达,东西走向的干道有两条,南北亦有多条。

首先是柴达木南路,此条道路为柴达木地区贯通东西方向的主要干线之一。雍正年间,因柴达木盆地"径通准噶尔",需加强防范,便在"应防准噶尔窥伺紧要之处"设置卡、台,并加强沿线巡逻,自哈什汉水起,向西沿交通要道至木克胡芦素(今漠河附近)共设有 10 个台站。后又分两路巡逻,正西一路直通新疆准噶尔。① 平定准部叛乱后,该线便作为柴达木前往新疆的重要商路之一。

其次是西路,该道以水路为主,可直通藏区。商队自噶斯口出发,南下茫崖湖,沿阿真川地,至格尔木河流区,随后可跨越长江上游的楚玛尔河、沱沱河、木鲁乌苏河,最后穿越唐古拉山口入藏。②

北路可至南疆和肃北。据《西宁府新志》卷十八载,官府的巡逻路线,从木克胡芦素分出的另一岔道向西北行,经皂哈哈必尔哈、巴汉柴达木至依克柴达木,由色尔腾、衣逊、插罕齐老兔,再抵马海戈壁径通伊里。③ 这条可以称作柴达木盆地北路。清代柴达木东路主要前往青海各盟旗驻地,较为分散,此处不再详细列举。④

作为甘肃经济发展的重要地区之一,宁夏府的商业道路建设颇具代表性。当地的水路加陆路共计有五条主要干道,分为东、西、南、西南及陕甘驿道。东路由陕西入境,向西经过花马池、横山堡,渡过黄河后至宁夏府,全长约 410 里。西路由宁夏府南下经中宁县,西向经中卫,通向兰州府,全长 570 里。南路是由西路渠口驿的一条分支渡过黄河至固原,并继

---

① (清)杨应琚:(乾隆)《西宁府新志》卷 18《武备·戎兵》,青海人民出版社 1988 年版,第 465 页。
② 青海公路交通史编委会:《青海公路交通史:第 1 册·古代道路交通、近代公路交通》,人民交通出版社 1989 年版,第 107 页。
③ (清)杨应琚:(乾隆)《西宁府新志》卷 18《武备·戎兵》,青海人民出版社 1988 年版,第 465 页。
④ 详细路线参见青海公路交通史编委会《青海公路交通史:第 1 册·古代道路交通、近代公路交通》,人民交通出版社 1989 年版,第 108 页。

续南下，与东西横向的陕甘驿道相连，全长580里。西南路是由南路沿途的三营驿向西，经海原县，全长150里。陕甘驿道东西横跨宁夏，东起陕西西安，西至甘肃兰州，途经宁夏，是一条重要的交通干线，其中宁夏段全长160余里。① 上述五路共计1900余里，良好的道路条件提高了宁夏以及甘肃地区的货物运输效率。道光年间，户部主事董恂曾途经陕甘驿道，并于《度陇记》中提及：

> 望前途几疑无路，至此两壁如门，仅可容轨。急流奔突而来，插木堰土以通行人，转似与水争道者……奔流东注，驿马西驰，并道分趋，纵横无定。②

宁夏地区水路交通发达，因此木船和皮筏成为此处流通货物的必备载具。固原地区的交通网除与上述驿道重合外，还有若干可通大车的官道，并形成了以固原州城为中心的交通运输网。往来固原的交通路线主要有三条：一为北路至宁夏府城；二是西北向抵达靖远县；三是西南向越过宁夏府境进入静宁州。③ 这也是该时期固原对外行销产品的主要商路。宁夏境内的陆路交通在康雍乾时期是作为西北兵力调动的主要线路和军用物资的重要补给线。平定叛乱后，宁夏与山西、陕西、甘肃、四川、湖北等地的经济联系也多数靠陆路驿道发挥作用。

水路交通方面，乾隆时宁夏共计有高岸、李祥、横城、宁河、马头、高崖、常乐、永康、张义、冰沟、老鼠嘴和青铜峡十二个渡口④，此后宁夏地区的渡口数量也陆续增加，商旅往来亦比较频繁。由此观之，清代宁夏水陆交通业的进步，较好地促进了甘肃地区的商业往来与市场发展。

---

① 陈育宁：《宁夏通史》，宁夏人民出版社2008年版，第267—268页。
② （清）董恂：《度陇记》，《小方壶斋舆地丛钞》第6帙，杭州古籍书店1985年版，第278页。
③ 陈育宁：《宁夏通史》，宁夏人民出版社2008年版，第267—268页。
④ （清）张金城修，杨浣雨纂，陈云猷点校：（乾隆）《宁夏府志》卷6《建置·坊市》，宁夏人民出版社1992年版，第195—207页。

(二) 甘肃省际商路

甘肃通往各省的商路四通八达。第一，自兰州出发，向南可抵陕西。甘肃至陕西的商路有多条，起点自兰州的兰泉驿，向南行走，经狄道、渭源、陇西、伏羌、秦州、清水诸驿，随后入陕。中转站主要是甘、泾、秦三州。明代由西安可直达甘州，主干道自西安起，经邠州、长武进入甘肃平凉，并向西北行进，经过兰州、凉州后抵达甘州，是一条重要的军用通道。及至清，该路已不单是一条军备转运通道，同时也是开展商业贸易的重要干道之一。[①] 泾州毗邻陕西邠州，自泾水顺流而下，可达关中。清代泾州是一个十分繁华的商埠，由泾州输入陕西的商品，如水烟、绒褐、皮货等商品皆由此通过；商队又可从陕西输入砖茶、布匹、绸缎等来泾。泾州还是甘肃与东南地区开展商业活动的孔道。东南商品入甘，需经汉口、襄阳，再入陕西境内，商人将商品运送至龙驹寨，卸载部分货物后，继续走蓝田至西安。商队从西安再向北行，经邠州、长武，抵达甘肃境内，最终再由泾州、平凉直至兰州。因此无论是入陕还是入甘，泾州在商品转运时的重要地位都不容忽视。另有一条古老的商路，是由秦州沿渭水至凤翔。清代秦州通往陕西的商路有两条：一条自秦州经凤翔通往西安；一条通过两当、徽县翻越秦岭，进入陕南汉中等地。[②]

第二，甘肃南路可达四川。四川位于甘肃东南，因此清代由甘入川的贸易通道主要在秦州所属的徽县与阶州。由秦州向南行走经过两当县的这条通道可入川，途径的驿站点主要位于礼县、西和、成县、徽县、两当。当然，商队也可借道陕西略阳入川。

第三，东路可入京师。甘肃与京津及北方各地的商货往来主要靠黄河承载，出口处位于宁夏府。由兰州运出的皮毛等货物多借由皮筏运至宁夏，尔后顺流运至包头，经陆路用大车驮运至张家口，再分销京津各地。该条道路需要频繁转换交通工具，运输成本高昂。

[①] 张萍、吕强：《明清陕甘交通道路的新发展与丝绸之路变迁》，《丝绸之路》2009年第6期。

[②] 武沐：《甘肃通史·明清卷》，甘肃人民出版社2009年版，第301页。

第四，北路可通往新疆、蒙古。从内地前往新疆的道路上，有一条需要途径兰州，从兰州经河西走廊入疆的道路，亦为入疆之东路。此道沿古丝绸之路出发，由西安经兰州、酒泉、玉门至哈密，沿途多设卡伦、驿站。清初吐鲁番的棉花、葡萄，准噶尔部的羊、马、骆驼、羚羊角、硇砂以及南疆的玉石等皆可经此路运往兰州、京津一带，内地的铜、锡、木、纸、银、丝绸、棉布、茶砖、铁器、瓷器、漆器等手工品，也可通过河西运销至新疆各地，使兰州成为商品贸易的中转站与行销点。商队若是从西宁出发，其一可向北沿祁连山区前进，入河西走廊，西行便可抵达新疆；二是穿越柴达木盆地东部进入敦煌，沿柴达木盆地南部入藏，或穿越柴达木盆地南部和西部进入南疆；三是沿唐蕃古道走向，这条古道东起陕西长安，途经甘肃、青海，至西藏拉萨，在青海分两路，一路入藏，一路进川。

除陆路外，水路也是甘肃地区运输商品的重要通道。兰州位于黄河上游，黄河自西向东贯穿其中，城区的主要建筑就建于黄河两岸的河谷地上。黄河水流穿过盐锅峡后与湟水交汇，继续东流，和庄浪河在河口处汇合，将兰州盆地一分为二，继续流经榆中县，随后流向宁夏。兰州附近的黄河水流湍急、蜿蜒曲折、河口狭小，不利舟楫，当地百姓遂使用皮筏解决渡河之困。利用皮筏，可使不少小型水路流通货物。如自白水江乘舟行至涪江，随后可直达西南地区，为川陇交通干线之一。宁夏府内的黄河段水流平缓，木船、皮筏皆可通行。商人在这段水路可舍弃皮筏，以木船航行，每只船可载万斤至三万斤不等。木船的航行效率也比较高，由中卫至包头，十三、四日即抵达。清代宁夏黄河路段由明代的短途运输逐渐发展成为与华北地区相互贯通的长途水路运输线。具体航线是：从中卫县新墩出发，经中卫县城、宁安、张恩、青铜峡、秦坝关、叶升、杨和堡、横城、黄渠桥、石嘴子、磴口等码头，进入蒙古河套地区，直到包头和托克托。[1] 这条水路成为陕、甘、宁、蒙区域的黄金水道，每年三月至十月通航，使用羊皮筏可畅通无阻。宁夏的农畜产品和土产大多经由该水路运往

---

[1] 陈育宁：《宁夏通史》，宁夏人民出版社2008年版，第269页。

包头，再转运至华北各地。宁夏百姓所需日用百货，多数也从外地经过该条航道运抵至宁。

清中期以后，甘肃地区可供商人运输货物的路线已有明显增长。以兰州水烟的贩售路线为例，兰州水烟在长期对外销售的过程中，逐渐形成了几条固定路线，这些道路与传统的外销路线已有一定差异。水烟行销路线一共分为东、西、南、北、外五条：东线自兰州出发，沿西安、汉口、苏州、南通而抵沪，谓之东线；西线由兰州、武威、敦煌、哈密至乌鲁木齐，产品深入西北各省，同时亦可远销至中亚及俄国；南路经由兰州、天水、广元、成都、重庆，最后抵达云贵各地；北路主要销往京津，途径兰州、宁夏、包头、大同、张家口，与甘肃入京的传统道路有不少重合之处；最后是海运路线，这条路线是东线的延续，当水烟入沪后，再转运至烟台、营口等地，谓之海线。通过这五条商路，兰州水烟形成了遍布全国的水烟行销网。商队在运送水烟前往东南各省时，又可转运当地的产品回甘，促进了东南与西北地区的商品流通。

需要注意的是，一些手工产品往往是从产地运出，在销售时可广泛运销至他处，故而会延伸出许多行销路线的分支。如宁夏食盐除内销外，还可大量外销至他省。宁夏食盐的外销路线主要有三个方向：一是经惠安堡，从甘肃南下至陕西关中。二是由惠安堡至固原县，再南可至平凉地区，西南可至天水、定西、兰州等地。三是由花马池向东经定边、靖边、绥德至陕北各地。就陆路而言，惠安堡是宁夏盐运的转运中心：东有花马池等产盐地；西南经固原州至陇东各县；往南经甘肃环县、庆阳至关中、陕南；北路则可运食盐抵银川。清代蒙地食盐又增加了水路运输，蒙盐从中卫、三道坎装船，顺流而下抵达包头、托克托，运输速度快、运量大，缺点是冰冻期无法航运。[①] 笔者现将清代甘肃驿道交通路线绘制成图，以便读者更加直观、清晰地了解这一时期甘肃的交通道路情况：

---

① 张进海、鲁人勇：《宁夏交通史话》，宁夏人民出版社2013年版，第238页。

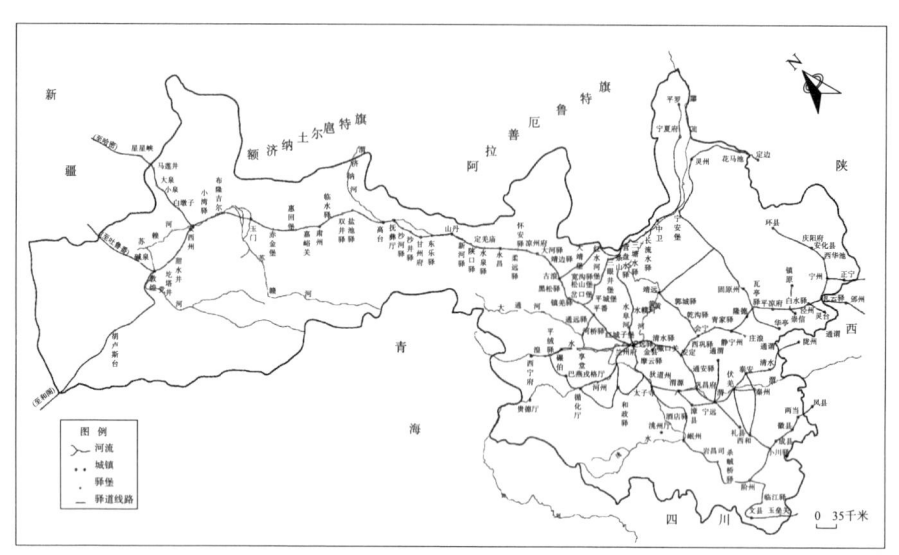

图 3-1　清代甘肃驿道网示意图①

四　山陕商人在甘经营手工产品

清代山陕商人经营西北市场多年，甘肃已成为其重要的贸易市场之一。他们有三条商路抵甘，均途径陕西：其一，由邠州入甘，途经泾州到达平凉府，继续西行，经隆德、安定即可抵达兰州，或从平凉直接西行至凉州、甘州、肃州等地；其二，自陇州进入甘肃，至秦州转西行，经巩昌府抵兰州；其三，从陕南汉中出发，自略阳入境，再经西和、礼县、宁远、巩昌至兰州。②

山陕商人在甘肃经营的手工物品主要有绸缎、布匹、瓷器等物。前文已述，乾隆四十三年（1778）发生的"高朴私鬻玉石案"牵涉了许多商人，其中便有在甘肃经商的山陕商人。如山西右玉县的张銮长期经营甘肃生意，"往来苏州置买绸缎等物赴甘售卖"。曲沃县商人卫全义，"乾隆三

---

① 因清代甘肃版图包含今宁夏省及青海、新疆的部分地区，故将宁夏全域同青海、新疆之部分驿道绘入此图中。本图根据《中国历史地图集》第八册"甘肃"（谭其骧主编，中国地图出版社 1987 年版）改绘。

② （清）憺漪子辑：《天下路程图引》卷 2《北京由河南府至陕西陆路》《陕西省城由邠州至宁夏路》，山西人民出版社 1992 年版，第 488—494 页。

十五年始到苏州,与甘肃人魏佳士合伙置买绸缎、杂货赴甘售卖"①。陕西商人师四于,"凉州府开磁器铺"等,这些伏法商人"到苏贩卖玉料之人并非专卖玉料,俱系来往甘肃肃州及阿克素、叶尔羌等处贩卖绸缎、杂货,私行夹带玉块赴苏售卖"②。此外,据乾隆五十三年(1788)兰州山陕会馆《□□□□王星相仙楼殿施银姓名碑记》中所记,捐款搭建楼殿的商号中有山陕商人开办的乾盛、新升、祥泰、永成、裕合等绸缎铺、布衣铺共计30家。另据嘉庆八年(1803)秦州山西会馆所立《□修拜亭碑记》的统计,秦州城内有晋商开设的三益、复新、顺泰、长盛等绸缎铺10家。另一方面,西宁府城中也有较多的山陕商人。例如互助县威远镇有段氏宗谱记载:"段氏原籍在山西蒲州,清代乾隆年间,迁居威远堡经营典当业。"③ 有些学者认为:山陕商人"几乎垄断了青海商业贸易活动"④,在笔者看来,该论断是较为合理的。

山陕商人运至甘肃的手工商货主要来自江浙、湖广、河南等地。西安、泾阳、三原等则是商货运甘的重要转运点。活跃在甘肃的山陕商人以兰州、武威两地最多,据学者统计,"乾隆年间,兰州的山陕商号已有四五百家,武威更达六七百家。"⑤ 这些商号已成为建设甘肃手工业产品市场的重要力量。

山陕商人还投资手工业经营,投资方向大多为市场广阔、百姓日常所必需的行业。如石磨,有学者指出:"大通水磨坊在乾隆、嘉庆年间就有了,道光、咸丰年间,较大的水磨作坊有十多间……大部分是陕西人经营,也有本地人经营的,也有陕西人与本地人合营的。大的作坊有十五、六个工人,小的也有四、五个工人。手工业资本在大通具有相当规模和

---

① 北京故宫博物院编:《史料旬刊》第3册,北京图书馆出版社2008年版,第372—373页。
② 上海书店出版社编:《清代档案史料选编(3)》,上海书店出版社2010年版,第472页。
③ 互助县县志办:《互助土族自治县志》,青海人民出版社1993年版,第503页。
④ 李刚、卫红丽:《明清时期山陕商人与青海歇家关系探微》,《青海民族研究》2004年第2期。
⑤ 许檀:《清代中叶山陕商人在甘肃的经营活动——以碑刻资料为中心的考察》,《中国经济史研究》2022年第1期。

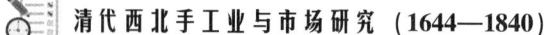

水平。"①

除山陕商人外，甘肃各地还有一定规模的本地商人，如西宁府主要有回商与寺院商人。清代西宁城东是回族聚居区，正如梁份指出的：西宁商人以"城东为最""回回皆拥资为商贾"②。出东门，买卖之人堵塞于道，以至"举袂成云，挥汗成雨"。当时回商携带牲畜、皮毛等物对外贩售，并从外地带回纺织品、铜瓷器及其他日用品。马学贤认为，回商在青海境内的经营范围基本以西宁为中心，向外扩散至湟中多巴、丹噶尔，大通、鲁沙尔、贵德河阴，以及东向的碾伯、民和，还有化隆巴燕等。③《塞外杂识》中记有："西宁之西五十里曰多坝，有大市焉。细而东珠玛瑙，粗而氆氇藏香，中外商贾咸集。一种缠头回子者，万里西来，独富厚于诸国，又能精鉴宝物，年年交易，以千百万计。"④ 回商很有经营头脑，各类手工产品都有贩售，多巴便是回商的货物中转点之一。

寺院商人是在受青海藏传佛教影响下逐渐产生的。清康熙时，仅佑宁寺便有僧人七千余名，⑤ 这种情况势必导致寺院扩张迅速、僧人增长迅猛，而牧业区物产贫乏、经济结构单一、社会供给有限，必须通过与外部交换来换取日用品，寺商也由此产生。除日用品外，寺商也会从内地或青海本地市场中购进茶叶、绸缎、珍珠、玛瑙、铜器等物品，自青海中转后，又长途贩运至西藏。

小　　结

综上所述，清初至鸦片战争前的近二百年间，甘肃手工业有一定规模

---

① 严永章：《青海粮食加工史话》，《青海粮食史料》第一辑，内部铅印1987年版，第78页。

② （清）梁份著，赵盛世等校注：《秦边纪略》卷1《西宁边堡》，青海人民出版社1987年版，第64页。

③ 马学贤：《青海传统民族贸易中回族商贸经济的形成与发展》，《青海社会科学》2004年第6期。

④ （清）冯一鹏：《塞外杂识》，《丛书集成初编·西河记（及其他四种）》，中华书局1985年版，第3页。

⑤ 蒲文成：《青海佛教史》，青海人民出版社2001年版，第199页。

的发展，主要表现在以下几个方面：

一、手工业种类有所增长。清初甘肃地区已有毛纺织、矿产加工、食品加工、粮食加工、竹木加工、制烟、建筑等诸多部门。至清中叶，手工业种类有了新增长。如随着棉花种植和蚕桑的推广，棉、丝织业成为部分地区新兴的手工业门类，生产规模也有了明显扩大。

二、手工业生产规模的进一步扩张。有名的当属矿产加工业、纺织业与水烟业。在矿冶业，随着甘肃各地的矿产资源被不断探明，官府也逐步提高了开采数量。他们招揽商人经营矿场，并招募数千工人在矿区从事开采工作，使采矿业维持了较大规模。甘肃的纺织业以家庭为主要生产单位，虽无详细的棉布产量记录，但至清初，甘肃种植棉花的规模有所扩大，专业化程度也有了进一步提高。河西一带多以草棉纺织，而陇东及陇南一带由于受关中和陕南棉区的影响，多用中棉纺织。如乾隆初《阶州志·物产》记录了阶州物产中有棉花一项，《伏羌县志》也记载当地有白布、棉花的生产与种植，秦安一带更是采用中棉纺织的重要地区。受此影响，甘肃生产布匹的数额呈明显上升态势。毛纺织更加注重民间市场，大众化生产趋势加强，生产数量也有了较大提升。兰州水烟自有记载以来即为甘肃特产，它初盛于康、雍、乾三朝，极盛于光绪年间，产量很高，已成为甘肃地区的大宗外销商品之一。另据记载，食盐生产数额也有了进一步增加。如漳县制盐，清初年产盐五十万斤有余，原额盐引数为2801张，康熙二十六年盐引增至3622张，食盐产量增长明显。

三、手工品销售范围有所扩大。有清一代，甘肃各级市场紧密相连，地区协作不断增强，手工业生产也同地区、全国市场联系起来。如食盐不仅在甘肃本地销售，也会行销陕西等省份；兰州水烟除行销甘肃各县外，亦向陕、豫、冀、江、浙、闽、赣等省出售，清末时销往国外。农村的编织品也远销陕西、四川等地。

同时，我们从上文的论述中也应看到，甘肃手工业发展也存在着严重不足：

其一，生产技术落后。无论是矿冶业或毛纺织业，工匠都采用传统生产工艺，生产效率较低，商人若想提高产量，就需增加雇工数量，这样既增加了行业成本，又限制了手工业的长足发展。上述诸行业仅满足百姓日常生活之需，并不讲求精奇。正如方志所载：甘肃工匠"性拙，技巧不闻"，且"至匠采之山石，陶成之瓦器，虽一方日用所需，粗而不精，故不复记"。长此以往，不利于行业技术水平的提高。

其二，生产质量不固定，削弱了产品在国内市场的竞争力。如毛褐生产在黄河上游区域已有数百年历史，但大多数绒匠一直保持着较低的生产效率与质量。总结其原因，主要包括两个方面：一是过去民间织褐多为自用而非出售，对外接触机会少，缺乏技术指导，后虽得益于市场扩张，使生产与销售数额有了显著增长，却仍未改变缺乏指导这一短板；二是牧民往往自织，专业的褐匠虽有技巧，然双方在市场竞争的情况下难以配合改进。当然，这与乾隆前期甘肃绒褐缺乏统一的质量规定与要求也有关。

清代甘肃地区的商路格局已基本形成。商路主要由军事通道、驿道和商人自辟道路组成，大部分由驿道衍生而来。虽受地处内陆、地貌复杂等因素的影响，使得甘肃境内的交通发展情况不如内地，然作为西北军事要区，甘肃的道路建设在当时颇受重视，官府先后修建了一批便利的交通设施和路线，构建了与外界商业往来的通道。特别是由于军事与转运的双重需要，清廷在明"陕甘大道"的基础上增修官路，便利了商旅往来。甘肃利用商路，形成了以肃州、秦州、凉州、河州为主的地区性商业中心，同时也促成了乡镇商业市场的繁荣，进一步形成了甘肃商品流通网络，便利了商人从事手工业产品的交易活动。

第四章 总结

客观来说,清初至鸦片战争前的这一时间段内,西北地区的手工行业有着显著发展。这既体现为手工品的质量与数量有了明显提升,又可从工匠日渐精进的工艺水平中寻得蛛丝马迹。在本书中,笔者将清代西北地区的手工行业主要划分为纺织、矿产加工、食品加工、木材加工以及其他产品加工等种类。通过上述三章的论述,可以说无论是在产品数量上,还是生产技术方面,清中叶西北各省手工业的发展情况都明显优于清初。由此可见,清代西北地区的手工业发展已呈现出上升的过程。在这一过程中,一些行业,如纺织业因得到官方的鼓励,发展速度快、水平高;而另一些行业,如矿冶、食品加工、竹木加工等领域则因受到官府的禁令以及原料缺乏等因素的影响,使其在部分地区发展受阻,行业进步缓慢,最终导致地区不同行业在发展中表现出相当大的不平衡性。此外,各地独特的风土人情、物产资源又衍生出一些颇具特色的手工产品,产品种类较为丰富,满足了人们生活所需。

在西北手工业产品市场方面,突出表现为出市场规模的扩张,行销的手工产品种类、数量有所增加,各地的商帮数量也有了明显增长。依照施坚雅的市场层级划分理论,西北省级的省府所在地是各省的手工品交易市场中心。地方上府、州、县一级则成为构建各省手工业产品市场的重要支点。此外,由于西北地处边陲,不少地方如肃州、甘州、阿克苏、平罗等地成为重要的民族贸易市场,这也是西北市场不同于内地的表现之一。

西北商路的建设也于这一时期不断完善,商旅往来日渐增多,推动着商业日益繁荣。同时，繁华的商业又促使民间开辟的商路进一步增加，使商人在商路上有了更多的可选择性。

不过，清代西北地区的手工业发展依然有着落后性。这体现在手工业产品的生产种类相较内地偏少，工匠的技艺水平还有很大的提升空间，尤其与江南地区相比差距较大。此外，由于西北地区多有山林、沙漠、沼泽分布，导致人口较为稀疏，因而各地的市场需求往往存在明显不足，这就给手工业产品贸易市场的扩张带来了不利影响。

第一节 清代西北手工业的历史特征

客观地说，清代西北手工业较历史上的任何时期都要发达。但是，西北又是清朝时我国社会经济发展最落后的地区之一，手工业的相对落后已成为历史的必然。另一方面，在西北各地，手工制造业的发展也有相当大的不平衡性。同一行业在不同地区的生产规模、产品质量上也会有较大差距。

一 不同时期西北诸手工行业的发展表现

想要了解这一时期西北手工业的发展情况，需要从各个行业角度出发，分别加以论述。至于行业发展如何体现，这就要求与过去的发展情况相对比。就西北手工业而言，不但要将清代的发展境况与前朝对比，还要将清中叶与清初时期做对比，这是从不同的历史时期探讨西北手工业发展的一个办法。

第一，在纺织领域，发展情况表现得尤为明显。如在毛纺织行业中，明代陕西关中等地的毛织业已有较高水平。据张瀚《松窗梦语》卷四《商贾记》载："西北之利莫大于绒褐毡裘，而关中为最。有张姓者，世以畜牧为业，以万羊称，其畜牧为西北饶，富甲于秦。"[①] 毛织品种类在明代已有明显分化，质量不同的产品，其价格、产量有较大区别。如据王佐《新

---

① （明）张瀚：《松窗梦语》卷4《商贾记》，中华书局1985年版，第85页。

增格古要论》卷八载:"普罗,出西蕃及陕西、甘肃,亦用绒毛织者,阔一尺许,与漉海刺相似,却不紧厚,其价亦低。"① 这种产品较为廉价,适宜普通百姓穿着。高品质的毛织品也有一定生产规模,如官府在西安设置的官办织造场所中便生产彩绒、地毯等珍贵毛织品。据载,弘治五年(1492),官府于西安城中"创造织房"②,令工匠织造各色彩妆绒氀。同时,孝宗下令:着北京宫廷内龙毯、"帐房、床张、铺陈等件"③,所用羊毛、羊皮、毛绒等原料都分派陕西采买置办,充分表明此时陕西毛纺织业的加工技艺水平较高。万历二十三年(1595),陕西造羊绒74700余匹以供京师④,这些羊绒价值一百六十余万两,可见万历时陕西织匠生产的毛织品数额巨大,且价值颇高。及至清,陕西毛纺织加工行业的规模达到新高。康熙时,凤翔府每县均产"毡"。乾隆时,泾阳县成为西北地区的毛皮产销中心。至道光朝,仅大荔县生产的皮毛制品便吸引各地商人来此交易,"每岁春夏之交,万贾云集",销售数额也不计其数。

从清代陕西毛纺织业的发展情况不难看出,西北纺织业的发展主要表现为以下几个方面:一是原料产量有了显著增长。以棉花为例,明万历三十九年(1611),陕西布政司从各府征收棉花17207斤,棉布130140匹。而到了清代,陕西岁产棉花一百万市担有余。⑤ 从明代官府征收的棉花与棉布数量中虽无法判定民间所产棉布之多寡,不过在当时,官方时常从省外购买布匹以满足边防需求,可见陕西民间的棉花种植规模并不能完全满足边军所需。此外,在万历朝陕西官府征收棉花的地区中,并没有延安府的征收数额,表明此时延安府的棉花种植规模很小,而从笔者在本书第一章的论述可知,清代延安地区的棉花种植规模已有明显扩大。二是产品生

---

① (明)王佐:《新增格古要论》卷8《普罗》,中国书店1987年版,第4页。
② 《明孝宗实录》卷61,弘治五年三月乙亥,"中研院"历史语言研究所1962年影印本,《明实录》第7册,第1163页。
③ 《明孝宗实录》卷162,弘治十三年五月丁卯,"中研院"历史语言研究所1962年影印本,《明实录》第7册,第2923页。
④ 《明神宗实录》卷282,万历二十三年二月壬子,"中研院"历史语言研究所1962年影印本,《明实录》第11册,第5214页。
⑤ 帖锐:《清代陕西棉布的生产与贸易》,硕士学位论文,陕西师范大学,2017年,第25页。

产范围的扩张。具有代表性的如陕北鄜州地区的棉布织造，直至清初方才拥有一定生产规模。同样的还有甘肃不少地区的棉花种植与棉布织造，也是入清以后逐渐发展起来。新疆地区的"回布"织造很有名，织造回布的地区多集中于南疆，每年各地百姓可织造数万匹回布供给商品市场，在明代与清初之时，并未出现如此大规模地回布生产现象。三是纺织品质量的提高。例如南疆地区"回回锦"的织造，其工艺已与内地不相上下，是非常精致的丝织品。陕西丝织业在官府的鼓励倡导下，发展出一定规模，乾隆时汉阴厅百姓习得了湖州织绸之法，可织出一种精致细密的绢，价格不菲，质量较好，另外当地还产有各种质量良好的丝绸，也颇受民间欢迎。

第二，清代西北地区的矿产加工行业。它的发展表现为：探明拥有矿藏储存的地区增加，采集的矿产资源数量有了明显提升，冶炼矿产的效率提高，工匠打制的产品种类也更加丰富。下面笔者针对这四个方面分别加以阐述：

其一，从矿产分布地区来看，有明一代，明朝政府始终没有对吐蕃、蒙古、西域等地建立起有效的统治，因此开发新疆矿产资源也就无从谈起。清乾隆时期，清政府统一天山南北两地，实现了对新疆地区的有效统治，境内金、银、铜、铁、锡、铅等矿产资源均得到了有效开发。除新疆外，甘肃地区也有不少新探明的矿产分布地，如大通县的扎马图金矿、柴达木地区的铅矿、敦煌的沙州金场等。当然，也有一些矿产在明代拥有一定开采规模，至清朝又停止采挖。例如宁夏贺兰山的铅、矾与铁在明代尚有有采，后因储量减少而不断缩减开采规模，至乾隆时停止采掘。不过，相较清代被大量探明的矿产资源来说，所停采的矿场并不占生产的主要地位。

其二，采集的矿产资源数量有了明显提升。据《中国古代矿冶开发史》统计：洪武七年（1374），陕西与巩昌年冶铁量为178210斤[①]。而到了清代嘉道年间，仅留坝厅开办的铁场，"岁出铁三百余万斤"，另据吴承明、许涤新主编的《中国资本主义的萌芽》中所述，清中期陕南冶铁产量

---

① 夏湘蓉、李仲均、王根元：《中国古代矿业开发史》，地质出版社1980年版，第146页。

约为1200余万斤①,远超明代陕西的冶铁量。至于金矿的开采,清代新疆、甘肃两地的金矿开采量颇丰,在明代则开采有限。新疆地区的矿产资源非常丰富,清廷在此广开矿场、冶炼矿物,在铸币及制造火器、铁器等方面提供了十分重要的原料支持,对于维护边疆稳定贡献巨大。此外,这一时期新疆百姓也在昆仑山等地开采了大量玉石,并加工成玉器,促进了当地玉石加工市场的发展与繁荣。尤以南疆阿克苏、和阗等地的玉石加工规模较大,从业人数也有很多,这些都是明代未曾拥有的行业发展盛况。

其三,冶矿效率有一定的提高。在这一方面,由于明代西北地区的矿石冶炼效率并不明确,故仅涉及清代不同时期的铁矿冶炼效率。据上文纪昀的诗中所记,铁场内每生铁一百斤,仅炼得熟铁十三斤,可见在乌鲁木齐铁场,工匠冶炼生、熟铁的比例仅为100∶13,铁匠的冶炼技术并不成熟,转换效率低下。后随着冶炼技术的进步,一百斤荒铁可炼成熟铁十五斤。此外,在冶炼技术上,严如熤的《三省边防备览》中提到了筑炉和冶铁的过程。一般一座铁炉高一丈七八尺,中空,上有洞出烟雾,中间放置矿石,下层放炭。这种铁炉相较明代遵化铁炉的一丈二尺要高,不过在冶炼加工技艺上并未出现革命性变化,依然采用传统的高炉炼铁。清代曾采用过焦炭冶炼,可利用的能源种类更加丰富。在冶炼铜矿方面,需要注意的是铜钱合金技术。明嘉靖以前,官府铸造铜钱基本上以青铜为主,之后则是以黄铜为重,这是清代流通于北疆的"制钱"在原料上的变化。至于流通于南疆地区的红铜钱币则是利用当地的铜矿铸造而成,明代并未见到该地区大规模铸造铜币的记录。

其四,工匠制造的产品种类、数量更加丰富。这一点主要体现在陶瓷品的制造方面,清代西北的陶匠们利用陶土制造出种类颇多的陶瓷品。例如关中的耀州窑在传承明代制瓷技艺的基础上又有了新发展。陈炉镇制瓷匠创烧了香黄釉瓷以及黄白、黑白复色釉瓷等特色品种。陕南的洛南陶瓷、汉阴龙门土陶等兴起于嘉庆年间,它们的发展受外省移民的影响很大,湖南、河南等地的制瓷匠在嘉庆时期移民陕南,为陕南百姓带来了种

---

① 许涤新、吴承明:《中国资本主义的萌芽》,人民出版社1985年版,第463—464页。

类、数量较多的陶瓷制品。另外，由金属原料制成的产品在工艺上更为精进。例如陕西曾出土一件清代银鎏金累丝嵌宝首饰盖盒①，该盒以银制成，再用鎏金工艺嵌之，盖面依托累丝及掐丝工艺制成蝴蝶纹状。工匠用蓝、绿色珐琅彩工艺装饰蝴蝶各部位。当两盖展开时，似蝴蝶般展翅欲飞，此物是累丝与掐丝工艺的集大成之作，突出了清代累丝技艺纹饰规整、奇巧、秀丽的特点。

第三，清代西北地区的食品加工业，它的发展表现为产品的生产数量有了显著提高，产品品种上也有一定的变化。首先是食盐生产领域，以宁夏池盐为例，明万历年间宁夏大、小花马池岁产池盐1257余万斤，已经达到很高的生产水平。到清乾隆年间，花马池食盐的年产量为1380余万斤，增加百万斤有余。其次是酿造行业，文献中记载西北地区的酿酒业众多。各地百姓在酿酒时使用的原料主要有大麦、高粱、玉米、青稞、糜子、粟米等，而从史贻直奏请禁止陕西酿酒的行为来看，当时陕西百姓以粮酿酒的规模较大，已经影响到粮食的正常供应。清廷统一新疆后，新疆地区的酒种数量也有所增加。当时已有山西人在疆酿制一种"代酒"，此酒气味醇馥幽郁，口感颇佳，销量较好。另有贵州人在乌鲁木齐采用绍兴技法酿酒，产品名曰"仿南"。酿醋方面，西北人民常吃肉类，需用醋解腻，故醋的产地较广，产量也较高。至于榨油、酿蜜、造酱等其他加工工艺大都在原有的基础上实现了一定进步，不过也并未出现显著变化。例如西宁县在雍正时有榨油所用之油梁189条，至乾隆时又新增152条，碾伯县原有大油梁53条，后新增小油梁60条，其他州县也有新增油梁不等，这是清代西宁榨油业发展的一个表现。由于清代西北地区人口增长较快，促使各地扩大了粮食种植面积。粮食的供应充足，便可基本满足酿造所需，且酒、醋、油等产品大多为百姓日常所用之物，民间需求量很高，市场广阔。

第四，清代西北木材加工行业的发展主要展现为木制品的数量与种类增长较多。其一是日用品的生产。例如造纸方面，明代民间称造纸处为

---

① 现藏于汉阴县博物馆。

"纸坊",清代称为"纸厂",这一变化显示出清代造纸场的规模有所扩大。纸场数量上,清乾嘉时期,关中地区有造纸场十余处,陕南则有纸场百余座,纸场数量多,纸张生产规模较大。产品种类也有很多,如细白纸、黄表纸等。其他木制品方面,木匠利用杨、柳、榆、桦等木材制作箱、匣、板、床等日用品,这些产品的生产规模都有不同程度的扩大。其二,木制工艺品领域,有名的当属甘肃天水漆器的发展。漆器是指在器物的表面涂上树漆,以增加产品的美观、耐用程度。明代天水漆器已十分有名,当地墓葬中亦有漆器出土。至清中叶,甘肃方志中始有漆器工艺的记载。这一时期,甘肃雕漆的工艺发展已经形成了木工、漆工、配石、石刻、镶嵌、粘贴、描金等多道工序,为符合清中叶日渐奢靡的社会风气,天水雕漆多采用珍贵的天然材料制成。如用桃红松、核桃木、椴木等优质木材作器胎,以当地优异的天然树漆为原料,装饰玉石、珊瑚、玛瑙、珍珠、象牙、贝壳等物,并用镶金、贴银等技法点缀,可谓极尽奢华,与明代较为单一的雕漆工艺相比已有很大区别。明清时期,陕西凤翔府的罩金漆器也较为出名,"罩金漆器,始于明,盛于清初,行销西北等地",表明了凤翔罩金漆器始于明代,清代生产规模有所扩张,产品行销西北各地,发展势头较好。

第五,西北其他手工行业也有不同程度的发展。以皮革加工业的发展最具代表性,该行业的发展情况主要展现为两个方面:其一是不同时期西北畜牧业的发展水平有较大差异,这直接决定了各畜牧区提供皮革原料的能力;其二,皮匠加工皮革的技艺水平,这是确定皮革制品价值的重要判断。明代西北地区的畜牧业发展情况良好,虽无各畜牧区牲畜数量之记载,但从当时的史籍记载中也可窥探一二。例如正统元年(1436),灵州各千户所家中"马多者千余匹,少者七八百匹,牛羊动经万计"[1],同年三月,鞑靼入侵,一次性掠走宁夏、庆阳等地牲畜27万头,足见明中期以后,西北地区民间畜牧业的发展较好,牧民们饲养的牲畜数量较多、规模

---

[1] 《明英宗实录》卷16,正统元年四月庚申,"中研院"历史语言研究所1962年影印本,《明实录》第5册,第320页。

较大。① 清代西北百姓饲养的牲畜数量相较明朝有了进一步增长。据《青海畜牧业经济发展史》中所述："嘉庆、道光年间（1821—1850），丹噶尔一地，每年马匹及其他畜产品销售额为白银1200000两，西宁、贵德、循化等重镇的销售量尚未计算在内。其数目当然要比丹噶尔一地大得多。当时每匹马或每头牛价值白银十两，每只羊二两。每斤羊毛二钱，每张大羊皮三钱，每张牛皮二两。照这样的价格计算，当时全青海的牲畜数目当在百万头以上。"② 这尚且只是青海一地的牲畜数额。杨新才在《宁夏农业史》中，推断光绪年间宁夏地区养羊数约有70万只③，仅宁夏一地，就已饲养如此多的牲畜。此外，这时的北疆地区也盛产动物皮张，每年都有大量皮毛产品从新疆运抵内地贩卖。由此可见，清代西北各畜牧区的皮张产量非常多，给皮匠们提供了充足的毛皮原料，便于他们加工皮革制品。据学者们研究，清代甘肃的张家川地区，牧民们从皮张收购到制成皮衣要经过72道工序，可见皮革加工技艺已十分娴熟。④ 这一时期，在新疆从事商业贸易的商人们为了长途贩运皮张，还会采用香料熏制牛皮，防止因路途遥远导致皮张腐烂。商人将皮张运至陕西泾阳等地加工硝制，每岁有数万名皮匠汇聚于此，工匠们长期从事皮张加工活动，这在明代史籍中未见有相关记载。除此以外，建筑、编织以及割漆等诸多行业也都有一定的发展，前文已有较多论述。

总之，上述清代西北诸多手工行业，大都要较明代有不同程度的进步与发展。不过，不同行业间的发展水平有高低之分，各区域手工业发展情况也有着较大差距，这是由各地迥异的社会经济发展水平所决定的。

二 清代西北手工业发展的不平衡性

据上文所述，清代西北手工业是有所发展的。当然，行业发展程度与当地的社会经济水平息息相关，因此这一时期西北手工行业的发展又是不

---

① 吕卓民：《西北史地论稿》，中国社会科学出版社2011年版，第197页。
② 编写组：《青海畜牧业经济发展史》，青海人民出版社1983年版，第41页。
③ 杨新才：《宁夏农业史》，中国农业出版社1998年版，第259页。
④ 虎有泽：《张家川回族研究》，民族出版社2018年版，第103页。

平衡的。具体表现为两个方面：一、同一行业在不同地区的发展中有较大差异；二、同一地区的不同行业在发展上差距明显。下面笔者将从这两个角度加以论述：

其一，在同一行业中，不同地区的发展差异比较明显。这个地区既可以指省与省之间，也可以是省内不同地区之间，乃至县与县之间，分类细致，较难梳理，故笔者在此统一阐述。行业发展中，较为典型的有陕西的纺织业，尤其是棉纺织领域。清前期陕南的棉纺织业相较关中地区落后，但同时又要比陕北发达，导致这一结果的原因是多方面的。如自然环境状况、适宜种植棉花的土地规模、棉布市场的大小以及生产技术的传播范围等，这就表明了各地区手工业的发展绝非单一因素所能决定，而是需要综合考虑。又如皮革加工业，陕北地区的畜牧业发达，皮毛产量高，但最有名的皮革加工地却在关中泾阳，这与泾阳优越的地理位置以及优质的水源分不开，在这一点上与纺织业的发展情况又有所区别。在矿产加工等行业中，发展的处境又有了新变化。清前期，矿产冶炼技术并没有发生革命性变革，西北各地矿产加工的主要区别在于不同地区矿产资源的贮藏、探明与开采。从上文可知，当各地的矿产被开采殆尽后，矿场的废弃行为便屡见不鲜。因此矿产加工看重的是矿藏的储量，加工场也大多于就近开办，这类手工行业的资源倾向非常明显，当储存资源耗尽后，官府便弃置不理，这一情况在道光以后的陕南、新疆以及甘肃部分地区已十分常见。故关于矿产加工行业差异的判断往往从地区矿产储量入手，具有代表性的如乾隆时期新疆地区的铜、铁资源，它们的储量很多，行业加工比较发达，产量也很高。又如乾隆时期，甘肃西宁、敦煌等地金矿储量丰富，朝廷大力开采并派员监督。经过长期采挖，嘉庆以后当地金矿资源枯竭，生产规模减少，至清末时甘肃的金矿开采已不复往日辉煌。另一方面，在一些本来就缺少矿产资源的地区，其行业发展更为艰难。如关中地区由于铁矿资源稀缺，致使铁器生产受到挫折。与矿产资源相似的还有竹木加工业，它也属于资源主导型行业，木匠加工时主要依靠难以再生的树木，一旦开采过度，往往会带来消极影响。例如清初陕南秦巴山区的林木资源十分丰富，但随着清前期的大规模开采，至道光十九年（1839），紫阳县，"乃越十年，权守汉中，复过此地，见山谷依旧，林木全非"[①]。肆意砍伐山林的后果十分严重，首先是粮食的减产。由于缺少山林阻挡，水土流失在陕南地区十分普遍，土壤肥力下降，影响了农作物种植。其次便是手工工场的衰落。以盩厔县境内的木场为例，嘉庆时，此处尚有"大小木厢数百十处"，至道光三年（1823），仅剩"大木厢三处，板厢十余处"[②]，三十年间木场的衰落便如此迅速，这即是严重依赖资源的后果。木材缺乏，使得木匠制造木制品时无法寻觅到合适的原料，产品质量也于道光以后明显下降。

  从上述中我们不难看出，清代西北手工业大多需要依靠充足的原料来保证产品产量与质量，一旦在一些原材料难以再生的领域大肆开采，势必带来较大的负面影响。例如在乾隆时期，官府大力开采新疆、甘肃等地的矿产资源，数十年后，矿藏储量减少，导致道光以后行业发展受限。反观西北地区的纺织业，尤其是棉纺织领域的发展未曾中断。究其原因，乃是棉花作为每年可大量种植、采摘的经济作物，使从事该行业的百姓无原料上的后顾之忧。丝织、毛织与麻织等行业亦是如此。因此，某些行业在一定时期内的发展势头较为明显，如乾隆时新疆乌鲁木齐铁场、甘肃扎马图金场等依靠短期、集中而大量的开采，拥有了短暂的繁荣。然而一朝资源耗尽，便如同道光时期的陕南木场一般，商人撤去工场，废弃此处矿地，重新寻找下一座矿山，原有的发展势头也就不复存在。总之，在同一行业中，不同地区的发展状况会受到原料、时间、地理位置、自然环境以及官方政策等多重因素的影响，需要详细地评判与研析。

  其二，在同一地区内，不同行业间的发展也有较大差异。该发展差异的评判标准主要从产品的产量与市场规模两个方面加以分析。例如关中泾阳等地依靠地理位置和气候水文的优势，成为清代西北皮货的集散地，皮革市场广阔。但因缺乏铁、铜等金属资源，加之铁器的加工技术也并不先进，阻碍了矿冶行业的进一步发展，最终导致关中地区的铁器制造业发展

[①] （清）贺仲瑊：(道光)《留坝厅志》，成文出版社 1969 年版，第 355 页。
[②] （清）卢坤：《秦疆治略》，成文出版社 1970 年版，第 26 页。

水平不高。同关中相似，陕南不少行业间的发展差距也比较大。如该地铁、金矿产资源丰富，工匠时常于铁场中冶炼矿产、打制器具，因此矿产加工业比较发达。然而陕南的气候并不适宜牧草生长，且境内多山，平原较少，草原稀缺，因此当地畜牧业规模很小，多为家庭散养牲畜。致使毛纺织业的发展也较为落后，裘、袍等产品的制作未见记载，普通人家多穿棉、麻衣物，富贵人家穿戴丝绸，毛纺织品的交易规模很小。从这里可以看出，同一地区不同行业的发展受到资源、气候、地理、技术乃至社会风俗等诸多因素的影响。工匠往往会选择从事具有市场优势的手工行业，并促进行业发展。这些优势行业的市场规模广阔，使从业者能够获取更多的利益，陕北、甘肃、北疆等地草场茂盛，畜牧业发达，皮毛制品、乳制品的生产数量较多，销售市场广阔。相对应的，这些地区大部分并不适宜养蚕缫丝、种植棉花，棉织、丝织行业的发展比较落后。

除上述两种主要的手工行业与地区发展差异外，还有部分地区在一定时期内各行业均十分落后，这一现象在清初的陕北、甘肃等一些经济发展薄弱的区域较为常见。如清初的清涧县，"工匠拙于造作，无论细巧秀韵事不能为，即粗器卤物，斧斤炉锤等工，俱盼外省匠作"[1]。这一境况到了乾隆后期方才有所改善，这时清涧县的纺织、食品加工等行业有了较快发展，脱离了手工业落后的境地。由此可见，地区出现的各行业较为落后的局面应是指顺治至雍正这一时间内，而非贯穿于本书所研究的时间段。

第二节　清代西北手工业在全国的地位

若仅从历史的演变上看，清代西北地区的手工业相较前朝无疑是有显著发展的。而若与同时期国内其他地区相比，西北手工业又表现出明显的落后性。有清一代，以江南地区的手工业发展水平最高，也最具代表性，因此本节会将西北地区同江南地区相比较，以便分析西北手工业在清代的

---

[1]（清）钟章元：(道光)《清涧县志》卷1《地理·风俗》，成文出版社1970年版，第92页。

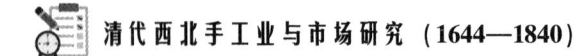

地位。

首先，以西北各省论之，清前期各地手工业的特点突出表现为落后与单一。例如商州地区的手工业，"工无奇技，器无淫巧"；淳化县，"工朴斫，无淫巧"；朝邑县，"工者不作窳"；咸宁县，"百工不尚技，巧作无用"；三原县，"工不事淫巧"。① 这一时期工匠的技艺水平十分有限，大多数仅从事日用品的加工制造。而在新疆，即便是乾隆以后，该地区的手工业生产大多仍处于粗加工阶段。据萧雄《西疆杂述诗》中所记，清中期新疆民间手工业的大体情形如下：

> 西土风气质朴，器物皆粗率，且极省便。房屋砖土所为，无所谓雕镂结构之事。室中不用几案床榻，而装饰之类更不必问。木工一项，若非轮舆为要，几至无处相需。凡应用什物，大半节省，洗器以大木刳之，竹器则席其代之，盛水之具多用铁铸，因木质难受其风，瓦缶难经其冻。……其农具要需，犁耙而外，亦罕有所见。至于锅釜瓷器之所属，或内地运出，或外夷运来，皆非彼中自制者。故匠工名色无几，仅有皮匠、毛匠、玉工、铜工、木工、土工、铁匠、机匠以及裁缝、剃发等艺，其中惟刀、剑、氍毹擅长，玉器次之，余无所取。平常工役，用者既不求精，作者又多鲁钝，宜乎粗率乃尔。近闻阿克苏一带铜木等工，每以精细之物令其仿制，颇能相似，可见非无能人，特俗尚不讲耳！②

萧雄以寥寥数语道出了清中叶新疆手工业发展的基本情况。可以说，相较内地而言，新疆手工业的发展水平并不高，很多行业还处于初级加工领域，产品的工艺水平还比较低。

相比之下，在同时期江南地区，当地手工业的制造水平已十分精进。如苏州，"吴中男子多工艺事，各有专家，虽寻常器物，出其手制，精工

---

① （清）刘于义、沈青崖：（雍正）《陕西通志》卷45《风俗》，清雍正十三年刻本，第6—7页。
② （清）萧雄：《听园西疆杂述诗》卷3《艺术》，中华书局1985年版，第84页。

必倍于他所。女子善操作，织纴刺绣，工巧百出，他处效之者，莫能及也"①。工匠的技艺精湛，所制器物精巧无比。

其次，就某一行业而言，西北也要较江南地区落后。以最具代表性的纺织业为例，清代棉纺织业的发展重心进一步向江浙地区转移，尤以松江、太仓、苏州、嘉兴、江宁等府州最为集中。②彼时的松江府已是"家家纺织，赖以营生"③，"躬耕之家仍纺棉织布，抱布易银，以输正赋，而买食米"④。百姓不以农业为生，依靠纺织糊口。如湖州南浔镇，明后期就已出现"推车蹋弓，纺线织机，率家有之。村民入市买棉，归诸妇，妇女日业于此"⑤的景象。到了清代，全国纺织品市场规模进一步扩大，棉纺织的商品化程度提高，也推动了南浔镇棉布织造领域的加速扩张，以至于除妇女外，"麻缕织机之事，男子亦素习焉"⑥。从织机的规模上看，乾嘉时期，南京"机以三万余计"⑦，"道光间遂有开五、六百张机者"⑧。据范金民的研究，仅以太湖为中心的江南地区，在乾嘉朝民间纺织业发展最盛之际，"苏、宁、杭三大纺织城镇织机总数已超过五万张之巨，加之盛泽、双林等乡镇，织机总数就已超越七万张之多"⑨，这尚且不包括松江、湖州等地的织机数量，可见江南纺织业的发达与繁荣。相较而言，西北地区的纺织领域并未出现如江南地区一般规模较大、数量较多的纺织工场。西北毛纺织业的生产虽颇具规模，绒褐业的发展也比较普遍，即便如此，当地毛织品生产也并未脱离家庭手工业的范畴，牧民们往往自产自销，有时也

---

① （清）许治等：（乾隆）《元和县志》卷10《风俗》，《中国地方志集成·江苏府县志辑》第14册，江苏古籍出版社1991年版，第108页。

② 方行、经君健、魏金玉：《中国经济通史·清代经济卷》，经济日报出版社1999年版，第558页。

③ 故宫博物院清档案部编：《李煦奏折》，中华书局1976年版，第6页。

④ （清）赵西：（乾隆）《宝山县志》卷1《风俗》，清乾隆十一年刻本，第45页。

⑤ （清）汪日桢：（同治）《南浔镇志》卷24《物产》，清同治二年刻本，第11页。

⑥ （清）张鸿、来汝缘修，王学浩等纂：（道光）《昆新两县志》卷1《风俗·占候》，清道光五年刻本，第17页。

⑦ （清）莫祥芝、甘绍盘等修，汪士铎等纂：（同治）《上江两县志》卷7《食货志》，成文出版社1970年版，第166页。

⑧ （清）蒋启勋、赵佑宸：（光绪）《续纂江宁府志》卷15《拾补》，成文出版社1970年版，第595页。

⑨ 范金民：《衣被天下：明清江南丝绸史研究》，江苏人民出版社2016年版，第256页。

会交予商人行销。工艺复杂的绒毯确有小规模工匠协同作业,每次数十人不等,遗憾的是并未见到如同江南纺织工场般大规模的生产活动。

值得一提的是,在丝织业方面,笔者在上文中提到了新疆"回回锦"的织造工艺不输于内地。它的花纹既具有中亚地区的艺术风格,也受到了内地织绣工艺的影响,且极富民族特色,在工艺手法与装饰纹样上都异于江南锦绣。不过,这绝不能表明西北地区生产的丝织品质量已经达到甚至超越同时期的江南地区。要知道,清代江南丝织业的发展,是基于该地区发达的社会经济情况而言。在这一前提下,极大地丰富了江南丝织品种类,且产品的运针技法繁多,仅苏绣工艺就有四十多种针法,织造的丝绸品也各不相同。例如江南工匠善于织造的"宋锦"在宋代有四十多个品种,明代更是达到百余种,清朝时不但有朱、玄、素地的锦,"还有采用金丝银丝织作的锦"①,纹样上也不尽相同,有侧重文字绣的"文字宋锦",也有注重动物纹样的"狮纹锦"等。宋锦的生产工序有很多,一般要经过缫丝、染色、织造等二十多道工序。上机织造时,工匠们采用经线、纬线联合编织的织造工艺,并运用独特的技法,使织物的表面层次分明、式样丰富。从上文江南地区运送的贸易绸缎种类中也不难看出,江南丝织业的繁荣非西北可比。以南京云锦为例,它有一种被称为"妆花"的品种,工艺非常复杂。在织造"妆花"时,要搭配多种不同色彩的纬线,非如"回回锦"般提前染色,而是边织边上色,配色自由、色调丰富,使刺出的每朵花都拥有不同颜色,这是云锦独有的织法,工艺水平十分高超。清代嘉兴诗人王又曾赞美了江南绸缎的织造工艺:"素丝经纬,彩线衡纵,织就一方文绮,裂下鸣机,上旋细浣,十八洞天春水,棋枰巧样青红错,算湖绉杭绫难比。"② 足见江南丝绸的工艺巧夺天工,成品也十分华丽精致、独具匠心。

最后,从江南与西北手工工艺规范的对比上,也可一窥双方的行业发展差距。一般来说,行帮会馆是制定产品工艺规范的主体,相较之下,江

---

① 张保丰:《中国丝绸史稿》,学林出版社1989年版,第120—121页。
② (清)王又曾:《咏瓯巾》,《清代诗文集汇编》第305册,上海古籍出版社2010年版,第479页。

第四章 总结

南地区的手工会馆规模大、数量多，在制定产品规范方面的要求也更高。例如南京缎业公所行规有一条写明："议各号料友，如有做粉、发潮、抽头、换筘、蒸糕等弊，被号内察出，循照旧规，立时剪歇无辞"[①]，可以看出公所对产品的质量检查较为严格。各地丝织行会对产品的质量也有严格规定，会定时抽查，并对偷工减料者予以处罚。如温州的丝织匠工会曾发布章程："公众议决：本会所有成员均应勤谨作工，发挥出最佳技巧，凡因粗制滥造而毁损坏蚕丝者，均应赔偿。"[②] 因此，工匠们为了保证产品质量合格，须掌握娴熟的织造技巧。按规织造时，成品要求定长定宽，并以整匹重量鉴别绸之厚薄与疏密，匹作为定价及收取练染费用的依据，"如纺绸规格从七两纺直至二十两纺，每隔一两即是一个档次，绸商业以方盘秤衡重验证"[③]。织造完成后，行会需经过统一协商定价，即"同行公议"，无论质量如何，不可超出定价范围。[④] 可以说，江南会馆从成品的价格、大小、质量、工艺等诸多方面议定了行业生产规范，防止粗制滥造现象的出现，提高了行业发展水平。与江南丝织品不同，西北毛褐的经纬密度以及长宽厚度在清前期并没有统一标准，影响了产品质量。需要注意的是，这一点仅适用于乾隆五十四年（1789）以前。因为乾隆后期，一些兰州机户、工匠故意偷工减料，致使"粗陋短窄之料作弊货卖"，影响了行业口碑。迫于无奈，兰州绒行首领张锡、单宗传等与客商、机户共同"整顿行规"，订章程，并请官府公示。五十四年十月，皋兰县令朱尔汉颁布告示：

  查县属城乡织卖姑绒，从前定有丈尺，久经示谕……近因该机户、匠人图利生巧，仍造不足丈尺粗陋之绒出售；竟有无知发货客人以及铺户人等亦生奸计，每匹不足之料数，凡买绒之家必得添买成料。此等弊端断不可长，合行出示严禁。为此，仰城乡机户、匠人、铺家，以及发货客商人等均知悉。自示之后，尔机户、匠人即行另改

[①] 周德华：《中国丝绸行会的历史作用（3）》，《丝绸》2005年第12期。
[②] 彭泽益：《中国工商行会史料集》，中华书局1995年版，第39页。
[③] 周德华：《中国丝绸行会的历史作用（3）》，《丝绸》2005年第12期。
[④] 刘佩：《清代（1644—1840）长江下游地区纺织技术保密研究》，硕士学位论文，陕西师范大学，2021年，第73页。

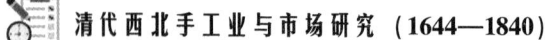

机器织造加长姑绒，每匹长九丈，常行绒长八丈二尺，均宽一尺四寸。□□□四□长八丈二尺至九丈为数，宽一尺三寸，其价许照时值做售，该铺户客商亦许挑买。长大之料，倘该机户等□□□□□绒揭商民铺户私行偷买者，许该行首人等查出指名，扭禀本县严行提究，决不稍宽。凛遵毋违，特示。①

绒行规定了章程八条，明确惩罚标准，防止以次充好、再生事端。久之，毛纺织行业逐渐回归正轨。除了毛褐，其他手工业并无统一的技术规范，导致产品技术含量低下、质量不高。不同行业的匠人，"各习一艺以糊口，无淫巧之技，乏厚藏之廪，往往称贷典地，请人伙种以分取其半"②，他们的技艺世代相承，所谓"箕裘相绍，弓之子恒为弓，冶之子恒为冶而已"③。生活条件艰苦，能推动行业变革的可能性不高。

需要特别指出的是，清代西北各少数民族百姓也多从事手工生产活动。他们的手工作业也是这一时期西北手工业的重要组成部分，这是江南手工业所不如的。就各族工匠生产的产品而言，西北地区有藏、土族人织造的氆氇，另有蒙古人织造的毡毯，这与他们长期从事畜牧业有很大关系。在南疆地区，维、回百姓善于织作毛毯，与此同时，他们也大力织造棉布，如在乾隆朝新疆地区开展的民族贸易中，贸易回布便基本由维吾尔族百姓织造。南疆维吾尔族还擅长雕刻玉石，玉匠的工艺精巧，成品华丽美观。此外，还有甘肃保安族打制的腰刀，另有回族工匠在各城镇中从事食品加工、染坊、皮毛加工、首饰打制等行业，农村则有回匠从事铁、木、鞋、石、瓦等行业，甘肃的回族茶商也曾于陕西泾阳开办茶叶加工场。④ 另外，还有一些外国工匠。如在准噶尔统治时期，新疆地区曾有俄

---

① （清）佚名：《绒行碑记》，《兰州文史资料选辑·第21辑：兰州古今碑刻》，兰州大学出版社2002年版，第281—282页。
② （清）张玿美修，曾钧纂：(乾隆)《平番县志》卷5《风俗志》，《中国地方志集成·甘肃府县志辑》第5册，凤凰出版社2008年版，第547页。
③ （清）张玿美等：(乾隆)《镇番县志》卷2《风俗志》，《中国地方志集成·甘肃府县志辑》第43册，凤凰出版社2008年版，第51页。
④ 杨思远：《回族经济史》，中国经济出版社2018年版，第237页。

国从瑞典等地掳掠而来的工匠,统治者命令他们从事军器制造。上述各族工匠,他们不遗余力地制作各种手工品,产品富有民族特色。同时,他们也为促进西北地区手工业的发展做出了不可磨灭的贡献,是清代手工业发展的力量源泉之一。

综上所述,这一时期西北手工业在全国的地位并不高,但其在西北地区的社会经济发展中又不可或缺。此时,西北地区规模化生产条件尚不充分,大多数仍属于家庭手工业,生产关系落后,生产效率低下,大部分行业需要依靠增加劳动力来提高产量。市场规模相对狭小,人们的消费能力有限,手工业产品贸易市场的扩张较内地缓慢。手工业产品种类比较单一,具有高价值且昂贵的工艺品种稀少,工匠生产的日用品较多,技艺水平非常有限,这些成为清代西北手工业在全国相较落后、地位较低的重要原因。由于西北交通相对闭塞,路况条件不佳,加之水路较少,使得大部分地区难以像江南一般四通八达、河湖水道众多,货物运输条件不足,因此西北各地的手工业生产往往承担着满足当地百姓日常所需的重要任务。特别是在经济落后的地区,铁农具、衣物、木制品等皆为日常所需的手工品。当百姓家境贫寒又无力从外地购买商品时,本地工匠制造的手工物品便成为他们唯一可以依靠的存在,这亦是西北手工业不可或缺性的一种表现。

第三节　从商路建设上看清代西北手工品交易市场

由上文可知,这一时期西北地区的商路主要由官方驿道构成,民间开辟的商路并不多,这也使西北的商业活动受到一定限制。尤其是西北驿道在修建之初,大都为政治、军事服务,清廷利用西北驿道传递军情,或使政令下通上达,官府也会通过驿道运送各地所需物资。官方在修缮道路时显然对于民间商业活动未深入考虑。在大型城镇之间,官府会修建数个中转点,如各县的驿站等,商人若想快速到达两地,则需绕路而行,这不利于货物的长途贩运。例如清代西宁府的本地商人,当他们在西安购置物品后,从西安返回西宁便需三十天脚程,若是将商品从西宁贩至结古,日夜

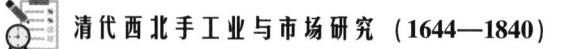

兼程，亦需七十日之久①，往返颇费时日。

当然，确如前文所说，清政府在西北各地修缮了较多的驿站道路，一定程度上便利了各城镇之间的商旅往来。但清政府建设驿道不以发展商业为主，阻碍了商人扩大商品交易的企图。商人也会另辟蹊径，他们开辟小路，或沿近道行走。②如嘉庆时新疆的"小南路"便是商人私开商路，之后该路被官府查封，可见商人私开小路的行为大都以失败告终，这实为应对驿道缺陷的冒险之举。另一方面，西北地域广阔，想要在横跨数千里的地区内修建多条商路在当时可能性很小，这也就导致西北商路的密集程度无法与内地媲美，加之商人们行走的路线长期固定，也限制了他们携带大量手工品前往多处贩卖的可能。不过值得注意的是，西北水路无过多限制，商人可沿黄河及其支流以及长江在陕南、甘肃等地的支流运载商品，但相较江南水路而言，西北水路的建设也很不完善。

相比之下，我们可以一观同时期江南地区的商路发展情况。在当时，江南密集的市镇网络构成了该区域内部商品流通的基层体系。③江南以太湖流域为中心，该地区素有"天下之水，半归吴会"④之说。其南有钱塘江，北有长江，内有太湖水路网，河湖密布，水网纵横。太湖以西连接荆溪，这条水路发挥了货物运输的重要作用。南部与苕溪贯通，成为浙江境内杭、湖二府的重要水道，两溪从太湖上游汇聚于此，共同构成了太湖水系的西、南部水域交通网络。松江、娄江和东江则构成了西湖东部水路网，此三江皆为太湖水流排泄入海的水道。⑤三江之外还有众多的中小河流，它们相互交织，形成了四通八达的环太湖流域水道。另一方面，从贯穿江南地区的主轴来说，江南水路干线指的是由镇江到杭州的大运河部

---

① 董倩：《明清青海商品经济与市场体系研究》，博士学位论文，华东师范大学，2008年，第144页。

② 邓亦兵：《清代前期商品流通研究》，天津古籍出版社2009年版，第50—51页。

③ 王日根、陈国灿：《江南城镇通史·清前期卷》，上海人民出版社2017年版，第81页。

④（明）陈士矿：《明江南治水记》，中华书局1985年版，第5页。

⑤ 张海英：《走向大众的"计然之术"：明清时期的商书研究》，中华书局2019年版，第154页。

分。① 如此看来，纵穿江南的运河，加之太湖密布的河流水道，将苏州、松江、杭州、嘉兴、湖州等江南五府连成一体，构成了江南地区稠密的水上交通运输网络，成为江南与其他地区经济、文化沟通交流的重要载体，也是这一时期江南地区商品经济发展不可或缺的条件之一。得益于优越的经济发展条件，使江南得以"擅江湖之利，兼海陆之饶""浮江达淮，倚湖控海"，从而成为全国"财赋之渊薮"②，每年人们利用水路从此处贩运的大宗商品等何止千万之数。江南地区的陆路条件也更为优越。与地域辽阔的西北地区不同，江南各市镇之间距离较近，人们往来也比较便利，加之商人长途贩运大宗产品时又多走水路，陆路运输速度相对较快，因此陆路多承运他处急需且较为重要的商品。

通过上述西北与江南地区商路的简单对比，我们不难得知，清代西北地区的商路较为稀疏，在商人长途贩运商品时也少有河流运输的有利条件，大宗商品往往需要通过陆路运载，这种运输方式运量少、效率低。加之西北各大城镇之间距离较远，这就失去了如同江南城镇般的近距离优势，运输效率也大打折扣。此外，由于西北经济较为落后，市镇规模普遍较小，数量也较少，这就阻碍了商品贩运效率的提高。适宜商人中转的地点相较有限，沿途贩卖的机会也不多，长此以往，并不利于手工业产品交易市场的发展。

---

① ［日］松浦章：《清代江南内河的水运》，《清史研究》2001年第1期。关于这条水路的详细情况，可参考乾隆三十九年（1774）刻印的行旅书籍《天下路程示我周行》中的记载。

② （清）李铭皖、冯桂芬等：（光绪）《苏州府志》卷2《形势》，成文出版社1970年版，第132页。

结　　语

　　诚如上述，清代西北地区的手工制造业在全国社会经济发展的背景下，较历史上的任何时期都要发达。但是，相较同时期的华北、江南等地，西北地区的社会经济发展仍相较落后，这也表现为手工业的相对落后，市场规模上也难以媲美。

　　从进步的方面来说，清代西北手工业在纺织、矿冶、制瓷、食品加工、竹木加工、皮革加工等领域均实现了发展，无论是在生产数量还是质量上，都较过去有着显著进步。

　　而在另一方面，生产关系落后也成为这一时期西北手工业的显著特点。明中期以后，江南地区的纺织行业就已出现大规模雇佣劳动现象，而在西北各地的手工制造业中，如江南那般以私人资本大规模经营手工工场者为数甚少。西北绒褐织造业的规模虽然不小，但多数生产活动尚未脱离家庭手工业的范畴，店铺所售大多为商人至各家采购而来，销售规模也较小。其他如玉雕、木材加工、粮食加工等行业也大都属家庭制造业范围。

　　清代西北手工制造业的水平仍处于一个较低的发展阶段，无法完全满足百姓生产生活之需。在生产种类少、商品率低，尤其是工艺品稀缺的情景下，迫使西北手工业产品市场大多需要以内地手工产品填补。这就导致西北地区的长途贩运活动始终是一项有利可图的事业，同时也决定了西北长期作为内地手工业产品的销售市场与原料供应地的社会经济地位。

　　这一时期，西北手工业的发展主要围绕着百姓基本生活需求展开，行业技术有很大的移植性与传承性。所谓移植性，是指西北地区的手工技术

结　语

有不少来自外地，并融合本地特色形成。如清初准噶尔蒙古地区有不少的手工技术获取，即是准噶尔工匠与内地小生产者、俄国手工业者等相互结合、取长补短、共同发展的结果。至于传承性的体现更为明显，仅西北绒褐的织作历史已有六百余年之久，石雕更是有上千年的经验传承，陶瓷、铁器、竹木加工等行业均有较为悠久的历史，可见这些产品的制造工艺传承久远。不过，由于市场、环境、人口等因素的制约，手工业传承并未带来生产规模的迅猛增长。

清代西北手工业产品市场的发展，表现之一为民族贸易市场的兴旺。民族贸易可分为官方与民间贸易，市场主要集中在西北各族的聚居区。在当时，内地的丝绸、布匹、砖茶及各种产品源源不断地运往西北各处，这些产品深受蒙、藏、回、土、裕固、维吾尔、哈萨克、柯尔克孜等族的欢迎。同时，各族商人又把本地区丰富的绒毛、矿产、玉石和首饰等运往内地贩售，亦受到内地民众的喜爱。这种商业贸易活动，不仅进一步加强了西北与内地的经济联系，活跃了西北地区的商品经济，而且通过手工技术的交流，缩小了西北与内地的技术差距。

官方贸易奠定了清前期西北民族贸易的基础，亦为手工品交易市场的良性发展创造了条件。由于清廷对官方贸易的发展十分重视，故这种贸易形式在组织与管理上较严格，贸易活动亦有保障。货源的供应、运输、管理、价格的制定等均有专人管理，并且官府还陆续制定与实施了一套行之有效的贸易政策。在这种持续、大规模且有组织的官方贸易的刺激与推动下，西北地区的民间贸易也日益活跃，并与官方贸易同时并存、互为补充。民间贸易的手工业产品种类与数量屡创新高，以至清廷不得不采取措施限制这一行为。除正常的商贸活动外，一些商人在利益的驱使下铤而走险，他们大量贩运玉石、铁器等朝廷规定的违禁物品。清廷虽三令五申，却收效甚微，商人的走私活动屡禁不绝。

在官民商业活动日益频繁的背景下，西北手工业产品市场呈现出一些新的特点。这些特点表现为贸易的品种、区域、规模、管理、措施和影响等方面出现了新动向：其一，清代西北市场的层级划分体系日渐完善，并成为划分手工品交易市场的基础。各省以兰州、西安、乌鲁木齐等省级市镇为中心，以肃州、哈密、阿克苏、三原、泾阳等州县城镇为支点，辅以乡镇集市，构成了西北手工业产品市场的主体框架。其二，民族贸易的形式增多，销售的产品种类更加丰富。除了清初的茶马贸易外，还有准噶尔贸易、哈萨克贸易、新疆丝绸贸易、边口互市与俄国贸易等多种商品交换形式，且官商皆有之。通过贸易交换的产品，有砖茶、绸缎、布匹、铁农具、陶瓷器、皮革制品等日用品，也有雕刻的玉石、精致的绒毯等工艺品。其三，商品贸易的地区和范围不断扩大，贸易地点也有所增加。首先，贸易范围在原有西北各省的基础上，逐渐扩大到全国，以至清中叶以后印度、英国等也成为西北手工业产品的交易市场。其次，在商品的运输、储存、集散等方面，西北各省连为一体，贸易网点有了显著增多，出现了许多贸易中心市场，呈现出一派繁荣景象。

此外，通过开展大规模民族贸易，大大加强了西北各族与内地民众之间的经济联系与交流，增进了民族感情。同时巩固了西北各族民众对中央政府的内附力和向心力，客观上有利于国家的安定与繁荣。

值得注意的一点是，西北的商业贸易相当一部分仍局限在初级产品的交换。彼时西北已拥有一批商业集镇，然而长期的货物交换也并未使西北发展出类似于江南地区的手工业城镇，这是它不容忽视的缺陷。

参考文献

一　基本古籍

（北齐）魏收：《魏书》，中华书局 1974 年版。

（宋）陶穀撰，孔一校注：《清异录》，上海古籍出版社 2012 年版。

（宋）陆游：《老学庵笔记》，中华书局 1979 年版。

（宋）沈括：《梦溪笔谈》，上海书店出版社 2003 年版。

（元）脱脱：《宋史》，中华书局 1977 年版。

（明）宋应星：《天工开物》，中华书局 1978 年版。

（明）陆容：《菽园杂记》，中华书局 1985 年版。

（明）徐光启：《农政全书》，上海古籍出版社 1979 年版。

（明）陈子龙：《明经世文编》，中华书局 1962 年版。

《清实录》，中华书局 1985—1987 年版。

（清）董醇：《度陇记》，《小方壶斋舆地丛钞》第 6 帙，杭州古籍书店 1985 年版。

（清）黄钧宰：《金壶七墨》，《续修四库全书》，第 1183 册，台北商务印书馆 1983 年版。

（清）刘献廷：《广阳杂记》，中华书局 1957 年版。

（清）魏源：《绥服厄鲁特蒙古记》，《小方壶斋舆地丛钞》第 2 帙，杭州古籍书店 1985 年版。

（清）张廷玉等撰：《清朝文献通考》，商务印书馆 1936 年版。

（清）朱彝尊撰：《食宪鸿秘》，上海古籍出版社 1990 年版。

（清）姚元之撰：《竹叶亭杂记》，中华书局 1982 年版。

（清）陈宏谋撰：《培远堂偶存稿》，《清代诗文集汇编》编纂委员会编：《清代诗文集汇编》第 280 册，上海古籍出版社 2009 年版。

（清）杨屾撰，郑辟疆等校：《豳风广义》，农业出版社 1962 年版。

（清）韩梦周等撰，杨洪江等校：《柞蚕三书》，农业出版社 1983 年版。

（清）张廷玉：《明史》，中华书局 1974 年版。

（清）屈复撰：《弱水集》，《清代诗文集汇编》编纂委员会编：《清代诗文集汇编》第 280 册，上海古籍出版社 2010 年版。

（清）蓝浦撰，傅振伦注：《景德镇陶录》，书目文献出版社 1993 年版。

（清）陈浏撰：《匋雅》，陈雨前主编：《中国古陶瓷文献校注》，岳麓书社 2015 年版。

（清）路德撰：《柽华馆文集》，《清代诗文集汇编》编纂委员会编：《清代诗文集汇编》第 545 册，上海古籍出版社 2010 年版。

（清）袁枚撰，周三金注释：《随园食单》，中国商业出版社 1984 年版。

（清）夏曾传撰，张玉范、王淑珍注释：《随园食单补证》，中国商业出版社 1994 年版。

（清）李因笃：《受祺堂文集》，《清代诗文集汇编》编纂委员会编：《清代诗文集汇编》第 124 册，上海古籍出版社 2010 年版。

（清）严如熤：《三省边防备览》，《陕西古代文献集成》第 4 辑，陕西人民出版社 2017 年版。

（清）岳震川：《赐葛堂集》，《清代诗文集汇编》编纂委员会编：《清代诗文集汇编》第 441 册，上海古籍出版社 2010 年版。

（清）陈梦雷：《古今图书集成》，中华书局影印本 1934 年版。

（清）严如熤：《三省山内风土杂识》，《陕西古代文献集成》第 4 辑，陕西人民出版社2017年版。

（清）傅恒等：《平定准噶尔方略续编》，文渊阁《四库全书》，第359册，台北商务印书馆1983年版。

（清）魏源：《圣武记》，中华书局1984年版。

（清）萧雄：《听园西疆杂述诗》，中华书局1985年版。

（清）徐珂：《清稗类钞》，中华书局1984年版。

（清）纪昀修，郝浚等注：《乌鲁木齐杂诗注》，新疆人民出版社1991年版。

（清）祁韵士：《西陲竹枝词》，《清代诗文集汇编》编纂委员会编：《清代诗文集汇编》第429册，上海古籍出版社2010年版。

（清）王又曾：《咏瓯巾》，《清代诗文集汇编》编纂委员会编：《清代诗文集汇编》第305册，上海古籍出版社2010年版。

（清）托津等：《钦定回疆则例》，全国图书馆文献缩微复制中心1988年版。

（清）温达等：《亲征平定朔漠方略》，中国藏学出版社1994年版。

（清）赵学敏：《本草纲目拾遗》，人民卫生出版社1963年版。

（清）那彦成著，宋挺生校注：《那彦成青海奏议》，青海人民出版社1997年版。

（清）吴振棫：《养吉斋丛录》，北京古籍出版社1983年版。

（清）谷应泰：《明史纪事本末》，中华书局1977年版。

（清）陶保廉：《辛卯侍行记》，甘肃人民出版社2000年版。

（清）彭英甲编：《陇右纪实录》，《近代中国史料丛刊三编》第40辑，文海出版社1988年版。

（民国）陇东慕少堂：《甘宁青史略副编》，兰州俊华印书馆1936年版。

（民国）赵尔巽：《清史稿》，中华书局1977年版。

（民国）劳亦安：《古今游记丛钞》，中华书局1924年版。

［意］利玛窦：《鄂本笃访契丹记》，《中西交通史料汇编》第1册，中华书局1977年版。

二 档案文献

中国第一历史档案馆藏军机处录副奏折。

台北故宫博物院整理：《宫中档乾隆朝奏折》，台北故宫博物院1982年版。

中国第一历史档案馆编：《雍正朝汉文朱批奏折汇编》，江苏古籍出版社1989—1991年版。

中国第一历史档案馆编：《乾隆朝上谕档》，档案出版社1991年版。

中国第一历史档案馆，香港中文大学文物馆编：《清宫内务府造办处档案总汇》，人民出版社2005年版。

中国第一历史档案馆编：《乾隆朝满文寄信档译编》，岳麓书社2011年版。

三 地方志

（明）胡汝砺纂修、管律重修，陈明猷校勘：（嘉靖）《宁夏新志》，宁夏人民出版社1982年版。

（明）郑汝璧等修：（万历）《延绥镇志》，上海古籍出版社2011年版。

（清）常星景撰：（康熙）《隆德县志》，成文出版社1970年版。

（清）椿园七十一：《新疆舆图风土考》，成文出版社1968年版。

（清）陈天植修，赵廷锡等纂：（康熙）《延安府志》，三秦出版社2018年版。

（清）陈之骥：（道光）《靖远县志》，成文出版社1976年版。

（清）黄恩锡编，郑元吉修：（道光）《中卫县志》，宁夏人民出版社1990年版。

（清）黄恩锡：（乾隆）《中卫县志》，宁夏人民出版社1998年版。

（清）许容监修，李迪、张能第等撰：（乾隆）《甘肃通志》，文渊阁《四库全书》，第557册，台北商务印书馆1983年版。

（清）陈士祯修，涂鸿仪纂：（道光）《兰州府志》，成文出版社 1976 年版。

（清）汪绎辰：（乾隆）《银川小志》，《中国西北文献丛书》第 1 辑《西北稀见方志文献》第 51 卷，兰州古籍书店 1990 年版。

（清）王学伊修，锡麒纂：（宣统）《新修固原直棣州志》，《中国地方志集成·宁夏府县志辑》第 8 册，凤凰出版社 2008 年版。

（清）王烜撰：（乾隆）《静宁州志》，成文出版社 1970 年版。

（清）徐保字撰：（道光）《平罗纪略》，《中国西北文献丛书》第 1 辑《西北稀见方志文献》第 51 卷，兰州古籍书店 1990 年版。

（清）杨芳灿撰：（嘉庆）《灵州志迹》，《中国地方志集成·宁夏府县志辑》第 6 册，凤凰出版社 2008 年版。

（清）袁大化、王树枏、王学曾：《新疆图志》，上海古籍出版社 1992 年版。

（清）曾诚：（道光）《敦煌县志》，成文出版社 1970 年版。

（清）张献廷：《新疆地理志》，成文出版社 1968 年版。

（清）张金城修，杨浣雨纂：（乾隆）《宁夏府志》，宁夏人民出版社 1992 年版。

（清）郑居中修：（乾隆）《府谷县志》，成文出版社 1970 年版。

（清）朱超撰：（乾隆）《清水县志》，成文出版社 1970 年版。

（清）严一青撰：（嘉庆）《白河县志》，成文出版社 1976 年版。

（清）钟章元撰：（道光）《清涧县志》，成文出版社 1970 年版。

（清）顾耿臣修，任于峤撰：（康熙）《鄜州志》，清康熙五年刻本。

（清）王崇礼撰：（乾隆）《延长县志》，成文出版社 1970 年版。

（清）吴炳撰：（乾隆）《宜川县志》，成文出版社 1970 年版。

（清）刘毓秀撰：（嘉庆）《洛川县志》，清嘉庆十一年刻本。

（清）卢坤撰：《秦疆治略》，成文出版社 1970 年版。

（清）苏其炤撰：（乾隆）《怀远县志》，清乾隆十二年刻本。

（清）洪蕙撰：（嘉庆）《延安府志》，成文出版社 1970 年版。

（清）谢长清撰：（道光）《重修延川县志》，清道光十一年刻本。

（清）李熙龄修，霍光平等校：（道光）《榆林府志》，上海古籍出版社2014年版。

（清）高维岳撰：（光绪）《绥德州志》，成文出版社1970年版。

（清）米毓璋修，姚国龄纂：（道光）《安定县志》，成文出版社1970年版。

（清）刘绍攽撰修：（乾隆）《三原县志》，《中国地方志集成·陕西府县志辑》第8册，凤凰出版社2007年版。

（清）汪灏修，钟麟书纂：（乾隆）《续耀州志》，成文出版社1976年版。

（清）罗彰彝撰：（康熙）《陇州志》，成文出版社1970年版。

（清）达灵阿修，周方炯纂：（乾隆）《重修凤翔府志》，成文出版社1970年版。

（清）罗日璧撰：（道光）《重修洴阳县志》，清道光二十一年刻本。

（清）陈仕林修：（嘉庆）《耀州志》，清嘉庆七年刻本。

（清）闵鉴撰：（乾隆）《同州府志》，清乾隆四十六年刻本。

（清）贺云鸿撰：（乾隆）《大荔县志》，清乾隆五十一年刻本。

（清）熊兆麟撰：（道光）《大荔县志》，清道光三十年刻本。

（清）刘于义修，沈青崖撰：（雍正）《陕西通志》，清雍正十三年刻本。

（清）吴炳撰：（乾隆）《陇州续志》，成文出版社1976年版。

（清）林一铭修，焦世官，胡官清纂：（道光）《宁陕厅志》，《中国地方志集成·陕西府县志辑》第56册，凤凰出版社2007年版。

（清）马毓华修，郑书香、曹良楷纂：（光绪）《宁羌州志》，《中国地方志集成·陕西府县志辑》第52册，凤凰出版社2007年版。

（清）钱鹤年修，董诏纂：（嘉庆）《汉阴厅志》，《中国地方志集成·陕西府县志辑》第54册，凤凰出版社2007年版。

（清）邹容修，周忠纂：（康熙）《洋县志》，《中国地方志集成·陕西府县志辑》第45册，凤凰出版社2007年版。

（清）李国麒：（乾隆）《兴安府志》，《中国地方志集成·陕西府县志辑》第 54 册，凤凰出版社 2007 年版。

（清）罗文思：（乾隆）《续商州志》，《中国地方志集成·陕西府县志辑》第 30 册，凤凰出版社 2007 年版。

（清）谭瑀修、黎成德等纂：（道光）《重修略阳县志》，《中国地方志集成·陕西府县志辑》第 52 册，凤凰出版社 2007 年版。

（清）邓梦琴：（乾隆）《洵阳县志》，《中国地方志集成·陕西府县志辑》第 55 册，凤凰出版社 2007 年版。

（清）杨孝宽、李联芳等：（光绪）《续修平利县志》，《中国地方志集成·陕西府县志辑》第 53 册，凤凰出版社 2007 年版。

（清）葛晨：（乾隆）《泾阳县志》，《中国地方志集成·陕西府县志辑》第 7 册，凤凰出版社 2007 年版。

（清）臧应桐：（乾隆）《咸阳县志》，《中国地方志集成·陕西府县志辑》第 4 册，凤凰出版社 2007 年版。

（清）谭吉璁：（康熙）《延绥镇志》，上海古籍出版社 2012 年版。

（清）傅应奎：（乾隆）《韩城县志》，《中国地方志集成·陕西府县志辑》第 27 册，凤凰出版社 2007 年版。

（清）陈绶：《雒南县乡土志》，成文出版社 1969 年版。

（清）汪以诚：（乾隆）《鄠县新志》，《中国地方志集成·陕西府县志辑》第 4 册，凤凰出版社 2007 年版。

（清）王穆：（康熙）《城固县志》，《中国地方志集成·陕西府县志辑》第 51 册，凤凰出版社 2007 年版。

（清）傅恒等纂，钟兴麒、王豪、韩慧等校注：《西域图志校注》，新疆人民出版社 2014 年版。

（清）梁份撰，赵盛世等校注：《秦边纪略》，青海人民出版社 1987 年版。

（清）苏尔德：《回疆志》，成文出版社 1968 年版。

（清）椿园七十一：《西域记》，《清抄本林则徐等西部纪行三种》，全国图书馆文献缩微复制中心 2001 年版。

（清）和瑛：《三州辑略》，成文出版社 1968 年版。

（清）格琫额：《伊江汇览》，《清代新疆稀见史料汇辑》，全国图书馆文献缩微复制中心1990年版。

（清）徐松：《西域水道记》，中华书局2005年版。

（清）汪廷楷、祁韵士：《西陲总统事略》，中国书店2010年版。

（清）和宁撰，孙文杰整理：《回疆通志》，中华书局2018年版。

（清）永保：《乌鲁木齐事宜》，《新疆文献四种辑注考述》，甘肃文化出版社1995年版。

（清）邵陆纂，耿文光增补：（乾隆）《庄浪县志略》，《中国地方志集成·甘肃府县志辑》第18册，凤凰出版社2008年版。

（清）马文麟、李一鹏等：（康熙）《重纂靖远县志》，《中国地方志集成·甘肃府县志辑》第15册，凤凰出版社2008年版。

（清）钟赓起：（乾隆）《甘州府志》，成文出版社1976年版。

（清）汪元絅、田而穟：（康熙）《岷州志》，《中国地方志集成·甘肃府县志辑》第39册，凤凰出版社2008年版。

（清）陈奕禧：《皋兰载笔》，《小方壶斋舆地丛钞》第6帙，杭州古籍书店1985年版。

（清）耿喻修，郭殿邦等纂：（康熙）《金县志》，成文出版社1970年版。

（清）呼延华国修，吴镇纂：（乾隆）《狄道州志》，成文出版社1970年版。

（清）邱大英等：（乾隆）《西和县志》，成文出版社1970年版。

（清）黄文炜、沈青崖：（乾隆）《重修肃州新志》，《中国地方志集成·甘肃府县志辑》第48册，凤凰出版社2008年版。

（清）毕光尧：（道光）《会宁县志》，《中国地方志集成·甘肃府县志辑》第8册，凤凰出版社2008年版。

（清）许协等：（道光）《镇番县志》，成文出版社1970年版。

（清）张玿美修，曾钧纂：（乾隆）《平番县志》，《中国地方志集成·甘肃府县志辑》第5册，凤凰出版社2008年版。

（清）张玿美等：（乾隆）《镇番县志》，《中国地方志集成·甘肃府县志辑》第 43 册，凤凰出版社 2008 年版。

（清）张昭美、曾钧、苏暻：（乾隆）《武威县志》，《中国地方志集成·甘肃府县志辑》第 39 册，凤凰出版社 2008 年版。

（清）杨应琚：（乾隆）《西宁府新志》，青海人民出版社 1988 年版。

（清）杨治平：《丹噶尔厅志》，《青海地方旧志五种》，青海人民出版社 1989 年版。

（清）龚景瀚：（乾隆）《循化志》，青海人民出版社 1981 年版。

（清）苏铣：（顺治）《西宁志》，《西北稀见方志文献》第 55 卷，兰州古籍书店 1990 年版。

（民国）宋伯鲁：（民国）《续修陕西省通志稿》，民国二十三年刻本。

（民国）曹骥观等：（民国）《续修醴泉县志稿》，成文出版社 1970 年版。

湟源县地方志编纂委员会：《湟源县志》，陕西人民出版社 1993 年版。

曹宗周主编，陇西县志编纂委员会：《陇西县志》，甘肃人民出版社 1990 年版。

四 资料汇编

彭泽益：《中国近代手工业史资料（1840—1949）第 1 卷》，生活·读书·新知三联书店 1957 年版。

中国人民大学清史研究所，档案系中国政治制度史教研室：《清代的矿业》，中华书局 1983 年版。

王昱：《青海方志资料类编（上）》，青海人民出版社 1988 年版。

五 专著

汪公亮：《西北地理》，正中书局 1936 年版。

陕西省工业厅：《西凤酒酿造》，轻工业出版社 1958 年版。

［苏］兹拉特金著，马曼丽译：《准噶尔汗国史》，商务印书馆 1980 年版。

[英] 约·弗·巴德利著，吴持哲、吴有刚译，陈良璧校：《俄国·蒙古·中国》，商务印书馆 1981 年版。

[日] 佐口透著，凌颂纯译：《十八—十九世纪新疆社会史研究》，新疆人民出版社 1983 年版。

王开：《陕西古代道路交通史》，人民交通出版社 1989 年版。

林永匡、王熹：《清代西北民族贸易史》，中央民族学院出版社 1991 年版。

《青海地质矿产志》编辑部：《青海地质矿产志》，青海人民出版社 1991 年版。

新疆维吾尔自治区交通史志编纂委员会：《新疆古代道路交通史》，人民交通出版社 1992 年版。

钟侃，陈明猷编：《宁夏通史·古代卷》，宁夏人民出版社 1993 年版。

曾维华，吴琅璇：《中国古代通史：图表》，学林出版社 1993 年版。

范金民、金文：《江南丝绸史研究》，农业出版社 1993 年版。

穆渊：《清代新疆货币史》，新疆大学出版社 1994 年版。

郭蕴静：《清代商业史》，辽宁人民出版社 1994 年版。

陈明猷：《贺兰集·宁夏史志论稿》，宁夏人民出版社 1994 年版。

王致中，魏丽英：《明清西北社会经济史研究》，三秦出版社 1996 年版。

郭琦，史念海，张岂之主编，田培栋著：《陕西通史·经济卷》，陕西师范大学出版社 1997 年版。

李清凌：《西北经济史》，人民出版社 1997 年版。

潘吉星：《中国造纸技术史稿》，文物出版社 1997 年版。

李刚：《陕西商帮史》，西北大学出版社 1997 年版。

徐安伦，杨旭东：《宁夏经济史》，宁夏人民出版社 1998 年版。

陈良学：《湖广移民与陕南开发》，三秦出版社 1998 年版。

华觉明：《中国古代金属技术：铜和铁造就的文明》，大象出版社 1999 年版。

[俄] 伊·温科夫斯基著，尼·维谢洛夫斯基编，宋嗣喜译：《十八世

纪俄国炮兵大尉新疆见闻录》，黑龙江教育出版社1999年版。

田培栋：《明清时代陕西社会经济史》，首都师范大学出版社2000年版。

成崇德：《清代西部开发》，山西古籍出版社2002年版。

魏明孔主编，李绍强，徐建青著：《中国手工业经济通史·明清卷》，福建人民出版社2004年版。

杨继国，马青：《宁夏民俗》，甘肃人民出版社2004年版。

薛平拴：《古都西安：长安商业》，西安出版社2005年版。

田澍，李清凌编：《西北史研究·第3辑》，天津古籍出版社2005年版。

李刚：《明清时期陕西商品经济与市场网络》，陕西人民出版社2006年版。

蔡家艺：《清代新疆社会经济史纲》，人民出版社2006年版。

张萍：《地域环境与市场空间：明清陕西区域市场的历史地理学研究》，商务印书馆2006年版。

许涤新，吴承明：《中国资本主义萌芽》，人民出版社2007年版。

《准噶尔史略》编写组：《准噶尔史略》，广西师范大学出版社2007年版。

范金民：《国计民生：明清社会经济研究》，福建人民出版社2008年版。

陈育宁：《宁夏通史》，宁夏人民出版社2008年版。

范宗兴，吴晓红，霍丽娜：《方志与宁夏》，宁夏人民出版社2008年版。

杨志娟，牛海桢：《中国西北少数民族通史·清代卷》，民族出版社2009年版。

武沐：《甘肃通史：明清卷》，甘肃人民出版社2009年版。

郭松义：《清代赋役、商贸及其他》，天津古籍出版社2011年版。

陶雨芳：《宁夏非物质文化遗产名录》，宁夏人民出版社2012年版。

刘勇先：《汉江拾贝》，暨南大学出版社2012年版。

陈锋：《清代盐政与盐税》，武汉大学出版社 2013 年版。

李刚，李丹：《天下第一商帮：陕商》，中国社会科学出版社 2014 年版。

张萍：《区域历史商业地理学的理论与实践：明清陕西的个案考察》，三秦出版社 2014 年版。

吴元丰：《满文档案与历史探究》，辽宁民族出版社 2015 年版。

林竞：《西北丛编》，黑龙江教育出版社 2015 年版。

黄正林：《农村经济史研究：以近代黄河上游区域为中心》，商务印书馆 2015 年版。

陈良学：《明清大移民与川陕开发》，陕西人民出版社 2015 年版。

马胜春，阿不都艾尼：《新疆维吾尔自治区经济史》，山西经济出版社 2016 年版。

田培栋：《陕西社会经济史》，三秦出版社 2016 年版。

李鸿宾，马保春：《中国长城志：环境·经济·民族》，江苏凤凰科学技术出版社 2016 年版。

李澜：《宁夏回族自治区经济史》，山西经济出版社 2016 年版。

孛儿只济特·道尔格：《阿拉善和硕特蒙古史略》，内蒙古大学出版社 2016 年版。

陈跃：《新疆农牧业历史研究》，人民出版社 2017 年版。

多洛肯：《明清甘宁青进士征录》，上海古籍出版社 2018 年版。

林永匡，袁立泽：《清代风俗》，上海文艺出版社 2018 年版。

杨思远：《回族经济史》，中国经济出版社 2018 年版。

牟晓林：《耀州窑》，文化艺术出版社 2019 年版。

王功：《清代宁夏地区自然灾害与社会应对》，中国社会科学出版社 2019 年版。

六　期刊论文

赵生深、吴汝祚：《青海柴达木盆地诺木洪、巴隆和香日德三处古代文化遗址调查简报》，《文物》1960年第6期。

方行：《清代陕西地区资本主义萌芽兴衰条件的探索》，《经济研究》1979年第12期。

蔡家艺：《准噶尔同中原地区的贸易交换——两份准噶尔的购货单试析》，《民族研究》1982年第6期。

第一历史档案馆档案：《乾隆八至十五年准噶尔部在肃州等地的贸易》，《历史档案》1984年第2—3期。

王本元：《略论清代汉中地区的工场手工业》，《清史研究通讯》1985年第4期。

王致中：《清代甘宁青场地理察》，《西北史地》1986年第2期。

方行：《论清代前期棉纺织业的社会分工》，《中国经济史研究》1987年第1期。

范金民：《清代江南与新疆地区的丝绸贸易（上）》，《新疆大学学报（哲学社会科学版）》1988年第4期。

范金民：《清代江南与新疆地区的丝绸贸易（下）》，《新疆大学学报（哲学社会科学版）》1989年第1期。

范金民：《清代江南与新疆官方丝绸贸易的数量、品种和色彩诸问题》，《西北民族研究》1989年1期。

殷晴：《古代新疆商业的发展及商人的活动》，《西北民族研究》1989年第2期。

潘志平、王熹：《清前期喀什噶尔及叶尔羌的对外贸易》，《历史档案》1992年第2期。

杜常顺：《清代丹噶尔民族贸易的兴起和发展》，《民族研究》1995年第1期。

魏丽英：《论近代西北市场的地理格局与商路》，《甘肃社会科学》1996年第4期。

吴元丰：《清乾隆年间新疆新普尔钱的铸造流通及其作用》，《西域研究》1997年第1期。

刘景华：《清代青海的手工业》，《青海社会科学》1997年第6期。

李刚、卫红丽：《明清时期山陕商人与青海歇家关系探微》，《青海民族研究》2004年第2期。

马学贤：《青海传统民族贸易中回族商贸经济的形成与发展》，《青海社会科学》2004年第6期。

杨军：《清代青海消费结构与商品经济发展关系探微》，《青海社会科学》2008年第4期。

张萍、吕强：《明清陕甘交通道路的新发展与丝绸之路变迁》，《丝绸之路》2009年第6期。

中国第一历史档案馆：《清代新疆货币档案（上）》，《历史档案》2012年第1期。

刘锦增：《回族在清代宁夏经济发展中的地位和作用》，《回族研究》2016年第3期。

刘锦增：《回族在清代西宁府的经济开发》，《西北民族大学学报》（哲学社会科学版）2017年第2期。

李瑞奎、刘建兰：《清至民国时期西宁地区商品生产的地域分布特征及原因探析》，《文山学院学报》2019年第2期。

王科杰：《新疆回布贸易兴起原因再析》，《清史研究》2020年第1期。

田晓娟：《宁夏回族的商贸活动及其历史贡献》，《回族研究》2020年第3期。

郭琪：《清代新疆玉石内运路线考：以乾隆朝高朴案为中心》，《历史档案》2020年第3期。

刘超建、王恩春：《一盐多制：清代新疆盐制视野下的国家、地方与民众》，《盐业史研究》2020年第4期。

邓涛：《略与直省支撑：宁夏地区在清朝边疆经略中的地位和作用》，《宁夏社会科学》2020年第6期。

刘佩：《明代宁夏地区手工业军事化探究》，《宁夏大学学报（人文社会科学版）》2021年第1期。

七　学位论文

朱大为：《16 至 18 世纪中国大宗商品远距离贸易及其社会经济效应》，博士学位论文，福建师范大学，2004 年。

徐礼山：《清代汉江上游的商品流通与市场体系》，硕士学位论文，西北大学，2004 年。

黄正林：《黄河上游区域农村经济研究（1644—1949）》，博士学位论文，河北大学，2006 年。

阿达莱提·塔伊尔：《从地方文献看清代南疆维吾尔商业经济状况》，硕士学位论文，新疆大学，2007 年。

黎仕明：《清代甘肃城市发展与社会变迁》，博士学位论文，四川大学，2007 年。

殷新锋：《清代陕北的乡村手工业》，硕士学位论文，陕西师范大学 2007 年。

赵天福：《宁夏市场变迁（1368—1949）》，硕士学位论文，陕西师范大学，2008 年。

董倩：《明清青海商品经济与市场体系研究》，博士学位论文，华东师范大学，2008 年。

王俊霞：《明清时期山陕商人相互关系研究》，博士学位论文，西北大学，2010 年。

张荣：《清朝乾隆时期哈萨克政策研究》，博士学位论文，兰州大学，2011 年。

赵海霞：《清代新疆民族关系研究》，博士学位论文，西北大学，2011 年。

王洁：《清朝治理新疆的民族经济政策研究》，博士学位论文，中央民族大学，2012 年。

韩强：《清代蒙古族经济史研究》，博士学位论文，中央民族大学，2013 年。

陈芳：《清代民族贸易与青海河湟地方社会》，硕士学位论文，青海师范大学，2013年。

刘新宇：《清代陇中地区城镇地理研究》，硕士学位论文，西北师范大学，2014年。

刘杰：《清代河套地区民族间的民间交往研究》，博士学位论文，宁夏大学，2014年。

高超：《清代新疆城镇与市场发展研究（1757—1911）》，硕士学位论文，陕西师范大学，2015年。

孙婧悦：《清代陕南工商业发展及其特征研究》，硕士学位论文，陕西师范大学，2017年。

杨海宁：《清宫造办处匠人研究》，硕士学位论文，武汉大学，2017年。

张学渝：《技艺与皇权：清宫造办处的历史研究》，博士学位论文，北京科技大学，2017年。

赵冬蕾：《明清时期关中瓷业繁盛原因研究》，硕士学位论文，陕西师范大学，2019年。

陈亮：《明清时期甘青民族走廊经济发展研究》，博士学位论文，兰州大学，2019年。

周明帅：《清代西北地区交通运输地理研究》，博士学位论文，陕西师范大学，2020年。